国家级一流本科专业建设点（2019）江苏科技大学“信息管理与信息系统”专业
江苏省教育信息化研究课题（20180045）经管类虚拟仿真实验教学效果的影响机制研究
江苏省高等教育教改研究课题（2017JSJG118）面向船舶制造业的信管专业创新型应用人才培养模式探索
江苏省研究生教育教学改革重点课题（JGZZ19_080）跨专业 MPAcc 研究生新生利用网络学习空间自主学习的创新与实践
江苏省高等教育教改研究立项课题（2019JSJG234）“一流专业”建设背景下高校“专业负责人”管理制度创新研究
江苏省高等教育学会应用型高校研究专项课题（2019JSZX005）“金课”视角下应用型本科院校“通识教育”课程体系的创新与实践
资 助 出 版

企业管理虚拟实景实验教学云平台实务教程

主 编 尹 隽 欧镇 苏 翔
副主编 刘 鹏 翁 翔 李正华

江苏大学出版社
JIANGSU UNIVERSITY PRESS
镇 江

图书在版编目(CIP)数据

企业管理虚拟实景实验教学云平台实务教程 / 尹隽，欧镇，苏翔主编. — 镇江 ：江苏大学出版社，2020.12
ISBN 978-7-5684-1497-5

Ⅰ. ①企… Ⅱ. ①尹… ②欧… ③苏… Ⅲ. ①企业管理—仿真系统—教材 Ⅳ. ①F270.7

中国版本图书馆 CIP 数据核字(2020)第 259482 号

企业管理虚拟实景实验教学云平台实务教程
Qiye Guanli Xuni Shijing Shiyan Jiaoxue Yunpingtai Shiwu Jiaocheng

---

主　　编/尹　隽　欧　镇　苏　翔
责任编辑/仲　蕙
出版发行/江苏大学出版社
地　　址/江苏省镇江市梦溪园巷 30 号(邮编：212003)
电　　话/0511-84446464(传真)
网　　址/http://press.ujs.edu.cn
排　　版/镇江市江东印刷有限责任公司
印　　刷/句容市排印厂
开　　本/787 mm×1 092 mm　1/16
印　　张/21.75
字　　数/518 千字
版　　次/2020 年 12 月第 1 版
印　　次/2020 年 12 月第 1 次印刷
书　　号/ISBN 978-7-5684-1497-5
定　　价/68.00 元

如有印装质量问题请与本社营销部联系(电话:0511-84440882)

前　言

实践教学是高等教育教学手段的重要形式，是有效促使学生理论联系实际，进一步深化理解知识，并将知识转化为能力的关键环节。以经管类专业为例，其多年来在实验教学方面不断进行探索，包括尝试通过沙盘模拟经营过程、通过信息系统模拟企业业务数据流转等，但上述方式很难还原企业复杂的管理流程和情境，也就无法将知识点与业务过程及数据进行有效衔接，导致实验教学难以深入，企业需求和学生实践能力相互脱节。同时，虚拟仿真技术通过整合多种媒体资源提供高仿真、可视化的教学内容，能够创设具有临场感、沉浸感和交互性的实践教学情景，为新的实践教学应用模式提供了"新武器"，近些年成为教育行业的新热点。编写经管类专业虚拟仿真实验教学教材，开设虚拟仿真实验教学课程，是消除这种脱节的有效手段。学生能够通过与虚拟仿真场景的交互强化知识的理解和应用，进而提升实践、探索和创新能力。

本书概述了平台的基本操作、基本数据，描述了虚拟企业的基本情况，从物流主线、成本主线和生产主线三条主线展开，反映了平台的核心内容，介绍了教学管理中教师管理和学生学习两个部分的功能。本书既可以作为高等院校信息管理与信息系统、电子商务、计算机等相关专业的实训教材或者实验教学参考书，也可以作为企业管理的培训用书。

本书共6章，第1章为系统导航，包括平台基本情况、平台基本操作、平台数据；第2章为虚拟实景企业简介，包括企业概况、组织机构、产品概述和企业主要部门职责；第3章为物流主线，包括采购计划编制、采购管理、入库管理和出库管理；第4章为成本主线，包括凭证管理、账簿查询、出纳管理、材料入库核算、材料出库核算和成本核算；第5章为生产主线，包括订单管理、产品结构数据管理、工艺数据管理、生产计划管理、作业计划管理、设备管理和质量管理；第6章为教学管理，包括教师管理和学生学习管理。

本书由尹隽、欧镇、苏翔担任主编，刘鹏、翁翔、李正华担任副主编。本书是团队全体成员共同努力的结果，也是信息管理系全体教师教学实践及镇江市金舟软件有限责任公司的企业实践的总结，最后由尹隽总纂、修改定稿。本书还得到了中国船舶集团有限公司下属多家成员单位的支持与帮助，此外，江苏科技大学的钱萍老师及镇江市金舟软件有限责任公司的张明星、倪梅和邱晨曦在资料整理搜集、操作过程编写、技术支持和校对方面做了一些工作，特在此表示感谢。

在本书的编写过程中，编者查阅、参考、借鉴、引用了大量国内外的出版物与网络资料，在此谨向各位学者表示由衷的敬意与感谢。由于作者水平有限及新兴课程的特殊性，书中的不当之处恳请读者批评指正！

编写组

目　录

第1章　系统导航

1.1　平台介绍

“互联网+”在高等教育领域的应用为共享优质教学资源、推进教育创新提供了条件。基于“互联网+”的企业管理虚拟实景实验教学云平台是原影子工厂软件的升级版,它在计算机中构造出与实体环境相对应的管理部门和场景,是针对学生进行工厂教育,帮助学生形象地理解企业管理的教学工具。该软件平台的定位是提供企业认知、课堂教学、实验实践、创业就业等方面的服务。具体而言,在企业认知方面,该软件平台能够通过场景和业务体验增强学生对企业的认知;在课堂教学方面,该软件平台能够配合相应课程的课堂教学,为课程提供场景或业务的直观展现;在实验实践方面,该软件平台可直接应用于相应的实验教学和课程设计;在创业就业方面,该软件平台通过实践使学生对企业管理实践有一个全面认知,为创业就业提供基础。

“企业管理虚拟实景实验教学云平台”的建设与应用,针对实验教学的实现目标如下:

① 建立理论与实践感性认识:用场景流程模拟企业真实业务过程,用场景仿真数据反映企业状态,用场景仿真行为和绩效模拟真实效果。

② 体现过程集成和信息集成:充分利用虚拟企业的特色,以产品的形成为主线全面模拟企业产品形成的全过程,即产品订单→产品设计与工艺→主生产计划→物资采购→作业计划→财务成本核算,该过程全面体现纵向信息反馈和横向信息集成。

③ 支持多个课程群:能够支持多个课程群的综合实验室建设方案,围绕企业管理相关课程的知识点展开,支持经济管理类专业课程教学、课程设计及综合性实习环节。

④ 具有灵活的实验组织和管理:以知识点为切入口,配备分类实验指导书,可灵活按角色分组(学生)和配置管理,使用辅助工具,可形成个性化实验报告。

1.2　平台基本操作介绍

1.2.1　平台安装与设置

(1) 运行环境安装(64位)　电脑需安装.NET Framework 4.0,如若没有安装,则双击运行“vcredist_x64.exe”和“dotNetFx40_Full_x86_x64.exe”文件。如若软件仍不能正常运行使用,单击之后提示错误,则双击运行安装“游戏常用运行库安装包 v3.exe”文件。

注　意

运行前需将本地相关文件保存,此环境运行库安装结束后会自动重启电脑。

安装步骤如下:

① 打开如图 1-1 所示安装界面。

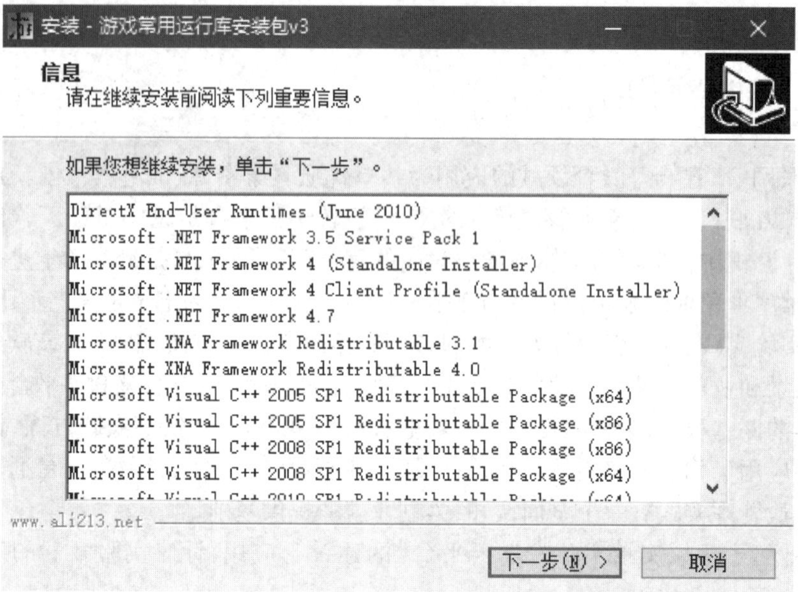

图 1-1　安装界面

② 单击图 1-1 中的【下一步】按钮,打开如图 1-2 所示界面。

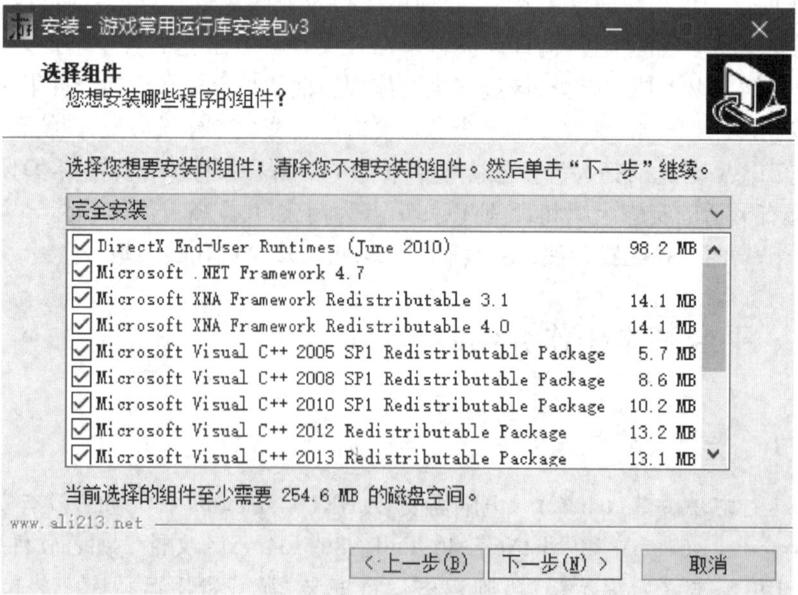

图 1-2　选择完全安装

③ 在图 1-2 中默认完全安装，单击【下一步】按钮，打开如图 1-3 所示界面。

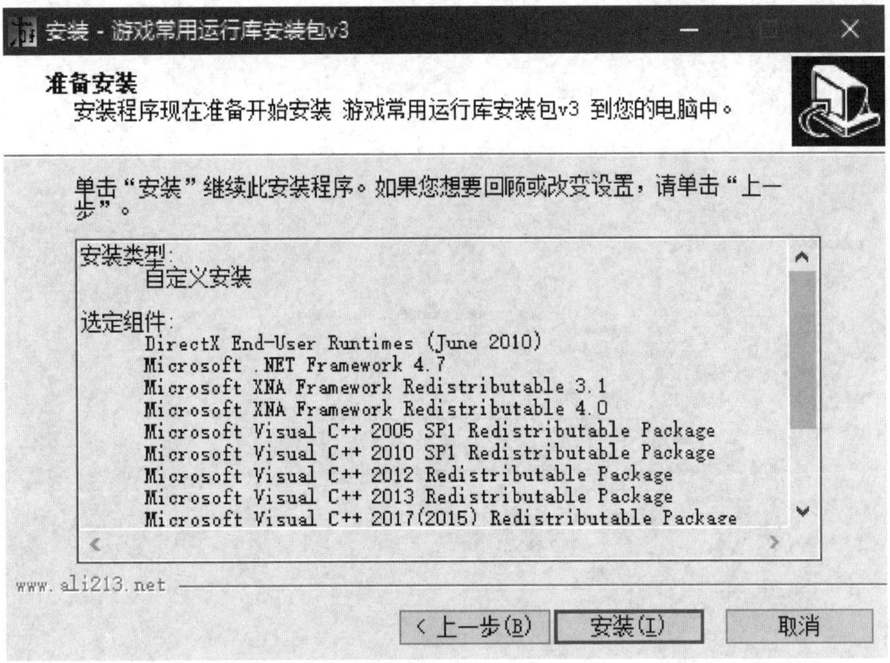

图 1-3　安装

④ 单击图 1-3 中的【安装】按钮，安装结束后自动重启电脑。

(2) 显示设置　在电脑桌面上右击打开【显示设置】，如图 1-4 所示。

图 1-4　显示设置

在打开的界面中，将“缩放与布局”调成“100%”，如图 1-5 所示，将电脑注销，重新登录后才可生效。

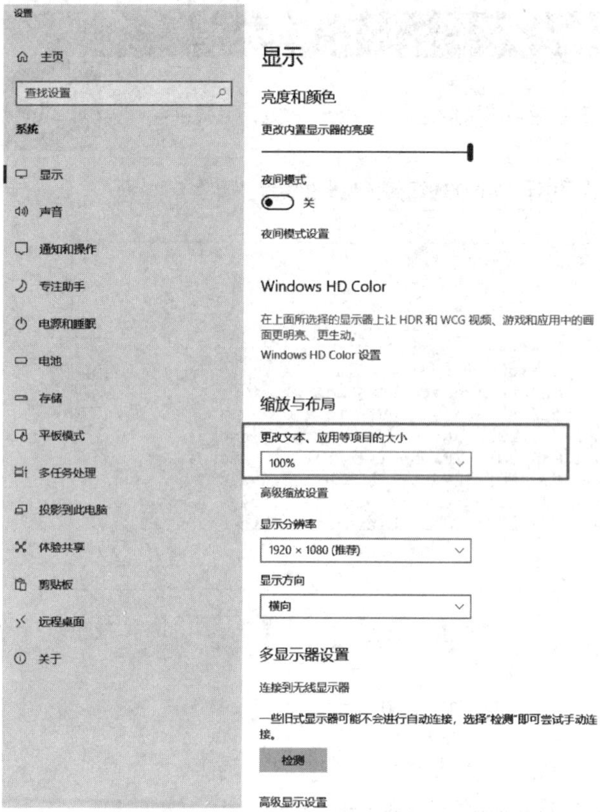

图 1-5　缩放与布局调整

(3) 关闭杀毒软件，必要时需将其卸载　360 安全卫士可保留，如果在实验过程中弹出是否允许操作的提示，选择“允许程序全部操作”。

(4) 运行程序　打开云平台/需求调查分析实验文件，如图 1-6 所示。双击运行文件“企业管理虚拟实景实验教学云平台. exe”即可打开程序。

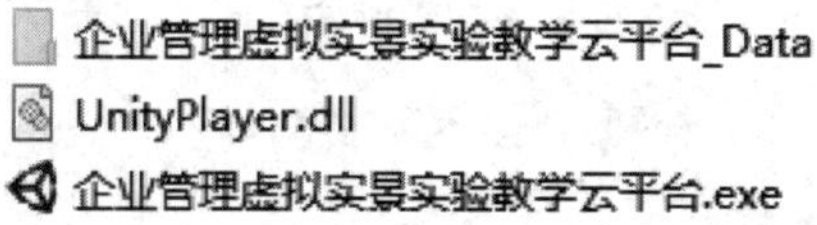

图 1-6　云平台文件

注　意

① 图 1-6 中所示的三个文件应当存放在同一文件目录路径下；② UnityPlayer. dll 文件不可以删除；③ 文件名称不可以修改；④ 该程序可通过右键快捷方式将文件“企业管理虚拟实景实验教学云平台. exe”发送到桌面。

(5) 运行设置

① Screen resolution(屏幕分辨率调整):一般默认即可;

② Graphics quality(画面质量调整):默认即可,如若程序运行时比较卡顿,可调整为 Simple;

③ Select monitor:默认即可;

④ Windowed(窗口化模式):勾选打开是窗口模式,不勾选是全屏模式,如图 1-7 所示。

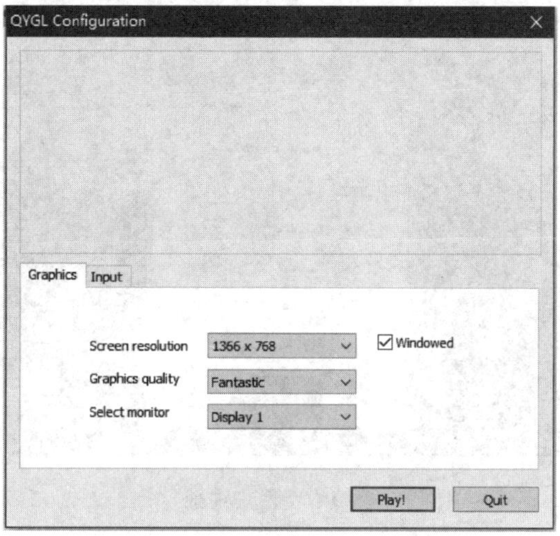

图 1-7　云平台运行设置

1.2.2　用户注册与登录

单击桌面图标,双击打开"企业管理虚拟实景实验教学云平台"客户端程序,进入如图 1-8 所示界面。

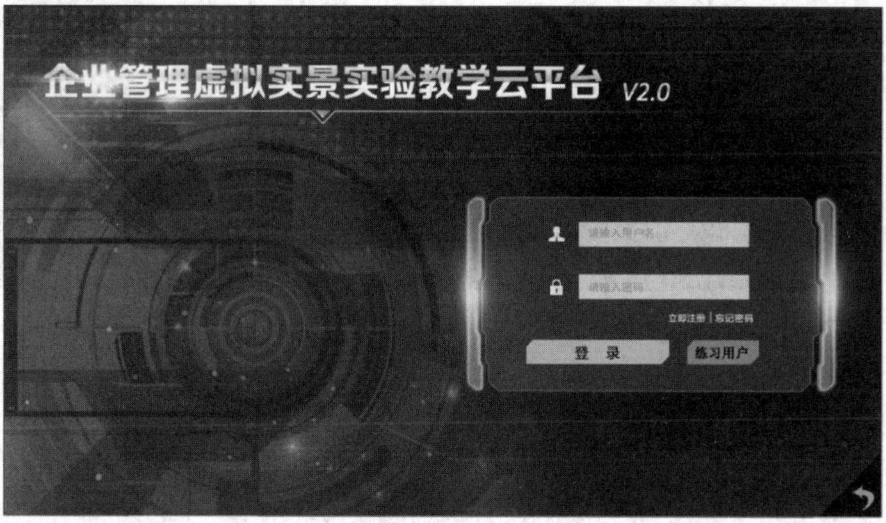

图 1-8　平台界面

（1）登录账号　账号分为系统账号、注册账号和练习账号。

① 系统账号：教师或管理员将学生信息导入学生管理列表中，账号名称默认为学号，账号密码默认为123456，学生无须注册，输入学号和默认密码，即可登录。

② 注册账号：单击云平台登录界面的【立即注册】按钮，进入平台的“快速注册”页面，用户填写注册信息，包括用户名（数字和字母组合）、密码、性别、Email（此处的邮箱地址可用于找回密码）等，如图1-9所示。单击【同意协议并注册】按钮完成注册。

图1-9　用户注册

注册成功后，可对用户信息进行完善，包括学校、学院、专业、学号、姓名和班级，如图1-10所示。

图1-10　完善注册信息

完善用户信息后，进入“企业管理虚拟实景实验教学云平台”客户端程序，输入用户名和密码，单击【登录】按钮，进入云平台。

③ 练习账号：此账号为随机生成的练习账号，直接单击【练习用户】按钮，即可进入云平台，如图1-11所示。该账号仅作为练习计划使用，不保存实验相关数据。

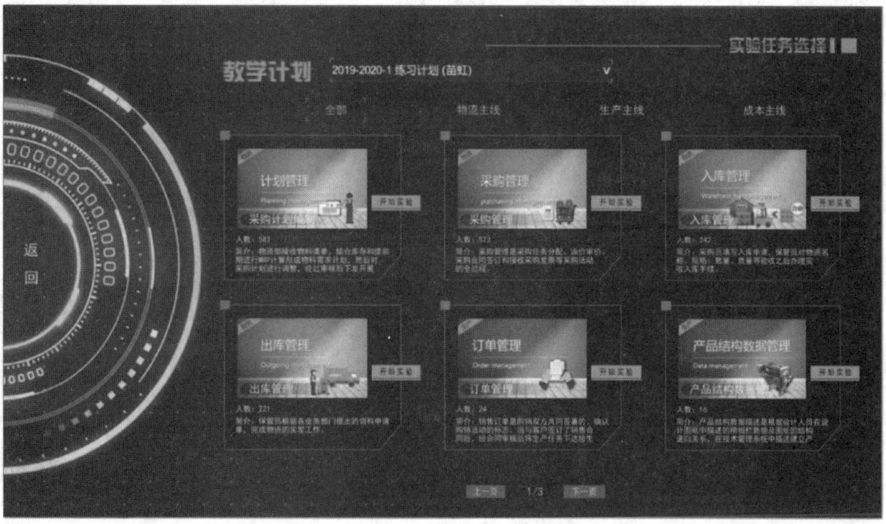

图 1-11　练习计划

(2) 忘记密码

① 通过找回密码功能找回。在云平台登录界面单击【忘记密码】按钮,在浏览器中输入网址 http://服务器 IP 地址/yzgc/findPassword. aspx,打开“找回密码”界面,可在其中输入用户名和 Email(必须为学生完善个人信息时填写的 Email),如图 1-12 所示。

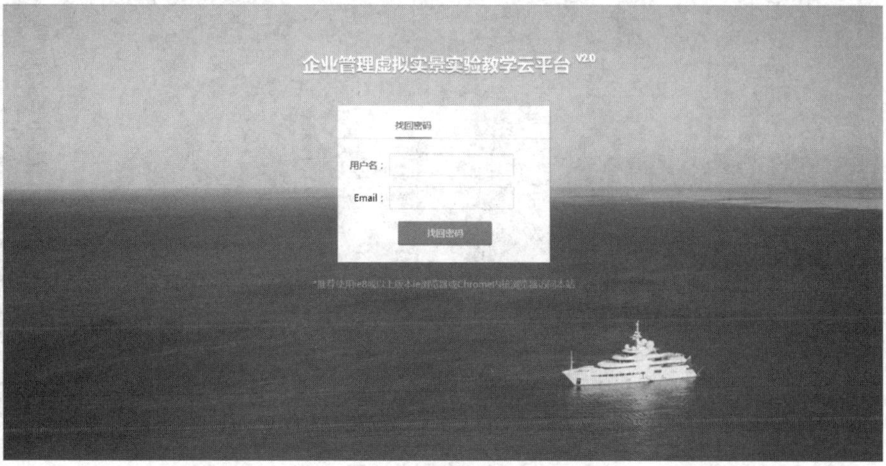

图 1-12　找回密码

② 联系教师或管理员,告之用户名,让其将密码重置为 123456。

1.2.3　实验操作选择

登录进入“实验操作选择”界面,选择【虚拟实景】或【实验任务】按钮,如图 1-13 所示。

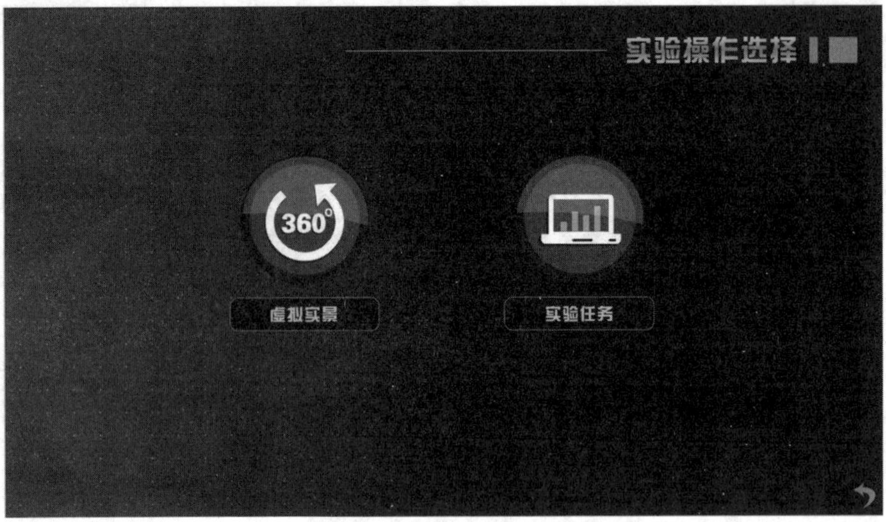

图 1-13　实验操作选择

(1) 虚拟实景　选择【虚拟实景】,单击【确定】按钮,进入“A 发电设备有限公司”虚拟实景,如图 1-14 所示。在该界面可选择不同的企业场景进入企业实景进行观看。

图 1-14　企业虚拟实景

场景包括空中(企业全景)、广场、机加车间 1、机加车间 2、电工车间 1、电工车间 2、装配车间、仓库和机组车间。

下面以机加车间 1 为例介绍如何在虚拟场景中漫游。

① 选择场景:默认场景为企业全景,可以鸟瞰整个企业,单击界面左下角【场景选择】,弹出场景选择框,单击“机加车间 1”进入场景。

切换场景时,可在场景选择框内选择场景,也可以单击场景中的场景箭头标识,进入场景,如图 1-15 所示。

图 1-15　通过单击图中导航键切换场景

② 观看场景:可通过鼠标操作(按住右键向左、右、上、下拖动)或键盘操作(使用"←(左)""↑(上)""→(右)""↓(下)"键)控制场景展示方向。

③ 浏览信息:机加车间主要是进行发电机转子轴、机座的加工。场景中包含语音、文字和视频等介绍方式,可通过单击查看转子轴、机座的具体加工工序和加工设备等信息,如图 1-16 所示。

图 1-16　单击设备查看工序信息

(2) 实验任务　选择【实验任务】按钮,进入"实验任务选择"界面,具体操作参照"1.2.4 教学计划选择"部分。

1.2.4　教学计划选择

练习用户和未验证的注册账户登录后,系统默认选择练习计划。系统账户和验证成功的注册账号登录后,可单击"教学计划"下拉菜单,选择所属教师对应的实验教学计划,如图 1-17 所示。

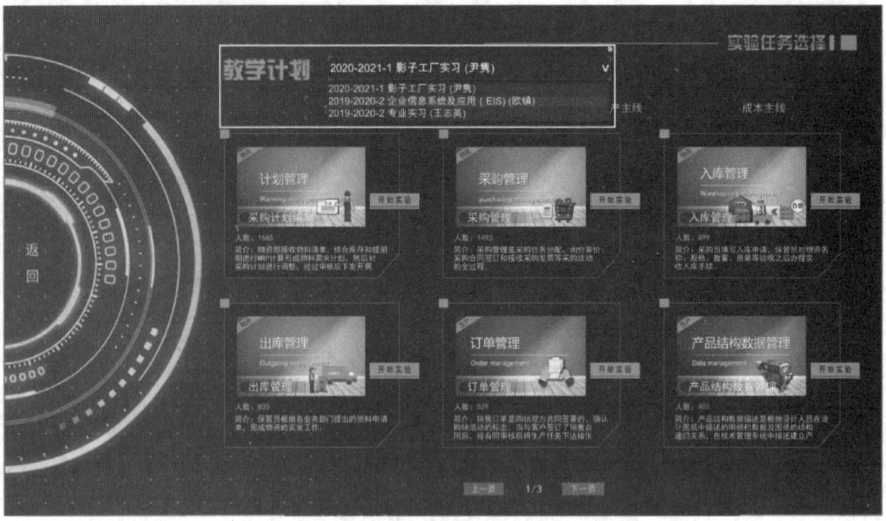

图 1-17　选择教学计划

1.2.5　实验前导

选择教学计划后，实验任务列表显示该教学计划下的所有实验，根据教学要求选择相应的实验任务，如图 1-18 所示。

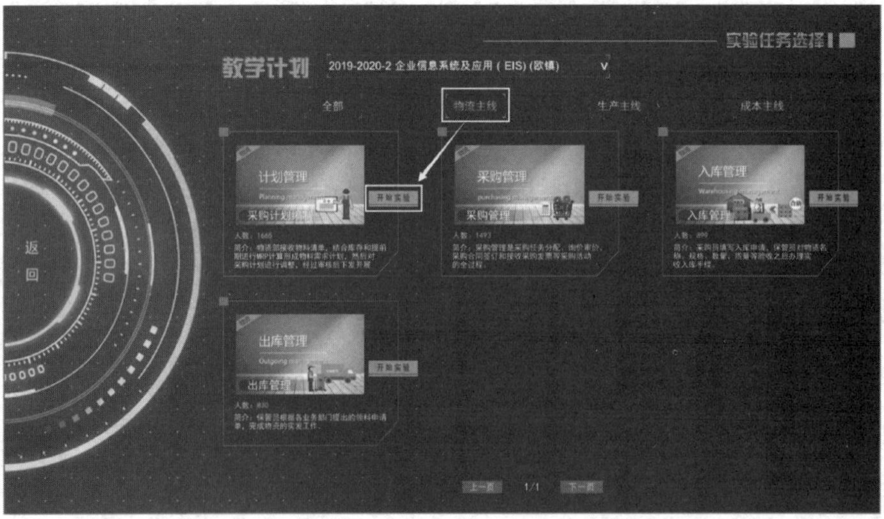

图 1-18　选择实验

单击实验选择界面左侧【返回】按钮，返回“实验操作选择”界面；单击“实验操作选择”界面右下角【退出】按钮，弹窗提示“是否要退出实验”，如图 1-19 所示。单击【确定】按钮即可退出实验。

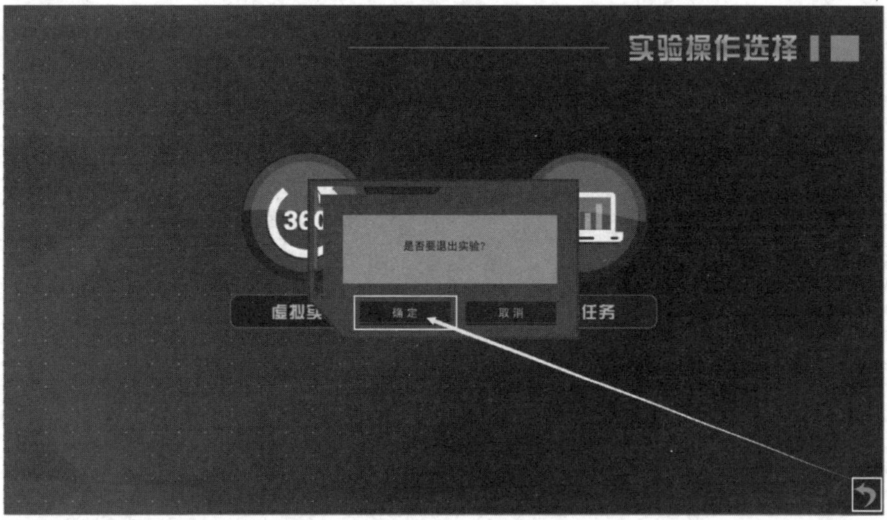

图 1-19　退出实验

选择实验,单击【开始实验】按钮进入实验,进入企业沙盘鸟瞰图,可展现实验相关的企业职能部门,如图 1-20 所示。

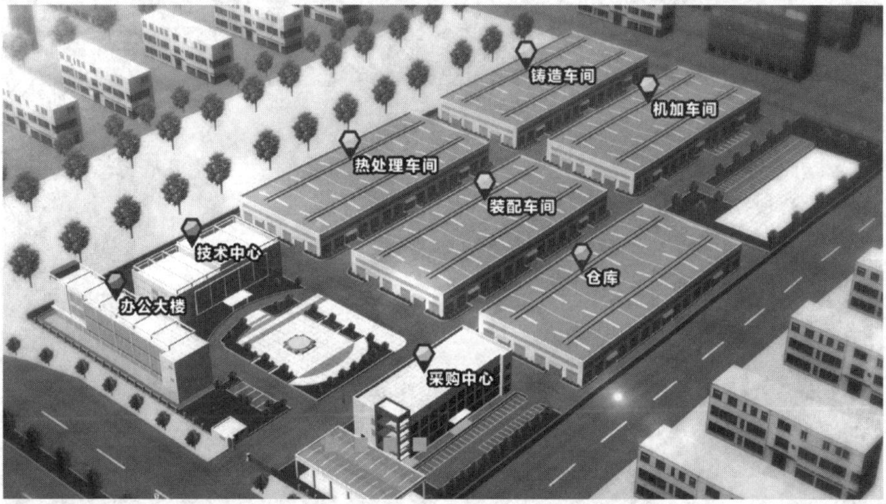

图 1-20　企业沙盘

实验开始前,应先依次了解实验原理、实验概况、实验角色和实验流程等内容,如图 1-21 所示。

图 1-21　实验前导

实验原理:观看视频,了解实验基本原理,如图 1-22 所示。

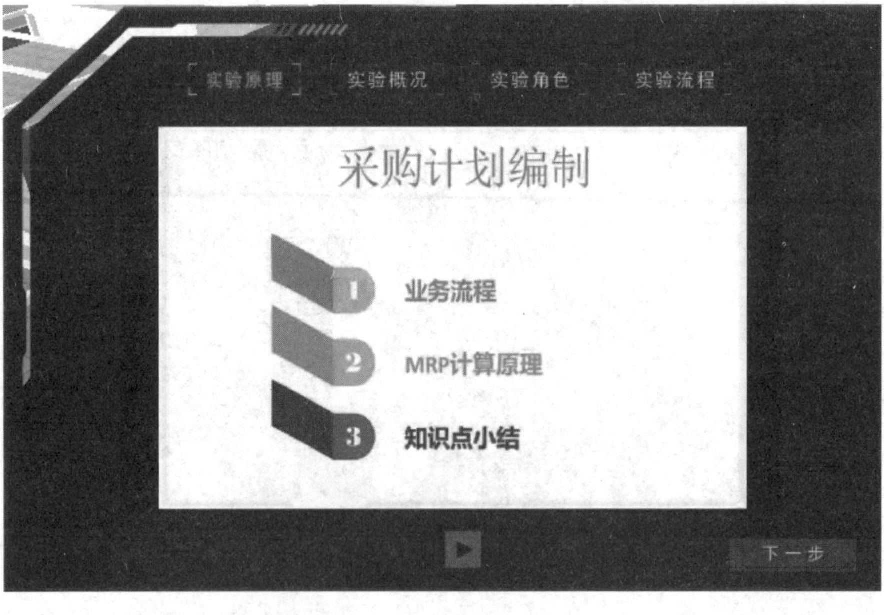

图 1-22　实验原理

实验概况:包括实验名称、实验简介、实验目的、实验任务、实验积分和实验时长等,如图 1-23 所示。

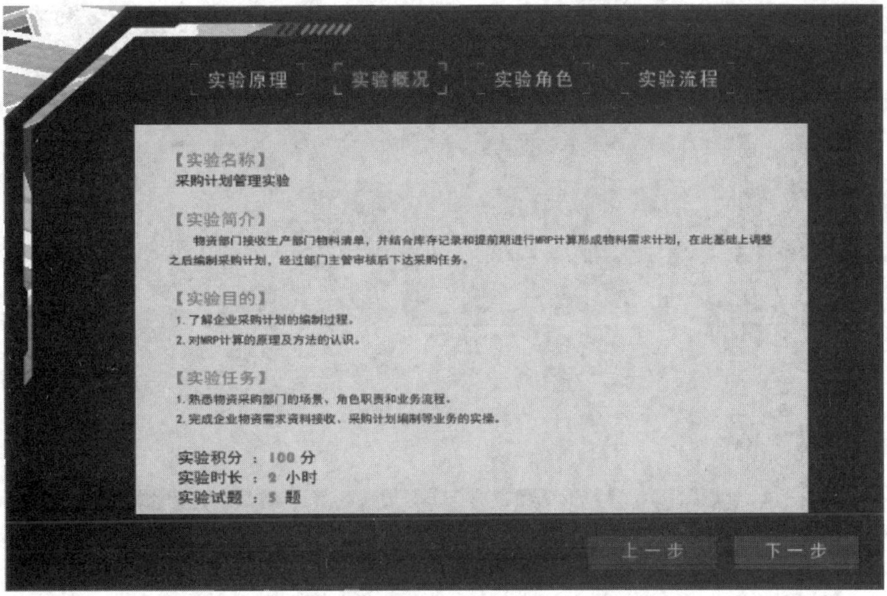

图 1-23　实验概况

实验角色：了解实验相关的角色及工作职责，如图 1-24 所示。

图 1-24　实验角色

实验流程：以实验流程图的形式展现实验的相关步骤，如图 1-25 所示。

图 1-25　实验流程

单击图 1-25 右下角【进入实验】按钮进入实验场景，开始实验操作。

1.2.6　基本操作

（1）任务卡　根据实验过程中的实验流程和任务进行引导和提示，如图 1-26 所示。

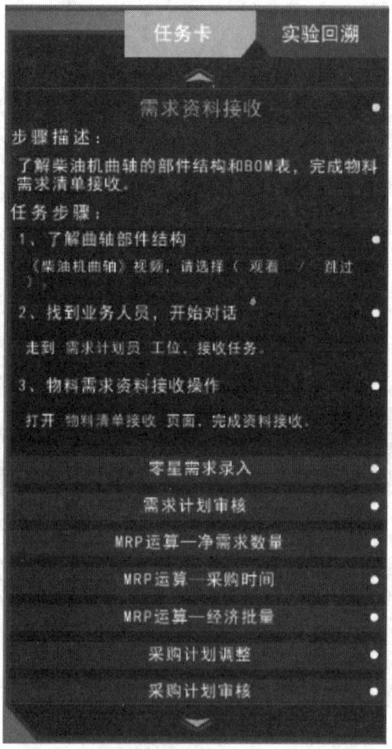

图 1-26　任务卡

① 本次实验的所有任务(如需求资料接收、零星需求录入等)。

② 单个实验任务的任务描述和实验步骤内容(如了解曲轴部件结构等)。

③ 观看实验视频,单击任务卡选择“观看/跳过”,如图 1-27 所示。

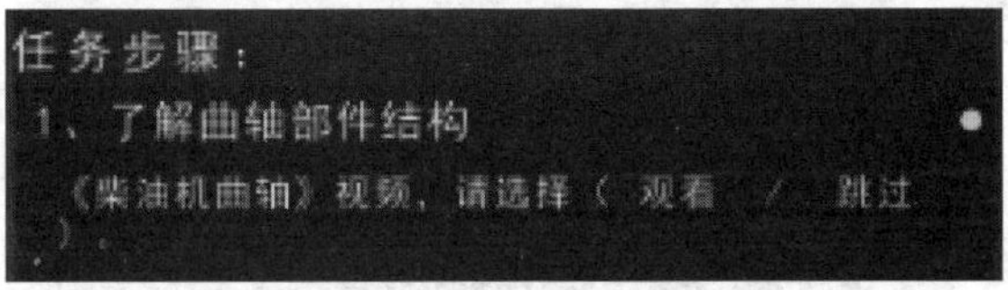

图 1-27　任务步骤—观看视频

④ 找到业务人员:可通过自动寻路和手动操作实现。

自动寻路:单击任务卡角色的超链接,人物自动走到目标任务处,如图 1-28 所示。

图 1-28　自动寻路

手动操作:使用“W(前)”“A(左)”“S(右)”“D(后)”键,或者使用键盘“←(左)”“↑(前)”“→(右)”“↓(后)”键控制人物移动方向。

(2) 实验回溯　单击【实验回溯】按钮切换到实验回溯界面,查看已完成的实验任务,可进行实验步骤回溯操作,如图 1-29 所示。

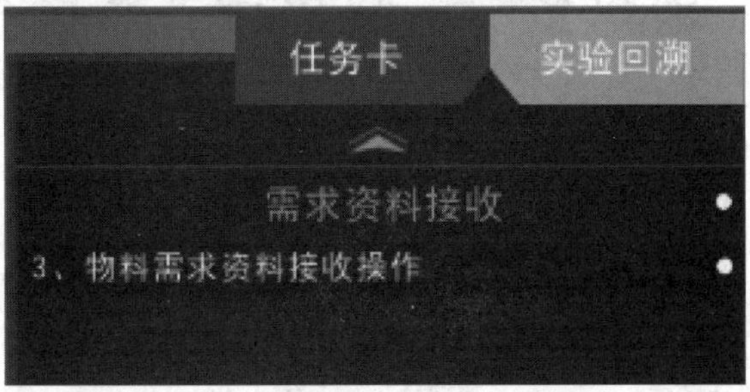

图 1-29　实验回溯

(3) 用户信息　当前登录用户的头像、用户名、实验积分和操作时长,如图 1-30 所示。

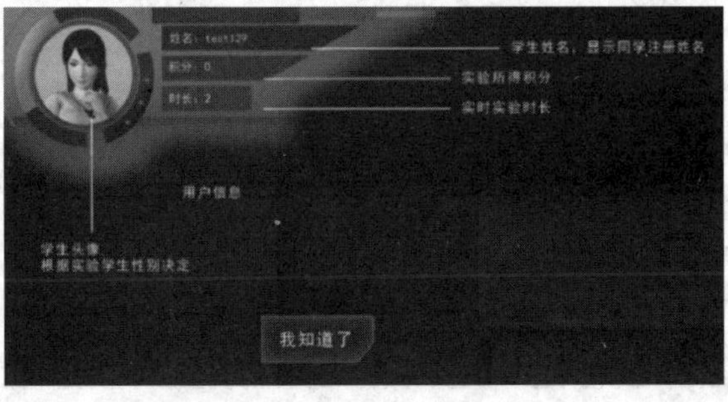

图 1-30　用户信息

(4) 实验小助手　实验小助手引导学生进行实验。

(5) 快捷工具栏　图标依照顺序对应的功能分别是视频库、试题库、知识库、实验笔记和系统设置,如图 1-31 所示。

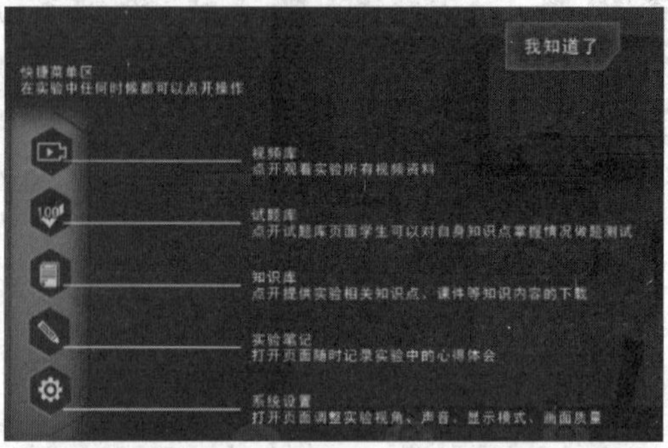

图 1-31　工具栏

① 视频库:显示与实验课程相关的视频,进行知识点的在线学习,如图 1-32 所示。

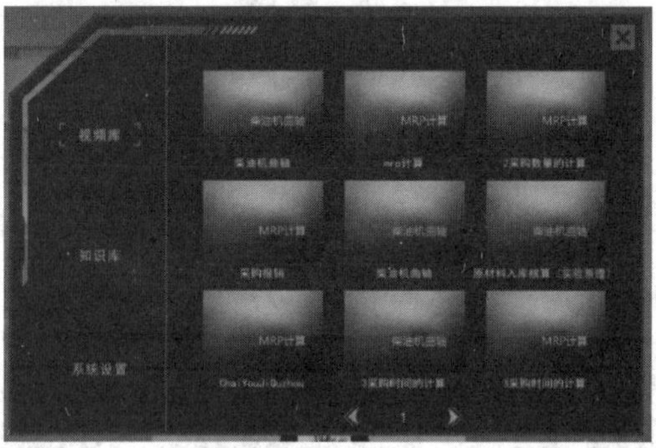

图 1-32　微课视频

② 试题库:进行试题学习,可通过单击【查看答案】按钮查看本题的正确答案,如图 1-33 所示。

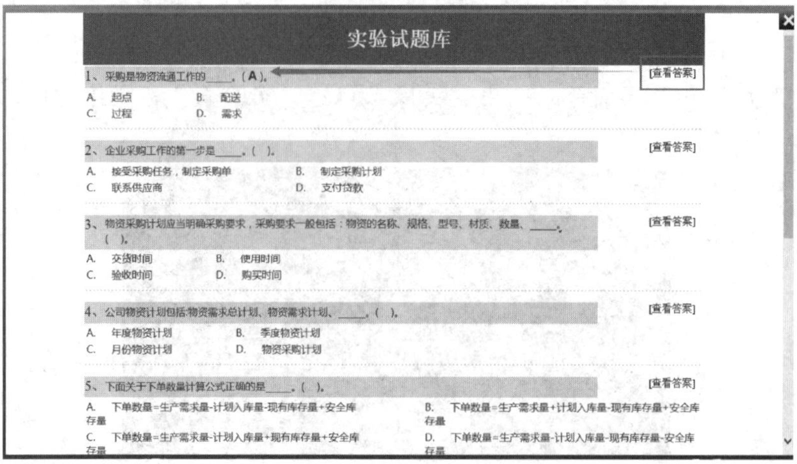

图 1-33　实验题库

③ 知识库:实验相关课件,可单击文件下载到本地进行查看,如图 1-34 所示。

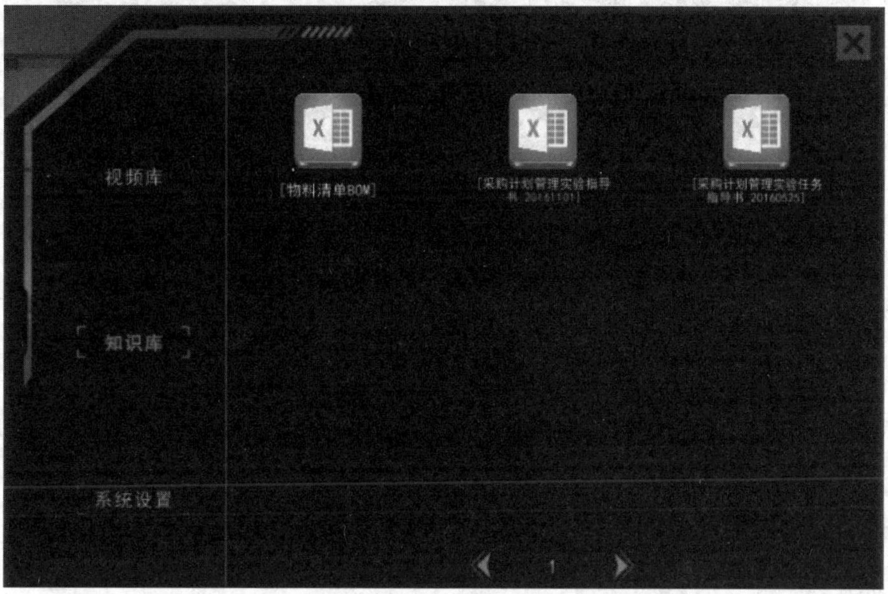

图 1-34　实验知识点

④ 实验笔记:在实验过程中可以记录学习笔记,如图 1-35 所示。

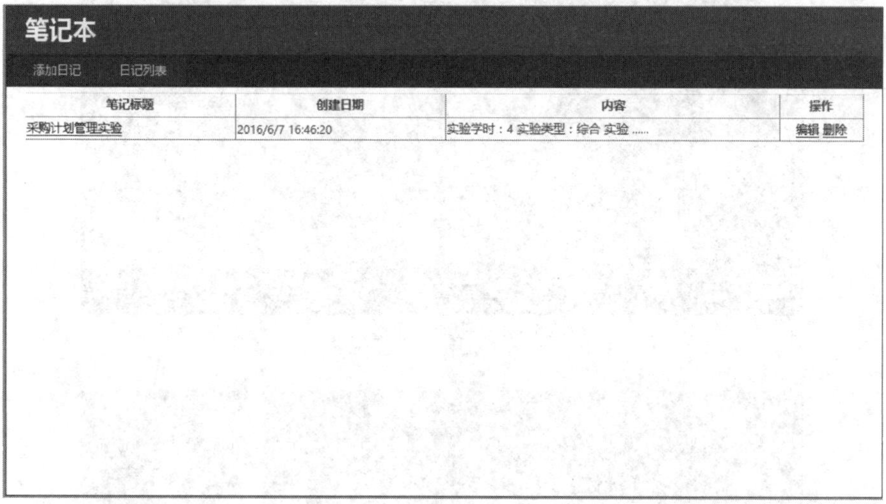

图 1-35　实验笔记

⑤ 系统设置:可进行实验视角、音量调节、窗口显示模式、画面质量等设置,如图 1-36 所示。

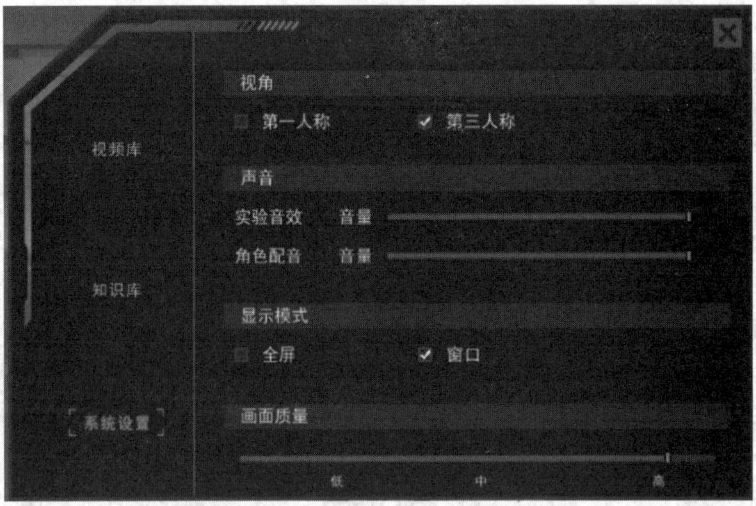

图 1-36　系统设置

⑥ 视角切换:可进行实验主角第一人称视角与第三人称视角的切换,如图 1-37 和图 1-38 所示。

图 1-37　第一人称视角

图 1-38　第三人称视角

（6）实验进度条 显示当前实验流程任务的角色和完成状态，如图1-39所示。

图1-39 实验进度条

（7）实验对话框 展示当前实验者与实验小助手或人物的对话，如图1-40所示。

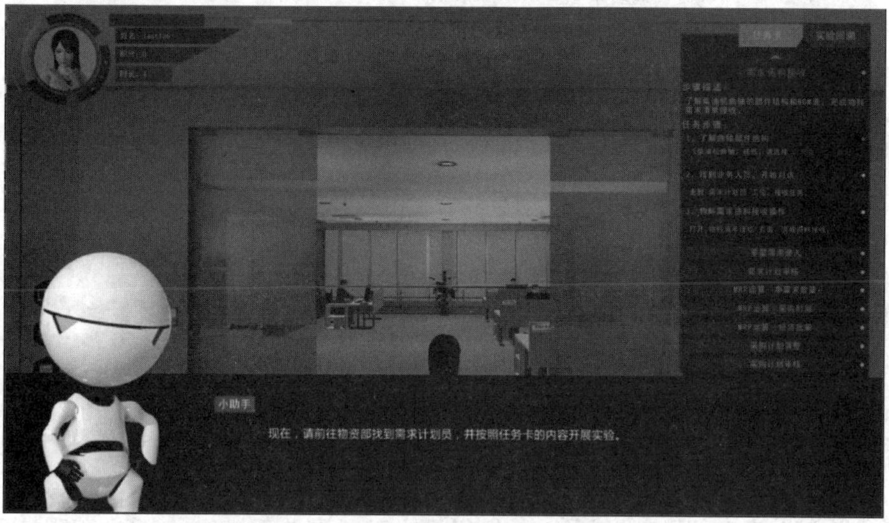

图1-40 实验对话

1.3 平台数据

1.3.1 基础数据

1.3.1.1 部门代码

① 部门编号/名称：部门的编号和名称；

② 部门类别/类别名称：部门所属的类别编号和名称。

1.3.1.2 人员代码

① 人员编号/名称：人员的编号和名称；

② 部门编号/名称：所属部门的编号和名称。

1.3.1.3 客户代码

① 客户编号/名称：客户的编号和客户全称；

② 客户性质：客户所属的类别性质；

③ 开户银行：客户的开户银行；

④ 银行账号：客户的开户银行账号；

⑤ 纳税号：客户的纳税号；

⑥ 客户类别/类别名称：客户所属的类别编号和名称。

1.3.1.4 工程代码

① 工程编号/名称:工程的编号和名称;
② 工程类别/类别名称:工程所属的类别编号和名称;
③ 开工日期:工程开始的日期;
④ 完工日期:工程完成的日期;
⑤ 计划完工日期:计划工程完成的日期;
⑥ 合同编号:工程签署合同的编号;
⑦ 产品编号/名称:工程生产对应的产品的编号和名称;
⑧ 完工标志:记录工程是否完成;
⑨ 实际完工日期:工程实际完成的日期;
⑩ 开工单 ID:工程开工单据的编号;
⑪ 开工经办人:工程开工负责人;
⑫ 完工经办人:工程完工负责人;
⑬ 产品型号:工程生产产品的型号。

1.3.1.5 会计科目代码

① 科目编号/名称:会计科目编号和名称;
② 科目账号:会计科目的唯一编号;
③ 科目类别:科目所属的类别;
④ 账户设置:科目的辅助核算,包括部门核算、人员核算、客户核算和工程核算;
⑤ 科目级别:会计科目的级别范围;
⑥ 科目性质:现金、银行或其他;
⑦ 余额方向:余额的借贷方向。

1.3.1.6 物资代码

① 物料编号/名称:物料的编号和名称;
② 物料类型:物资的类型;
③ 零部件图号:生产厂家为了方便零件识别和管理,一般会为每个零件、部件或配件编制独立且唯一的编号,这个编号就是零部件图号;
④ 物料牌号:给每一种物料具体的牌号,反映物料成分、质量等信息;
⑤ 规格/型号:反映物资大小、性质、性能、品质等一系列指标;
⑥ 计量单位:物资的度量单位;
⑦ 物料类别(小类)/类别名称(小类):物料类别的编号和名称;
⑧ 计划单价:企业设定的物资计划单价;
⑨ 仓库编号/名称:物资所存储的仓库编号和名称;
⑩ 质检控制:采购物资的质量检测标志;
⑪ 安全库存:为了防止不确定因素而预设的保险存储量;
⑫ 计价方法:存货发出时计算实际成本所用的计算方法;
⑬ 订货提前期:物资采购需要提前预订的时间;
⑭ 物资余额:仓库剩余物资的数量;
⑮ 经济批量:通过平衡采购进货成本和储存成本以实现总库存成本最低的最佳订

货量。

1.3.1.7　设备代码

① 设备编号/名称:设备的编号和名称;

② 规格:反映设备规格型号等信息;

③ 计量单位:设备的度量单位;

④ 数量:设备的数量;

⑤ 原值:设备的原始成本;

⑥ 累计折旧:设备折旧累计金额;

⑦ 净残值:设备使用期满后,残余的价值减去应支付的设备清理费用后的价值;

⑧ 净值:设备折旧额后的余额;

⑨ 使用年限:设备的使用年限;

⑩ 累计使用年限:设备使用年限累计数;

⑪ 设备类别:设备所属的类别;

⑫ 部门编号/名称:设备所属部门的编号和名称;

⑬ 折旧方法:设备折旧的方式;

⑭ 状态:设备的使用状态;

⑮ 启用日期:设备的使用日期;

⑯ 天能力:设备的工作天能力。

1.3.1.8　仓库代码

① 仓库编号/名称:仓库编号和名称信息;

② 保管员:仓库管理人员名称。

1.3.1.9　供应商代码

供应商编号/名称:供应商的编号和供应商全称。

1.3.2　实验数据

1.3.2.1　物流主线

(1)物资需求

① 物资类别:WZ(物资)或者 LJ(零件);

② 工程编号/名称:制造物料消耗对象的编号和名称;

③ 零部件图号/名称:物资所对应的零部件图号和名称;

④ 需求数量:根据零部件的生产数量乘以技术设计中消耗定额计算出的物资需求数量;

⑤ 需求时间:生产计划中该零部件进行加工的时间节点。

(2) 发票

① 开票日期:发票开票日期;

② 系统流水号:系统按顺序自动生成;

③ 发票编号:发票的唯一标识码;

④ 发票类别:发票的分类;

⑤ 客户编号/名称:发票上的客户编号和名称;

⑥ 金额:发票中的金额;
⑦ 税率:发票的税率;
⑧ 税额:含税金额;
⑨ 经办人:办理该发票的业务人员;
⑩ 审核标志/审核人员/审核日期:发票的审核标志、审核人员和审核日期。

(3) 物资入库单

① 料单编号:物料的唯一标识码;
② 入库日期:保管员根据入库申请单办理实收入库的时间;
③ 客户编号/名称:采购物资的客户编号和名称;
④ 部门编号/名称:物资采购的部门编号和名称;
⑤ 工程编号/名称:物资应用工程的编号和名称;
⑥ 采购员:办理物资入库的采购人员;
⑦ 仓库编号/名称:物资存放的仓库编号和名称;
⑧ 申请数量:申请办理入库的数量;
⑨ 单价:实际采购的价格;
⑩ 采购金额:物资采购应该花费的金额合计;
⑪ 税率:购买该物资时发票规定的增值税税率;
⑫ 税额:等于料款乘以税率,指物资的增值税税额;
⑬ 实收数量:保管实收入库的数量;
⑭ 入库金额:各项物资金额的总和;
⑮ 保管员:办理该入库单的业务人员;
⑯ 审核标志:物资入库单的物资审核标志;
⑰ 财务审核标志/审核人员/审核日期:物资入库单的财务审核标志、审核人员和审核日期。

(4) 物资采购合同

① 料单编号:物料的唯一标识码;
② 开单日期:编制物资申请入库的时间;
③ 采购数量:需要采购的物资数量;
④ 含税单价:物资含增值税税额的价格;
⑤ 采购金额:物资采购应该花费的金额合计;
⑥ 采购员:办理物资入库的采购人员;
⑦ 含税金额:物资含增值税税额的金额合计;
⑧ 税率:购买该物资时发票规定的增值税税率。

(5) 采购任务

① 采购总量:需要采购的物资数量;
② 采购员:采购物资的人员。

(6) 物资到货通知单

① 到货单号:物资到货通知单单号;
② 合同编号:采购合同编号;

③ 供应商编号/名称:物资供应商的编号和名称;
④ 到货总量:到货的物资数量;
⑤ 单价:物资单价;
⑥ 经办人:物资到货通知单的办理人员。

(7) 物资库存余额

① 仓库编号/名称:物资存放的仓库编号和名称;
② 实收数量:保管实收入库的数量;
③ 入库金额:各项物资金额的总和。

(8) 物资限额清单

① 开单日期:编制限额领料单的日期;
② 限额单号:限额领料单的唯一标识,系统保存时自动产生;
③ 部门编号/名称:限额领料对应的部门编号和名称;
④ 工程编号/名称:限额领料对应的工程编号和名称;
⑤ 限额数量:限额领料中规定的该工程、该部门为生产该部件可以领取此物资的最大值。

(9) 采购报销单

① 开单日期:编制采购报销单的日期;
② 报销单号:采购报销单的唯一标识,系统保存时自动产生;
③ 报销金额:采购物资的发票报销金额。

(10) 物资出库单

① 开单日期:编制物资出库单的日期;
② 领料日期:领取物资的日期;
③ 料单编号:物资出库单的唯一标识,系统保存时自动产生;
④ 出库类型:出库类别(限额/零星);
⑤ 部门编号/名称:物资领料对应的部门编号和名称;
⑥ 实发标志:物料实发标志;
⑦ 工程编号/名称:物资领料所对应的工程编号和名称;
⑧ 仓库编号/名称:物资存放的仓库编号和名称;
⑨ 出库日期:物资出库时间;
⑩ 请领数量:使用部门申请领料的数量;
⑪ 实发数量:保管实际发出的物资数量;
⑫ 计划单价:财务部门设置的物资出库价格;
⑬ 计划金额:计划单价出库的物资金额总计;
⑭ 实际金额:按照物资实际单价计算出的物资金额总计。

1.3.2.2　成本主线

(1) 经济业务案例

① 事务编号:经济业务的编号;
② 事务明细:经济业务的内容描述;
③ 凭证单据:经济业务中的凭证单据。

(2) 科目余额表

① 科目编号/名称:会计科目的代码和名称;

② 部门编号:账户设置为部门的编号;

③ 人员编号:账户设置为人员的编号;

④ 客户编号:账户设置为客户的编号;

⑤ 工程编号:账户设置为工程的编号;

⑥ 年初余额:选定时间段的年初余额;

⑦ 期初余额:选定科目的期初余额。

(3) 银行对账单

① 日期:银行对账单编制日期;

② 摘要:对账单内容描述;

③ 票据号:对账单编号;

④ 余额:账簿中当前行的余额等于上一行的余额与当前行的借贷方发生数的计算结果;

⑤ 记录类型:银行对账单记录行的类型为余额或发生。

(4) 单位日记账

① 科目编号:单位日记账的会计科目编号;

② 日期:编制单位日记账的日期;

③ 支票号:支票编号;

④ 金额:单位日记账银行存款科目发生金额;

⑤ 对账标志:单位日记账的记录与银行对账单的核对标志;

⑥ 初始标识:系统启用之前单位日记账的初始化数据标志;

⑦ 核算期间:会计核算的期间。

1.3.2.3 生产主线

(1) 部件配置库

① 部件标志:定义此零部件是否为部套;

② 零件件号:描述此部套的零件号;

③ 材质:产品零部件(自制件)所耗用材料的牌号信息;

④ 零件来源:零件的生产方式,如自制件(企业自行生产)、外购件(外部采购);

⑤ 结构数量:生产单个部件需要的零件数量。

(2) 典型图号库

① 单重:产品零部件的单位重量;

② 净重:产品零部件本身的重量;

③ 定额:完成该零件所需加工原材料的消耗额定重量。

(3) 工程配置库

① 结构数量:组装上级物资所需要的数量;

② 总数量:生产单个产品需要的零件总数量;

③ 部套图号:反映部套信息图表中的唯一编号;

④ 外购标志:物资是否需要从外部购买的标志。

(4) 定额工时

① 工序号:工序编号;

② 工序代码:根据企业内的编制规则编制的代码;

③ 工序名称:描述生产加工零件的步骤次序及每个步骤的加工内容;

④ 装备工时:开始加工一道工序在准备阶段耗费的时间;

⑤ 定额工时:加工完成一道工序需要的标准时间,一般以分钟为单位;

⑥ 工时单价:加工完成一道工序的单价;

⑦ 工序类型:CP(产品)或 LJ(零件);

⑧ 设备编号/名称:工序加工用到的设备的编号和名称。

第 2 章　虚拟实景企业简介

2.1　企业概况

A 发电设备有限公司隶属于中国船舶集团有限公司，是一家集发电机研发、制造及高速柴油发电机组为一体的高新技术企业。

公司通过引进德国、韩国技术，生产中低压发电机，并能独立研制高压发电机，用作各类船舶、海洋工程装备、大型陆用电站的主电源和应急电源。公司同康明斯、斯堪尼亚、沃尔沃等公司合作，提供高速柴油发电机组、箱式电站、移动式电站，广泛应用于各类船舶、海洋工程及医院、楼宇、数据中心等陆用领域。

2.2　组织机构

公司按照现代企业制度构建的董事会、监事会、经理层各司其职，设立了组织结构紧凑、运转高效灵活的管理层，提高了公司的工作效率与效能，确保公司高效率、低成本地运行，如图 2-1 所示。

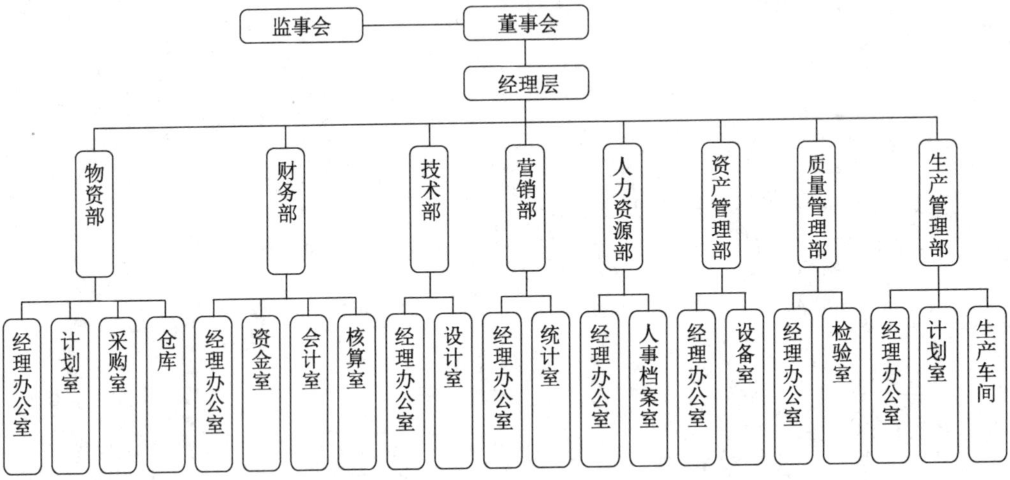

图 2-1　企业组织机构

2.3　产品概述

公司主要产品为船用中速柴油机、中速双燃料发动机、中速气体发动机、低速柴油机、中速柴油发电机组、船用发电机、排放后处理设备,形成以船用柴油机和船舶动力装置为主业,动力集成系统、电气集成系统、机械成套与海洋工程三大板块及全球技术服务的业务格局。公司主要产品连续多年在国内市场的占有率位列第一。某型船用柴油发电机产品结构如图2-2所示。

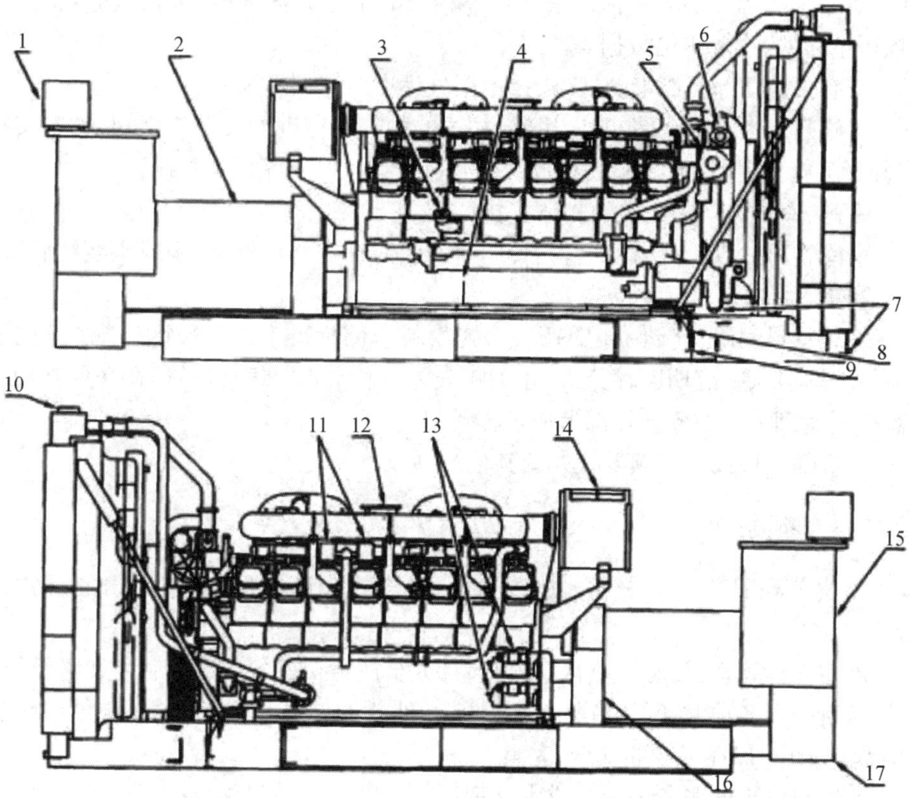

1—控制面板；2—发电机；3—加油帽；4—油位计；5—燃油冷却系统加注帽；6—二级燃油滤清器；7—排水；8—滤油网；9—排油塞；10—冷却系统加注帽；11—曲轴箱通气孔；12—排气管(外接增压器)；13—启动马达；14—空气滤清器；15—发电机接线盒；16—发电机排气盖；17—发电机空气进口盖

图2-2 某型船用柴油发电机产品结构

2.4 企业主要部门职责

2.4.1 物资部

① 直接参与制定公司年度内整体采购政策和预算安排,规划采购部内部具体业务的管理模式。

② 负责物资采购流程与进度的全面计划和控制,监督本部门预算指标的执行并汇总分析和报告预算完成情况。

③ 制定和调整采购业务的操作标准及特殊采购行为的管理模式,设定仓库管理的

标准参数,实施材料市场行情调研和主要供应商调研,制定进货成本控制目标和控制方法,组织对采购业务执行过程、执行结果和供应商交易、供应商合作的考评,提交供应商淘汰更换和新供应商引进的建议。

④ 对采购业务、进货渠道选择、进货价格确定和其他采购费用进行规范性指导、监督,并负责采集、汇总、加工和提供采购业务相关的基础数据资料,包括供应商资料、材料市场行情、采购业务历史数据等。

⑤ 按有关责任部门设定的规格、技术型号标准组织招标采购。

⑥ 实施归口物资的仓储、配送运输,相关的物资购存进度及结构规划、物料实物管理、基础账务管理、物料流转账表和报告、物流信息管理、物流成本控制。

⑦ 库区、库位和运输配送的具体安排调度。

⑧ 仓库物料的收料、发料、退料、转调、存储、清查、盘核、外验、销毁等实物管理,在库物资仓储保管。

⑨ 实施物料编码、仓储货位编码、实施物料仓储标准参数、仓库基础账务记录冲销、制单和单据传递、定期库存分析、相关账表汇总和报告等信息监管,在账务管理和库存信息分析管理上与财务会计部形成工作接口。

⑩ 物资部经理或公司领导交办的其他事项。

2.4.2 财务部

① 负责公司日常会计核算,提供及时、准确的会计信息,参与公司的日常经营管理。

② 严格会计管理,加会计监督,督促会计人员严格执行各项财务制度和财经纪律。

③ 负责公司各项财产的取得、使用、调拨、处置的记录与会计核算,定期组织各项财产的盘点工作,保证资产的安全、完整。

④ 原物料进出的账务记录及成本处理;各产品成本计算及损益决算。

⑤ 各项收入有关单据的审核,各项收入的确认及账务处理。

⑥ 各项费用凭证的审核、支付及账务处理。

⑦ 现金、银行存款的日常收支及账务处理。

⑧ 各项应收款项、应付款项的账务处理及核对。

⑨ 长短期投资的账务处理。

⑩ 各项资产减值准备的计提及账务处理。

⑪ 各种税项的计提及账务处理,各种税金的纳税申报与缴纳。

⑫ 股东权益、利润分配的账务处理。

⑬ 总账的生成和会计报表的编制。

⑭ 编制会计报表附注及财务情况说明书,完成财务报告的编制。

2.4.3 技术部

① 负责研发项目组建和进度管理工作,包括策划、输入、开发、验证、确认、生命周期管理等各个阶段。

② 负责公司技术标准管理。

③ 研究行业技术发展趋势,制定公司技术研发策略。

④ 负责新产品设计、开发、测试,组织实施新产品开发各阶段工作。

⑤ 负责产品生产工艺制定。

⑥ 负责产品开发、改进的技术文件交付工作。

⑦ 负责生产所需的自制设备、工装夹具、自制软件的设计。

⑧ 负责生产作业指导书的制定,标准时间标准产能的制定。制定合理的作业流程与生产工艺并进行优化,降低产品制造工时和制造成本。

⑨ 负责生产效率的提升、生产工艺的优化改善。

2.4.4　营销部

① 拟定整体营销战略规划、实施和改进。

② 编制市场开拓计划、产品销售计划,并组织实施,及时反馈市场信息。

③ 市场营销网络体系的建立与完善。

④ 销售管理体系、销售激励制度的建立、实施和改善。

⑤ 负责产品从生产到向客户交付过程中与公司其他部门的协调。

⑥ 协助完成售后、客户回访、沟通等服务工作。

⑦ 负责销售团队的建设、培训与培养以及客户的维护及日常管理。

⑧ 市场调研、市场分析工作,广告的策划与投放建议,以及广告费用的预算和监控。

⑨ 为公司研发项目决策提供市场动态的信息。

⑩ 客户开发、维护、管理,客户信息资料建档、归档。

⑪ 销售合同的拟定、评审、签订、保管。

⑫ 制定、实施品牌传播策略及规划。

⑬ 负责市场信息的搜集、整理、分析与发布,及时反馈客户对产品所提出的建议等各方面需求信息。

⑭ 收集、分析客户、竞争对手资讯,并提出分析报告。

2.4.5　人力资源部

① 负责招聘、面试、录入、转正、晋升、降级等人事管理工作。

② 负责组织绩效考核指标的设定和考核实施工作。

③ 负责员工劳动合同管理工作、员工信息管理和劳务纠纷处理等。

④ 负责部门内部先进集体、个人的评选工作。

⑤ 负责部门考勤和纪律监督工作。

⑥ 负责组织部门级各项培训和新员工培训、考核工作。

2.4.6　资产管理部

① 负责生产设备的日常维护、保养,保证生产设备正常运转。

② 参与生产设备的采购、大修招标工作。

③ 参与生产设备的大修及招标等相关业务。

④ 向生产统计员报送设备维修的成本数据。

2.4.7 生产管理部

① 编制生产预算及生产计划,按照销售管理部销售的需求组织生产活动。

② 组织协调生产中的各种问题,确保生产作业计划的全面完成。

③ 负责制定或协助制定生产业务相关制度。

④ 生产过程中资料的收集、统计、分析与报告。

⑤ 控制、降低生产成本。

⑥ 保管生产领用的物料、非生产性用品、生产各环节产生的半成品,存储与发出产成品。

⑦ 按照职能下设生产统计员、工艺技术管理员及根据生产需要设立若干生产车间。

2.4.8 质量管理部

① 负责原材料、半成品、成品等检验、检测工作。

② 负责产品品质监督与管理工作。

③ 组织质量改进活动,验证纠正和预防措施的有效性。

④ 建立与维护顾客信息反馈与售后服务系统,及时处理客户投诉。

⑤ 组织相关设备及特殊工序的验证及再确认。

⑥ 搜集质量信息,对质量信息进行统计、分析与处理。

⑦ 负责质量体系建设和审核工作。

⑧ 负责公司质量体系文件与档案管理。

⑨ 负责流程规划与优化、管理审计工作,保证公司执行力。

⑩ 质量管理体系要求的其他管理活动。

第3章 物流主线

物流主线包括采购计划编制、采购管理、入库管理和出库管理四个实验。生产部门编制物料需求清单，物资部门接收编制采购计划，经审核后发到采购室执行采购物资工作，物资到货后办理入库，生产部门领用物资时由物资部门办理出库。

部门和职员

1）物资部

物资部组织机构如图3-1所示。

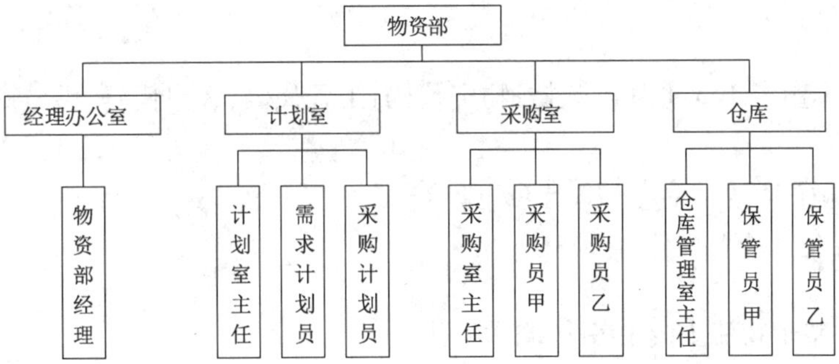

图3-1 物资部组织机构

(1) 经理办公室

➢ 物资部经理

职员职责：全面负责物资管理工作；审批物料采购计划；审核采购合同。

(2) 计划室

➢ 计划室主任

职员职责：审批物料需求计划；下达采购任务。

➢ 采购计划员

职员职责：编制物料采购计划。

➢ 需求计划员

职员职责：接收物料需求清单；编制零星采购需求清单。

(3) 采购室

➢ 采购室主任

职员职责：采购任务分配；物资审价；入库审核。

➢ 采购员甲

职员职责：物资采购询价；合同入库申请；物资采购合同录入。

➢ 采购员乙

职员职责:采购合同录入;发票录入;零星入库申请。

(4) 仓库

➢ 仓库管理室主任

职员职责:领料申请单审核。

➢ 保管员甲

职员职责:物资实收入库;入库汇总查询。

➢ 保管员乙

职员职责:保管时发出库。

2) 生产部

➢ 车间主任

职员职责:领料申请单审核。

➢ 车间领料员

职员职责:领料申请。

数据

基础数据参考 1.3.1 基础数据:物资代码、工程代码、客户代码、供应商代码、仓库代码。

业务数据参考 1.3.2.1 物流主线的内容。

学习目标

① 熟悉整个物流主线中各个部门的职责。

② 掌握各个业务流程。

3.1 采购计划编制

物资部门接收生产部门编制的物料需求清单,并结合企业库存记录与采购提前期进行 MRP 计算形成物料需求计划,并在此基础上调整之后编制采购计划,经过审核后下发并开展采购工作。

3.1.1 实验目的

① 进行采购计划编制业务的操作;熟悉企业采购计划部门实际开展采购计划编制的业务场景;通过角色扮演模拟采购计划部门各个岗位职员履行职责的场景;完成采购计划编制的流程;体会采购计划编制的业务逻辑。

② 掌握 MRP 运算的原理,完成企业物料需求接收、采购计划编制等。

3.1.2 实验原理

采购计划通过任务下达形成采购任务单;采购员根据采购任务单进行市场询价,并与供应商签订采购合同组织订货;企业收到采购发票后录入系统。

3.1.3 实验知识点

(1) 组织机构　本实验“采购计划编制”业务由物资部完成,涉及的岗位角色如下:

物资部经理:主要负责采购计划的审核。

计划室主任:主要负责物料需求计划的审批及下达采购任务。

需求计划员:主要负责接收物料需求清单及编制零星采购需求。

采购计划员:主要负责采购计划编制工作。

(2) 业务流程　采购计划编制业务流程如图3-2所示。

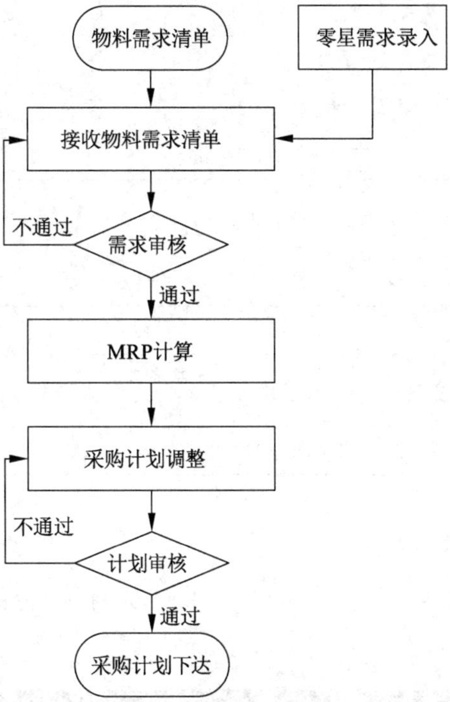

图3-2　采购计划编制业务流程

① 需求计划员接收来自生产部门的零件生产物料需求清单及各部门临时提出的零星需求。

② 计划室主任审核物料需求。

③ 计划室主任依据MRP计算原理对物料采购进行初步计算。

④ 计划员依据经验和生产的实际情况,在MRP计算完成后,对最终下达的采购数量、采购时间进行调整。

⑤ 物资部经理对调整后的采购计划进行最终的审核,形成正式的采购计划指导采购。

3.1.4 实验参考数据

① 零星需求录入:从表3-1中选择至少3种不同的物资进行录入。

表 3-1　零星需求清单

序号	物资编号	物资描述	计量单位	需求数量	需求时间
1	571010146010	垫片 非石棉 Φ24	件	48	2017－02－28
2	740401001025	碳素钢 碳素钢	千克	36	2017－02－28
3	553501144410	O 形圈 180×3.55	件	48	2017－02－28
4	740401002020	中板 中板	千克	36	2017－02－28
5	571010145610	垫片 L16－A01－03	件	48	2017－02－28
6	150805129510	螺塞 JB100148×2	件	36	2017－02－28
7	571010145910	垫片 橡胶	件	48	2017－02－28
8	101606107010	接管 20 Φ21×3.5	件	5	2017－02－28
9	922500147210	恒温阀 175－01－02	件	10	2017－02－28
10	571010146310	垫片 B57－04　δ=3 mm	只	48	2017－02－28

② 采购计划调整：根据表 3-2 对物料采购计划中的物资进行调整。

表 3-2　材料代用

设计材料			代用材料			数量变更		代用原因
物资编号	物资名称	规格型号	物资编号	物资名称	规格型号	原定额	代用额	
101612121210	齿轮	12CrNi2　Φ130	101612121310	齿轮	35CrMo　Φ130	3	3	国产件

3.1.5　实验步骤

进入物资部的实验场景后，根据任务卡提示及小助手与角色的对话内容接收实验任务，如图 3-3 所示。

图 3-3　进入“采购计划编制”实验

步骤1　物料需求接收

生产部门编制物料需求清单，需求计划员需要完成资料接收工作。

（1）观看视频　操作实验角色进入物资部计划室，根据任务卡内容，观看“曲轴装配”视频，如图3-4所示。

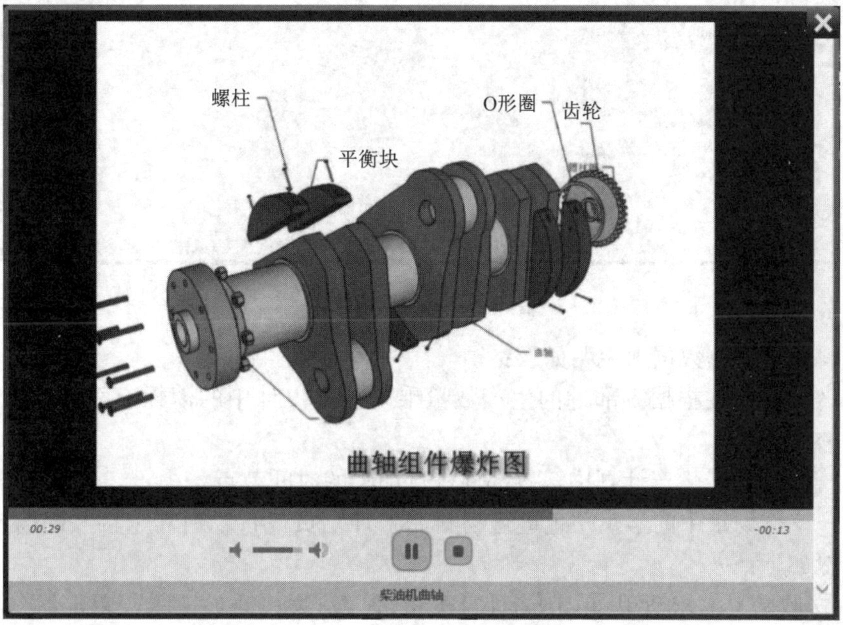

图3-4　“曲轴装配”视频

曲轴是柴油机的关键部件，本次实验任务将围绕曲轴零部件的采购计划编制展开。通过观看柴油机曲轴装配视频，了解曲轴的装配过程及对应的物料清单。

（2）接收任务　找到需求计划员，与其对话，接收任务，如图3-5所示。

图3-5　与需求计划员对话

（3）完成物料接收　单击任务卡打开“物料需求接收”界面，如图3-6所示。

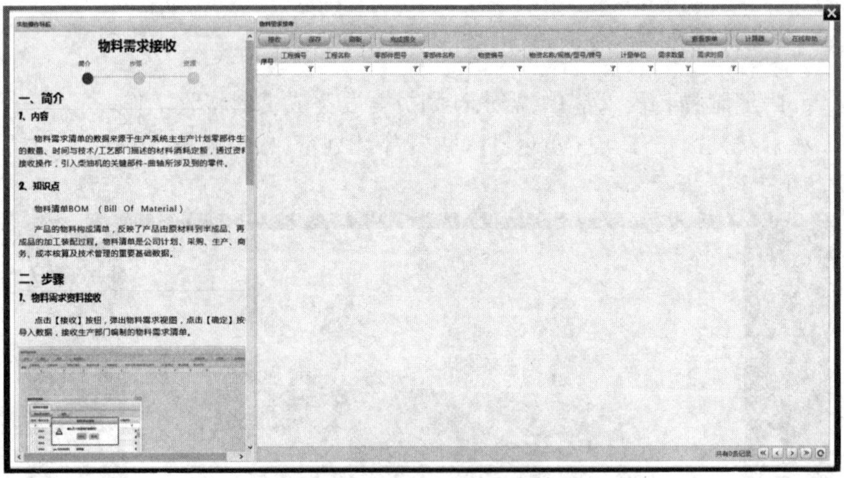

图 3-6　物料需求接收

物料需求清单数据项说明如下：

- 需求数量：根据零部件的生产数量乘以技术设计中的消耗定额计算出物资需求数量。
- 需求时间：生产计划中该零部件进行加工的时间节点。

用户操作场景中的学生角色进行物料需求计划员执行物料需求接收的岗位体验，操作步骤如下：

① 接收物料需求清单：单击【接收】按钮，弹出“物料需求视图”，单击【确定】按钮导入数据，接收生产部门编制的物料需求清单，如图 3-7 所示。

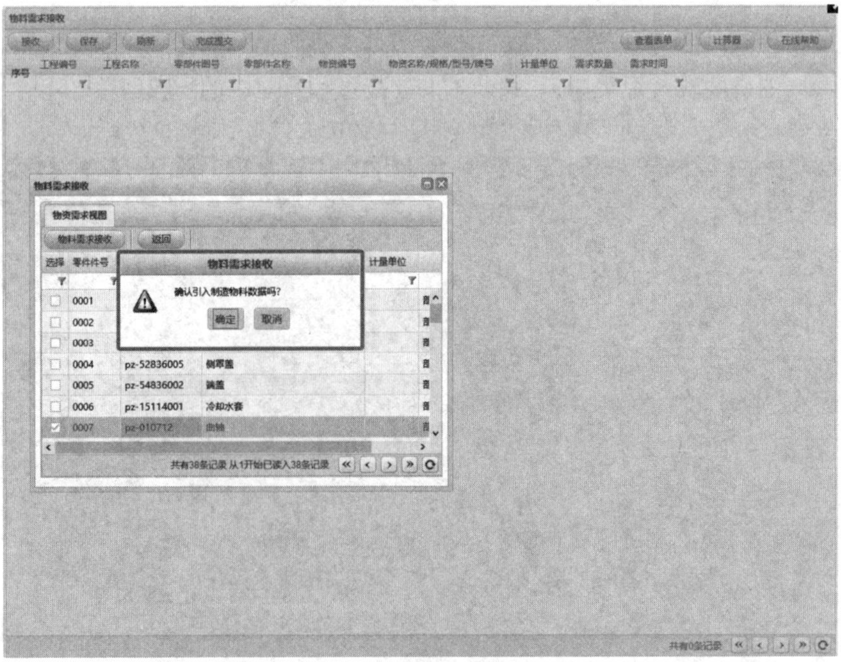

图 3-7　接收物料需求清单

系统默认接收关键部件“曲轴”。完成资料接收后的界面如图 3-8 所示。

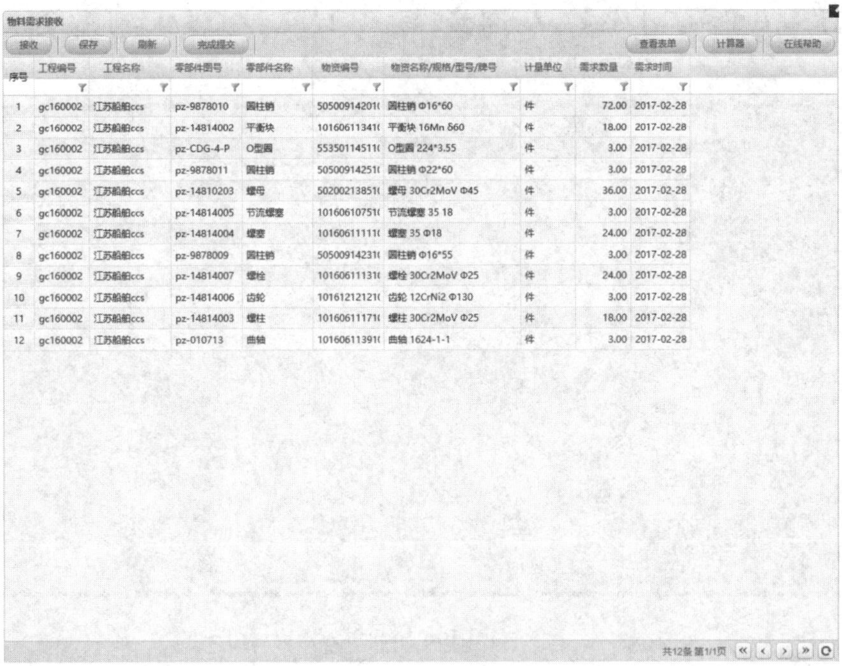

物料需求接收

接收　保存　刷新　完成提交　查看表单　计算器　在线帮助

序号	工程编号	工程名称	零部件图号	零部件名称	物资编号	物资名称/规格/型号/牌号	计量单位	需求数量	需求时间
1	gc160002	江苏船舶ccs	pz-9878010	圆柱销	50500914201(	圆柱销 Φ16*60	件	72.00	2017-02-28
2	gc160002	江苏船舶ccs	pz-14814002	平衡块	10160611341(	平衡块 16Mn δ60	件	18.00	2017-02-28
3	gc160002	江苏船舶ccs	pz-CDG-4-P	O型圈	55350114511(	O型圈 224*3.55	件	3.00	2017-02-28
4	gc160002	江苏船舶ccs	pz-9878011	圆柱销	50500914251(	圆柱销 Φ22*60	件	3.00	2017-02-28
5	gc160002	江苏船舶ccs	pz-14810203	螺母	50200213851(	螺母 30Cr2MoV Φ45	件	36.00	2017-02-28
6	gc160002	江苏船舶ccs	pz-14814005	节流螺塞	10160610751(	节流螺塞 35 18	件	3.00	2017-02-28
7	gc160002	江苏船舶ccs	pz-14814004	螺塞	10160611111(	螺塞 35 Φ18	件	24.00	2017-02-28
8	gc160002	江苏船舶ccs	pz-9878009	圆柱销	50500914231(	圆柱销 Φ16*55	件	3.00	2017-02-28
9	gc160002	江苏船舶ccs	pz-14814007	螺栓	10160611131(	螺栓 30Cr2MoV Φ25	件	24.00	2017-02-28
10	gc160002	江苏船舶ccs	pz-14814006	齿轮	10161212121(	齿轮 12CrNi2 Φ130	件	3.00	2017-02-28
11	gc160002	江苏船舶ccs	pz-14814003	螺柱	10160611171(	螺柱 30Cr2MoV Φ25	件	18.00	2017-02-28
12	gc160002	江苏船舶ccs	pz-010713	曲轴	10160611391(	曲轴 1624-1-1	件	3.00	2017-02-28

共12条 第1/1页

图 3-8　资料接收完成

② 完成提交：单击【完成提交】按钮，确认当前步骤已完成，然后单击右上角的【关闭】按钮关闭当前窗口，进入下一个实验步骤的操作。

步骤 2　零星需求录入

在企业管理过程中生产部门或者其他部门提出的临时采购需求，对于在技术、生产部门所涉及的消耗资料之外的零星物料消耗需求可以通过该功能进行手工录入，使计划资料充分、完整。零星需求录入的工作仍由需求计划员完成。

(1) 接收任务　根据任务卡提示与“需求计划员”对话，接收任务，如图 3-9 所示。

图 3-9　再次与需求计划员对话

（2）零星需求资料引入　单击【资料引入】按钮，导入零星需求数据，如图 3-10 所示。

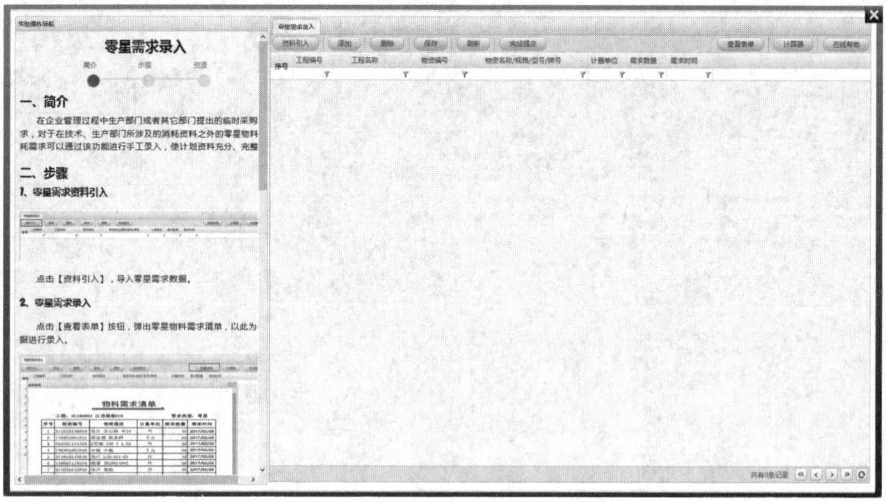

图 3-10　资料引入

用户操作场景中的学生角色模拟需求计划员执行零星需求录入的岗位体验，操作步骤如下：

① 零星需求资料引入：单击【资料引入】按钮，导入零星需求数据，如图 3-11 所示。

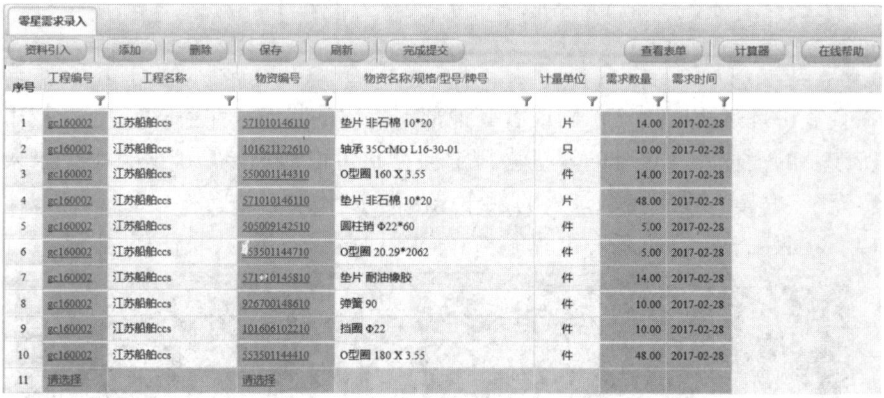

序号	工程编号	工程名称	物资编号	物资名称/规格/型号/牌号	计量单位	需求数量	需求时间
1	gc160002	江苏船舶ccs	571010146110	垫片 非石棉 10*20	片	14.00	2017-02-28
2	gc160002	江苏船舶ccs	101621122610	轴承 35CrMO L16-30-01	只	10.00	2017-02-28
3	gc160002	江苏船舶ccs	550001144310	O型圈 160 X 3.55	件	14.00	2017-02-28
4	gc160002	江苏船舶ccs	571010146110	垫片 非石棉 10*20	片	48.00	2017-02-28
5	gc160002	江苏船舶ccs	505009142510	圆柱销 Φ22*60	件	5.00	2017-02-28
6	gc160002	江苏船舶ccs	[illegible]53501144710	O型圈 20.29*2062	件	5.00	2017-02-28
7	gc160002	江苏船舶ccs	571[illegible]10145810	垫片 耐油橡胶	件	14.00	2017-02-28
8	gc160002	江苏船舶ccs	926700148610	弹簧 90	件	10.00	2017-02-28
9	gc160002	江苏船舶ccs	101606102210	挡圈 Φ22	件	10.00	2017-02-28
10	gc160002	江苏船舶ccs	553501144410	O型圈 180 X 3.55	件	48.00	2017-02-28
11	请选择		请选择				

图 3-11　添加数据

② 添加新需求：添加新物料需求，需要选择工程代码、物资代码及录入需求数量、需求时间。

在“工程编号”列单击“请选择”，进入“工程代码表”页面选择需要添加的工程，单击【选中】按钮，添加工程信息到表单，如图 3-12 所示。

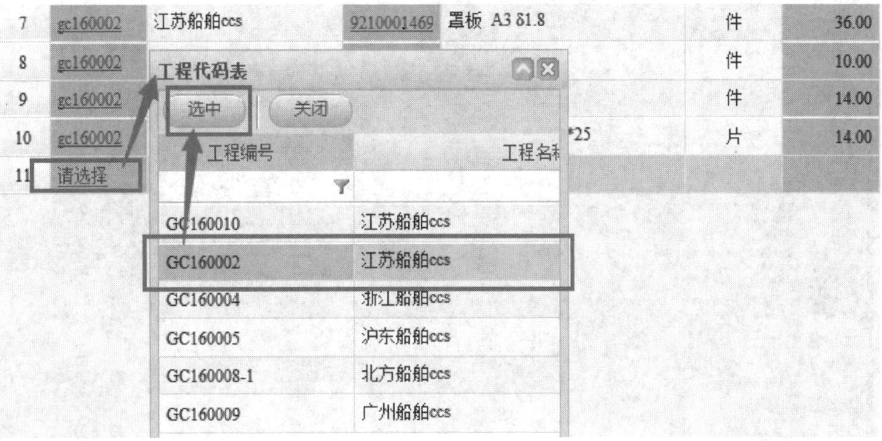

图 3-12　工程代码选择

“物资代码选择”的操作同上。

③ 完成提交：单击【完成提交】按钮，确认当前步骤已完成，然后单击右上角的【关闭】按钮关闭当前窗口，进入下一个实验步骤的操作。

步骤 3　物料需求审核

从技术、生产部门接收的物料需求及零星录入的需求都必须经过计划室主任审核后才能成为编制采购计划和限额发料的依据。

(1) 接收任务　根据任务卡提示与计划室主任进行对话，接收物料需求审核任务，如图 3-13 所示。

图 3-13　与计划室主任对话

(2) 物料需求审核　单击任务卡实验步骤“物料需求审核”，打开操作界面，如图 3-14 所示。

图 3-14　物料需求审核

用户操作场景中的学生角色完成计划室主任执行物料需求审核的岗位体验，操作步骤如下：

① 物料需求审核：选择需要审核的物料需求资料信息，单击【审核】按钮，系统自动对用户选择的物料需求进行审核处理。物资描述、需求时间和需求数量是审核的关键数据。审核完毕，数据添加审核标记，字体变成红色，且审核之后的数据不允许编辑，如图 3-15 所示。

审核标志	工程编号	工程名称	零部件图号	零部件名称	物资编号	物资名称/规格/型号/牌号	计量单位	需求数量	需求时间	审核人员
☑	gc160002	江苏船舶ccs			101606108010	筋板 3C δ20	件	36.00	2017-02-28	计划室主任
☑	gc160002	江苏船舶ccs			550001144010	O型圈 Φ13.2*2.65	件	14.00	2017-02-28	计划室主任
☑	gc160002	江苏船舶ccs			572025146410	挡圈 Φ24	件	14.00	2017-02-28	计划室主任
☑	gc160002	江苏船舶ccs			740401001025	碳素钢 碳素钢	千克	36.00	2017-02-28	计划室主任
☑	gc160002	江苏船舶ccs			571010145810	垫片 耐油橡胶	件	48.00	2017-02-28	计划室主任
☑	gc160002	江苏船舶ccs			571010145710	垫片 B57-04δ=2mm	只	14.00	2017-02-28	计划室主任
☑	gc160002	江苏船舶ccs			550001144310	O型圈 160 X 3.55	件	48.00	2017-02-28	计划室主任
☑	gc160002	江苏船舶ccs			921000146910	罩板 A3 δ1.8	件	36.00	2017-02-28	计划室主任
☑	gc160002	江苏船舶ccs			101621123510	轴承盘 35CrMO Φ145	件	5.00	2017-02-28	计划室主任
☑	gc160002	江苏船舶ccs			355301130110	下轴承 1624	件	10.00	2017-02-28	计划室主任
☑	gc160002	江苏船舶ccs	pz-9878010	圆柱销	505009142010	圆柱销 Φ16*60	件	72.00	2017-02-28	计划室主任
☑	gc160002	江苏船舶ccs	pz-14814002	平衡块	101606113410	平衡块 16Mn δ60	件	18.00	2017-02-28	计划室主任
☑	gc160002	江苏船舶ccs	pz-CDG-4-P	O型圈	553501145110	O型圈 224*3.55	件	3.00	2017-02-28	计划室主任
☑	gc160002	江苏船舶ccs	pz-9878011	圆柱销	505009142510	圆柱销 Φ22*60	件	3.00	2017-02-28	计划室主任
☑	gc160002	江苏船舶ccs	pz-14810203	螺母	502002138510	螺母 30Cr2MoV Φ45	件	36.00	2017-02-28	计划室主任
☑	gc160002	江苏船舶ccs	pz-14814005	节流螺塞	101606107510	节流螺塞 35 18	件	3.00	2017-02-28	计划室主任
☑	gc160002	江苏船舶ccs	pz-14814004	螺塞	101606111110	螺塞 35 Φ18	件	24.00	2017-02-28	计划室主任
☑	gc160002	江苏船舶ccs	pz-9878009	圆柱销	505009142310	圆柱销 Φ16*55	件	3.00	2017-02-28	计划室主任
☑	gc160002	江苏船舶ccs	pz-14814007	螺栓	101606111310	螺栓 30Cr2MoV Φ25	件	24.00	2017-02-28	计划室主任
☑	gc160002	江苏船舶ccs	pz-14814006	齿轮	101612121210	齿轮 12CrNi2 Φ130	件	3.00	2017-02-28	计划室主任
☑	gc160002	江苏船舶ccs	pz-14814003	螺柱	101606111710	螺柱 30Cr2MoV Φ25	件	18.00	2017-02-28	计划室主任
☑	gc160002	江苏船舶ccs	pz-010713	曲轴	101606113910	曲轴 1624-1-1	件	3.00	2017-02-28	计划室主任

图 3-15　物料需求审核

注 意

要求审核所有的物料需求。

② 完成提交:单击【完成提交】按钮,确认当前步骤已完成,然后单击右上角的【关闭】按钮关闭当前窗口,进入下一个实验步骤的操作。

注 意

针对已审核但尚未签订采购合同的采购任务,如果发现审核错误或需要修改审核意见,可进行撤销审核的操作。选中需要撤销的物资需求,单击工具栏中【撤销审核】按钮,清除审核标志、审核人员和审核日期。

步骤4 MRP运算——需求数量计算

根据物资需求信息,参考当前库存量、需求数量、需求时间等因素,进行物资需求运算,运用MRP原理计算出各项物资的最优采购数量和采购时间,形成采购计划,以便合理分配采购数量与采购时间。

小助手提示“MRP运算”是采购计划管理的核心知识点。学习库存平衡计算原理,如图3-16所示。

图3-16 小助手提示

(1) 观看视频 在进行MRP计算之前,先观看“采购物料数量的计算”微课,进行库存平衡计算原理的学习,如图3-17所示。

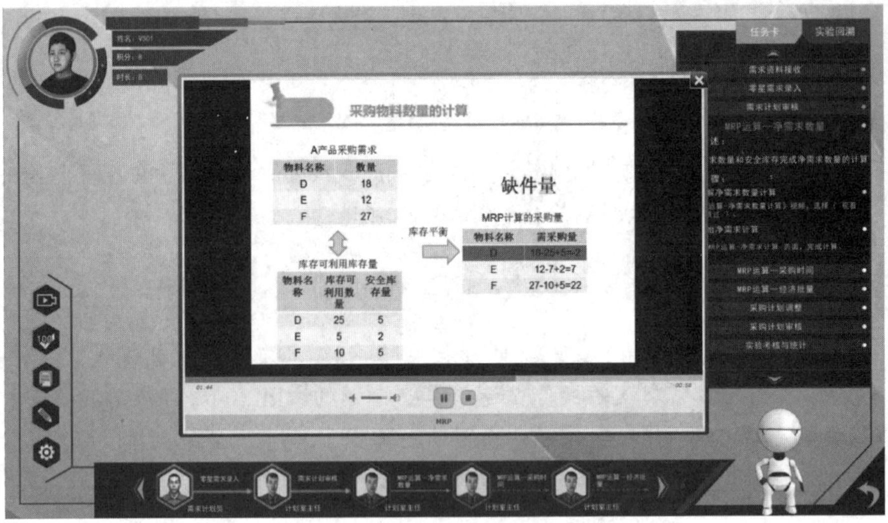

图 3-17 “采购物料数量的计算”微课

(2) 完成 MRP 运算——需求数量计算 单击任务卡实验步骤“MRP_净需求数量计算”,打开操作界面,如图 3-18 所示。

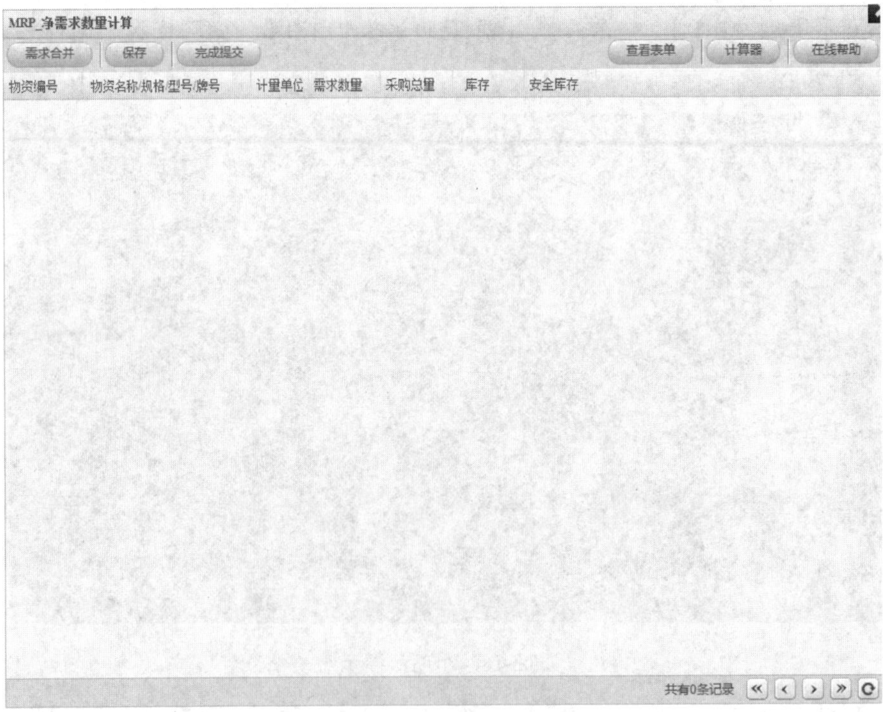

图 3-18 采购数量计算

MRP 计算的数据项说明如下:

- 安全库存:为防止未来物资供应或需求的不确定性因素(如大量突发性订货、交货意外中断或突然延期等)发生而准备的缓冲库存。安全库存与该物资的属性和管理要求相关,并非所有的物资都需要设定安全库存。

- ➢ 采购总量:净需求数量。
- ➢ 采购总量 = 需求数量 - 库存数量 + 安全库存数量。

用户操作场景中的学生角色进行计划室主任执行 MRP 运算——需求数量计算的岗位体验,操作步骤如下:

① 需求合并:将已审核的物料需求计划中的相同物资(物资编码为判断依据)进行合并,需求数量为汇总值,如图 3-19 所示。

物资编号	物资名称/规格/型号/牌号	计量单位	需求数量	采购总量	库存	安全库存
101606107	接管 20 Φ21×3.5	件	5.00	0.00	8.00	10.00
101606107	节流螺塞 35 18	件	3.00	0.00	0.00	10.00
101606111	螺塞 35 Φ18	件	24.00	0.00	20.00	100.00
101606111	螺栓 30Cr2MoV Φ25	件	24.00	0.00	20.00	100.00
101606111	螺柱 30Cr2MoV Φ25	件	18.00	0.00	20.00	100.00
101606113	平衡块 16Mn δ60	件	18.00	0.00	20.00	100.00
101606113	曲轴 1624-1-1	件	3.00	0.00	20.00	30.00
101612121	齿轮 12CrNi2 Φ130	件	3.00	0.00	0.00	10.00
150101127	管接头 A3 Φ40	件	10.00	0.00	0.00	0.00
502002138	螺母 30Cr2MoV Φ45	件	36.00	0.00	20.00	100.00
505009142	圆柱销 Φ16*60	件	72.00	0.00	20.00	100.00
505009142	圆柱销 Φ16*55	件	3.00	0.00	20.00	30.00
505009142	圆柱销 Φ22*60	件	3.00	0.00	20.00	30.00
553501144	O型圈 180 X 3.55	件	48.00	0.00	20.00	30.00
553501145	O型圈 224*3.55	件	3.00	0.00	0.00	10.00
571010145	垫片 B57-04δ=2mm	只	14.00	0.00	20.00	30.00
571010145	垫片 耐油橡胶	件	48.00	0.00	20.00	10.00
571010146	垫片 非石棉 Φ24	件	14.00	0.00	20.00	10.00
571010146	垫片 B57-04δ=3mm	只	14.00	0.00	20.00	30.00
740401001	碳素钢 碳素钢	千克	36.00	0.00	20.00	10.00
921000146	罩板 A3 δ1.8	件	36.00	0.00	20.00	10.00
922500147	恒温阀 175-01-02	件	10.00	0.00	20.00	10.00

图 3-19　需求合并

② 需求数量计算:依据"采购总量 = 需求数量 - 库存数量 + 安全库存数量"计算并填写。

注　意

计算所得的采购总量为正数表示当前库存可用数量低于需求数量,采购总量填写计算值;为负数表示当前库存可用数量大于需求数量,本次不需要采购,采购总量填写为"0"。

采购总量填写后,数字颜色若为红色,则表示采购总量填写错误。

需求合并的内容是在物料需求审核步骤中已经审核过的数据,未经审核的数据不能进行需求合并。

③ 完成提交:单击【完成提交】按钮,弹出对话框提示数据的检查结果,包括正确、错误和未做的条数,如图 3-20 所示。

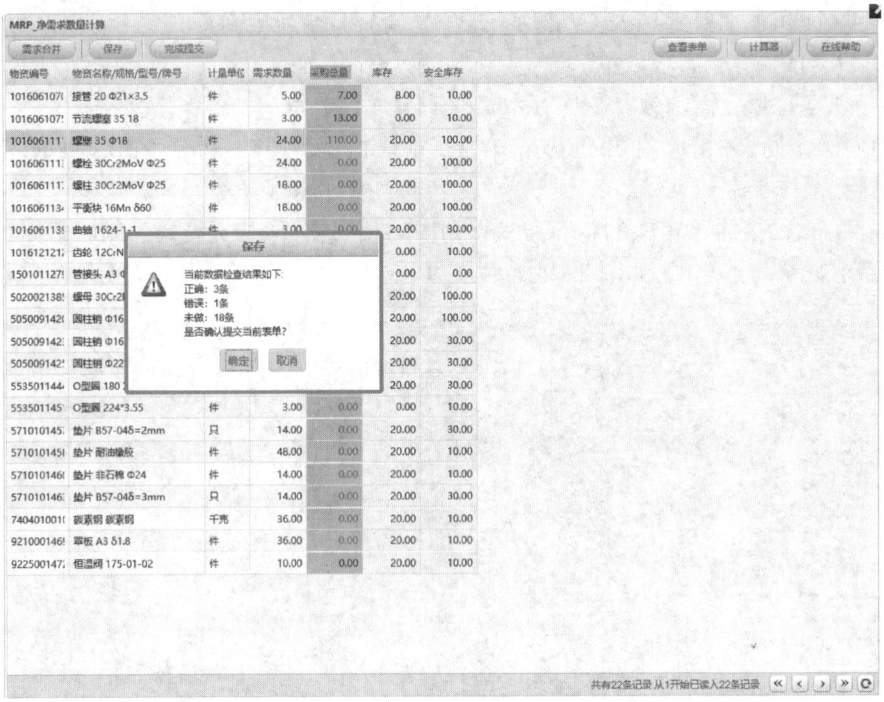

图 3-20 MPP 净需求数量计算结果提示

所有数据正确后,单击【确定】按钮,保存并提交数据,然后单击右上角的【关闭】按钮关闭当前窗口,进入下一个实验步骤的操作。

步骤 5 MRP 运算——采购时间计算

依据需求时间和采购提前期完成采购时间计算。

(1) 观看视频 根据任务卡提示观看“采购时间计算”微课,如图 3-21 所示。

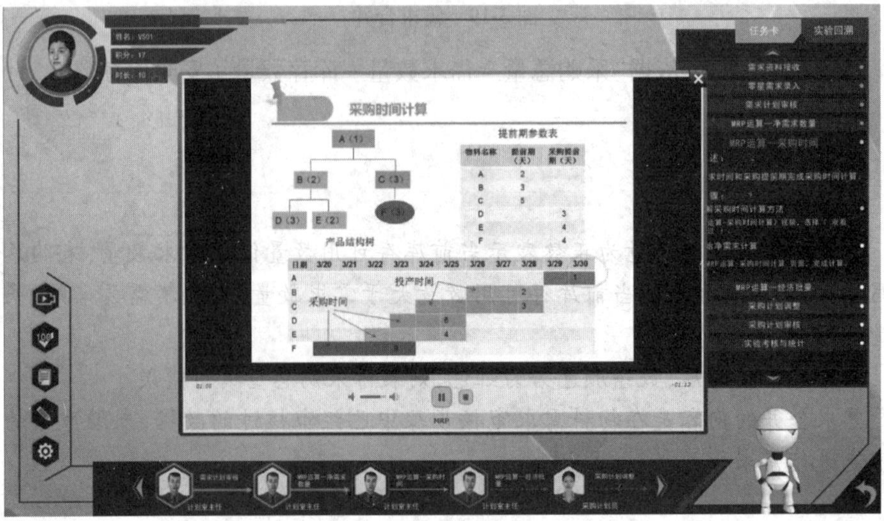

图 3-21 “采购时间计算”微课

（2）完成采购时间计算　单击任务卡实验步骤“MRP_订货提前期”，打开操作界面，如图 3-22 所示。

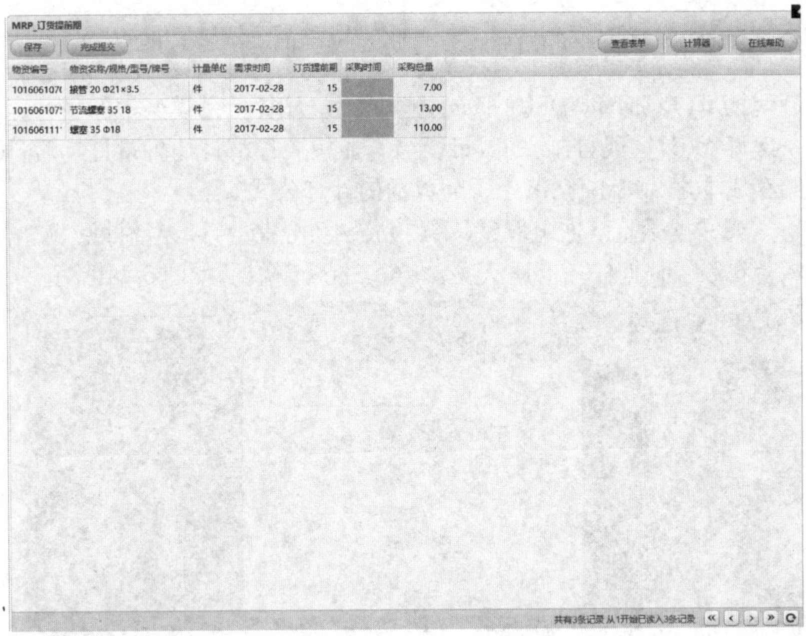

图 3-22　采购时间计算

用户操作场景中的学生角色完成计划室主任计算采购时间的岗位体验，操作步骤如下：

① 选择记录：依据公式“物资采购时间 = 需求时间 - 采购提前期”计算采购时间并且录入数据，如图 3-23 所示。

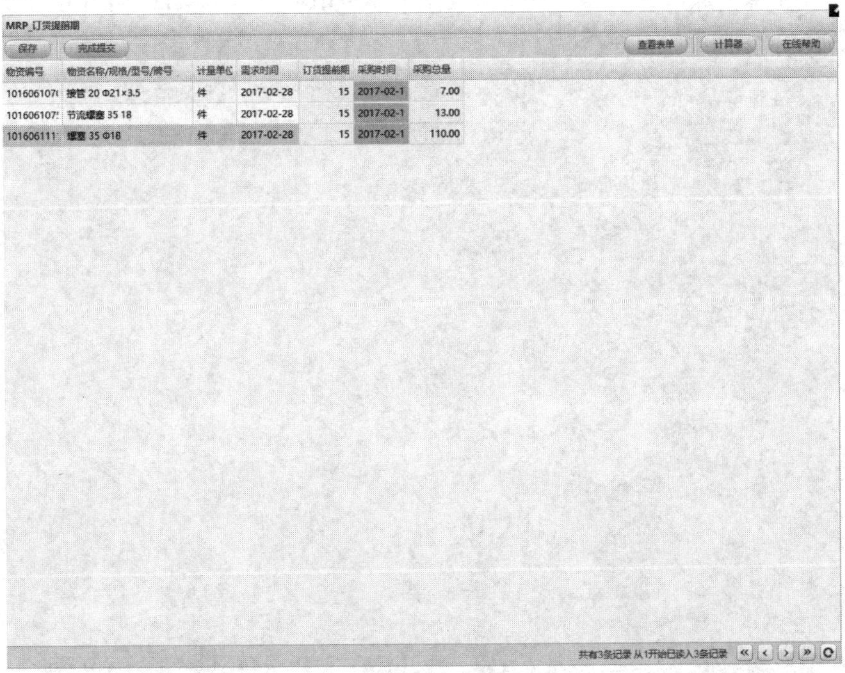

图 3-23　采购时间录入

② 完成提交:单击【完成提交】按钮,确认当前步骤已完成,然后单击右上角的【关闭】按钮关闭当前窗口,进入下一个实验步骤的操作。

步骤6　MRP运算——经济批量计算

经济订购批量(Economic Order Quantity)是固定订货批量模型中的一种,可以用来确定企业一次订货(外购或自制)的数量。当企业按照经济订购批量订货时,可实现订货成本和储存成本之和最小化,其中采购数据的计算公式如下:

总采购数量 = 向上取整(采购数量/经济批量) × 经济批量　　(3-1)

(1) 观看视频　根据任务卡提示观看"经济批量"微课,如图3-24所示。

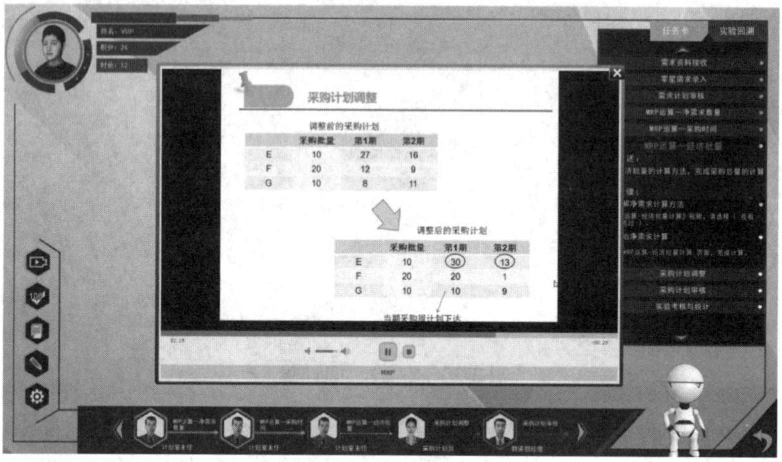

图3-24　"经济批量"微课

(2) 完成净需求计算　单击任务卡实验步骤"MRP_经济批量",打开操作界面,如图3-25所示。

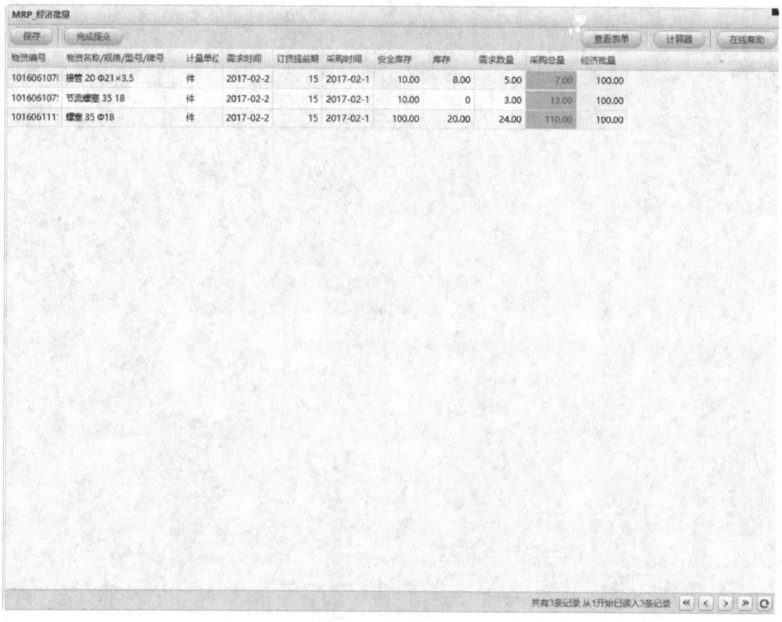

物资编号	物资名称/规格/型号/牌号	计量单位	需求时间	订货提前期	采购时间	安全库存	库存	需求数量	采购总量	经济批量
101606107(	接管 20 Φ21×3.5	件	2017-02-2	15	2017-02-1	10.00	8.00	5.00	7.00	100.00
101606107!	节流螺塞 35 18	件	2017-02-2	15	2017-02-1	10.00	0	3.00	13.00	100.00
101606111'	螺塞 35 Φ18	件	2017-02-2	15	2017-02-1	100.00	20.00	24.00	110.00	100.00

共有3条记录 从1开始已读入3条记录

图3-25　经济批量计算

用户操作场景中的学生角色完成计划室主任计算经济批量的岗位体验，操作步骤如下：

① 选择记录：依据式(3-1)，计算采购总量，并在“采购总量”列录入数据，如图3-26所示。

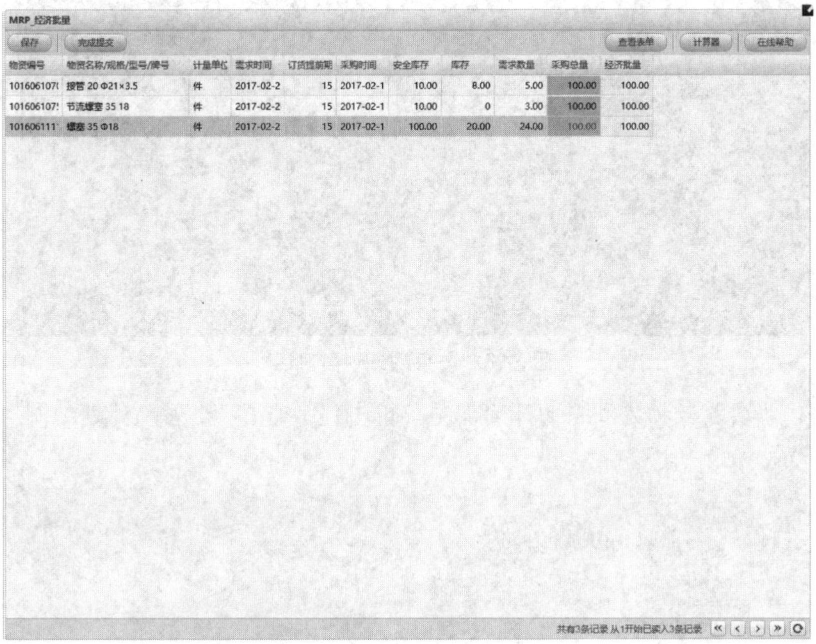

图3-26 采购总量录入

② 完成提交：单击【完成提交】按钮，弹出的对话框提示数据检查结果，包括正确、错误和未做的条数，如图3-27所示。

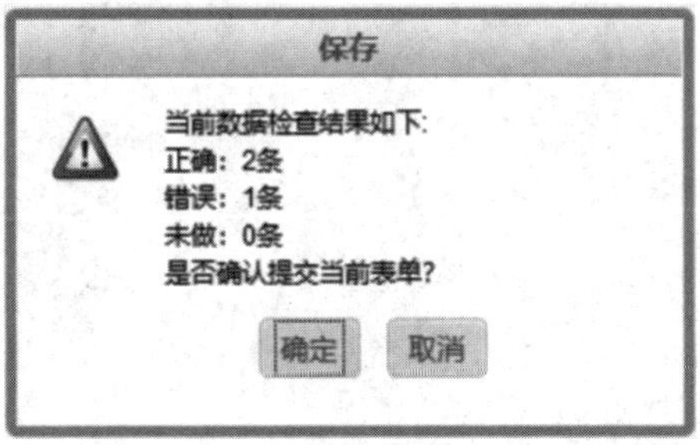

图3-27 经济批量计算结果提示

所有数据正确后，单击【确定】按钮，保存并提交数据，然后单击右上角的【关闭】按钮关闭当前窗口，进入下一个实验步骤的操作。

步骤7 采购计划调整

企业可能会受季节等各种动态因素的影响造成实际生产情况或物资需求的波动，因此采购计划员需要根据经验和生产的实际情况，在MRP计算完成后，对最终下达的采购数量、采购时间进行调整。

(1) 接收任务　根据任务卡提示与采购计划员进行对话,接收任务,如图 3-28 所示。

图 3-28　与采购计划员对话

(2) 依据实验数据完成采购计划调整　单击任务卡打开"采购计划编制"界面,如图 3-29 所示。

采购计划编制

保存　完成提交　　查看表单　计算器　在线帮助

序号	物资编号	物资名称/规格/型号/牌号	计量单位	需求时间	采购时间	需求数量	拟采购量	调整数量	最终采购量
1	10160610701	接管 20 Φ21×3.5	件	2017-02-2	2017-02-1	5.00	100.00	0	100.00
2	10160610751	节流螺塞 35 18	件	2017-02-2	2017-02-1	3.00	100.00	0	100.00
3	10160611111	螺塞 35 Φ18	件	2017-02-2	2017-02-1	24.00	100.00	0	100.00
4	10160611131	螺栓 30Cr2MoV Φ25	件	2017-02-2		24.00	0	0	0
5	10160611171	螺柱 30Cr2MoV Φ25	件	2017-02-2		18.00	0	0	0
6	10160611341	平衡块 16Mn δ60	件	2017-02-2		18.00	0	0	0
7	10160611391	曲轴 1624-1-1	件	2017-02-2		3.00	0	0	0
8	10161212121	齿轮 12CrNi2 Φ130	件	2017-02-2		3.00	0	0	0
9	15010112791	管接头 A3 Φ40	件	2017-02-2		10.00	0	0	0
10	50200213851	螺母 30Cr2MoV Φ45	件	2017-02-2		36.00	0	0	0
11	50500914201	圆柱销 Φ16*60	件	2017-02-2		72.00	0	0	0
12	50500914231	圆柱销 Φ16*55	件	2017-02-2		3.00	0	0	0
13	50500914251	圆柱销 Φ22*60	件	2017-02-2		3.00	0	0	0
14	55350114441	O型圈 180 X 3.55	件	2017-02-2		48.00	0	0	0
15	55350114511	O型圈 224*3.55	件	2017-02-2		3.00	0	0	0
16	57101014571	垫片 B57-04δ=2mm	只	2017-02-2		14.00	0	0	0
17	57101014581	垫片 耐油橡胶	件	2017-02-2		48.00	0	0	0
18	57101014601	垫片 非石棉 Φ24	件	2017-02-2		14.00	0	0	0
19	57101014631	垫片 B57-04δ=3mm	只	2017-02-2		14.00	0	0	0
20	74040100102	碳素钢 碳素钢	千克	2017-02-2		36.00	0	0	0
21	92100014691	罩板 A3 δ1.8	件	2017-02-2		36.00	0	0	0
22	92250014721	恒温阀 175-01-02	件	2017-02-2		10.00	0	0	0

共22条 第1/1页

图 3-29　采购计划编制

用户操作场景中的学生角色进行采购计划员执行采购计划调整的岗位体验,操作步骤如下:

① 物资代用:单击【查看表单】按钮,根据提供的材料代用清单对物料采购计划中的物资进行调整,通过单击"物资编号"列弹出的窗口选择代用后的物资。

② 采购数量、采购时间调整:依据实验数据,完成采购数量、采购时间调整。

③ 完成提交:单击【完成提交】按钮,确认当前步骤已完成,然后单击右上角的【关闭】按钮关闭当前窗口,进入下一个实验步骤的操作。

步骤 8　采购计划审核

物资部经理对调整后的采购计划进行最终的审核，形成正式的采购计划以指导采购，然后转入到采购部门进行采购任务下达，相关人员执行采购业务。

(1) 接收任务　根据任务卡提示与物资部经理进行对话，接收任务，如图 3-30 所示。

图 3-30　与物资部经理对话

(2) 完成采购计划审核　模拟物资部经理对采购计划进行审核的场景。单击任务卡实验步骤“采购计划审核”，打开操作界面，如图 3-31 所示。

采购计划审核

审核　撤销审核　保存　完成提交　查看表单　计算器　在线帮助

序号	审核标志	物资编号	物资名称/规格/型号/牌号	计量单位	需求时间	采购时间	需求数量	调整数量	采购总量	审核日期	审核人员
1	☐	10160610	接管 20 Φ21×3.5	件	2017-02-28	2017-02-13	5.00	0.00	100.00		
2	☐	10160610	节流螺塞 35 18	件	2017-02-28	2017-02-13	3.00	0.00	100.00		
3	☐	10160611	螺塞 35 Φ18	件	2017-02-28	2017-02-13	24.00	0.00	100.00		
4	☐	10160611	螺栓 30Cr2MoV Φ25	件	2017-02-28		24.00	0.00	0.00		
5	☐	10160611	螺柱 30Cr2MoV Φ25	件	2017-02-28		18.00	0.00	0.00		
6	☐	10160611	平衡块 16Mn δ60	件	2017-02-28		18.00	0.00	0.00		
7	☐	10160611	曲轴 1624-1-1	件	2017-02-28		3.00	0.00	0.00		
8	☐	10161212	齿轮 12CrNi2 Φ130	件	2017-02-28		3.00	0.00	0.00		
9	☐	15010112	管接头 A3 Φ40	件	2017-02-28		10.00	0.00	0.00		
10	☐	50200213	螺母 30Cr2MoV Φ45	件	2017-02-28		36.00	0.00	0.00		
11	☐	50500914	圆柱销 Φ16*60	件	2017-02-28		72.00	0.00	0.00		
12	☐	50500914	圆柱销 Φ16*55	件	2017-02-28		3.00	0.00	0.00		
13	☐	50500914	圆柱销 Φ22*60	件	2017-02-28		3.00	0.00	0.00		
14	☐	55350114	O型圈 180 X 3.55	件	2017-02-28		48.00	0.00	0.00		
15	☐	55350114	O型圈 224*3.55	件	2017-02-28		3.00	0.00	0.00		
16	☐	57101014	垫片 B57-04δ=2mm	只	2017-02-28		14.00	0.00	0.00		
17	☐	57101014	垫片 耐油橡胶	件	2017-02-28		48.00	0.00	0.00		
18	☐	57101014	垫片 非石棉 Φ24	件	2017-02-28		14.00	0.00	0.00		
19	☐	57101014	垫片 B57-04δ=3mm	只	2017-02-28		14.00	0.00	0.00		
20	☐	74040100	碳素钢 碳素钢	千克	2017-02-28		36.00	0.00	0.00		
21	☐	92100014	罩板 A3 δ1.8	件	2017-02-28		36.00	0.00	0.00		
22	☐	92250014	恒温阀 175-01-02	件	2017-02-28		10.00	0.00	0.00		

共22条 第1/1页

图 3-31　采购计划审核

用户操作场景中的学生角色进行物资部经理执行采购计划审核的岗位体验，操作步骤如下：

① 审核采购计划：单击工具栏中的【审核】按钮，审核所有的采购计划，系统添加审核标志、审核员和审核日期，如图 3-32 所示。

序号	审核标志	物资编号	物资名称/规格/型号/牌号	计量单位	需求时间	采购时间	需求数量	调整数量	采购总量	审核日期	审核人员
1	☑	10160610:	接管 20 Φ21×3.5	件	2017-02-28	2017-02-13	5.00	0.00	100.00	2017-02-28	物资部经理
2	☑	10160610:	节流螺塞 35 18	件	2017-02-28	2017-02-13	3.00	0.00	100.00	2017-02-28	物资部经理
3	☑	10160611'	螺塞 35 Φ18	件	2017-02-28	2017-02-13	24.00	0.00	100.00	2017-02-28	物资部经理
4	☑	10160611'	螺栓 30Cr2MoV Φ25	件	2017-02-28		24.00	0.00	0.00	2017-02-28	物资部经理
5	☑	10160611'	螺柱 30Cr2MoV Φ25	件	2017-02-28		18.00	0.00	0.00	2017-02-28	物资部经理
6	☑	10160611:	平衡块 16Mn δ60	件	2017-02-28		18.00	0.00	0.00	2017-02-28	物资部经理
7	☑	10160611:	曲轴 1624-1-1	件	2017-02-28		3.00	0.00	0.00	2017-02-28	物资部经理
8	☑	10161212'	齿轮 12CrNi2 Φ130	件	2017-02-28		3.00	0.00	0.00	2017-02-28	物资部经理
9	☑	15010112:	管接头 A3 Φ40	件	2017-02-28		10.00	0.00	0.00	2017-02-28	物资部经理
10	☑	50200213(	螺母 30Cr2MoV Φ45	件	2017-02-28		36.00	0.00	0.00	2017-02-28	物资部经理
11	☑	50500914:	圆柱销 Φ16*60	件	2017-02-28		72.00	0.00	0.00	2017-02-28	物资部经理
12	☑	50500914:	圆柱销 Φ16*55	件	2017-02-28		3.00	0.00	0.00	2017-02-28	物资部经理
13	☑	50500914:	圆柱销 Φ22*60	件	2017-02-28		3.00	0.00	0.00	2017-02-28	物资部经理
14	☑	55350114	O型圈 180 X 3.55	件	2017-02-28		48.00	0.00	0.00	2017-02-28	物资部经理
15	☑	55350114!	O型圈 224*3.55	件	2017-02-28		3.00	0.00	0.00	2017-02-28	物资部经理
16	☑	57101014!	垫片 B57-04δ=2mm	只	2017-02-28		14.00	0.00	0.00	2017-02-28	物资部经理
17	☑	57101014!	垫片 耐油橡胶	件	2017-02-28		48.00	0.00	0.00	2017-02-28	物资部经理
18	☑	57101014(	垫片 非石棉 Φ24	件	2017-02-28		14.00	0.00	0.00	2017-02-28	物资部经理
19	☑	57101014(	垫片 B57-04δ=3mm	只	2017-02-28		14.00	0.00	0.00	2017-02-28	物资部经理
20	☑	74040100'	碳素钢 碳素钢	千克	2017-02-28		36.00	0.00	0.00	2017-02-28	物资部经理
21	☑	92100014(	罩板 A3 δ1.8	件	2017-02-28		36.00	0.00	0.00	2017-02-28	物资部经理
22	☑	92250014:	恒温阀 175-01-02	件	2017-02-28		10.00	0.00	0.00	2017-02-28	物资部经理

图 3-32　采购计划审核完成

② 完成提交：单击【完成提交】按钮，确认当前步骤已完成，然后单击右上角的【关闭】按钮关闭当前窗口，进入下一个实验步骤的操作。

注　意

若要撤销审核，则单击【撤销审核】按钮进行撤销审核操作，清除采购计划表数据的已审核标志，字体颜色由红色变为黑色。

步骤 9　实验试题考核

单击任务卡中的【实验考核】按钮，进入实验试题考核，如图 3-33 所示。

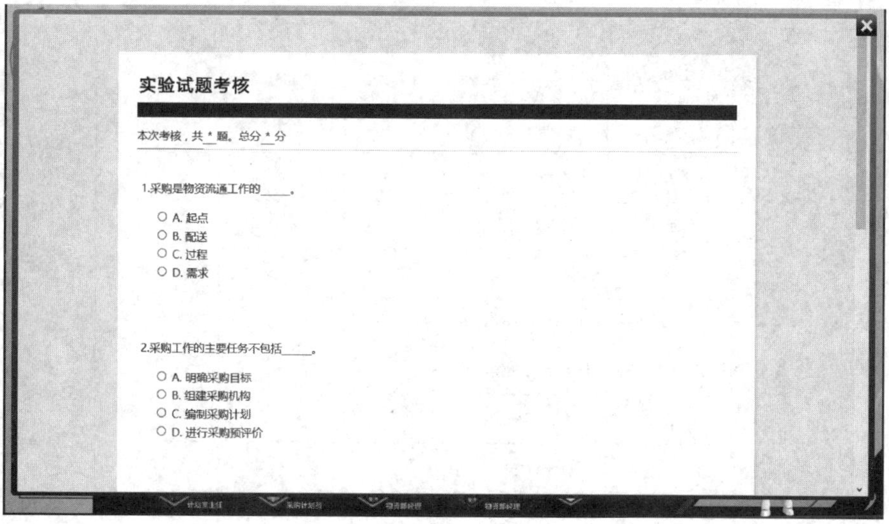

图 3-33 “采购计划编制”实验试题

试题做完提交后，查看结果正误，如图 3-34 所示。

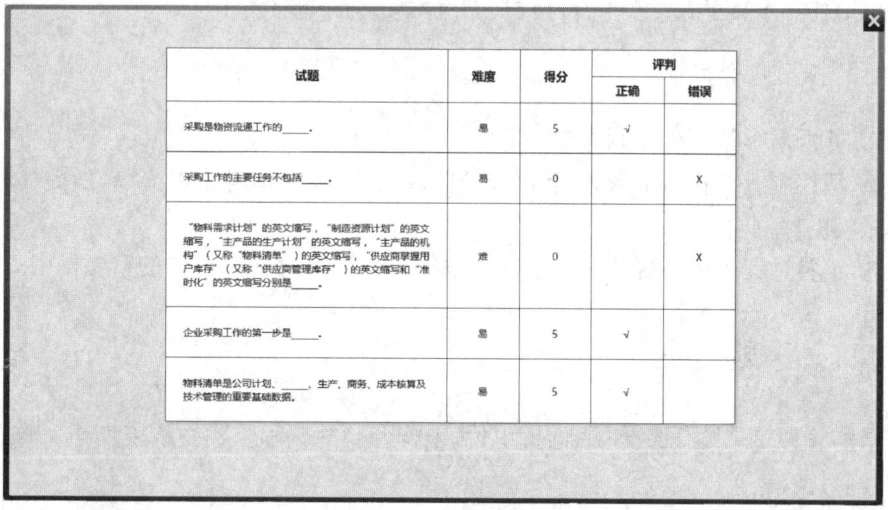

试题	难度	得分	评判	
			正确	错误
采购是物资流通工作的_____.	易	5	√	
采购工作的主要任务不包括_____.	易	0		X
“物料需求计划”的英文缩写，“制造资源计划”的英文缩写，“主产品的生产计划”的英文缩写，“主产品的机构”（又称“物料清单”）的英文缩写，“供应商掌握用户库存”（又称“供应商管理库存”）的英文缩写和“准时化”的英文缩写分别是_____.	难	0		X
企业采购工作的第一步是_____.	易	5	√	
物料清单是公司计划、_____、生产、商务、成本核算及技术管理的重要基础数据。	易	5	√	

图 3-34 “采购计划编制”实验试题评判

实验结束后，弹出实验统计分析页面，查看本次实验的相关数据，如图 3-35 所示。

步骤号	步骤名	用时	积分
01	物料需求接收	0	5
01	物料需求接收	0	5
02	零星需求录入	2	5
03	物料需求审核	0	5
04	MRP运算—需求数量计算	2	5
05	MRP运算—采购时间计算	0	5
06	MRP运算—经济批量计算	0	5
07	采购计划调整	0	5
08	采购计划审核	0	5

图 3-35　实验统计

单击任务卡中的【退出实验】按钮，完成本实验的全部操作。

3.1.6　思考题

① 可根据哪些信息编制采购计划？

② 阐述制造物料需求清单、装配物料需求清单、零星物料需求清单、预提物料需求清单之间的区别。

③ 实验过程中用到哪些基础数据？举例谈谈“基础数据”模块的重要作用。

3.2　采购管理

采购管理是采购任务分配、询价审价、采购合同签订和采购发票接收等采购活动的全过程。

3.2.1　实验目的

① 进行采购管理业务的操作，熟悉企业采购部实际开展采购管理的业务场景，通过角色扮演模拟采购部门各个岗位职员履行职责的场景，完成采购任务，体会采购管理的业务逻辑。

② 了解物资采购管理的业务流程：下达采购任务、采购询价和审价的过程；根据任务单形成采购合同和采购合同审核的过程，以及发票录入的过程。

3.2.2　实验原理

采购计划通过任务下达形成采购任务单；采购员根据采购任务单进行市场询价，并与供应商签订采购合同组织订货；企业收到采购发票并录入系统。

3.2.3　实验知识点

(1)组织机构　本实验“采购管理”业务由物资部完成,涉及的岗位角色如下:

物资部经理:主要负责采购合同的审核。

采购室主任:主要负责采购任务下达和物资审价。

采购员:主要负责采购询价、与供应商签订合同,以及合同和采购发票录入。

(2) 业务流程　采购管理业务流程如图3-36所示。

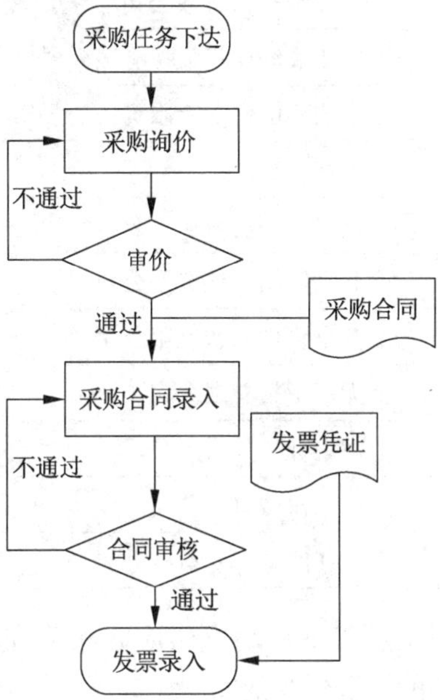

图3-36　采购管理业务流程

① 采购室主任将采购任务下达给采购员。

② 采购员根据分配到的采购任务单线下开展询价业务,并将询价信息录入系统。

③ 采购室主任审核询价结果,最终确定供应商和价格。

④ 采购员与供应商进行商务洽谈并签订合同,然后将采购合同的基本信息和标的信息录入系统中。

⑤ 物资部经理对采购合同进行审核。

⑥ 企业收到采购发票,采购员将发票录入系统。

3.2.4　实验参考数据

(1) 采购询价　从表3-3中为已下达采购任务中的每项物资选择至少3家不同的供应商进行询价。

表 3-3　询价供应商名录

供应商编号	供应商名称
kh00002	上海重工机械科技有限公司
kh00009	广州船舶贸易公司
kh00033	无锡管道件厂
kh00043	南京重型机械有限公司
kh00051	江苏钢结构有限公司
kh00102	常州袁海船用设备有限公司
kh00141	常州机电设备有限责任公司
kh00181	镇江机械厂
kh00504	镇江大华机械厂
kh00619	北京钢结构件有限公司
kh00714	南京管件制造有限公司
kh00835	无锡贸易有限公司
kh00949	南京标准件有限公司
kh00951	南京机械有限公司
kh00968	浙江船舶配套科技公司

（2）采购合同录入　根据物资审价确定供应商和单价信息，录入采购合同。工程信息填写需参考表 3-4 提供的工程信息进行录入。

表 3-4　工程信息（采购合同）

工程编号	工程名称
GC160002	江苏船舶 ccs
GC160004	浙江船舶 ccs
GC160009	广州船舶 ccs

（3）采购发票录入　要求从表 3-5 中至少任选 3 张发票完成数据录入。

表 3-5　采购发票

开票日期	发票编号	发票类别	客户编号	客户名称	税率/%	价税合计/元
2017－02－15	20170201	料费	kh00104	无锡标准件有限公司	17	35 000
2017－02－15	20170202	料费	kh00968	浙江船舶配套科技公司	17	4 700
2017－02－15	20170203	运费	kh00033	无锡管道件厂	17	1 050
2017－02－15	20170204	杂费	kh00043	南京重型机械有限公司	17	37 982
2017－02－20	20170205	运费	kh00968	浙江船舶配套科技公司	17	2 200

续表

开票日期	发票编号	发票类别	客户编号	客户名称	税率/%	价税合计/元
2017-02-22	20170206	杂费	kh00333	无锡阀业有限公司	17	5 000
2017-02-23	20170207	料费	kh00963	浙江船舶配套公司	17	36 840
2017-02-23	20170208	运费	kh00097	无锡设备有限公司	17	7 330
2017-02-22	20170209	料费	kh00104	无锡标准件有限公司	17	11 000

3.2.5　实验步骤

进入物资部的实验场景后,根据任务卡提示及小助手与角色的对话内容接收实验任务,如图3-37所示。

图3-37　进入“采购管理”实验

步骤1　采购任务下达

采购部门根据采购计划分配采购任务,完成物资采购工作。物资采购主要由采购员执行,一般情况下,采购室主任在收到采购任务后,需要根据采购时间及采购部门的实际情况为每项采购任务安排采购员,下达采购任务,生成采购任务单,发送至对应的采购员。

(1) 接收任务　根据任务卡提示与采购室主任进行对话,接收任务,如图3-38所示。

图 3-38 与采购室主任对话

(2) 完成采购任务下达 单击任务卡打开“采购任务分配”界面,如图 3-39 所示。

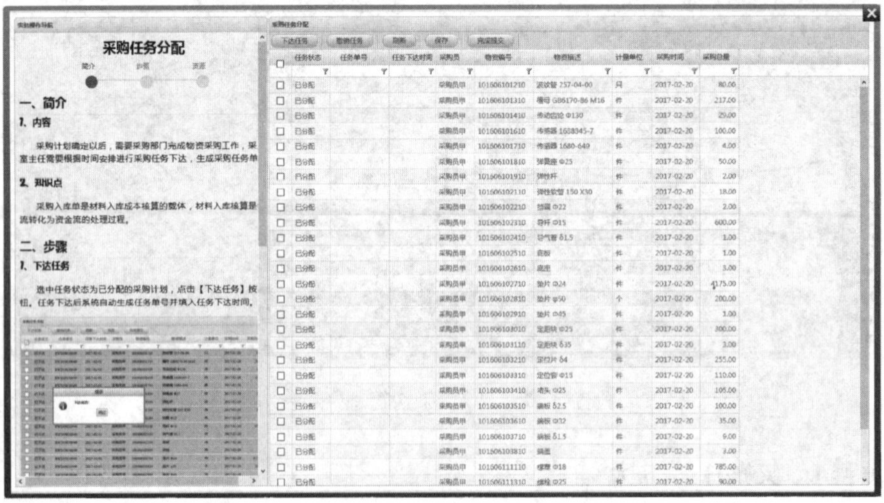

图 3-39 采购任务分配

图 3-39 所示为未下达的采购计划:任务状态为已分配采购员采购任务;任务单号和任务待下达时间内容为空,表示当前采购计划未下达。

采购任务清单数据项说明如下:

- 任务状态:采购计划当前的分配状态,分为已分配(表示已分配采购员)和已下达(表示采购计划已下达给采购员)两种。
- 任务单号:采购任务单号,指进行采购任务下达时系统自动产生的唯一性的编号。
- 任务下达时间:下达采购任务时的系统时间。
- 采购时间/采购总量:物资采购最晚开始的时间和采购总数量。

用户操作场景中的学生角色进行采购室主任执行采购任务下达的岗位体验,操作步骤如下:

① 选择采购任务:可以选择一条采购任务,单击方框“□”打上“√”选中标识。如需下达所有采购任务,可直接单击最上方的方框,选中全部采购任务,如图 3-40 所示。

采购任务分配

下达任务 撤销任务 刷新 保存 完成提交

☑	任务状态	任务单号	任务下达时间	采购员	物资编号	物资描述	计量单位	采购时间	采购总量
☑	已分配			采购员甲	101606101210	波纹管 257-04-00	只	2017-02-20	80.00
☑	已分配			采购员甲	101606101310	槽母 GB6170-86 M16	件	2017-02-20	217.00
☑	已分配			采购员甲	101606101410	传动齿轮 Φ130	件	2017-02-20	29.00
☑	已分配			采购员甲	101606101610	传感器 1638345-7	件	2017-02-20	100.00
☑	已分配			采购员甲	101606101710	传感器 1680-649	件	2017-02-20	4.00
☑	已分配			采购员甲	101606101810	弹簧座 Φ25	件	2017-02-20	50.00
☑	已分配			采购员甲	101606101910	弹性杆	件	2017-02-20	2.00
☑	已分配			采购员甲	101606102110	弹性软管 150 X30	件	2017-02-20	18.00
☑	已分配			采购员甲	101606102210	挡圈 Φ22	件	2017-02-20	2.00
☑	已分配			采购员甲	101606102310	导杆 Φ15	件	2017-02-20	600.00
☑	已分配			采购员甲	101606102410	导气管 δ1.5	件	2017-02-20	1.00
☑	已分配			采购员甲	101606102510	底板	件	2017-02-20	1.00
☑	已分配			采购员甲	101606102610	底座	件	2017-02-20	3.00
☑	已分配			采购员甲	101606102710	垫片 Φ24	件	2017-02-20	4175.00
☑	已分配			采购员甲	101606102810	垫片 φ50	个	2017-02-20	200.00
☑	已分配			采购员甲	101606102910	垫片 Φ45	件	2017-02-20	1.00
☑	已分配			采购员甲	101606103010	定距块 Φ25	件	2017-02-20	300.00
☑	已分配			采购员甲	101606103110	定距块 δ35	件	2017-02-20	3.00
☑	已分配			采购员甲	101606103210	定位片 δ4	件	2017-02-20	255.00
☑	已分配			采购员甲	101606103310	定位套 Φ15	件	2017-02-20	110.00
☑	已分配			采购员甲	101606103410	堵头 Φ25	件	2017-02-20	105.00
☑	已分配			采购员甲	101606103510	端板 δ2.5	件	2017-02-20	100.00
☑	已分配			采购员甲	101606103610	端板 Φ32	件	2017-02-20	35.00
☑	已分配			采购员甲	101606103710	端板 δ1.5	件	2017-02-20	9.00
☑	已分配			采购员甲	101606103810	端盖	件	2017-02-20	3.00
☑	已分配			采购员甲	101606111110	螺塞 Φ18	件	2017-02-20	785.00
☑	已分配			采购员甲	101606111310	螺栓 Φ25	件	2017-02-20	90.00

图 3-40 选择采购任务

② 下达采购任务:单击工具栏【下达任务】按钮,此时任务状态变为“已下达”,系统自动填写任务单号和任务下达时间,采购任务信息的背景色变为蓝色,表示选中的采购任务已成功下达给对应的采购人员,如图 3-41 所示。

采购任务分配

下达任务 撤销任务 刷新 保存 完成提交

☑	任务状态	任务单号	任务下达时间	采购员	物资编号	物资描述	计量单位	采购时间	采购总量
☐	已下达	RWD2764	2017-02-27	采购员甲	101606101210	波纹管 257-04-00	只	2017-02-20	80.00
☐	已下达	RWD2764	2017-02-27	采购员甲	101606101310	槽母 GB6170-86 M16	件	2017-02-20	217.00
☐	已下达	RWD2764	2017-02-27	采购员甲	101606101410	传动齿轮 Φ130	件	2017-02-20	29.00
☐	已下达	RWD2764	2017-02-27	采购员甲	101606101610	传感器 1638345-7	件	2017-02-20	100.00
☐	已下达	RWD2764	2017-02-27	采购员甲	101606101710	传感器 1680-649	件	2017-02-20	4.00
☐	已下达	RWD2764	2017-02-27	采购员甲	101606101810	弹簧座 Φ25	件	2017-02-20	50.00
☐	已下达	RWD2764	2017-02-27	采购员甲	101606101910	弹性杆	件	2017-02-20	2.00
☐	已下达	RWD2764	2017-02-27	采购员甲	101606102110	弹性软管 150 X30	件	2017-02-20	18.00
☐	已下达	RWD2764	2017-02-27	采购员甲	101606102210	挡圈 Φ22	件	2017-02-20	2.00
☐	已下达	RWD2764	2017-02-27	采购员甲	101606102310	导杆 Φ15	件	2017-02-20	600.00
☐	已下达	RWD2764	2017-02-27	采购员甲	101606102410	导气管 δ1.5	件	2017-02-20	1.00
☐	已下达	RWD2764	2017-02-27	采购员甲	101606102510	底板	件	2017-02-20	1.00
☐	已下达	RWD2764	2017-02-27	采购员甲	101606102610	底座	件	2017-02-20	3.00
☐	已下达	RWD2764	2017-02-27	采购员甲	101606102710	垫片 Φ24	件	2017-02-20	4175.00
☐	已下达	RWD2764	2017-02-27	采购员甲	101606102810	垫片 φ50	个	2017-02-20	200.00
☐	已下达	RWD2764	2017-02-27	采购员甲	101606102910	垫片 Φ45	件	2017-02-20	1.00

图 3-41 采购任务下达成功

③ 完成提交：单击【完成提交】按钮，确认当前步骤已完成，然后单击右上角的【关闭】按钮关闭当前窗口，进入下一个实验步骤的操作。

注　意

① 撤销任务操作。针对已下达但尚未执行采购的任务，如果下达错误，可进行撤销任务操作。选中需要撤销的采购任务，单击工具栏【撤销任务】按钮即可。此时任务状态变为已分配，任务单号、任务下达时间、蓝色背景清除，如图 3-42 所示。

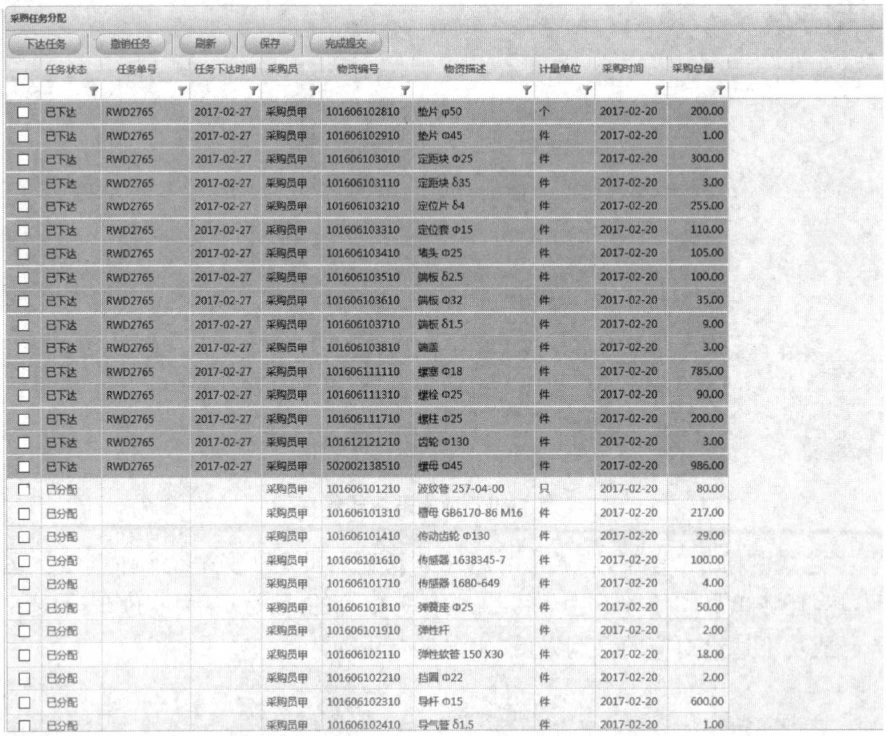

任务状态	任务单号	任务下达时间	采购员	物资编号	物资描述	计量单位	采购时间	采购总量
已下达	RWD2765	2017-02-27	采购员甲	101606102810	垫片 φ50	个	2017-02-20	200.00
已下达	RWD2765	2017-02-27	采购员甲	101606102910	垫片 Φ45	件	2017-02-20	1.00
已下达	RWD2765	2017-02-27	采购员甲	101606103010	定距块 Φ25	件	2017-02-20	300.00
已下达	RWD2765	2017-02-27	采购员甲	101606103110	定距块 δ35	件	2017-02-20	3.00
已下达	RWD2765	2017-02-27	采购员甲	101606103210	定位片 δ4	件	2017-02-20	255.00
已下达	RWD2765	2017-02-27	采购员甲	101606103310	定位套 Φ15	件	2017-02-20	110.00
已下达	RWD2765	2017-02-27	采购员甲	101606103410	堵头 Φ25	件	2017-02-20	105.00
已下达	RWD2765	2017-02-27	采购员甲	101606103510	端板 δ2.5	件	2017-02-20	100.00
已下达	RWD2765	2017-02-27	采购员甲	101606103610	端板 Φ32	件	2017-02-20	35.00
已下达	RWD2765	2017-02-27	采购员甲	101606103710	端板 δ1.5	件	2017-02-20	9.00
已下达	RWD2765	2017-02-27	采购员甲	101606103810	端盖	件	2017-02-20	3.00
已下达	RWD2765	2017-02-27	采购员甲	101606111110	螺塞 Φ18	件	2017-02-20	785.00
已下达	RWD2765	2017-02-27	采购员甲	101606111310	螺栓 Φ25	件	2017-02-20	90.00
已下达	RWD2765	2017-02-27	采购员甲	101606111710	螺柱 Φ25	件	2017-02-20	200.00
已下达	RWD2765	2017-02-27	采购员甲	101612121210	齿轮 Φ130	件	2017-02-20	3.00
已下达	RWD2765	2017-02-27	采购员甲	502002138510	螺母 Φ45	件	2017-02-20	986.00
已分配			采购员甲	101606101210	波纹管 257-04-00	只	2017-02-20	80.00
已分配			采购员甲	101606101310	槽母 GB6170-86 M16	件	2017-02-20	217.00
已分配			采购员甲	101606101410	传动齿轮 Φ130	件	2017-02-20	29.00
已分配			采购员甲	101606101610	传感器 1638345-7	件	2017-02-20	100.00
已分配			采购员甲	101606101710	传感器 1680-649	件	2017-02-20	4.00
已分配			采购员甲	101606101810	弹簧座 Φ25	件	2017-02-20	50.00
已分配			采购员甲	101606101910	弹性杆	件	2017-02-20	2.00
已分配			采购员甲	101606102110	弹性软管 150 X30	件	2017-02-20	18.00
已分配			采购员甲	101606102210	挡圈 Φ22	件	2017-02-20	2.00
已分配			采购员甲	101606102310	导杆 Φ15	件	2017-02-20	600.00
已分配			采购员甲	101606102410	导气管 δ1.5	件	2017-02-20	1.00

图 3-42　撤销采购任务

② 撤销任务不是当前步骤的必要操作，只有在任务下达错误时才会执行撤销操作。

③ 如果后续实验步骤已经对采购任务进行询价操作，则在实验回溯到当前步骤时，不允许撤销任务操作，已询价的采购任务数据行背景色为白色，且不能被选中。

步骤 2　采购询价

采购任务下达给采购员之后，需要执行物资询价，从合格供应商名录中选择供应商，并向其发出询价并接收报价信息。

(1) 接收任务　根据任务卡提示与采购员甲进行对话，接收任务，如图 3-43 所示。

图3-43 与采购员甲对话

(2) 进行采购询价 单击任务卡打开“采购询价”界面,如图3-44所示。

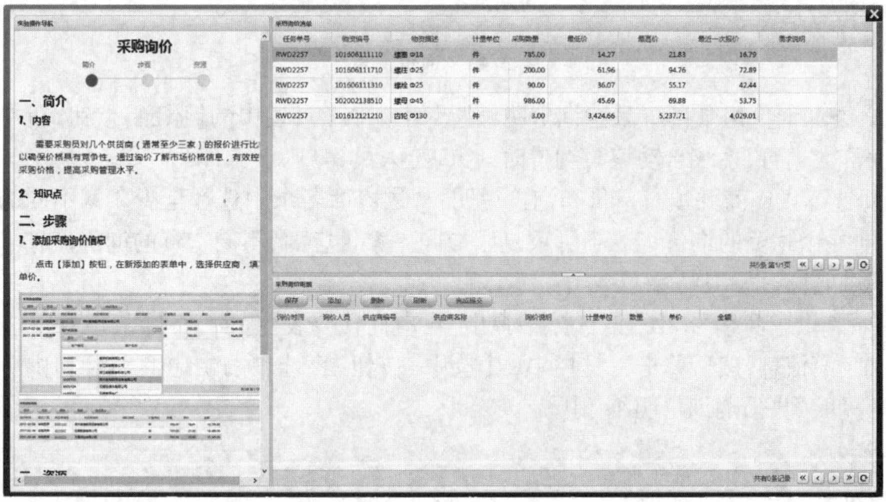

图3-44 采购询价

图3-44右上方为“采购询价清单”,可查看采购任务的物资、采购数量、报价等信息;右下方为“采购询价明细”,可添加采购物资的询价信息。

采购询价清单的主要数据项说明如下:

- 最低价/最高价/最近一次报价:该物资的历史采购价格。
- 需求说明:对采购物资要求的描述,如质量要求、报价基本要求、付款条件等需求进行说明。

采购询价明细的主要数据项说明如下:

- 询价说明:询价内容描述。
- 单价:供应商对物资的报价。
- 金额:采购金额,该数值依据物资采购数量和询价单价自动计算。

用户操作场景中的学生角色进行采购员开展采购询价的岗位体验，操作步骤如下：

① 选择采购任务：单击选中"采购询价清单"界面上的一条采购任务，采购任务单数据行显示灰色背景表示为选中状态，如图 3-45 所示。

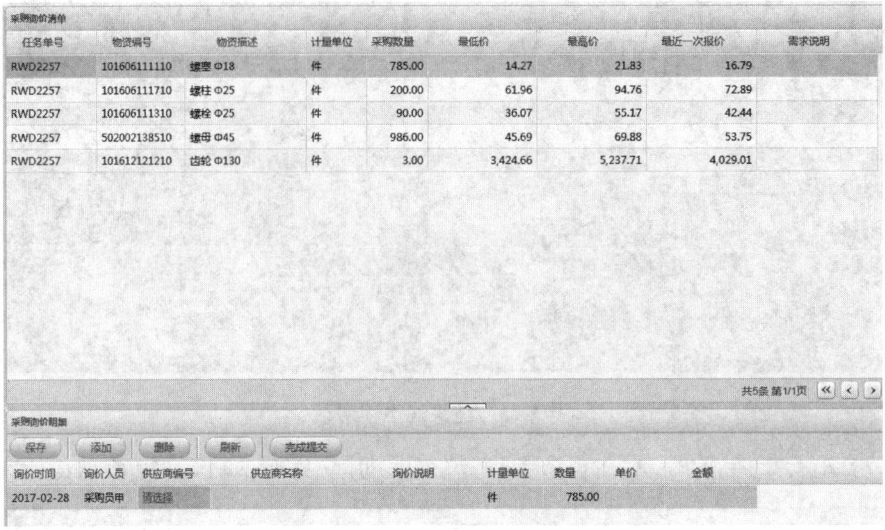

图 3-45　询价信息

② 添加询价记录：在"采购询价明细"界面单击工具栏中的【添加】按钮，新增一条空白询价数据行，系统自动填写询价时间、询价人员信息。

③ 选择供应商并填写单价和询价说明：从供应商名录中选择至少 3 家不同的供应商，且同一个物资的询价记录不可重复添加同一家供应商，不同物资的询价信息可以添加相同供应商。

单击"供应商编号"列"请选择"，弹出"供应商代码表"界面，如图 3-46 所示。单击选中供应商信息，然后单击工具栏中的【选中】按钮，将选中的供应商编号和供应商名称信息提取到"采购询价明细"中。

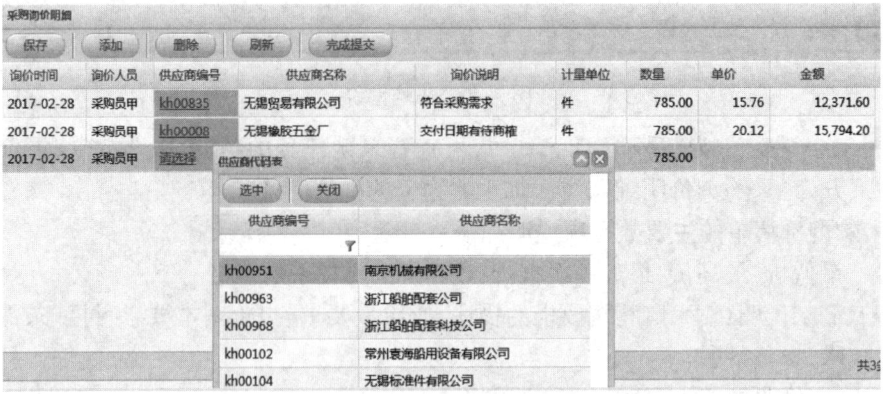

图 3-46　选择供应商信息

参考物资历史采购价格的最低价、最高价、最近一次报价，填写该供应商的单价。

④ 保存询价信息：询价记录添加完成后，单击工具栏中的【保存】按钮，保存询价信

息。选择下一条采购物资，为该物资添加询价供应商信息，操作步骤参考上述操作步骤①~③的内容（注：要求任选3条采购物资进行采购询价信息录入）。

⑤ 完成提交：单击【完成提交】按钮，确认当前步骤已完成，然后单击右上角的【关闭】按钮关闭当前窗口，进入下一个实验步骤的操作，如图3-47所示。

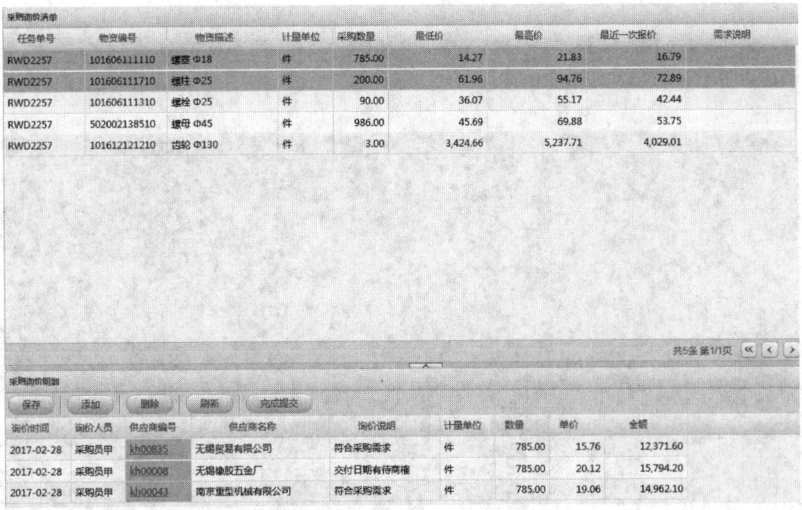

采购询价清单

任务单号	物资编号	物资描述	计量单位	采购数量	最低价	最高价	最近一次报价	需求说明
RWD2257	101606111110	螺塞 Φ18	件	785.00	14.27	21.83	16.79	
RWD2257	101606111710	螺柱 Φ25	件	200.00	61.96	94.76	72.89	
RWD2257	101606111310	螺栓 Φ25	件	90.00	36.07	55.17	42.44	
RWD2257	502002138510	螺母 Φ45	件	986.00	45.69	69.88	53.75	
RWD2257	101612121210	齿轮 Φ130	件	3.00	3,424.66	5,237.71	4,029.01	

共5条 第1/1页

采购询价明细

保存 添加 删除 刷新 完成提交

询价时间	询价人员	供应商编号	供应商名称	询价说明	计量单位	数量	单价	金额
2017-02-28	采购员甲	kh00835	无锡贸易有限公司	符合采购需求	件	785.00	15.76	12,371.60
2017-02-28	采购员甲	kh00008	无锡橡胶五金厂	交付日期有待商榷	件	785.00	20.12	15,794.20
2017-02-28	采购员甲	kh00043	南京重型机械有限公司	符合采购需求	件	785.00	19.06	14,962.10

图3-47 采购询价信息完成提交

注 意

① 删除询价记录：如果询价记录添加错误，选中并单击工具栏中的【删除】按钮，在提示窗口确认，单击【保存】按钮后，即可删除。

② 数据颜色为红色表示该采购询价单已完成，如图3-48所示。

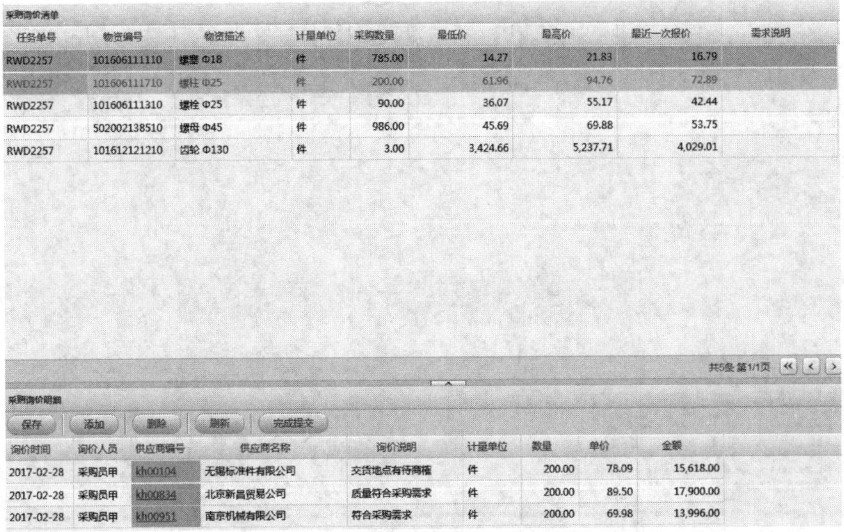

采购询价清单

任务单号	物资编号	物资描述	计量单位	采购数量	最低价	最高价	最近一次报价	需求说明
RWD2257	101606111110	螺塞 Φ18	件	785.00	14.27	21.83	16.79	
RWD2257	101606111710	螺柱 Φ25	件	200.00	61.96	94.76	72.89	
RWD2257	101606111310	螺栓 Φ25	件	90.00	36.07	55.17	42.44	
RWD2257	502002138510	螺母 Φ45	件	986.00	45.69	69.88	53.75	
RWD2257	101612121210	齿轮 Φ130	件	3.00	3,424.66	5,237.71	4,029.01	

共5条 第1/1页

采购询价明细

保存 添加 删除 刷新 完成提交

询价时间	询价人员	供应商编号	供应商名称	询价说明	计量单位	数量	单价	金额
2017-02-28	采购员甲	kh00104	无锡标准件有限公司	交货地点有待商榷	件	200.00	78.09	15,618.00
2017-02-28	采购员甲	kh00834	北京新昌贸易公司	质量符合采购需求	件	200.00	89.50	17,900.00
2017-02-28	采购员甲	kh00951	南京机械有限公司	符合采购需求	件	200.00	69.98	13,996.00

图3-48 采购询价单已完成

步骤3　物资审价

根据“货比三家、价比三家”的审价原则，选定符合采购实体需求最低报价的一家供应商或承包商。经采购室主任对采购询价进行审核并提出采购意见后，确定候选的交易供应商。

（1）接收任务　根据任务卡提示与采购室主任进行对话，接收任务，如图3-49所示。

图3-49　与采购室主任对话

（2）完成物资审价　单击任务卡实验步骤“物资审价”，打开操作界面，如图3-50所示。

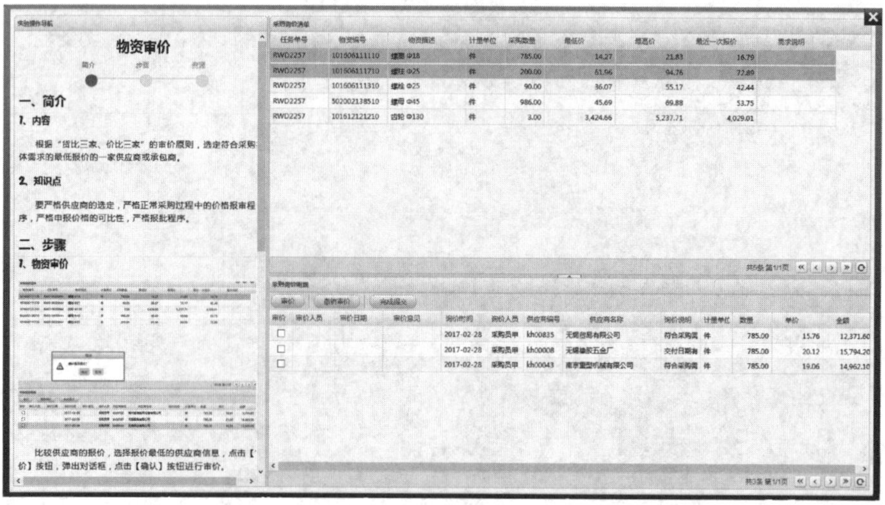

图3-50　物资审价

图3-50右上方为“采购询价清单”，可查看采购任务的相关信息，背景为蓝色的采

购物资表示该条物资含有采购询价信息;右下方为“采购询价明细”,可对采购物资的询价信息进行审核。

物资审价数据项说明如下:

➢ 审价意见:对选中物资的采购询价提出审核意见。

用户操作场景中的学生角色完成采购室主任执行物资审价的岗位体验,操作步骤如下:

① 选择采购询价单:选中一条采购物资后,“采购询价明细”界面显示该物资的询价信息,如图 3-51 所示。

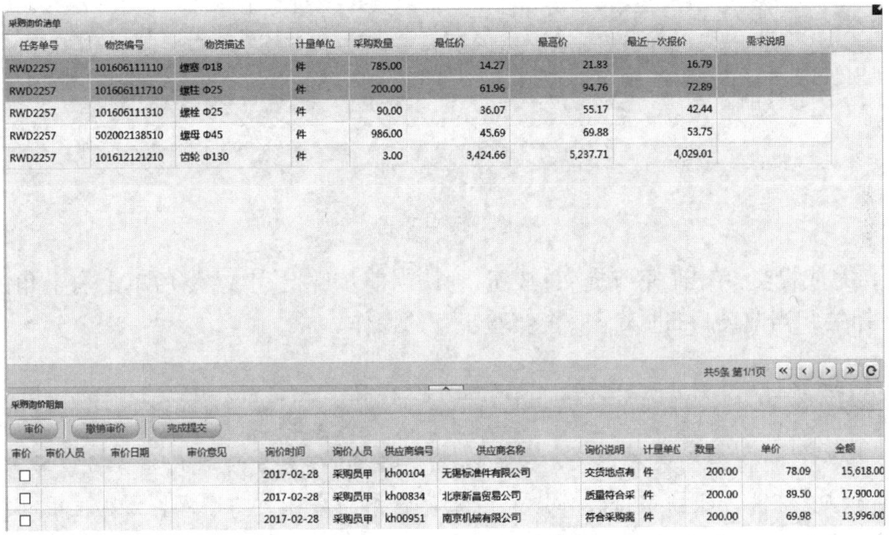

图 3-51　选择采购询价单

② 选择供应商并填写审价意见:需要在“采购询价明细”中选择一个供应商作为该物资的供应商,比较供应商的报价,填写审价意见,如图 3-52 所示。

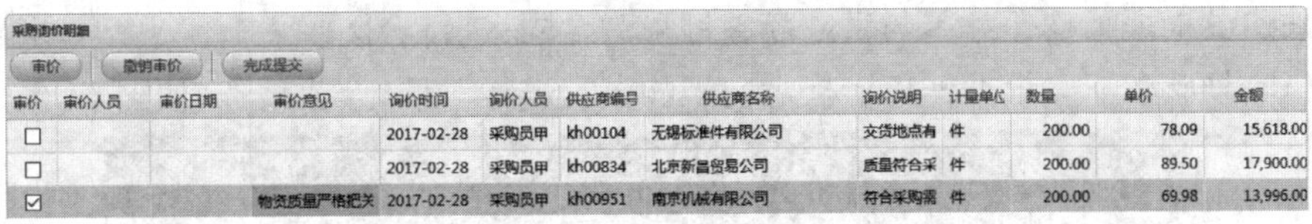

图 3-52　选择供应商

③ 审价:单击工具栏中的【审价】按钮,系统自动添加审价人员和审价日期,如图 3-53 所示。

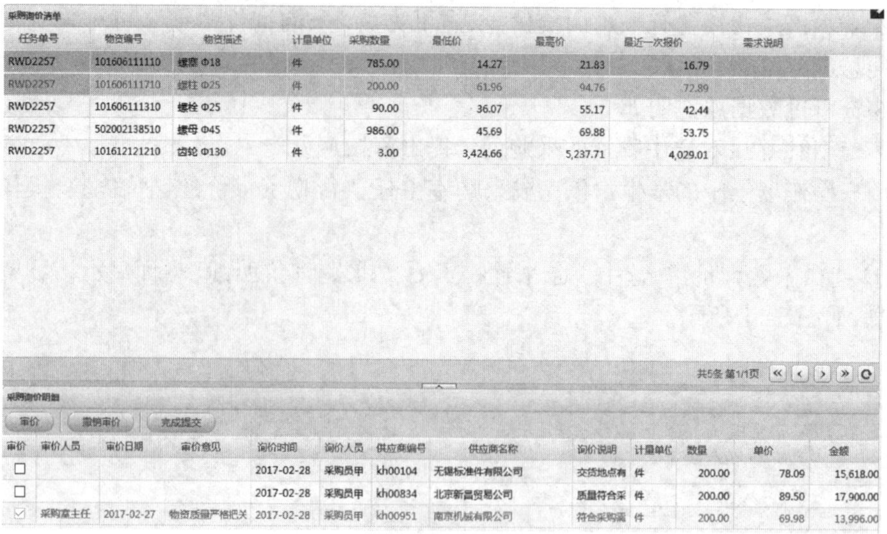

任务单号	物资编号	物资描述	计量单位	采购数量	最低价	最高价	最近一次报价	需求说明
RWD2257	101606111110	螺塞 Φ18	件	785.00	14.27	21.83	16.79	
RWD2257	101606111710	螺柱 Φ25	件	200.00	61.96	94.76	72.89	
RWD2257	101606111310	螺栓 Φ25	件	90.00	36.07	55.17	42.44	
RWD2257	502002138510	螺母 Φ45	件	986.00	45.69	69.88	53.75	
RWD2257	101612121210	齿轮 Φ130	件	3.00	3,424.66	5,237.71	4,029.01	

审价	审价人员	审价日期	审价意见	询价时间	询价人员	供应商编号	供应商名称	询价说明	计量单位	数量	单价	金额
☐				2017-02-28	采购员甲	kh00104	无锡标准件有限公司	交货地点有	件	200.00	78.09	15,618.00
☐				2017-02-28	采购员甲	kh00834	北京新昌贸易公司	质量符合采	件	200.00	89.50	17,900.00
☑	采购室主任	2017-02-27	物资质量严格把关	2017-02-28	采购员甲	kh00951	南京机械有限公司	符合采购需	件	200.00	69.98	13,996.00

图 3-53　审价

④ 完成提交:单击【完成提交】按钮,确认当前步骤已完成,然后单击右上角的【关闭】按钮关闭当前窗口,进入下一个实验步骤的操作。

注　意

针对已审价但尚未签订采购合同的采购任务,如果发现审价错误或需要修改审价意见,可进行撤销审价操作。选中需要撤销的采购任务,单击工具栏中的【撤销审价】按钮,清除审价人员和审价日期。

步骤 4　采购合同录入

采购员根据采购任务单与供应商签订采购合同,进行合同录入。

(1) 接收任务　根据任务卡提示与采购员乙进行对话,接收任务,如图 3-54 所示。

图 3-54　与采购员乙对话

（2）完成采购合同录入 单击任务卡实验步骤“采购合同录入”，打开操作界面，如图3-55所示。

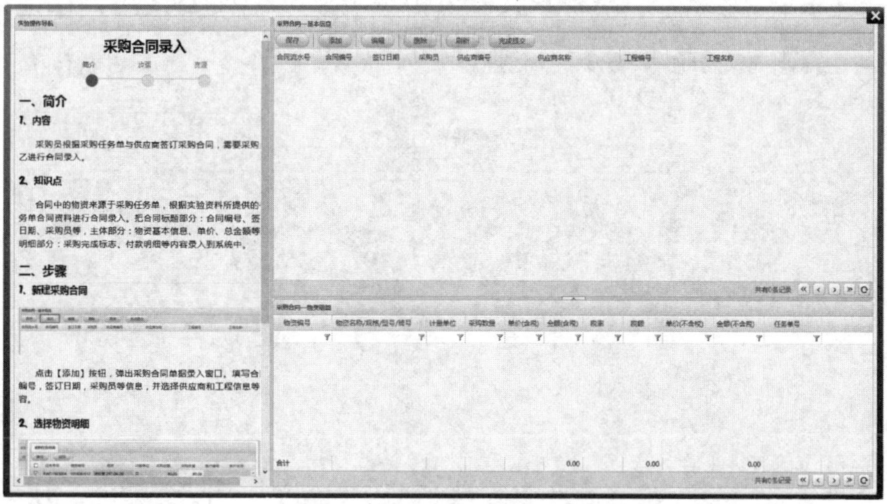

图3-55 采购合同录入

图3-55右上方为“采购合同—基本信息”，数据项说明如下：

➢ 合同流水号：物资采购合同的唯一标识号，保存时系统自动产生，作为该合同的检索标识。

➢ 合同编号：采购合同的编号，采购合同编号规则为HT＋合同日期（YYYYMMDD格式）＋合同序号，如HT2017022801。

图3-55右下方为“采购合同—物资明细”，数据项说明如下：

➢ 采购数量：采购合同中某项物资的采购数量。

➢ 单价（含税）：采购合同中与供应商商定的采购单价，含税价格。

➢ 金额（含税）：采购合同中某项物资的采购费用（含税），该数值等于该项物资的采购数量×单价（含税）。

➢ 金额（不含税）：采购合同中某项物资的采购费用（不含税），该数值等于该项物资的采购数量×单价/（1＋税率）。

用户操作场景中的学生角色进行采购员执行采购合同录入的岗位体验，操作步骤如下：

① 新建采购合同：单击采购合同基本信息界面工具栏中的【添加】按钮，弹出“采购合同单据”录入窗口，填写合同编号，如图3-56所示。

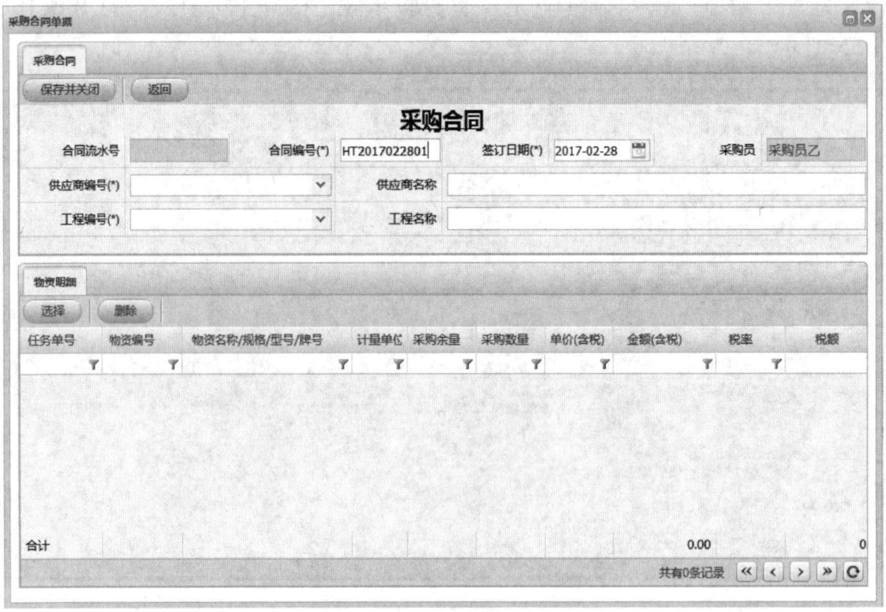

图 3-56　新建采购合同

注　意

标注“(*)”的信息项为必填项，填写完整后才能保存成功。

② 选择工程信息：根据表 3-4 的实验数据选择相应的工程信息，如图 3-57 所示。

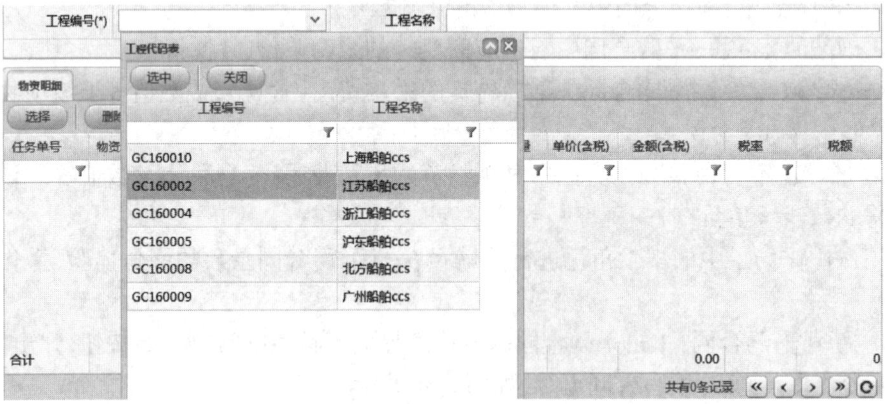

图 3-57　选择工程信息

③ 选择物资信息：单击“物资明细”界面工具栏中的【选择】按钮，系统弹出采购任务列表，单击方框“□”勾选采购任务，如图 3-58 所示。

图 3-58　选择采购物资

单击工具栏中的【确定】按钮，将任务单中的信息添加到采购合同中，系统自动计算金额（含税）、税额和金额（不含税），如图 3-59 所示。

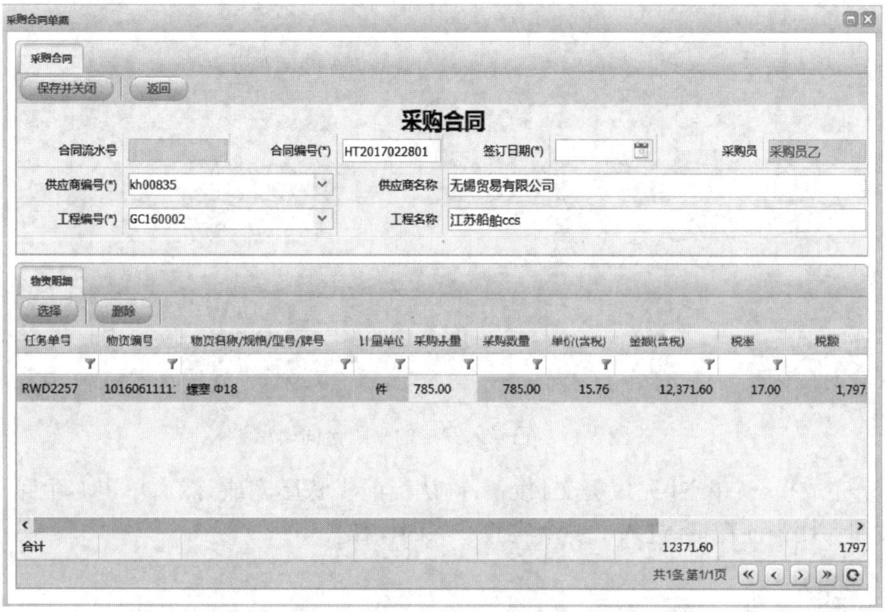

图 3-59　获取采购物资

注　意

采购任务列表中已经添加到采购合同中的数据行，采购余量为“0”，标识为红色，不可再次选择，如图 3-60 所示。

☐	RWD2257	1016061037:	端板 δ1.5	件	9.00	9.00		
☐	RWD2257	1016061038:	端盖	件	3.00	3.00		
☐	RWD2257	1016061111:	螺塞 Φ18	件	785.00	0.00	kh00835	无锡贸易有限公
☐	RWD2257	1016061113:	螺栓 Φ25	件	90.00	90.00		
☐	RWD2257	1016061117:	螺柱 Φ25	件	200.00	200.00	kh00951	南京机械有限公
☐	RWD2257	1016121212:	齿轮 Φ130	件	3.00	3.00		
☐	RWD2257	5020021385:	螺母 Φ45	件	986.00	986.00		

图 3-60　已添加到合同的采购任务

④ 保存并关闭：单击图 3-59 所示界面工具栏中的【保存并关闭】按钮，提交采购合同信息，自动生成合同流水号。已录入完成的采购合同信息如图 3-61 所示。

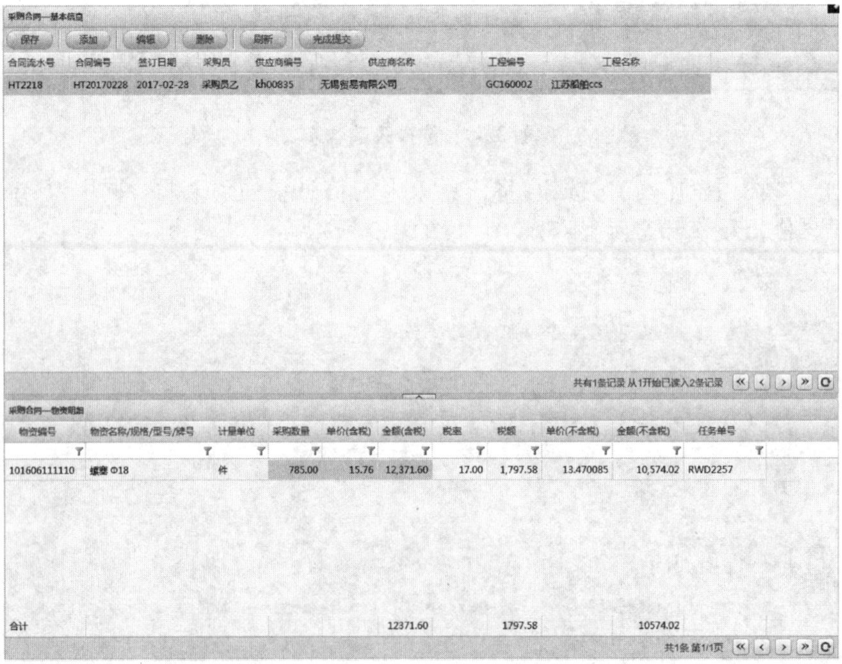

图 3-61　已录入完成的采购合同信息

⑤ 完成提交：单击【完成提交】按钮，确认当前步骤已完成，然后单击右上角的【关闭】按钮关闭当前窗口，进入下一个实验步骤的操作。

注　意

① 已审核通过的采购合同，颜色标识为红色，不允许删除或编辑，如图 3-62 所示。

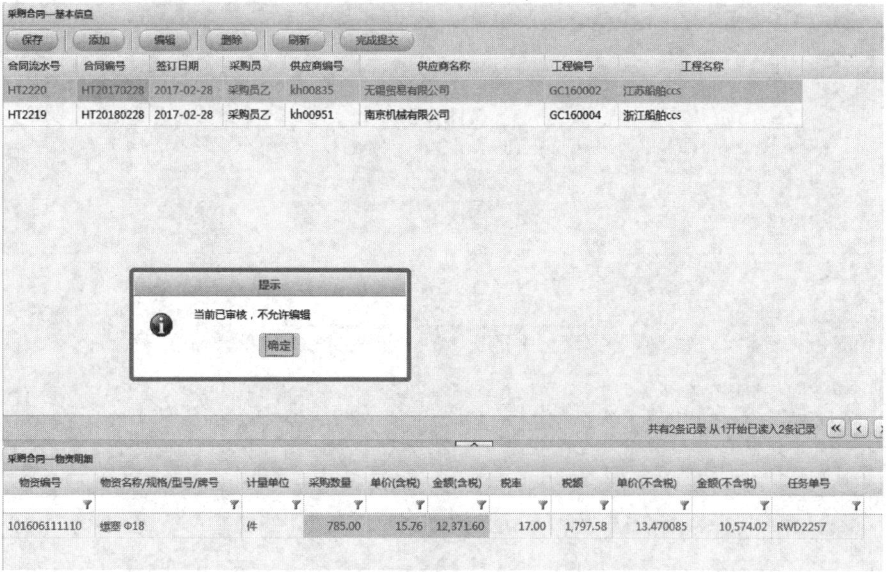

图 3-62 已审核采购合同的提示

② 编辑采购合同：如果需要修改合同信息，在“采购合同—基本信息”界面选中采购合同，单击工具栏中的【编辑】按钮，进入“采购合同”编辑界面，如图 3-63 所示。采购合同信息更改、物资信息选择和合同保存等操作参考上述操作步骤①～⑤的内容。

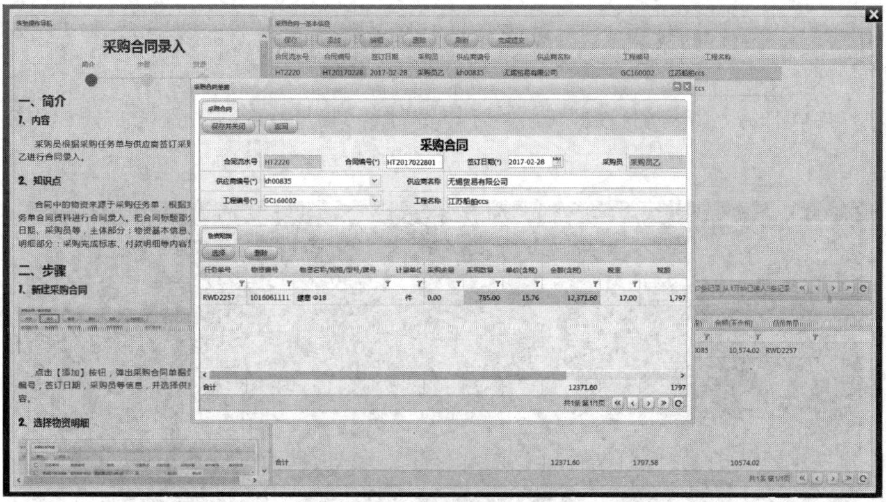

图 3-63 编辑合同信息

③ 删除物资明细：如果有添加错误的物资明细，则选中物资明细，单击“物资明细”界面工具栏中的【删除】按钮，在弹出的窗口提示中单击【确定】按钮进行删除，如图 3-64 所示。

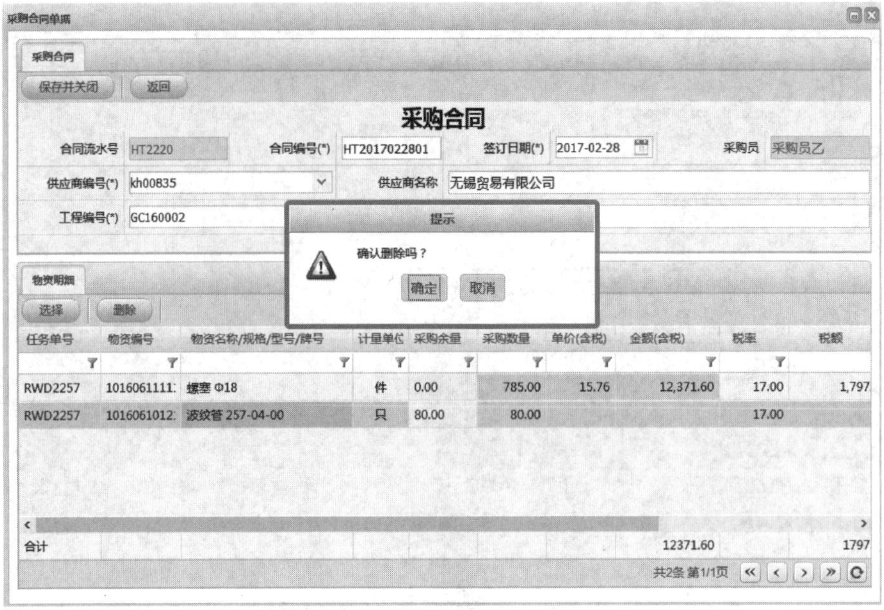

图 3-64　删除物资信息

步骤 5　采购合同审核

采购合同审核是指物资部经理对采购员录入的物资采购合同进行审查，检查录入的合同内容与文本合同是否一致，对符合要求的采购合同打上审核标志，表示该采购合同通过审核。

（1）接收任务　根据任务卡提示与物资部经理进行对话，接收任务，如图 3-65 所示。

图 3-65　与物资部经理对话

（2）完成采购合同审核　单击任务卡实验步骤“采购合同审核”，打开操作界面，如图 3-66 所示。

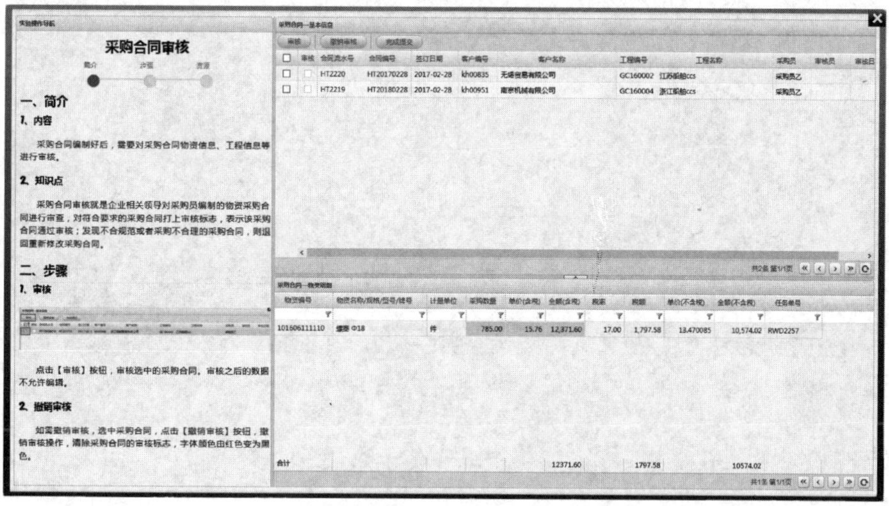

图 3-66　采购合同审核

用户操作场景中的学生角色完成物资部经理审核采购合同的岗位体验，操作步骤如下：

① 选择采购合同：选择一条待审核的采购合同，如图 3-67 所示。

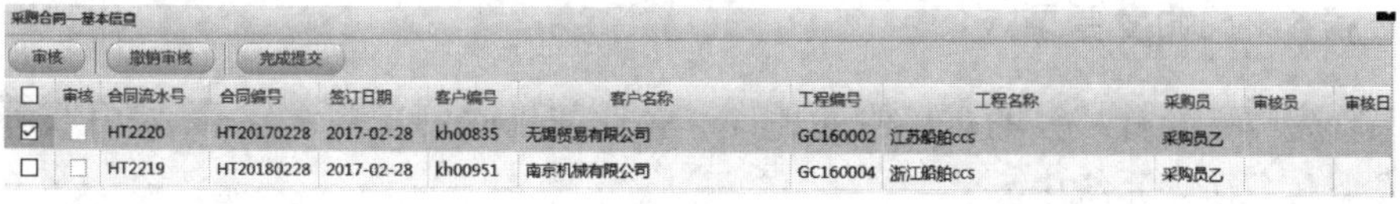

图 3-67　选择采购合同

② 审核采购合同：单击工具栏中的【审核】按钮，审核选中的采购合同，系统添加审核标志、审核员和审核日期，如图 3-68 所示。

③ 完成提交：单击【完成提交】按钮，确认当前步骤已完成，然后单击右上角的【关闭】按钮关闭当前窗口，进入下一个实验步骤的操作。

注　意

如果需要对审核错误的采购合同进行撤销，则选中采购合同，单击【撤销审核】按钮，系统清除采购合同的审核标志、审核员和审核日期内容。

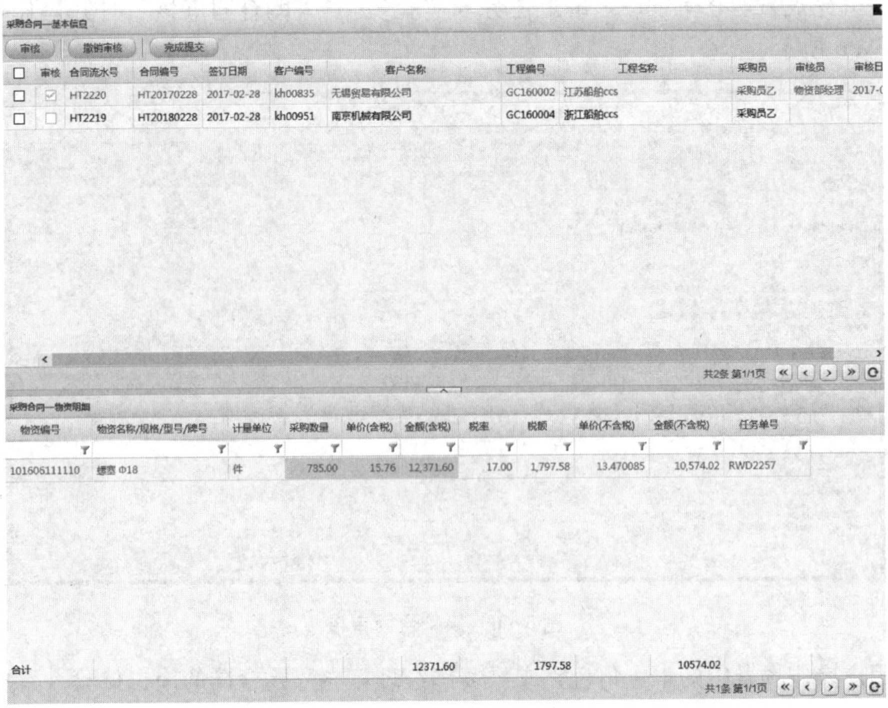

图 3-68　审核采购合同

步骤 6　采购发票录入

采购发票是会计核算的重要原始凭证。企业如果收到采购发票，需要将收到的供应商发票信息录入系统中。

(1) 接收任务　根据任务卡提示与采购员乙进行对话，接收任务，如图 3-69 所示。

图 3-69　根据提示与采购员乙对话

(2) 完成采购发票录入　模拟采购员将采购发票内容录入系统中。单击任务卡实验步骤“发票录入”，打开操作界面，如图 3-70 所示。

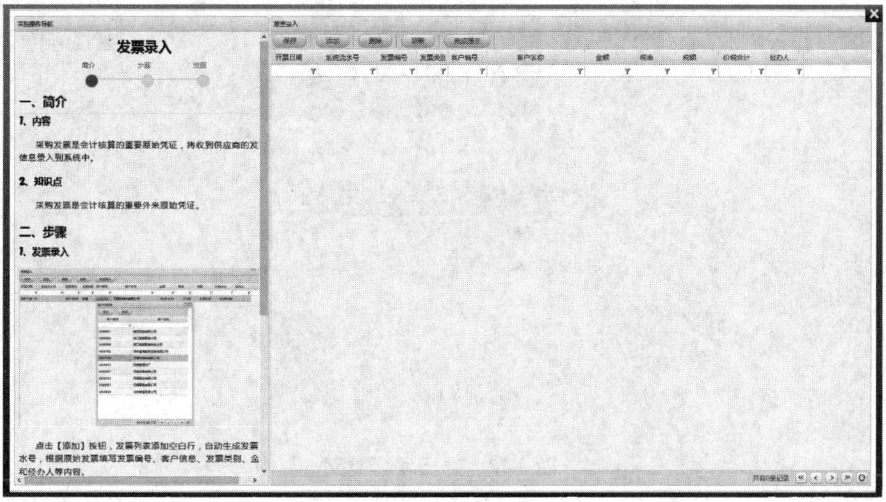

图 3-70　采购发票录入

图 3-70 所示为发票信息录入界面，采购发票数据项说明如下：

- 系统流水号：系统自动生成的发票的唯一编号。
- 发票编号：原始凭证的发票编号。
- 发票类别：发票的分类，目前提供料费、运费、杂费三种发票类别。
- 金额：发票不含税金额。
- 价税合计：指发票中的金额和税额的合计数（为含税金额）。

用户操作场景中的学生角色进行采购员执行采购发票录入的岗位体验，操作步骤如下：

① 新增发票：单击工具栏中的【添加】按钮，新增一张空白发票数据行，系统自动添加发票流水号和开票日期，发票类别默认选择“料费”，如图 3-71 所示。

图 3-71　新增空白发票

② 填写发票明细：根据原始发票凭证填写发票编号，单击“发票类别”列“料费”下拉框，选择发票类别，如图 3-72 所示。

图 3-72　选择发票类别

③ 选择客户信息：单击“客户编号”列“请选择”下拉框，打开“客户代码表”界面，选择该发票对应的客户信息，如图 3-73 所示。

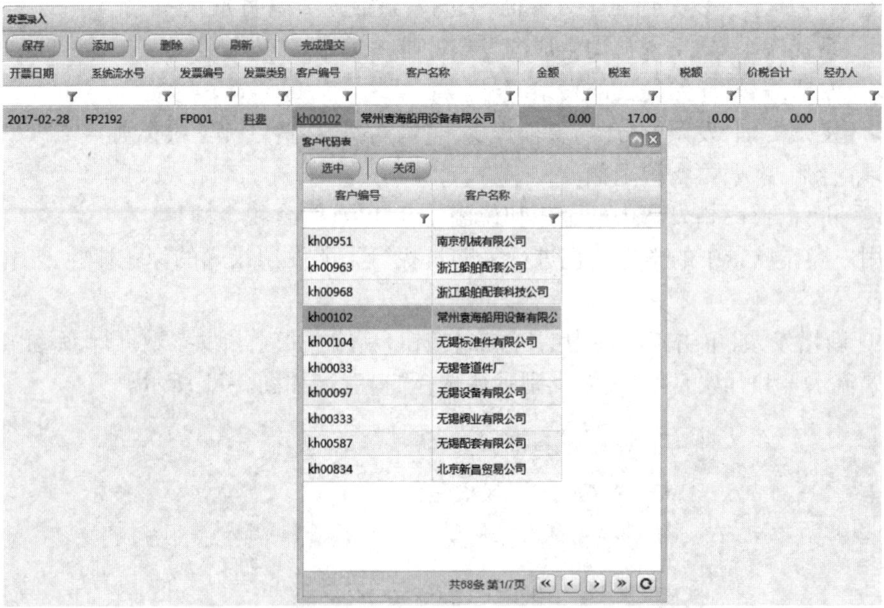

图 3-73　选择客户信息

④ 填写发票金额：系统自动计算税额和价税合计，如图 3-74 所示。

图 3-74　填写发票金额

⑤ 完成提交：单击【完成提交】按钮，确认当前步骤已完成，然后单击右上角的【关闭】按钮关闭当前窗口，进入下一个实验步骤的操作。

注　意

删除发票：单击选中需要删除的发票数据行，然后单击工具栏中的【删除】按钮，系统弹出“确认是否删除”的提示，如图3-75所示。确认删除操作后，单击工具栏中的【保存】按钮，完成发票删除操作。

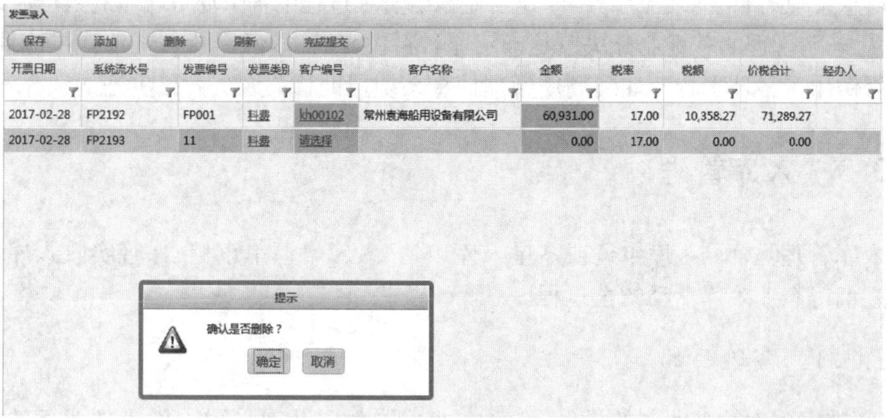

图3-75　删除发票

步骤7　实验试题考核

单击任务卡【实验考核】按钮，进入实验试题考核，如图3-76所示。

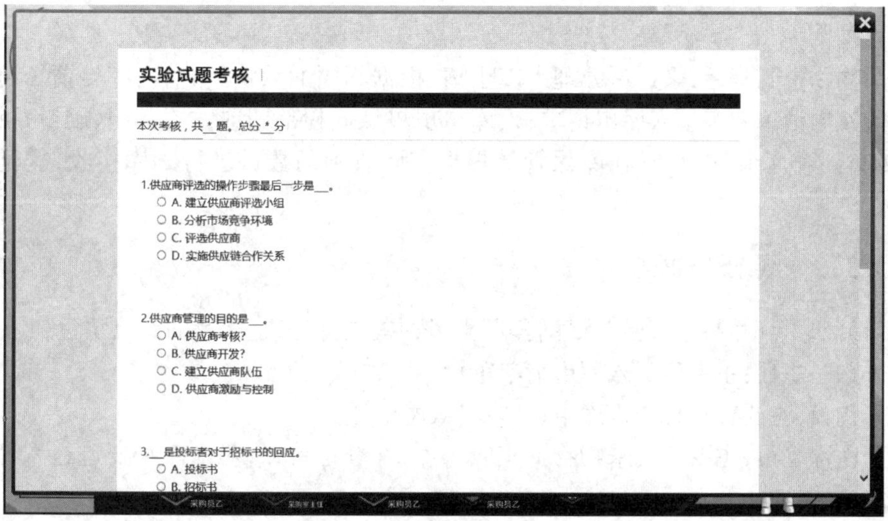

图3-76　“采购管理”实验试题

试题做完提交后，界面上会弹出试题考核结果，关闭该页面后，系统会显示本实验的统计分析，可查看本次实验的实验步骤积分、时长等信息。

单击【退出实验】按钮，完成本实验的全部操作。

3.2.6 思考题

① 采购管理与采购计划管理的区别与联系分别是什么?

② 如何在采购管理中控制采购成本?

③ 结合专业课程知识,思考以下两个问题:a. 作为企业信息化建设的一部分,采购部门的信息系统功能需求是什么? b. 试绘制采购管理过程中各个环节相应的数据流程图。

④ 采购管理的关键业务决策是确定原材料供应商,如何判断负责选择供应商的经理是否做出了最佳选择? 如何利用管理信息系统帮助相关人员做出更好的选择?

3.3 入库管理

入库管理是合同入库申请或零星入库申请、入库申请单审核、保管实收入库、入库汇总查询等企业入库活动的全过程。

3.3.1 实验目的

① 进行入库管理业务的操作,熟悉企业采购部门开展采购入库管理业务的场景,通过角色扮演模拟采购部门各个岗位职员履行职责的场景,完成采购入库任务,体会采购入库管理的业务逻辑。

② 了解物资采购入库管理的业务流程,以及不同的采购形式所产生的入库形式;了解质检部门或物资部门领导根据入库申请单内容进行审批后,仓库保管员根据采购物资实际收到的数量进行入库实收,最终登记库存台账的业务过程。

3.3.2 实验原理

采购物资到货后,采购员办理入库申请,根据不同的采购形式,入库申请单可分为合同入库申请单和零星入库申请单;入库申请单经质检部门或物资部门领导审批通过后,转交到仓库保管员处;仓库保管员根据实际收到的数量进行入库实收,登记库存台账。

3.3.3 实验知识点

(1) 组织机构　本实验“入库管理”业务由物资部完成,涉及的岗位角色如下:

采购室主任:主要负责入库申请单审价。

采购员:主要负责合同入库申请、零星入库申请。

仓库保管员:主要负责采购物资实收入库,并登记台账;对在库物资进行入库汇总查询。

(2) 业务流程　图3-77所示为入库管理业务流程。

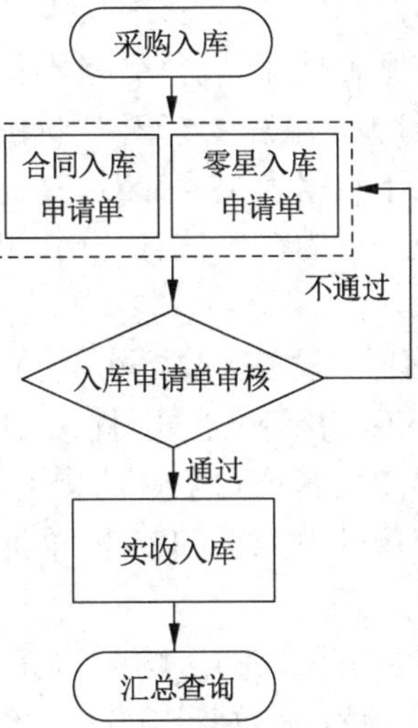

图3-77　入库管理业务流程

① 采购员根据不同的采购形式下达入库申请单。

② 采购室主任对采购入库单进行审批后,转给仓库保管员。

③ 仓库保管员根据实际收到的数量进行入库实收,登记库存台账。

④ 仓库保管员进行入库汇总查询。

3.3.4　实验参考数据

(1) 合同入库申请单　以下数据为企业在物资采购过程中,以合同形式生成的物资采购。根据采购合同信息,录入相应的合同入库申请单。至少选择3条合同入库申请单进行录入。

① 2017年2月,与苏州轴瓦有限公司签订的合同"WZ160029"中的物资部分到货,工程编号为GC160002,存放在标准件库,物资明细为"101621122610 轴承 L16－30－01"申请入库20只,"101621122710 轴承 L16－130－01"申请入库20只,单价为合同价。

② 2017年2月,与镇江市机械配件厂签订的合同"WZ160010"中的物资全部到货,工程编号为GC160010,存放在标准件库,物资明细为"101606107510　节流螺塞 18"申请入库100件,单价为合同价。

③ 2017年2月,与苏州机械有限公司签订的合同"WZ160032"中的物资全部到货,工程编号为GC160002,存放在标准件库,物资明细为"101606118110　圆垫板　Φ48"到货892件,"101606110910　螺塞　Φ12"到货1 989件,单价为合同价。

④ 2017年2月,与无锡设备有限公司签订的合同"WZ160009"中的物资全部到货,工程编号为GC160010,存放在标准件库,物资明细为"101606111310　螺栓　Φ25"申请入库90件,单价为合同价。

⑤ 2017年2月,与北京机械厂有限公司签订的合同"WZ160018"中的物资全部到货,工程编号为GC160008－1,存放在配套库,物资明细为"101612122410　从动齿轮　Φ85"到货2件,"101612122010　齿轮　Φ8"到货2件,单价为合同价。

⑥ 2017 年 2 月，与南通材料有限公司签订的合同“WZ160042”中的物资全部到货，工程编号为 GC160004，存放在密封件库，到货数量不变，物资明细为“572025146410 挡圈 Φ24”，其中“571010145410 垫片 Φ22”单价由 22.79 元/件改为 23 元/件。

（2）零星入库申请单 以下数据为企业针对一些金额小、零散或因生产原因紧急采购的物资所产生的订单。根据采购订单信息，录入相应的零星入库申请单。至少选择 3 条零星入库申请单进行录入。

① 2017 年 2 月，向常州袁海船用设备有限公司采购的物资到货，工程编号为 GC160002，存放配套库，物资明细为“101606101710 传感器”10 件，单价 60 元/件。

② 2017 年 2 月，向浙江船舶配套公司采购的物资到货，工程编号为 GC160010，存放配套库，物资明细为“101606101110 泵体”12 件，单价 78 元/件；“101606101710 传感器”12 件，单价 80 元/件。

③ 2017 年 2 月，向南京机械有限公司采购的物资到货，工程编号为 GC160004，存放配套库，物资明细为“10160610121 波纹管”100 个，单价 80 元/个；“101606101310 槽母”1 000 件，单价 15 元/件。

④ 2017 年 2 月，向无锡标准件有限公司采购的物资到货，工程编号为 GC160005，存放密封件库，物资明细为“101606102710 垫片”2 000 件，单价 1.2 元/件；“101606101410 传动齿轮”200 件，单价 20 元/件；“101606102110 弹性软管”100 件，单价 20 元/件。

⑤ 2017 年 2 月，向无锡阀业有限公司采购的物资到货，工程编号为 GC160009，存放密封件库，物资明细为“101606104510 钢垫片”1 000 件，单价 10 元/件；“101606105010 隔板”600 件，单价 10 元/件。

⑥ 2017 年 2 月，向南京造船机械有限公司采购的物资到货，工程编号为 GC160002，存放标准件库，物资明细为“101606105410 滚轮轴”10 件，单价 16 元/件。

3.3.5 实验步骤

进入物资部的实验场景后，根据任务卡提示及小助手与角色的对话内容接收实验任务，如图 3-78 所示。

图 3-78 进入“入库管理”实验

步骤1　合同入库申请

采购物资到货后，采购部门根据采购合同编制合同入库申请单，完成物资入库工作。合同入库申请单主要由采购员编制。一般情况下，合同入库申请单是采购员根据已经生效的物资采购合同信息编制入库申请单，申请办理入库的一种形式。

（1）接收任务　根据任务卡提示与采购员甲进行对话，接收任务，如图3-79所示。

图3-79　与采购员甲对话

（2）完成合同入库申请单编制　单击任务卡打开“合同入库申请单”界面，如图3-80所示。

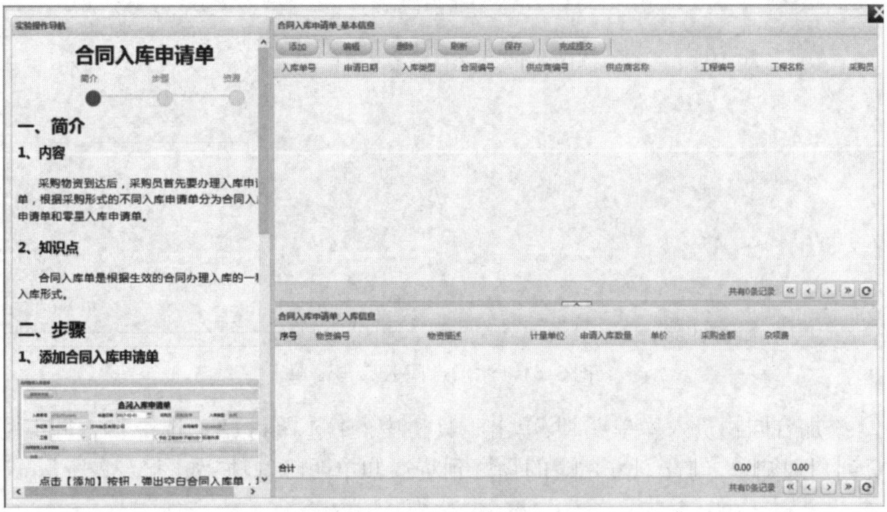

图3-80　合同入库申请单

图3-80所示右上方是“合同入库申请单_基本信息”，右下方是“合同入库申请单_入库信息”。

“合同入库申请单_基本信息”数据项说明如下：

- 入库单号：合同入库保存时系统产生的唯一编号，是合同入库单的唯一标识。
- 入库类型：物资入库的类型，主要有合同入库、零星入库，系统默认选择合同入库。
- 合同编号：办理该入库申请单所依据合同的编号。
- 供应商编号/名称：采购物资供应方的编号和名称，一个入库单中只能有一个供应商，对于合同入库单，其供应商为合同的供应商。
- 工程编号/名称：采购物资工程的编号和名称。

“合同入库申请单_入库信息”数据项说明如下：

- 申请入库数量：申请办理入库的数量。
- 单价：实际采购的价格，在合同入库时系统自动将采购合同的单价带入。

用户操作场景中的学生角色进行采购员执行合同入库申请的岗位体验，操作步骤如下：

① 添加合同入库申请单：单击工具栏中的【添加】按钮，弹出空白“合同入库申请单”，在其中填写申请日期、采购员、工程信息和仓库信息等内容，如图 3-81 所示。

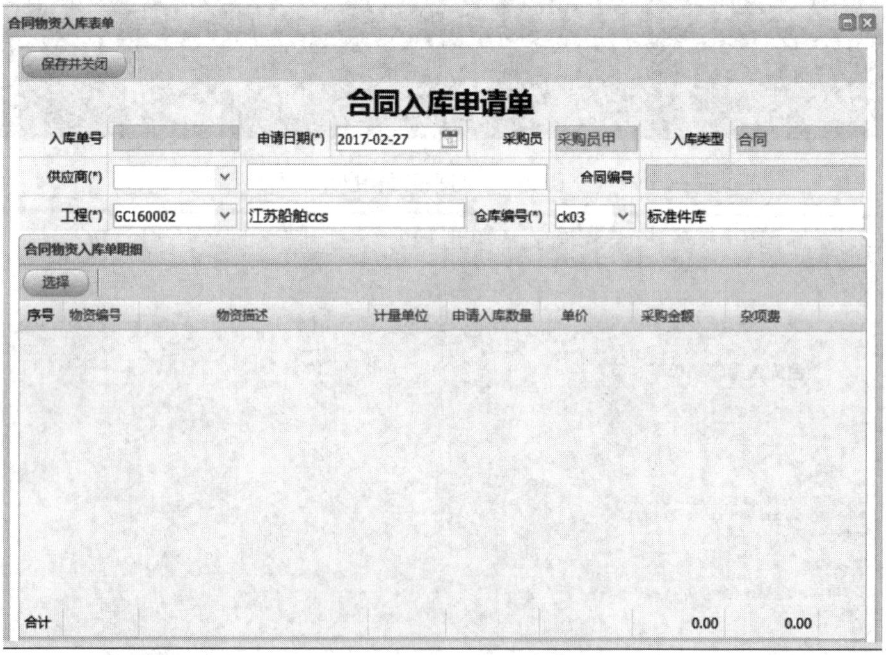

图 3-81　添加合同入库申请单

② 添加合同物资入库单明细：单击工具栏中的【选择】按钮，选中与合同编号对应的物资到货通知单，勾选下方相应的物资到货通知单明细选项，如图 3-82 所示。

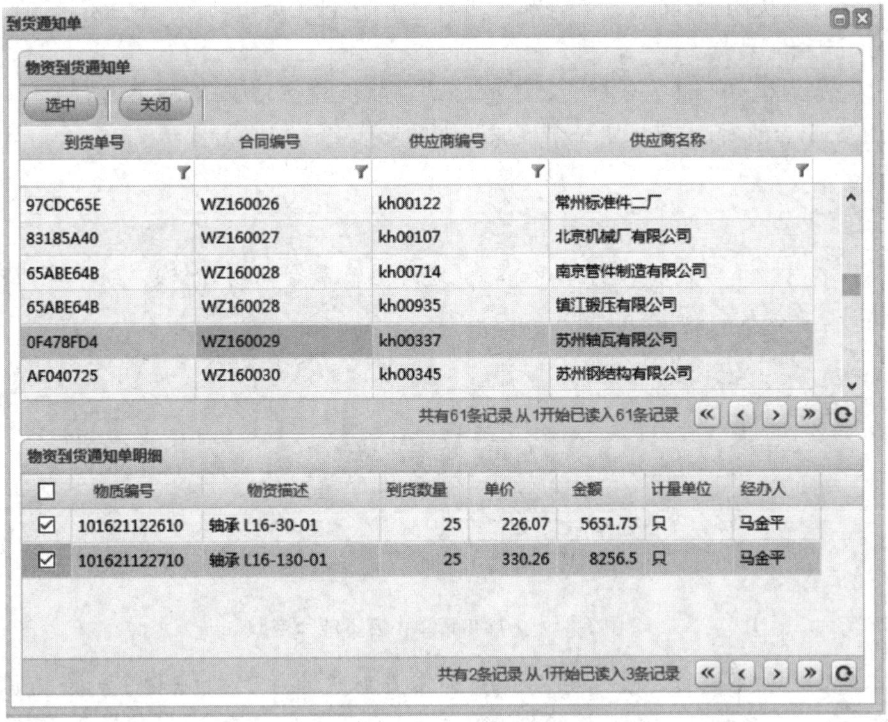

图 3-82　选择物资到货通知单

③ 编辑物资入库信息：根据本次实际到货的物资数量，填写申请入库数量和杂项费，如图 3-83 所示。

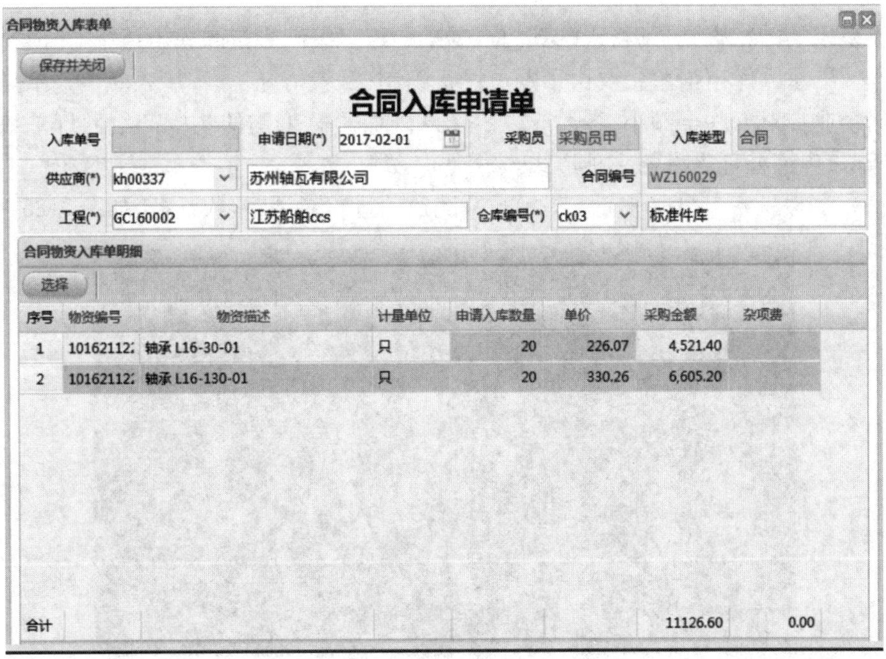

图 3-83　编辑物资入库信息

④ 保存并关闭:合同入库申请单信息填写完整之后,单击【保存并关闭】按钮,保存合同入库申请单数据。

⑤ 完成提交:单击【完成提交】按钮,确认当前步骤已完成,然后单击右上角的【关闭】按钮关闭当前窗口,进入下一个实验步骤的操作。

注 意

① 入库申请单内容(包括工程信息、仓库信息和合同物资信息等)不能为空,否则不允许提交,如图 3-84 所示。

图 3-84 入库申请单内容不能为空

② 已添加完成的合同入库申请单,如需要重新进行修改,则选中一条编制完成的合同入库申请单,单击【编辑】按钮,进入“合同入库申请单”编辑界面,编辑入库申请单内容。

步骤 2 零星入库申请

零星采购的物资到货后,采购部门根据采购订单编制零星入库申请单,完成物资入库工作。零星入库申请单主要由采购员进行编制,一般情况下,零星入库申请单是采购员根据企业针对一些金额小、零散或因生产原因而紧急采购的物资产生的订单编制入库申请单,申请办理入库的一种形式。

(1) 接收任务 根据任务卡提示与采购员乙进行对话,接收任务,如图 3-85 所示。

图 3-85 与采购员乙对话

(2) 完成零星入库申请单 单击任务卡打开“零星入库申请单”界面,如图3-86所示。

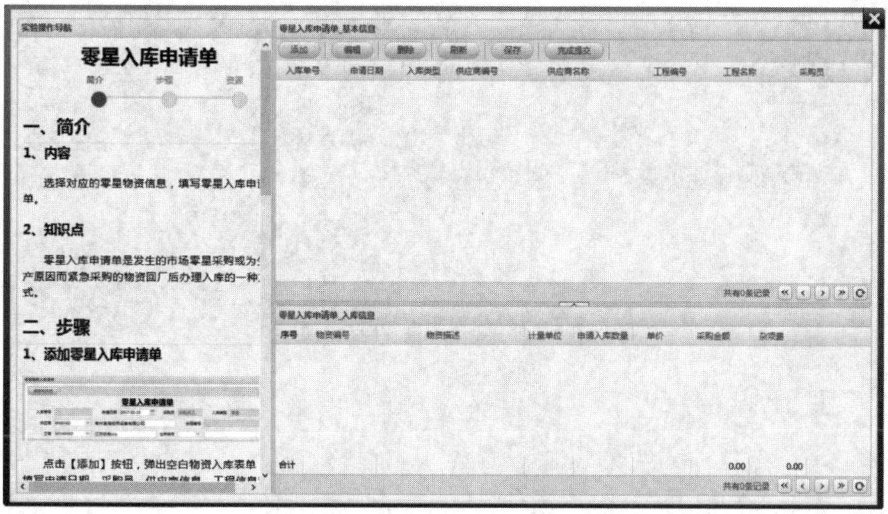

图3-86 零星入库申请单

用户操作场景中的学生角色进行采购员执行零星入库申请的岗位体验,操作步骤如下:

① 添加零星入库申请单:单击工具栏中的【添加】按钮,弹出空白“零星入库申请单”,填写申请日期、采购员、供应商信息、工程信息和仓库信息等内容,如图3-87所示。

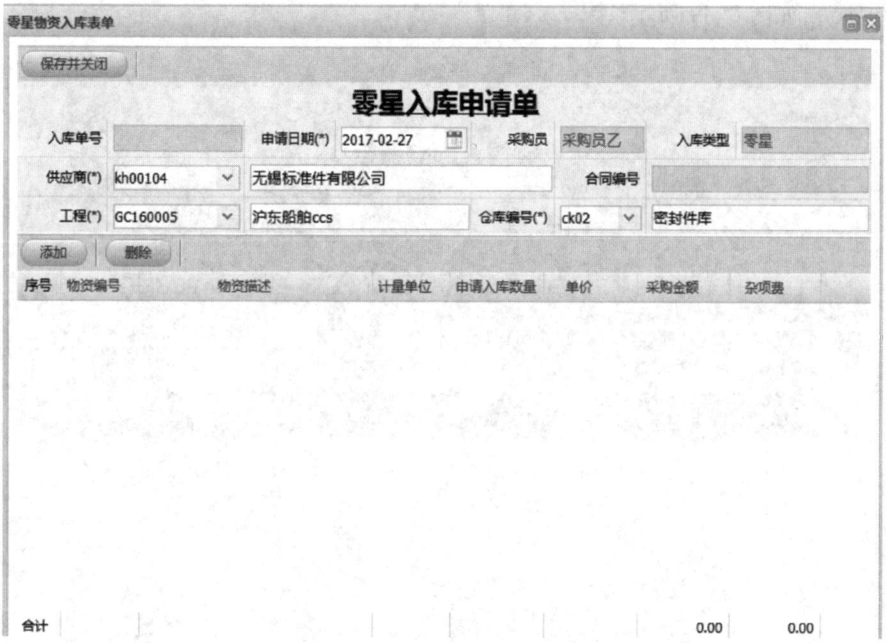

图3-87 添加零星入库申请单

② 添加零星物资入库单明细:单击工具栏中的【添加】按钮,弹出物资选择窗口,在

“物料编号”搜索框中输入需入库的物资编号，按回车键进行搜索，选中需要入库的物资项，单击【选中】按钮选择，如图 3-88 所示。

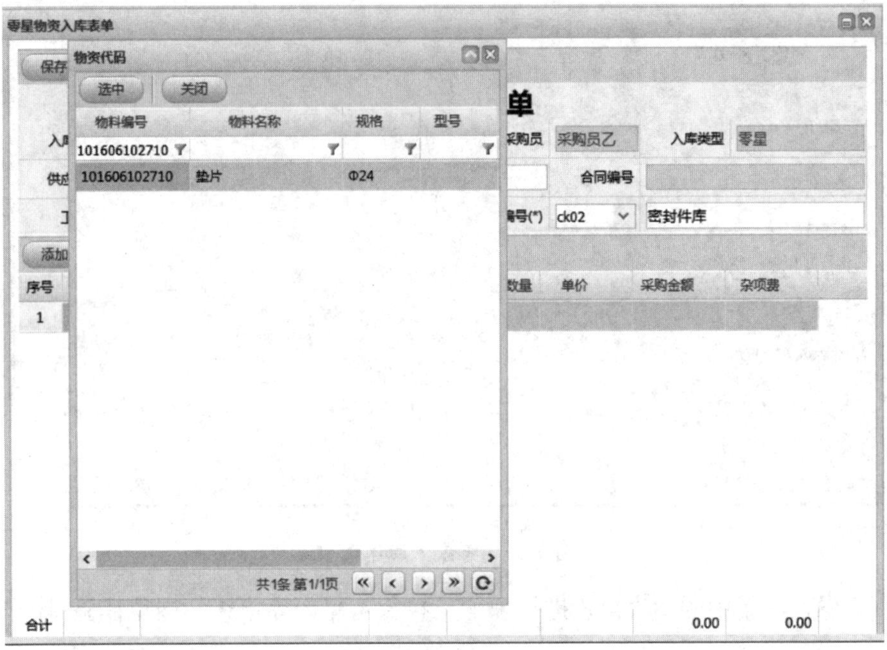

图 3-88　选择零星入库物资

③ 编辑零星物资入库信息：根据本次申请零星入库的数量，编辑申请入库数量、单价和杂项费，如图 3-89 所示。

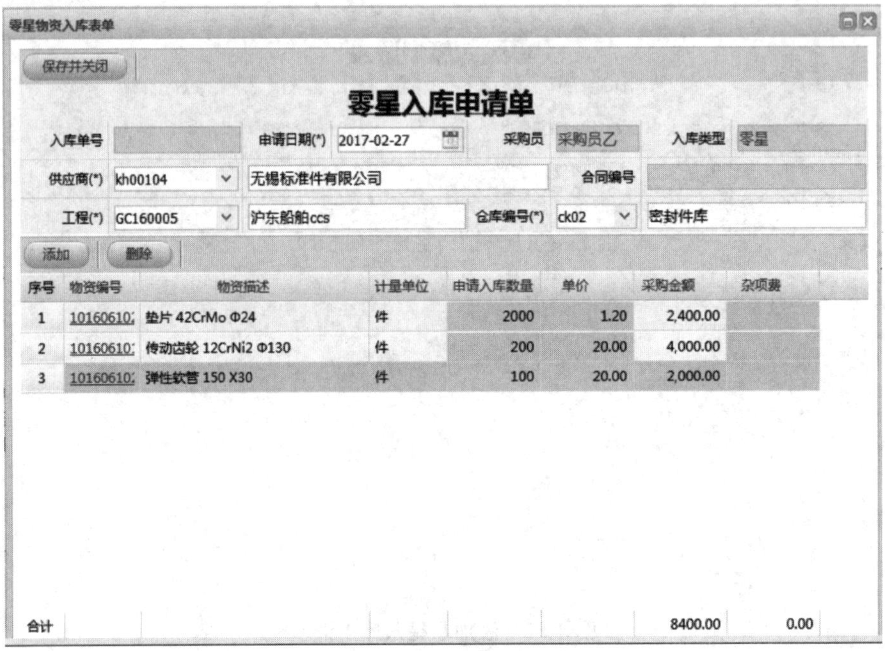

图 3-89　编辑零星物资入库信息

④ 保存并关闭：零星入库申请单信息填写完整之后，单击【保存并关闭】按钮，保存零星入库申请单数据。

⑤ 完成提交：单击【完成提交】按钮，确认当前步骤已完成，然后单击右上角的【关闭】按钮关闭当前窗口，进入下一个实验步骤的操作。

注 意

① 入库申请单内容（包括供应商信息、工程信息、仓库信息和零星物资信息等）不能为空，否则不允许提交。

② 已添加完成的零星入库申请单，如需要重新进行修改，则选中一条编制完成的零星入库申请单，单击【编辑】按钮，进入"零星入库申请单"编辑界面，编辑入库申请单的内容。

步骤3　入库申请单审核

入库申请单必须经过质检部门及物资部领导审核后，才能流转到仓库保管员处进行实收。实验中设计该步骤由采购室主任进行审核。一般情况下，入库申请单审核是对采购物资的种类、数量、质量与采购合同匹配核对的过程。

（1）接收任务　根据任务卡提示与采购室主任进行对话，接收任务，如图3-90所示。

图3-90　与采购室主任对话

（2）完成入库申请单审核　单击任务卡打开"入库申请单审核"界面，如图3-91所示。

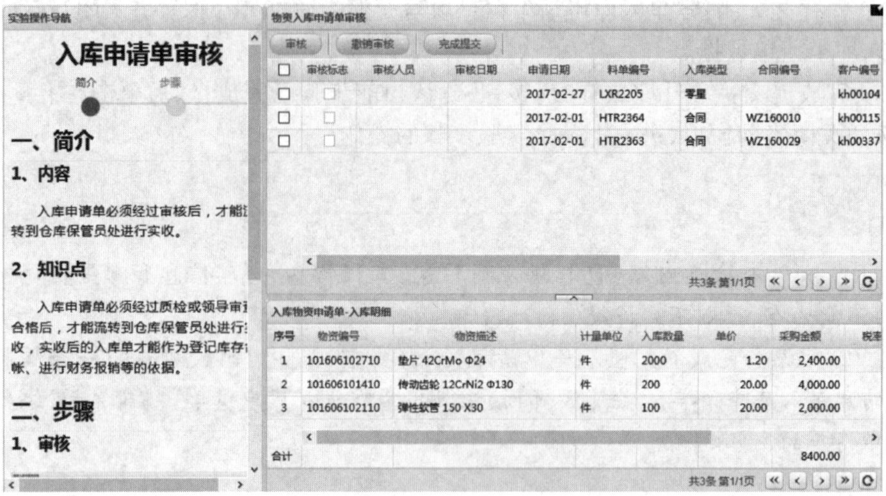

图 3-91　入库申请单审核

用户操作场景中的学生角色进行采购室主任执行入库申请单审核的岗位体验，操作步骤如下：

① 选择入库申请单：选择待审核的入库申请单，如图 3-92 所示。

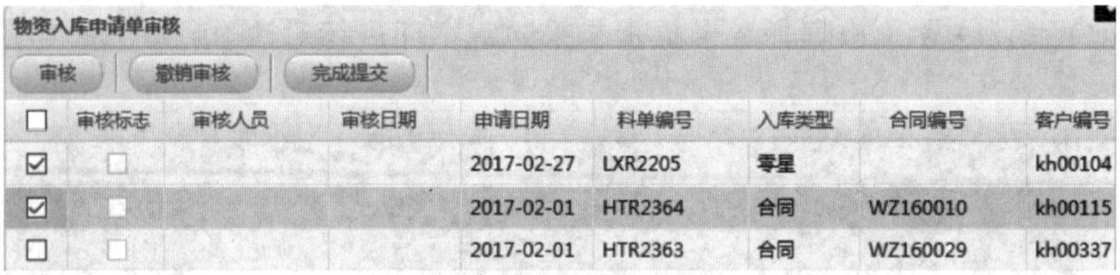

图 3-92　选择入库申请单

② 审核入库申请单：单击工具栏中的【审核】按钮，审核选中的入库申请单，系统添加审核标志、审核人员和审核日期，如图 3-93 所示。

③ 完成提交：单击【完成提交】按钮，确认当前步骤已完成，单击右上角的【关闭】按钮关闭当前窗口，进入下一个实验步骤的操作。

注　意

如果需要对审核错误的采购合同进行撤销，则选中入库申请单，单击【撤销审核】按钮，系统清除入库申请单的审核标志、审核人员和审核日期内容。

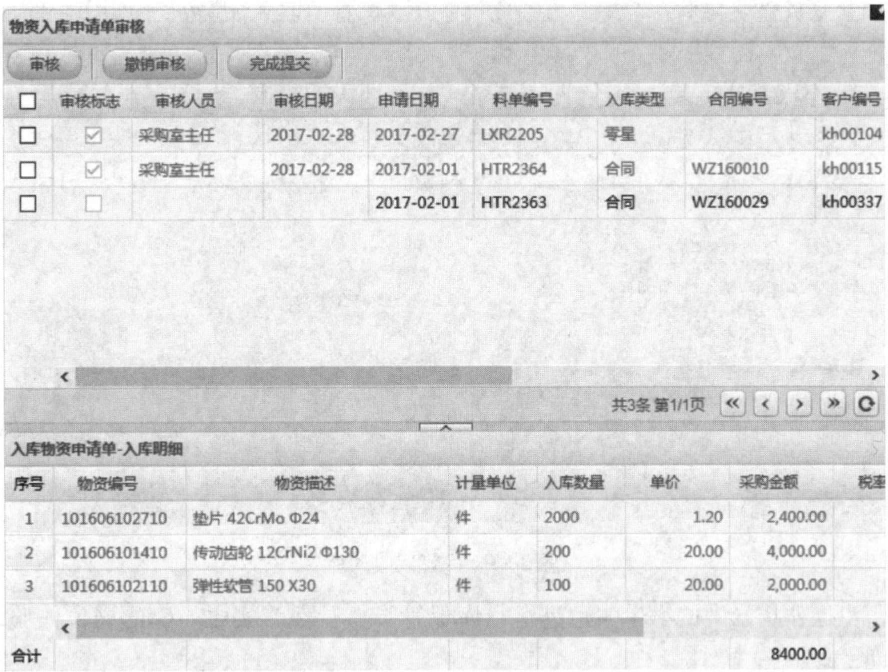

物资入库申请单审核

审核　撤销审核　完成提交

□	审核标志	审核人员	审核日期	申请日期	料单编号	入库类型	合同编号	客户编号
□	☑	采购室主任	2017-02-28	2017-02-27	LXR2205	零星		kh00104
□	☑	采购室主任	2017-02-28	2017-02-01	HTR2364	合同	WZ160010	kh00115
□	□			2017-02-01	HTR2363	合同	WZ160029	kh00337

共3条 第1/1页

入库物资申请单-入库明细

序号	物资编号	物资描述	计量单位	入库数量	单价	采购金额	税率
1	101606102710	垫片 42CrMo Φ24	件	2000	1.20	2,400.00	
2	101606101410	传动齿轮 12CrNi2 Φ130	件	200	20.00	4,000.00	
3	101606102110	弹性软管 150 X30	件	100	20.00	2,000.00	
合计						8400.00	

图 3-93　审核入库申请单

步骤 4　保管实收入库

采购物资到货后，保管实收入库是由仓库保管员根据已审核通过的入库清单，对实物进行清点和质量检验，确认是否与送货清单上的品种和数量一致，办理物资保管实收入库的过程。

(1) 接收任务　根据任务卡提示与仓库保管员甲进行对话，接收任务，如图 3-94 所示。

图 3-94　与仓库保管员甲对话

（2）完成保管实收入库　单击任务卡打开“保管实收入库”界面，如图 3-95 所示。

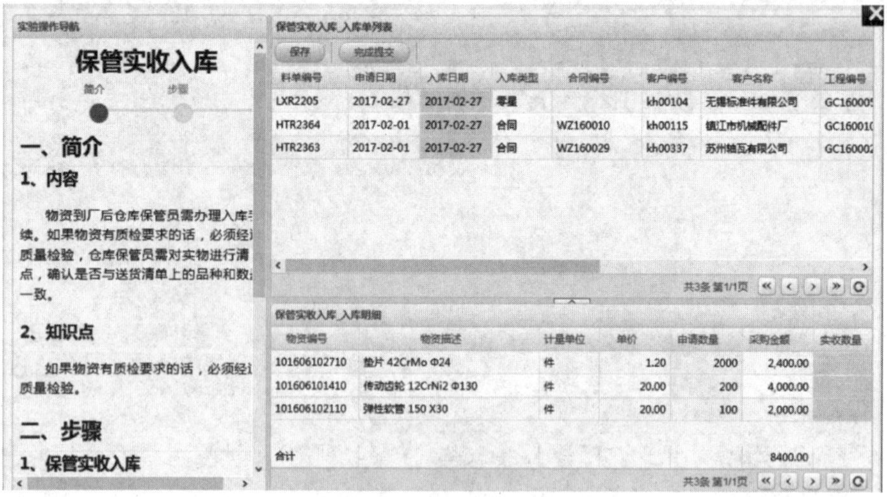

图 3-95　保管实收入库

用户操作场景中的学生角色进行仓库保管员执行保管实收入库的岗位体验，操作步骤如下：

① 保管实收入库：选择一张未办理实收的入库单，填写物资实收入库数量，如图 3-96 所示。

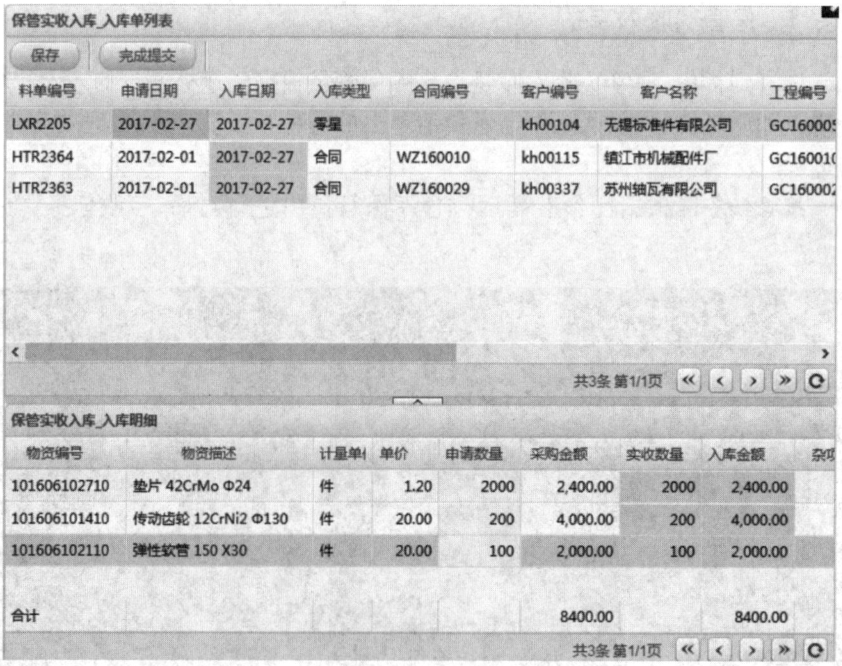

图 3-96　实收入库信息

② 保存：保管实收入库信息填写完整之后，单击【保存】按钮，进行保管实收数据的保存。

③ 完成提交：单击【完成提交】按钮，确认当前步骤已完成，然后单击右上角的【关

闭】按钮关闭当前窗口，进入下一个实验步骤的操作。

注　意

① 仓库保管员只可对经过审核的入库单据进行实收处理。
② 一般情况下，实收数量不能超过申请数量。

步骤 5　入库汇总查询

仓库保管员需要定期对入库的信息进行汇总查询，确保账实相符。

（1）接收任务　根据任务卡提示与仓库保管员进行对话，接收任务，如图 3-97 所示。

图 3-97　与仓库保管员甲对话

（2）完成入库汇总查询　单击任务卡打开"入库汇总查询"界面，如图 3-98 所示。

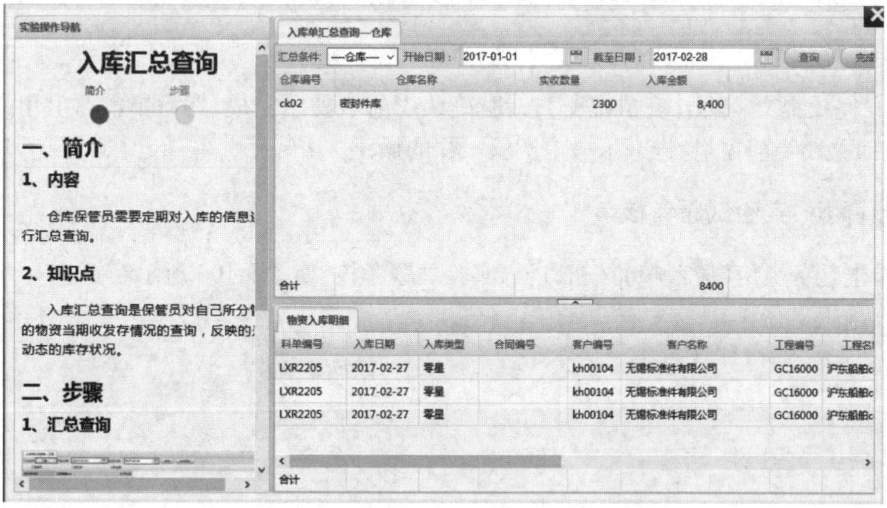

图 3-98　入库汇总查询

在“入库汇总查询”界面，可在查询工具栏中选择汇总条件、开始和截止日期等查询条件，界面右上方显示汇总条件，右下方显示“物资入库明细”。

用户操作场景中的学生角色进行仓库保管员执行入库汇总查询的岗位体验，操作步骤如下：

① 选择汇总条件查询：选择仓库、客户和工程中的一项作为汇总条件，并选择开始日期和截止日期，单击【查询】按钮进行查询。

② 选择汇总条件日期：上方显示仓库/工程/客户信息，下方显示仓库的物资入库明细。物资入库明细主要反映入库日期、入库类型、仓库信息、客户信息、工程信息、物资基本信息、单价、实收数量和入库金额等信息，如图 3-99 所示。

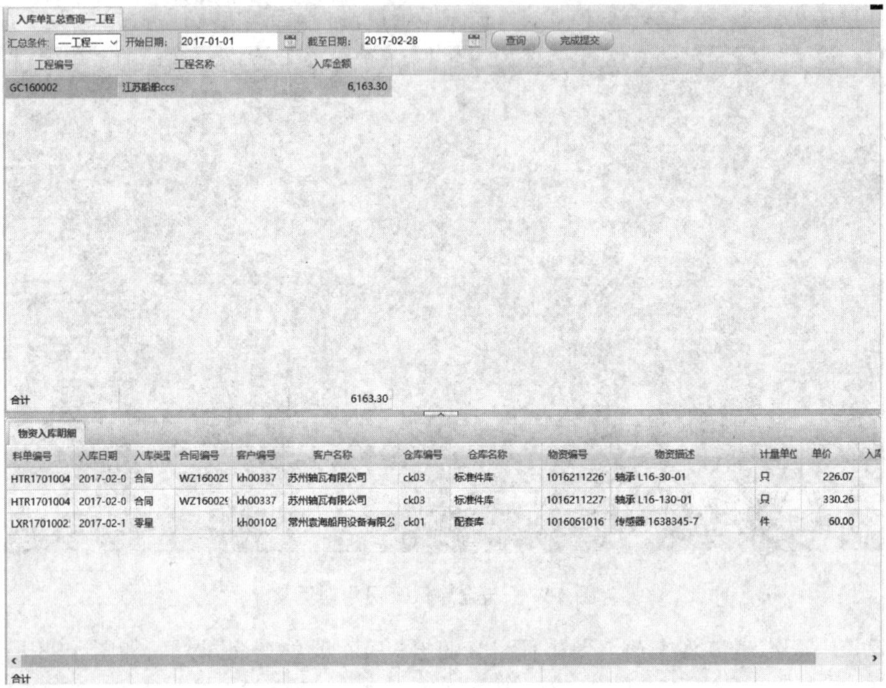

图 3-99　入库汇总查询

③ 完成提交：单击【完成提交】按钮，确认当前步骤已完成，然后单击右上角的【关闭】按钮关闭当前窗口，进入下一个实验步骤的操作。

步骤 6　实验试题考核

单击任务卡【实验考核】按钮，进入实验试题考核，如图 3-100 所示。

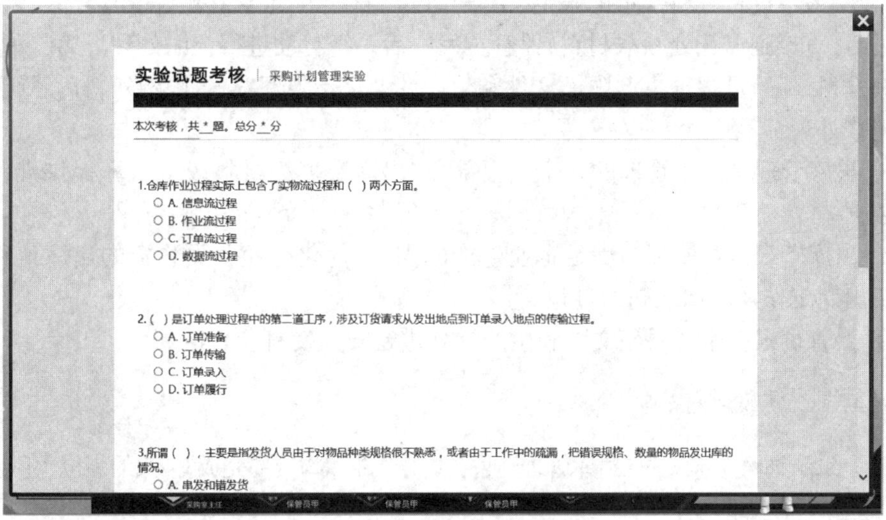

图 3-100 “入库管理”实验试题

试题做完提交后，系统弹出试题考核结果，关闭该页面后，系统显示本实验的统计分析，可查看本次实验的实验步骤积分、时长等信息。

单击任务卡【退出实验】按钮，完成本实验的全部操作。

3.3.6 思考题

① 入库分为几种方式？它们之间有什么区别？

② 如何实现同一供应商不同采购批次的管理？

③ 利用数据库设计知识，分析入库管理系统中的关系模式。

④ 查阅资料，了解准时生产制(JIT)的内涵，谈谈如何利用信息系统实现 JIT。

3.4 出库管理

出库管理也是库存管理的一个重要环节。出库数据为财务材料核算、成本核算提供准确、及时的数据，保证数据源点录入，减少重复录入及错误附加情况的发生。保管员根据各业务部门提出的领料申请单，完成物资的实发工作。

3.4.1 实验目的

① 进行出库管理业务的操作，熟悉企业物资部开展出库管理业务的场景，通过角色扮演模拟物资部各个岗位职员履行职责的场景，完成出库任务，理解出库管理的业务逻辑。

② 加深对企业物资出库的方式、流程及库存管理内容的认识与理解。

③ 掌握限额出库的原理和操作方法。

3.4.2 实验原理

出库有两种方式，第一种方式是零星领料，对于低值易耗物品或价值较低的生产辅料，企业一般不进行领料数量的限定，由领用部门直接开具零星领料单，经部门领导审批通过后，直接到保管处领取材料，保管员发料后系统自动进行记账处理。第二种方式是限额发料，保管员根据生产限额文件和生产计划进行限额发料，限额发料后系统自动进行记账处理。

① 出库管理是库存管理的一个重要部分，出库数据为材料成本核算提供准确、及时的数据。

② 出库管理是物资部为满足企业生产的需要，优化企业各类物资的出库流程，保证物资出库工作及时和准确的过程。

③ 保管员根据生产限额文件和生产计划进行限额发料。

3.4.3 实验知识点

（1）组织机构　本实验“出库管理”业务由生产部和物资部完成，涉及的岗位角色如下：

① 生产管理部

- 车间主任：主要负责出库领料申请单的审核。
- 车间领料员：主要负责填写领料申请单。

② 物资部

仓库保管员：主要负责保管实发、管理库存台账。

（2）业务流程　出库管理业务流程如图 3-101 所示。

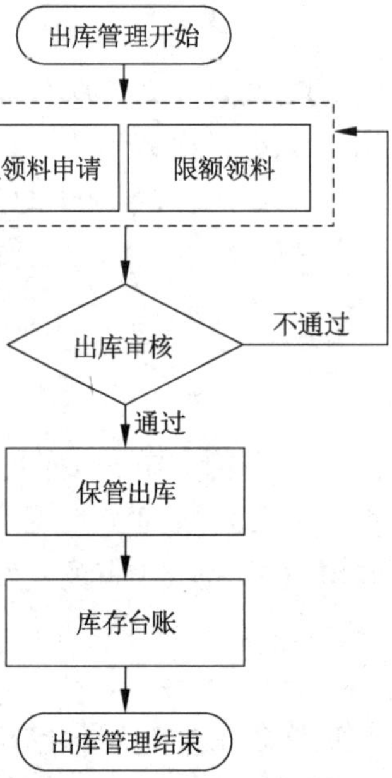

图 3-101　出库管理业务流程

① 车间领料员需要领取物资、填写限额领料单和零星领料单。

② 车间主任对出库申请单进行审核。

③ 仓库保管员根据出库申请单进行实发出库。

④ 仓库保管员查询库存台账。

3.4.4 实验参考数据

(1) 零星领料申请单

① 2017 年 2 月 9 日,装配车间领料员为工程“GC160010”从配套库申请领料,物资明细为“101606102010 弹性软管(150 × 20)”10 件,“101606102710　垫片(42CrMo Φ24)”600 件,“101606103810　端盖(HT300)”50 件,“101606104510　钢垫片(A3 δ1)”15 件。

② 2017 年 2 月 14 日,加工车间领料员为工程“GC160004”从标准件库申请领料,物资明细为“101606106610　机架　(1624 - 00)”20 件,“101606104910　缸头拉杆(30Cr2MoV　Φ30)”11 件,“101606106110　活塞螺栓(42CrMo　Φ20)”47 件。

(2) 限额领料申请单　至少选择 3 条内容进行录入。

① 2017 年 2 月,加工车间领料员为工程“GC160002”从配套库领取物资,限额单号为“XE00001”,物资明细为“101621124510　轴瓦”2 件,“101606103010　定距块”5 件。

② 2017 年 2 月,装配车间领料员为工程“GC160002”从密封件库领取物资,限额单号为“XE00001”,物资明细为“500115134510　螺栓”5 件。

③ 2017 年 2 月,加工车间领料员为工程“GC160002”从标准件库领取物资,限额单号为“XE00001”,物资明细为“101606109110　拉杆”5 件。

④ 2017 年 2 月,装配车间领料员为工程“GC160002”从标准件库领取物资,限额单号为“XE00001”,物资明细为“507012142810　铆钉”10 件。

⑤ 2017 年 2 月,装配车间领料员为工程“GC160002”从标准件库领取物资,限额单号为“XE00001”,物资明细为“505009142010　圆柱销”65 件。

⑥ 2017 年 2 月,装配车间领料员为工程“GC160002”从标准件库领取物资,限额单号为“XE00001”,物资明细为“550001143310 O 型圈” 30 件。

3.4.5 实验步骤

进入生产部的实验场景后,根据任务卡提示及小助手与角色的对话内容接收实验任务,如图 3-102 所示。

图 3-102　进入“出库管理”实验

步骤 1　零星领料申请单

在生产过程中，如设备维修时需零星领用部分材料，领用部门首先需要填写领料申请单。

（1）接收任务　根据任务卡提示与车间领料员进行对话，接收任务，如图 3-103 所示。

图 3-103　与车间领料员对话

（2）填写零星领料申请单　单击任务卡打开“零星领料申请单_基本信息”界面，如图 3-104 所示。

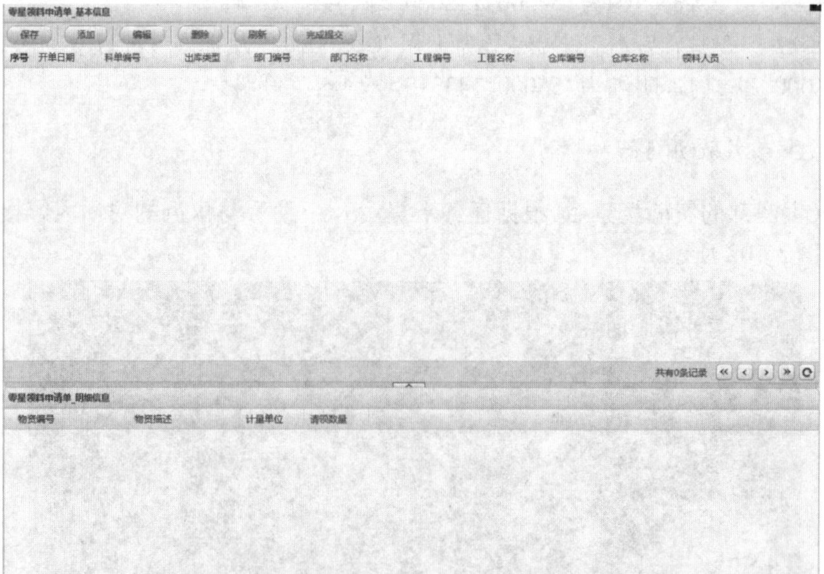

图 3-104　零星领料申请单

图 3-104 上方为“零星领料申请单_基本信息”，下方为“零星领料申请单_明细信息”。零星领料申请单数据项说明如下：

➢ 料单编号:保存时系统产生的唯一编号,是区分各零星领料单的唯一标识。
➢ 领料人员:填写领料申请单和负责办理领料手续的相关人员名称。
➢ 出库类型:办理出库所采用的方式。
➢ 请领数量:使用部门申请领料的数量。

用户操作场景中的学生角色进行车间领料员执行零星领料申请单填写的岗位体验,操作步骤如下:

① 新增零星领料申请单:单击【添加】按钮,新增一张"零星领料申请单",根据实验数据选择申请部门、填写开单日期、选择工程信息和仓库信息,如图3-105所示。

图3-105 零星领料申请单

② 添加领料物资明细:单击【添加】按钮,打开"物资库存余额"界面,勾选申领物资,单击【选择】按钮选择零星物料,如图3-106所示。

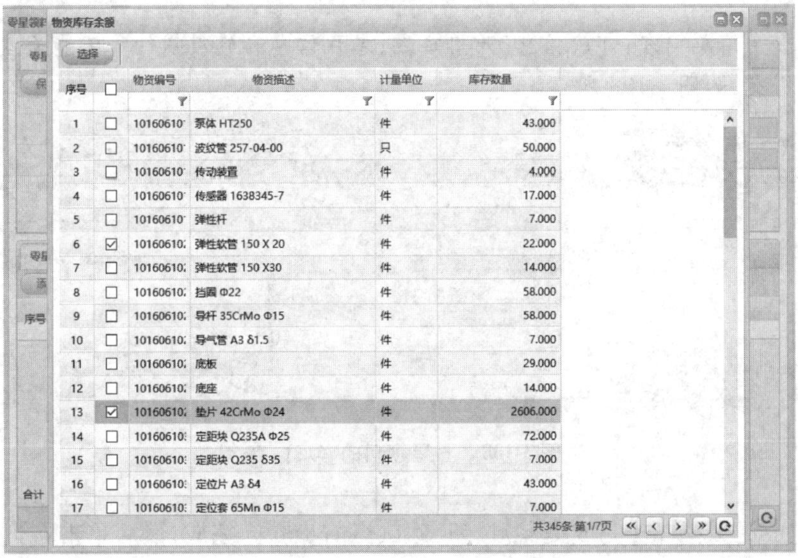

图3-106 添加领料物资明细

③ 填写申请领料数量：根据零星领料申请单，填写申请领料数量。

注　意

请领数量不能大于库存余量，如图 3-107 所示。

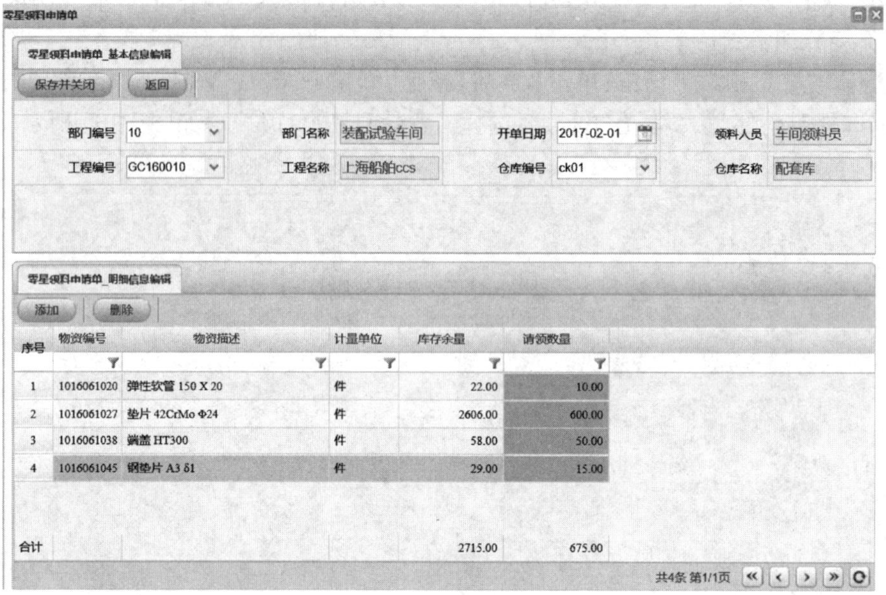

图 3-107　填写领料数量

④ 保存并关闭：零星领料申请单信息填写完整之后，单击【保存并关闭】按钮，保存数据并关闭窗口。

注　意

领料申请单内容：部门信息、开单日期、工程信息和领料明细等不能为空，否则不允许提交，如图 3-108 所示。

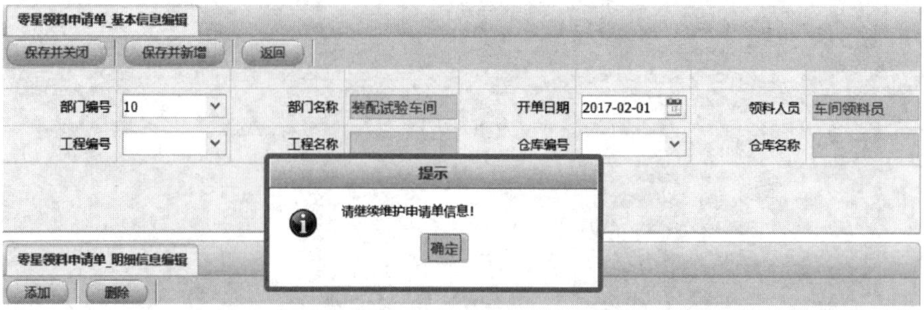

图 3-108　零星领料的必填内容

⑤ 完成提交：单击【完成提交】按钮，确认当前步骤已完成，然后单击右上角的【关闭】按钮关闭当前窗口，进入下一个实验步骤的操作，如图 3-109 所示。

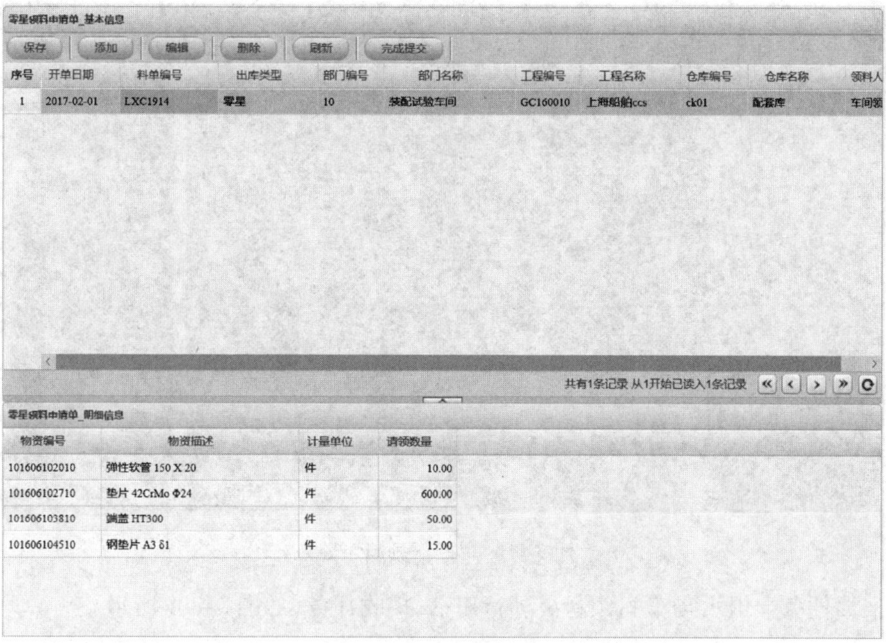

图 3-109　完成提交

注　意

① 保存并新增：单击【保存并新增】按钮，保存当前已编制完成的领料申请单，同时新增一张空白“零星领料申请单”。

② 编辑：选中一条编制完整的零星领料申请单，单击【编辑】按钮，进入“零星领料申请单_基本信息”编辑界面，编辑领料申请单内容。

③ 删除：如需删除领料申请单，则选中该条零星领料申请单，单击【删除】按钮进行删除。

步骤 2　限额领料申请单

通过工程限额资料清单和计划的需求时间进行限额发料，有效控制领料数量，以达到事中控制物料成本的目的。

(1) 观看视频并接收任务　单击任务卡观看“限额领料”微课，了解相关知识点，如图 3-110 所示。

图 3-110 "限额领料"微课

根据任务卡提示与车间领料员进行对话，接收任务，如图 3-111 所示。

图 3-111 与车间领料员对话

（2）填写限额领料申请单 单击任务卡打开"限额领料申请单_基本信息"界面，如图 3-112 所示。

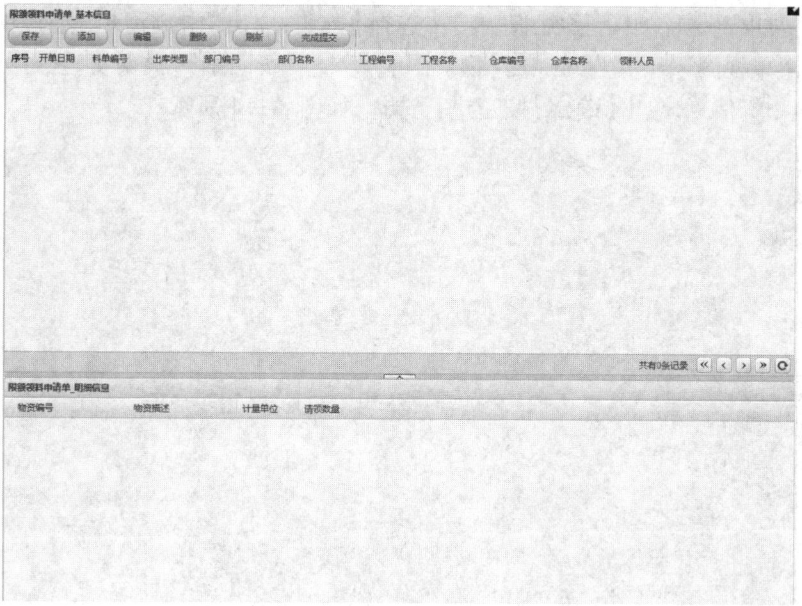

图 3-112 限额领料申请单

图 3-112 上方为“限额领料申请单_基本信息”，下方为“限额领料申请单_明细信息”。限额领料申请单数据项说明如下：

➢ 请领数量：限额资料中规定的该工程、该部门为生产该部件可以领取此物资的最大值。

用户操作场景中的学生角色进行车间领料员执行限额领料申请单填写的岗位体验，操作步骤如下：

① 新增限额领料申请单：单击【添加】按钮，新增一张“限额领料申请单”，根据实验数据选择部门信息、开单日期、工程信息和仓库信息，如图 3-113 所示。

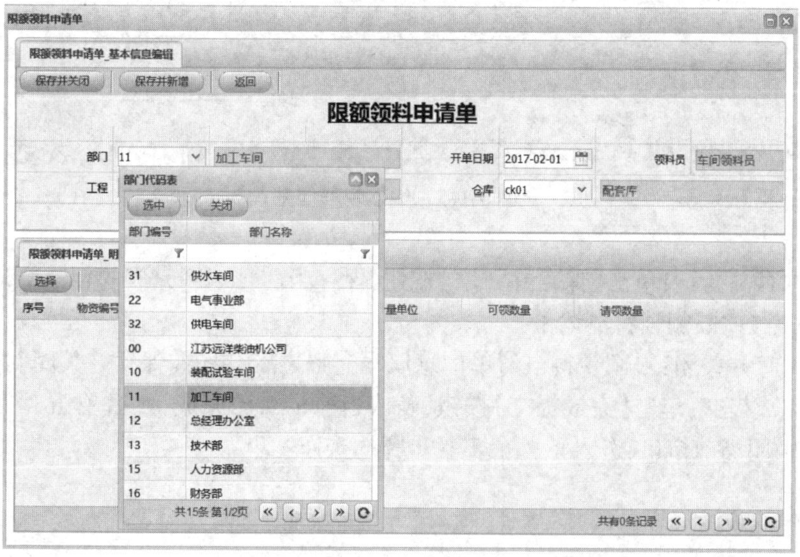

图 3-113 新增限额领料申请单

② 添加限额领料申请单明细：单击【选择】按钮，弹出“限额清单”选择窗口，上方为“限额清单视图”，下方为对应的“物资限额清单_物资明细”，根据实验数据选择限额清单中的物资信息，单击【确定】按钮进行选择，如图 3-114 所示。

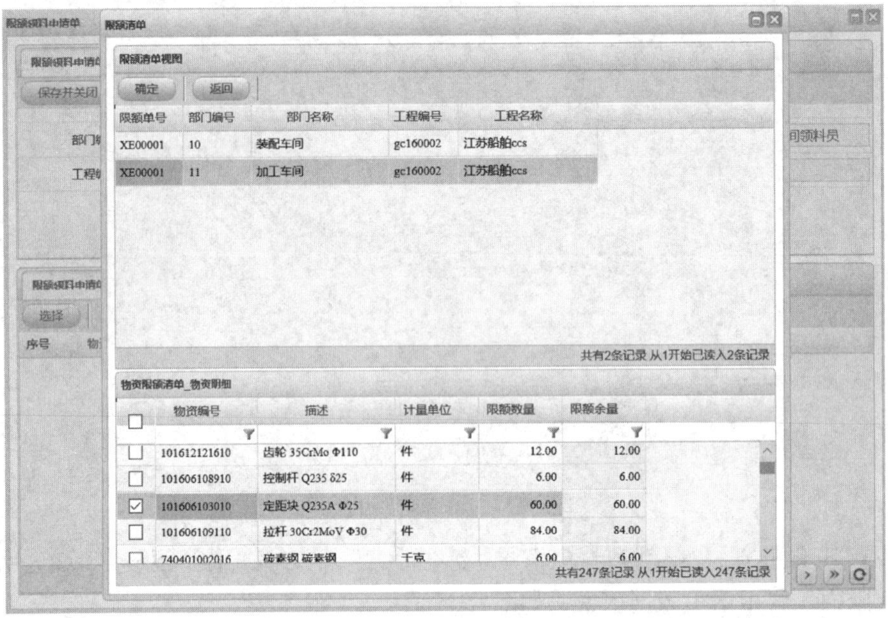

图 3-114　选择物资信息

③ 填写请领数量：根据限额领料申请单，填写请领数量。

注　意

本次请领的数量应该小于现有的可领数量，如图 3-115 所示。

图 3-115　编辑领料信息

④ 保存并新增：单击【保存并新增】按钮，保存当前已编制完成的领料申请单，同时新增一张空白“限额领料申请单”。

⑤ 保存并关闭：限额领料申请单信息填写完整之后，单击【保存并关闭】按钮。

⑥ 完成提交：单击【完成提交】按钮，确认当前步骤已完成，然后单击右上角的【关闭】按钮关闭当前窗口，进入下一个实验步骤的操作。

注　意

① 编辑：选中一条编制完成的限额领料申请单，单击【编辑】按钮，进入"限额领料申请单_基本信息"编辑界面，编辑领料申请单内容。

② 删除：如需删除领料申请单，则选中限额领料申请单，单击【删除】按钮进行删除。

步骤3　出库申请单审核

出库申请单必须经领导审查批准后，才能流转到仓库保管员处，并由其进行发料。

（1）接收任务　根据任务卡提示与车间主任进行对话，接收任务，如图3-116所示。

图3-116　与车间主任对话

（2）审核出库申请单　单击任务卡实验步骤"出库申请单审核"，打开操作界面，如图3-117所示。

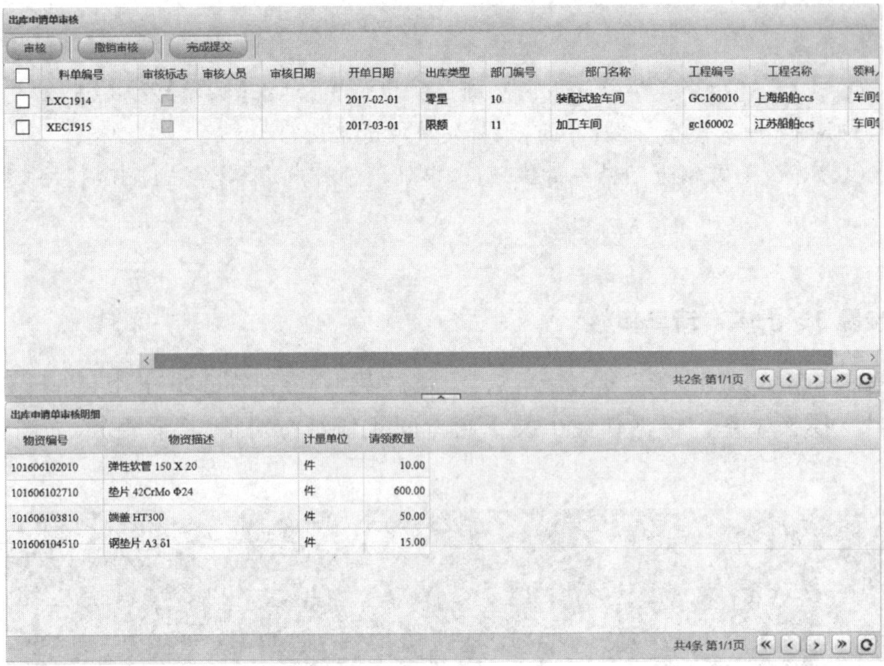

图 3-117　审核出库申请单

图 3-117 上方为“出库申请单审核”的基本信息，下方为“出库申请单审核明细”。

用户操作场景中的学生角色完成车间主任执行出库申请单审核的岗位体验，操作步骤如下：

① 选择出库申请单：选中一条出库申请单后，“出库申请单审核明细”界面显示该申请单的物资信息，如图 3-118 所示。

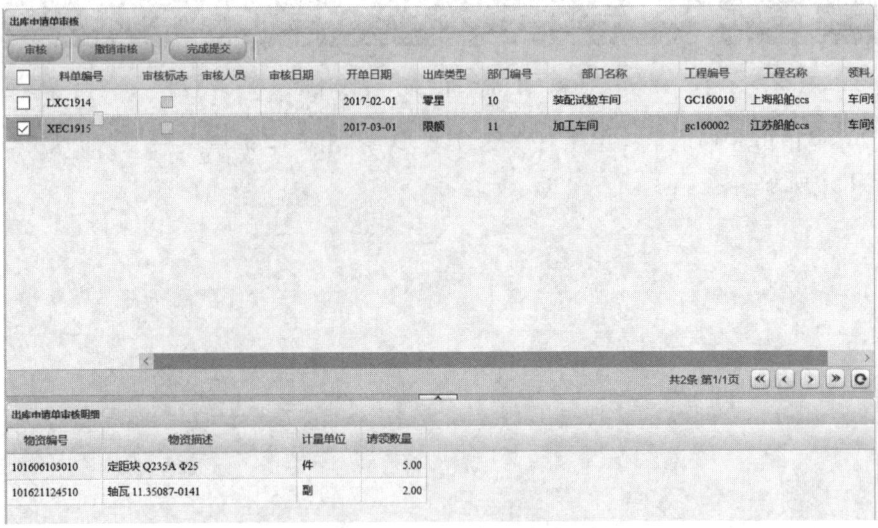

图 3-118　选择出库申请单

② 审核：单击【审核】按钮，审核选中的出库申请单。出库申请单审核成功后，系统

添加审核标志、审核人员和审核日期，且经审核的出库申请单信息不允许编辑，如图3-119所示。

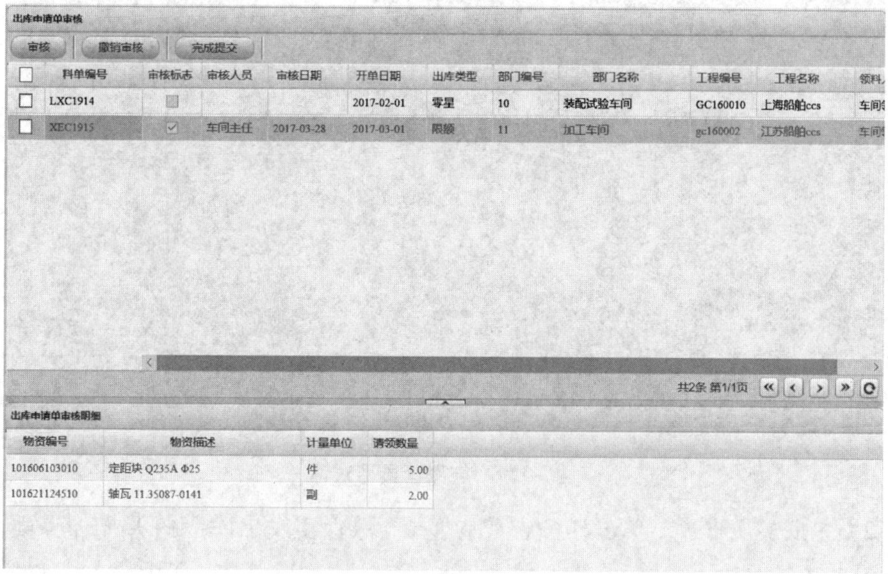

图3-119 审核

③ 完成提交：单击【完成提交】按钮，确认当前步骤已完成，然后单击右上角的【关闭】按钮关闭当前窗口，进入下一个实验步骤的操作。

注 意

如需撤销审核，则选中已审核的出库申请单，单击【撤销审核】按钮，清除出库申请单的审核信息。

步骤4 保管实发出库

保管员根据已审核的领料申请单办理实发手续。

(1) 接收任务 根据任务卡提示去物资部找到仓库保管员并与其进行对话，接收任务，如图3-120所示。

图 3-120　与保管员甲对话

(2) 完成实发出库　单击任务卡实验步骤“保管实发出库”，打开操作界面，如图 3-121 所示。

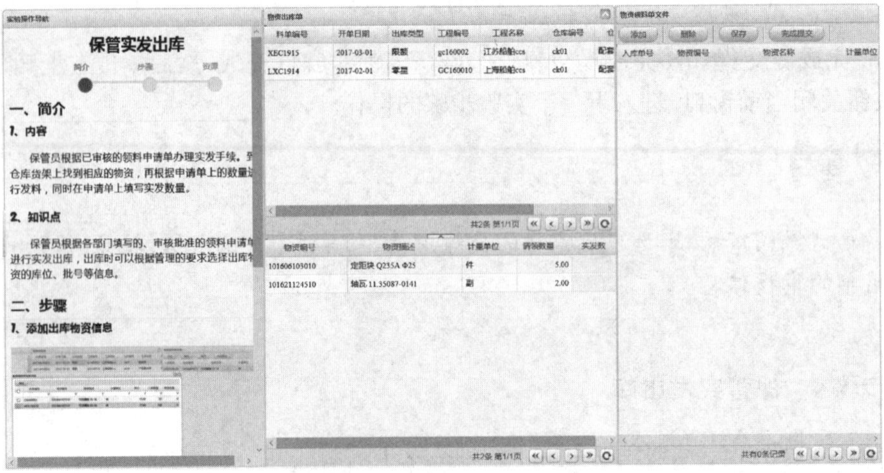

图 3-121　保管实发出库

图 3-121 中间上方为“物资出库单”的基本信息，中间下方为“出库单明细”，右侧界面为“物资领料单文件”，数据项说明如下：

物资领料单文件：

- 入库单号：物资的入库单号。
- 实发数：物资实际出库数量。
- 单价：物资的单价。
- 金额：物资出库金额。
- 余量：物资剩余数量。

物资领料申请单明细：

➢ 料单编号：领料申请单编号。
➢ 请领数量：物资领料数量。
➢ 实发数：物资实际发出数量。
➢ 实发数汇总：物资实际发出量汇总。
➢ 物资余量汇总：物资剩余数量汇总。

物资出库单：

➢ 审核标志：物资领料申请单审核标志。
➢ 开单日期：领料申请单填写日期。
➢ 领料日期：物资领用日期。
➢ 料单编号：物资领料单编号。

用户操作场景中的学生角色进行仓库保管员执行保管实发出库的岗位体验，操作步骤如下：

① 选择出库物资：在“物资出库单”基本信息界面单击选中一条出库单，“出库单明细”界面对应显示出库物资明细信息，单击选中一条出库物资。

② 添加出库物资信息：单击【添加】按钮，弹出“物资领料单文件列表”，选中需要出库的物资领料单，单击【确定】按钮进行添加，如图 3-122 所示。

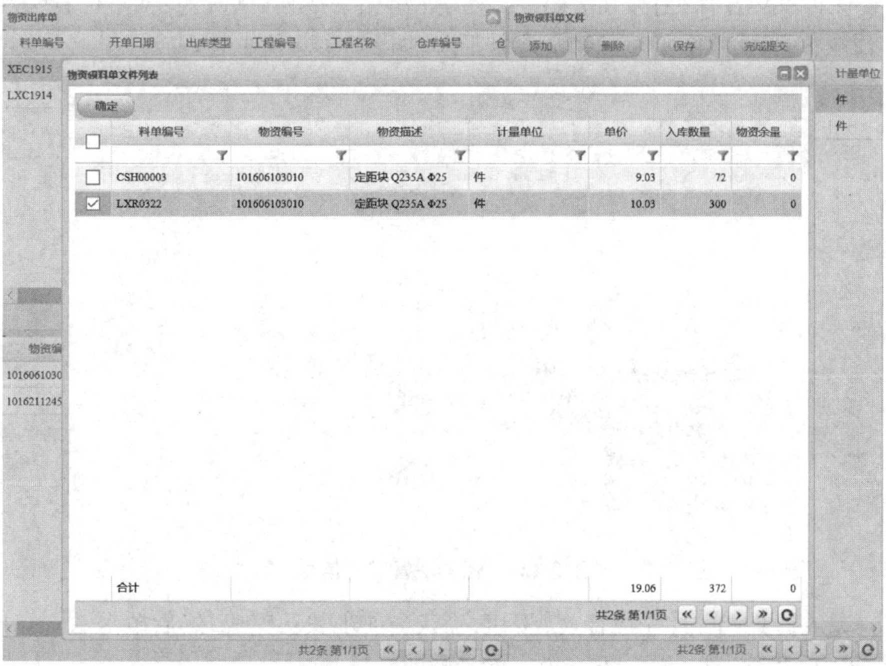

图 3-122 添加出库物资

③ 填写实发数量等信息：根据物资出库单，填写实发数量等信息。

注 意

实发数量不能超过物资余量,如图 3-123 所示。

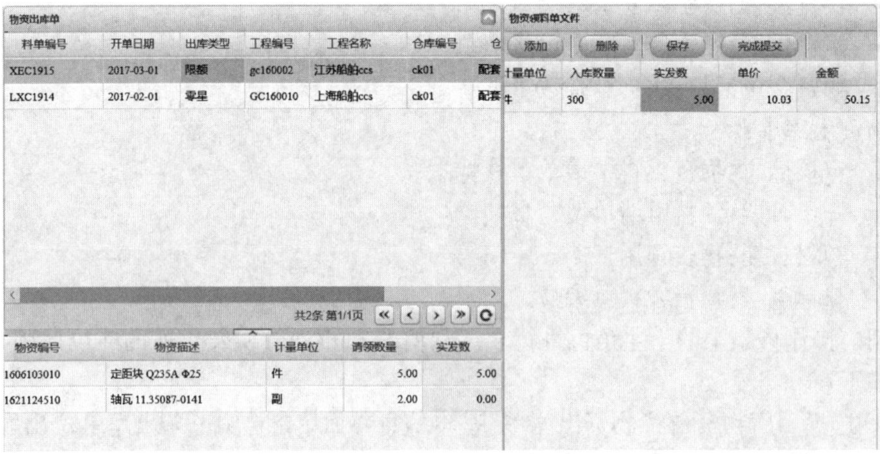

图 3-123 填写实发数

④ 保存:单击【保存】按钮,保存物资出库单相关数据后进行实发。查看实发物资信息、请领数量、实发数汇总和物资余量汇总,如图 3-124 所示。

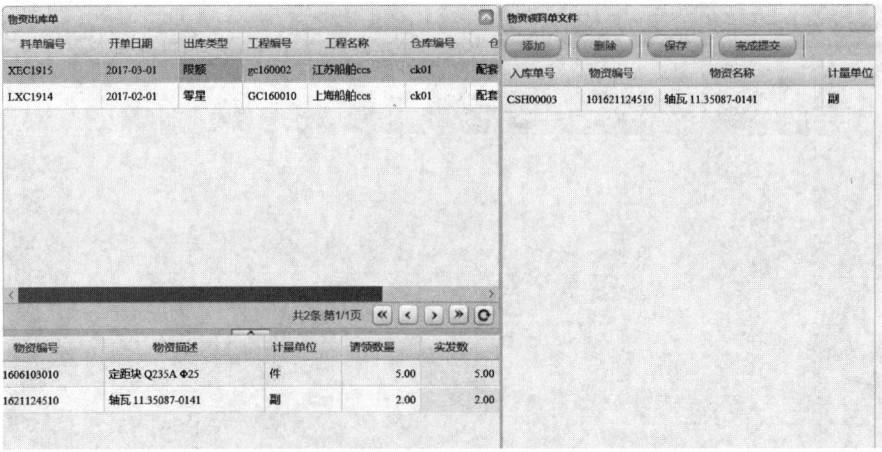

图 3-124 保存保管实发信息

⑤ 完成提交:单击【完成提交】按钮,确认当前步骤已完成,然后单击右上角的【关闭】按钮关闭当前窗口,进入下一个实验步骤的操作。

注 意

如需要删除出库单,则选中一条出库单,单击【删除】按钮删除物资出库单。

步骤5 库存台账查询

库存台账是反映某一时间区间物料的收发存情况，包括库存期初值、期末值、期间的入库和出库合计。

（1）接收任务　根据任务卡提示继续与保管员进行对话，接收任务，如图3-125所示。

图3-125　与保管员甲对话

（2）完成库存台账查询　单击任务卡实验步骤“库存台账查询”，打开操作界面，如图3-126所示。

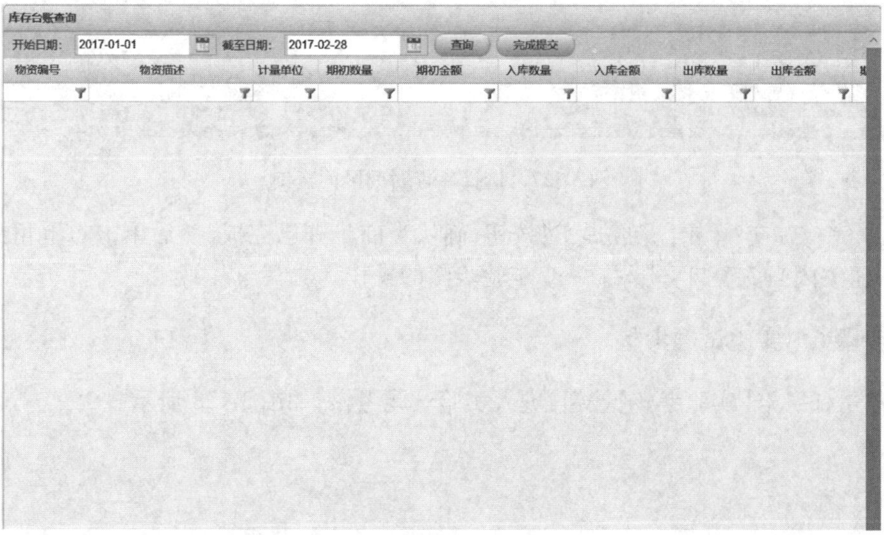

图3-126　库存台账查询

图3-126所示界面中数据项说明如下：

➢ 期初数量/金额：开始日期时的物资库存数量和金额。

> 入库数量/金额:查询区间的物资入库数量和金额。
> 出库数量/金额:查询区间的物资出库数量和金额。
> 期末数量:截止日期时的物资结存数量,即期末数量 = 期初数量 + 本期入库数量 - 本期出库数量。
> 期末金额:截止日期时的期末结存的账户余额,即期末余额 = 期初余额 + 本期入库金额 - 本期出库金额。

用户操作场景中的角色完成仓库保管员执行库存台账查询的岗位体验,操作步骤如下:

① 选择库存时间区间:选择开始日期和截止日期,单击【查询】按钮,界面显示该物资类别下所有物资的库存信息,如图 3-127 所示。

物资编号	物资描述	计量单位	期初数量	期初金额	入库数量	入库金额	出库数量	出库金额
101606101110	泵体 HT250	件	43.00	7,369.77	0.00	0.00	0.00	0.00
101606101210	波纹管 257-04-00	只	50.00	12,013.00	80.00	21,356.80	7.00	1,708.52
101606101310	槽母 GB6170-86 M16	件	0.00	0.00	217.00	3,274.53	0.00	0.00
101606101410	传动齿轮 12CrNi2 Φ130	件	0.00	0.00	29.00	22,233.14	0.00	0.00
101606101510	传动装置	件	4.00	2,492.00	0.00	0.00	0.00	0.00
101606101610	传感器 1638345-7	件	7.00	12,768.28	100.00	192,004.00	0.00	0.00
101606101710	传感器 1680-649	件	0.00	0.00	4.00	7,706.00	1.00	1,926.50
101606101810	弹簧座 20 Φ25	件	0.00	0.00	50.00	3,902.00	0.00	0.00
101606101910	弹性杆	件	7.00	16,733.08	2.00	5,032.50	1.00	2,516.25
101606102010	弹性软管 150 X 20	件	22.00	10,164.00	0.00	0.00	0.00	0.00
101606102110	弹性软管 150 X30	件	14.00	77,183.96	18.00	104,459.58	2.00	11,606.62
101606102210	挡圈 Φ22	件	58.00	177.48	2.00	6.80	6.00	18.70
101606102310	导杆 35CrMo Φ15	件	58.00	3,505.52	600.00	40,290.00	0.00	0.00
101606102410	导气管 A3 δ1.5	件	7.00	515.62	1.00	81.84	1.00	81.84
101606102510	底板	件	29.00	2,206.32	1.00	84.53	0.00	0.00
101606102610	底座	件	14.00	1,128,410.08	3.00	246,736.89	0.00	0.00
101606102710	垫片 42CrMo Φ24	件	2606.00	15,896.60	4175.00	28,306.50	0.00	0.00
101606102810	垫片 20 φ50	个	0.00	0.00	200.00	4,514.00	0.00	0.00
101606102910	垫片 20# Φ45	件	0.00	0.00	1.00	14.53	0.00	0.00
101606103010	定距块 Q235A Φ25	件	72.00	650.16	300.00	3,009.00	4.00	40.12

图 3-127　选择库存时间区间查询

② 完成提交:单击【完成提交】按钮,确认当前步骤已完成,然后单击右上角的【关闭】按钮关闭当前窗口,进入下一个实验步骤的操作。

步骤 6　实验试题考核

单击任务卡【实验考核】按钮,进入实验试题考核,如图 3-128 所示。

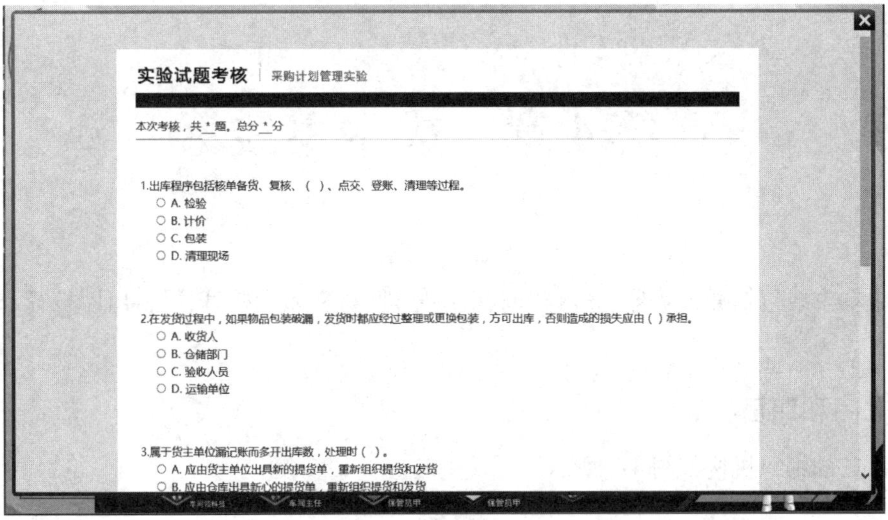

图 3-128　“出库管理”实验试题

试题做完提交后，系统弹出试题考核结果，关闭该页面后，系统显示本实验的统计分析，可查看本次实验的实验步骤积分、时长等信息。

单击任务卡【退出实验】按钮，完成本实验的全部操作。

3.4.6　思考题

① 物料出库有几种方式？它们之间有什么区别？

② 简述限额领料的原理。

③ 从数据库设计的视角思考出库管理系统的概念。

④ 谈谈整个物流管理主线的几大功能模块要解决的企业管理问题可能是什么。如何利用信息系统进一步提升企业的物流管理绩效？

⑤ 查阅资料，了解一下 RFID，谈谈 RFID 系统是如何在库存控制和供应链管理中应用的。

第4章　成本主线

成本主线包括凭证管理、账簿查询、出纳管理、材料入库核算、材料出库核算和成本核算六个实验。

部门和职员

财务部组织机构如图4-1所示。

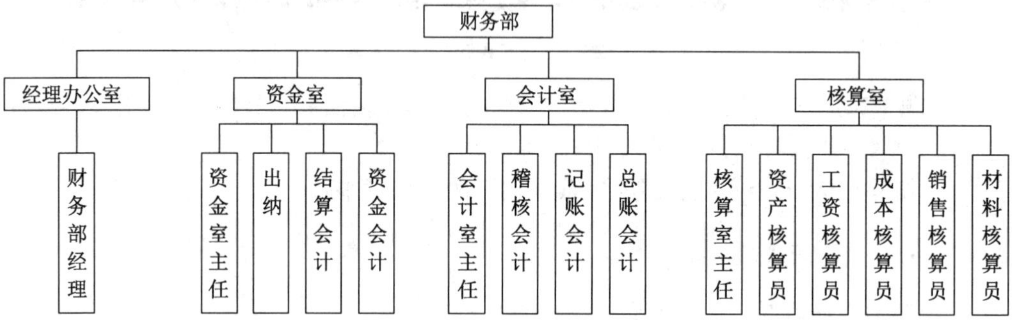

图4-1　财务部组织机构

(1) 资金室

➢ 出纳

职员职责:现金日记账查询;银行日记账查询;资金日报查询;银行对账单录入;银行对账;银行余额调节表编制。

(2) 会计室

➢ 稽核会计

职员职责:对记账凭证进行审核。

➢ 记账会计

职员职责:凭证汇总;账簿登记。

➢ 总账会计

职员职责:编制记账凭证;科目余额表查询;总分类账查询;明细账查询;汇总账查询。

(3) 核算室

➢ 成本核算员

职员职责:工资分配核算;动能费分配核算;辅助生产分配核算;制造费用分配核算。

➢ 材料核算员

职员职责:采购报销;暂估入库业务;出库单审核;出库结账;出库核算。

数据

① 基础数据参考 1.3.1 基础数据内容。

② 业务数据参考 1.3.2.2 成本主线内容。

学习目标

① 熟悉整个成本主线中各个部门的职责。

② 掌握各个业务流程。

4.1 凭证管理

为保证财务报告编制工作的顺利开展,确保财务报告数据的准确性,总账会计根据企业发生经济业务的实际情况,按照规定的程序和要求,认真完成记账凭证的编制、审核、汇总和账簿登记等工作。

4.1.1 实验目的

① 进行凭证管理业务的操作,熟悉企业财务部门实际开展凭证管理的业务场景,通过角色扮演模拟财务部门中各个岗位职员履行职责的场景,体会凭证管理的业务逻辑。

② 了解凭证管理的业务处理流程。

③ 加深对记账凭证及记账相关知识的了解。

4.1.2 实验原理

① 记账凭证是登记账簿的依据。根据原始凭证编制记账凭证,最后由计算机打印出记账凭证。

② 凭证审核是审核员按照会计制度,对制单员录入的记账凭证进行检查核对的过程。

③ 记账就是根据审核完毕的记账凭证,分别登记相应的账簿。

4.1.3 实验知识点

(1) 组织机构　本实验“凭证管理”业务由财务部完成,涉及的岗位角色如下:

总账会计:主要负责编制记账凭证。

稽核会计:主要负责对记账凭证进行审核。

记账会计:主要负责凭证汇总、账簿登记。

（2）业务流程　凭证管理业务流程如图 4-2 所示。

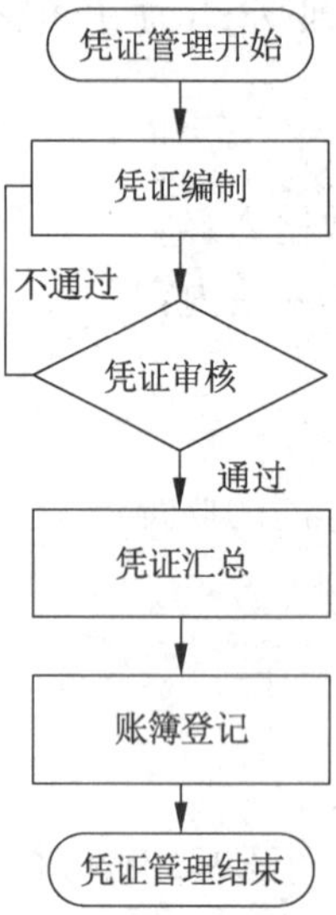

图 4-2　凭证管理业务流程

① 总账会计进行凭证编制。

② 稽核会计对凭证进行审核。

③ 记账会计进行凭证汇总，并完成账簿登记。

4.1.4　实验步骤

进入财务部实验场景后，根据任务卡提示及小助手与角色的对话内容接收实验任务，如图 4-3 所示。

图 4-3　进入“凭证管理”实验

步骤1　凭证编制

记账凭证是整个会计核算的主要数据来源，也是登记账簿的根据。凭证管理主要是完成记账凭证的编制、审核和账簿登记等工作。

（1）接收任务　根据任务卡提示与总账会计进行对话，接收任务，如图4-4所示。

图4-4　与总账会计对话

（2）了解凭证编制知识　单击任务卡观看"凭证编制"微课，如图4-5所示。

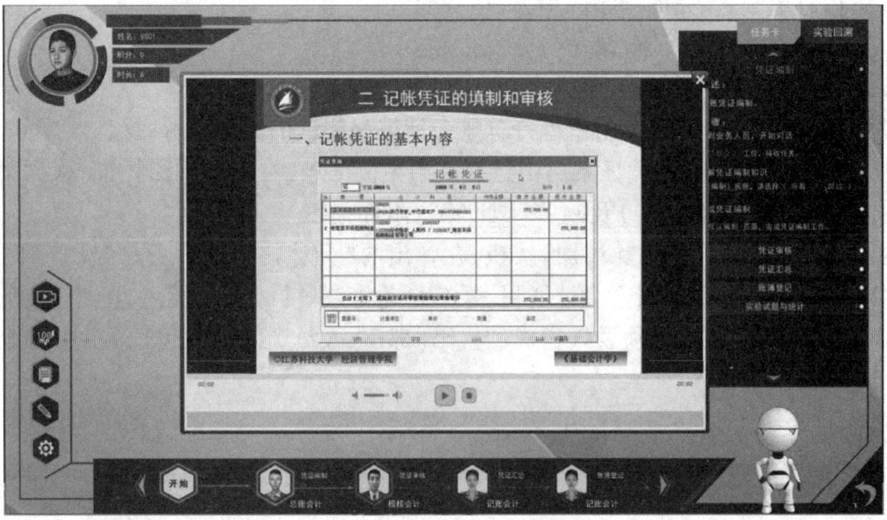

图4-5　"凭证编制"微课

（3）完成凭证编制　单击任务卡打开"凭证编制"界面，如图4-6所示。

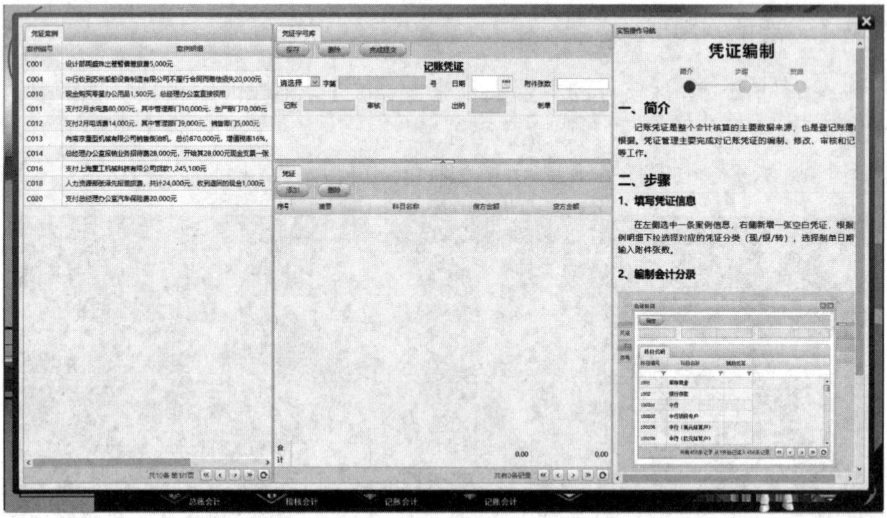

图 4-6　凭证编制

图 4-6 左侧为“凭证案例”明细,中间为凭证编制主界面。凭证数据项说明如下:

- 凭证类别:当前新增凭证的类型。
- 凭证字号:系统自动生成的凭证编号,用户不可编辑。
- 制单日期:编制凭证的日期,系统自动设置为系统登录的日期,可直接修改。
- 附件张数:该凭证所附的原始单据张数,可修改。
- 摘要:凭证分录的简要说明。
- 借方金额:该凭证分录的借方发生额。
- 贷方金额:该凭证分录的贷方发生额。
- 合计:会计分录的借/贷方金额合计。

用户操作场景中的学生角色进行总账会计编制凭证的岗位体验,操作步骤如下:

① 填写凭证信息:在凭证案例中选择一条案例信息,右侧为空白凭证,根据案例明细选择凭证分类(现/银/转)及制单日期,输入附件张数。

② 填写凭证分录:单击【添加】按钮,在弹出的“会计科目”辅助录入窗口(图 4-7)中选择会计科目,选中并双击会计科目,系统自动将该科目代码的名称填到对应的栏目中,若设置了核算账户,必须录入相应的代码(部门、人员、客户、工程),如图 4-8 所示。

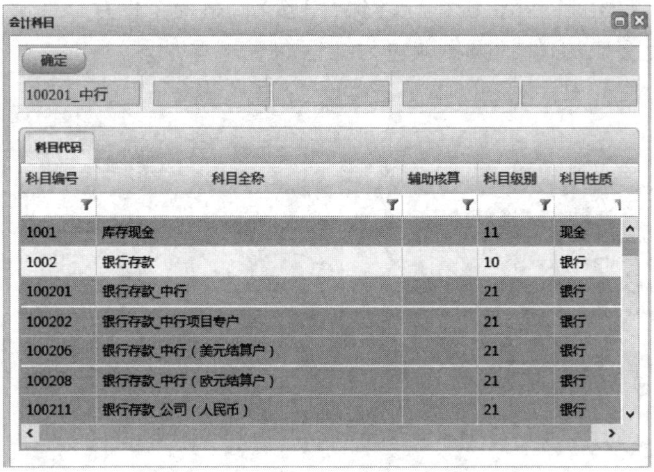

图 4-7　“会计科目”辅助录入窗口

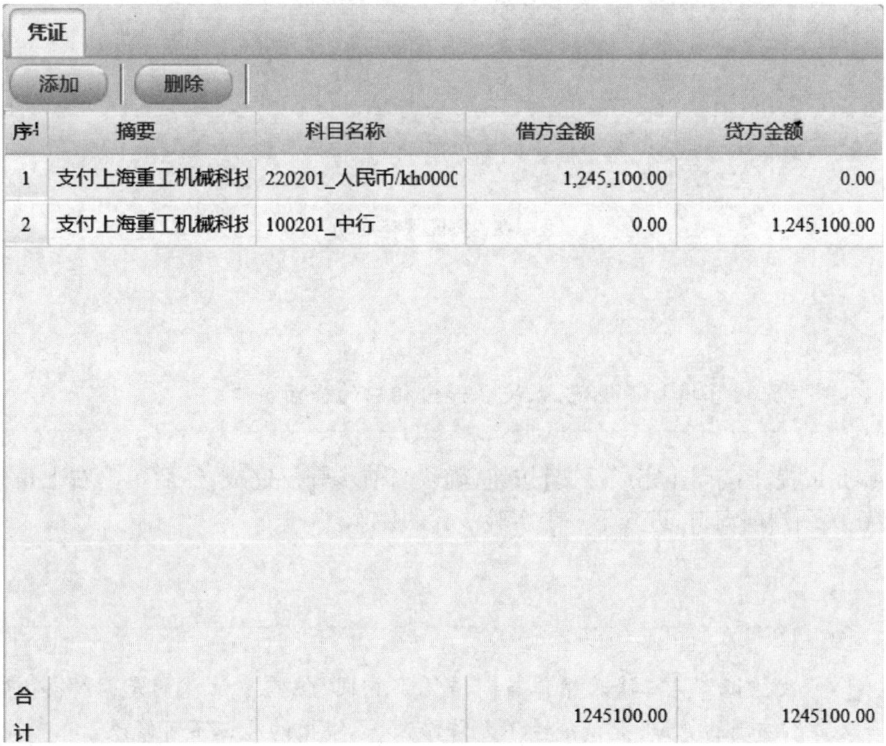

图 4-8　编制凭证分录

注　意

如果借/贷方合计金额相同，在合计栏中则显示小写金额；如果借/贷方合计数不等，保存时系统则会弹出“借/贷方合计金额必须相等”的提示窗口。

③ 保存:如果凭证内容正确,单击【保存】按钮,系统将保存该张凭证,生成凭证编号,凭证保存/提交成功,凭证案例颜色为红色,如图 4-9 所示。

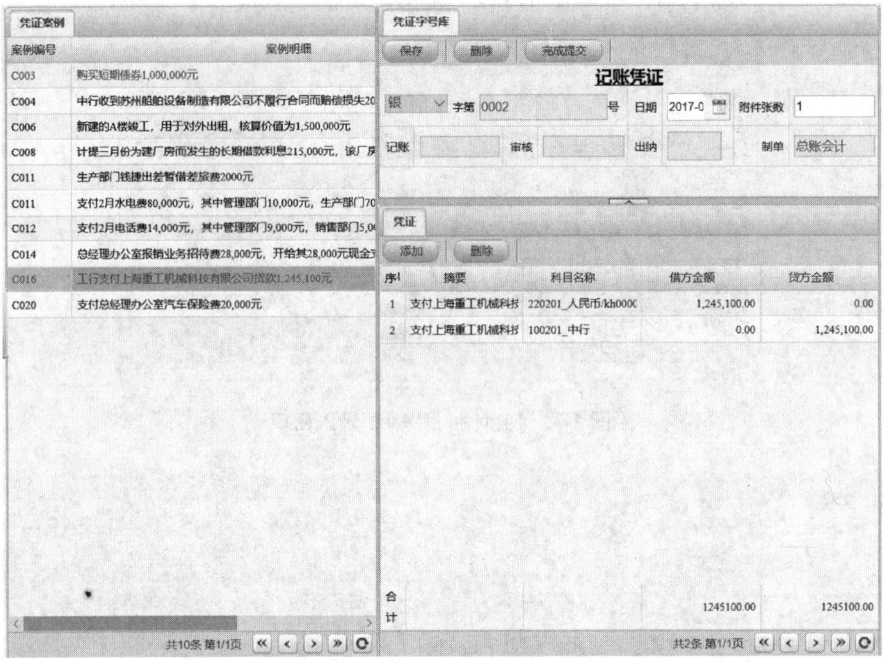

图 4-9　凭证保存成功

注　意

如果凭证内容填写不规范,系统会弹出相应的提示窗口。

④ 完成提交:单击【完成提交】按钮,确认当前步骤已完成,然后单击右上角的【关闭】按钮关闭当前窗口,进入下一个实验步骤的操作。

注　意

① 修改凭证。凭证修改操作与新增凭证相同,但需要注意的是,操作人员只能修改自己编制的凭证,凭证编号不允许修改,已审核的凭证不可修改。

② 删除会计分录。如需要删除会计分录,则选中会计分录再单击【删除】按钮即可。

③ 删除凭证。如果需要放弃当前正在编制的凭证或保存成功但未审核的凭证,则单击凭证信息栏中的【删除】按钮即可。

步骤2　凭证审核

编制的记账凭证必须经审核后方可入账，一般审核的内容包括凭证的合法性、合理性、正确性和完整性等。

（1）接收任务　根据任务卡提示与稽核会计进行对话，接收任务，如图4-10所示。

图4-10　与稽核会计对话

（2）完成凭证审核　单击任务卡打开“凭证审核”界面，如图4-11所示。

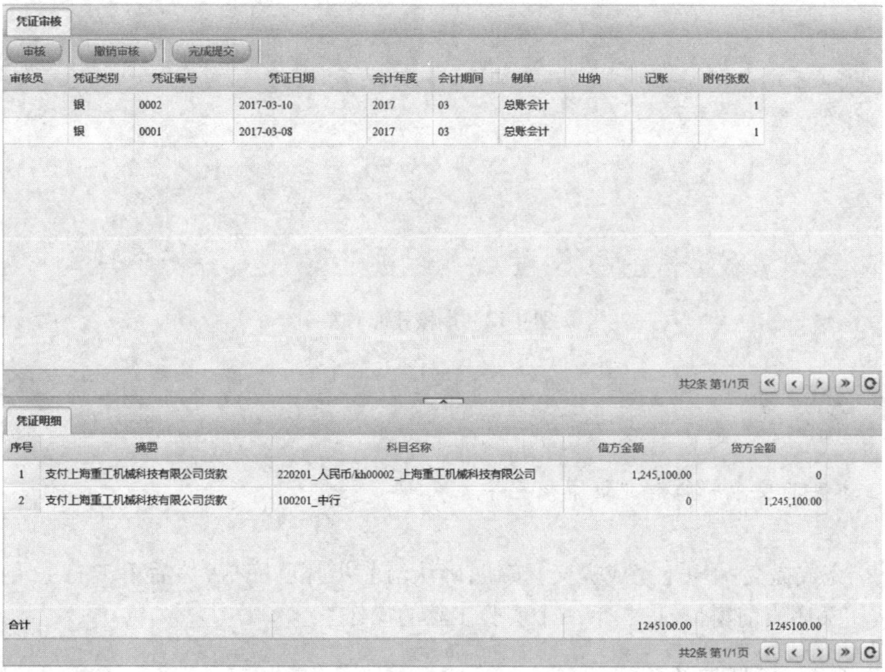

凭证审核

审核　撤销审核　完成提交

审核员	凭证类别	凭证编号	凭证日期	会计年度	会计期间	制单	出纳	记账	附件张数
	银	0002	2017-03-10	2017	03	总账会计			1
	银	0001	2017-03-08	2017	03	总账会计			1

共2条 第1/1页

凭证明细

序号	摘要	科目名称	借方金额	贷方金额
1	支付上海重工机械科技有限公司货款	220201_人民币/kh00002_上海重工机械科技有限公司	1,245,100.00	0
2	支付上海重工机械科技有限公司货款	100201_中行	0	1,245,100.00
合计			1245100.00	1245100.00

共2条 第1/1页

图4-11　审核凭证

图 4-11 中凭证审核列表中显示当前会计期间内所有凭证的简要信息。选中一张凭证,如果该凭证有现金备查的记录,下方“凭证明细”窗口则显示包含的现金备查记录信息。凭证数据项说明如下:

- 会计年度:以年度为单位进行会计核算的时间区间,是反映单位财务状况、核算经营成果的时间界限。
- 会计期间:在会计工作中,为核算经营活动或预算执行情况所规定的起讫期间。

用户操作场景中的学生角色进行稽核会计执行凭证审核的岗位体验,操作步骤如下:

① 审核:单击【审核】按钮,审核凭证信息。审核成功的凭证信息自动添加审核员信息,且该凭证信息标记为红色,如图 4-12 所示。

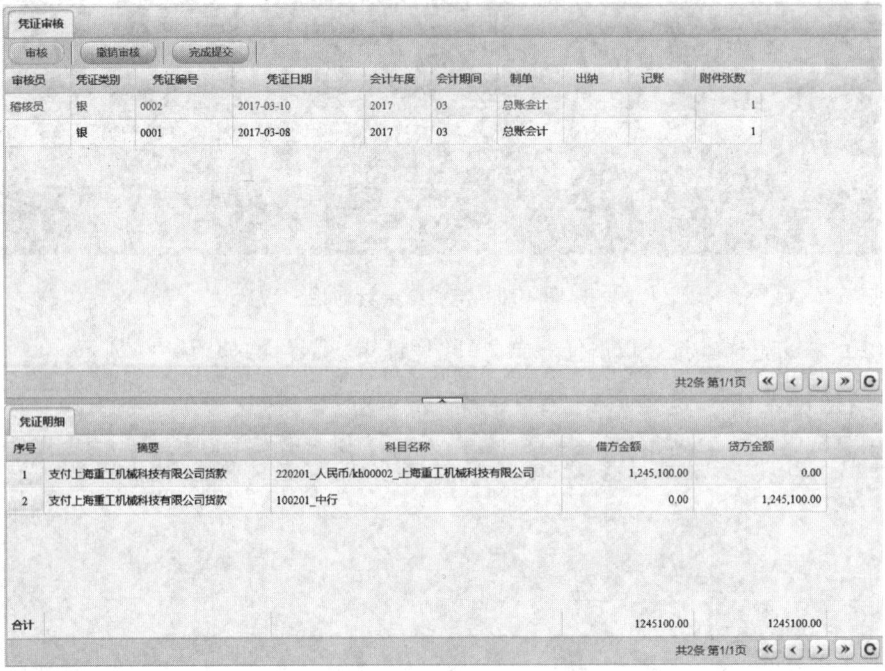

图 4-12 审核凭证信息

注 意

本实验要求将所有凭证审核完毕。

② 完成提交:单击【完成提交】按钮,确认当前步骤已完成,然后单击右上角的【关闭】按钮关闭当前窗口,进入下一个实验步骤的操作。

步骤 3 凭证汇总

定期对全部记账凭证进行汇总,按各个会计科目列示其借方发生额和贷方发生额。

(1) 接收任务　根据任务卡提示与记账会计进行对话,接收任务,如图4-13所示。

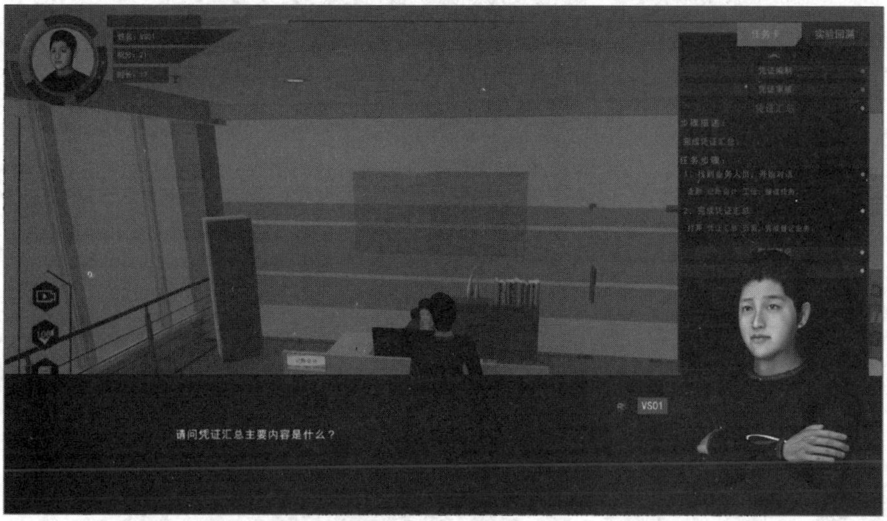

图4-13　与记账会计对话

(2) 完成凭证汇总　单击任务卡实验步骤"凭证汇总",打开操作界面,如图4-14所示。

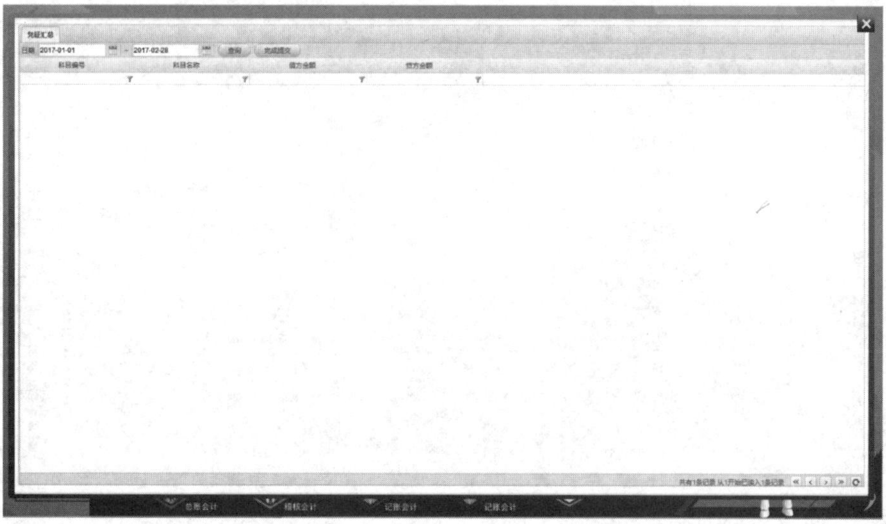

图4-14　凭证汇总

图4-14显示凭证汇总列表,在进行凭证汇总操作时,首先要定义凭证汇总范围。凭证汇总数据项说明如下:

➢ 日期:选择凭证汇总处理的日期,在日期下拉框中将显示会计期间。

用户操作场景中的学生角色完成记账会计执行凭证汇总的岗位体验,操作步骤如下:

① 选择会计日期区间:单击"日期下拉框",选择日期开始和结束时间,如图4-15所示。

图 4-15　选择时间

② 查询:汇总条件设置完成以后,单击【查询】按钮,系统根据定义条件汇总凭证,如图 4-16 所示。

凭证汇总

日期 2017-01-01 ~ 2017-02-28 查询 完成提交

科目编号	科目名称	借方金额	贷方金额
1001	库存现金	48167.28	90528.18
1002	银行存款	41588786.17	26065736.40
100201	中行	31501491.81	18382504.73
100202	中行项目专户	10087294.36	7683231.67
1101	交易性金融资产	0.00	800000.00
110101	债券投资	0.00	800000.00
11010101	投资成本	0.00	800000.00
1121	应收票据	0.00	150000.00
112101	银行承兑汇票	0.00	150000.00
1122	应收账款	27963624.69	40497004.69
112201	人民币	27963624.69	40497004.69
1134	备用金	8000.00	8986.36
113401	人民币	8000.00	8986.36
1221	其他应收款	0.00	45612.00
1403	原材料	1033500.00	2119500.00
1405	库存商品	4848621.00	16330000.00
140501	库存产成品	4848621.00	16330000.00
1602	累计折旧	0.00	88372.96
2001	其他专用费用	1000000.00	0.00
200101	人民币借款	1000000.00	0.00
2202	应付账款	14362380.88	1134650.00
220201	人民币	14362380.88	696150.00
220205	材料暂估	0.00	438500.00
2211	应付职工薪酬	1862265.75	30532.62
221101	应付工资	1857265.75	26783.00
221102	应付福利费	0.00	3749.62
221103	社会保险费	5000.00	0.00

图 4-16　汇总凭证

③ 完成提交:单击【完成提交】按钮,确认当前步骤已完成,然后单击右上角的【关闭】按钮关闭当前窗口,进入下一个实验步骤的操作。

步骤4 账簿登记

账簿登记，是将所有符合记账条件，已经审核并且无误的凭证全部登记到账簿中的过程。

(1) 观看视频 根据与记账会计的对话了解账簿登记的知识点，单击任务卡观看“账簿登记”微课，如图4-17所示。

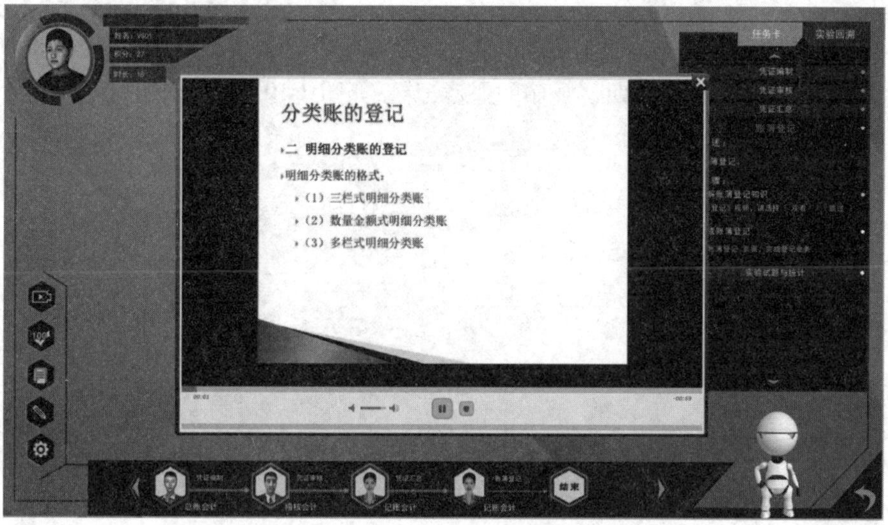

图4-17 “账簿登记”微课

(2) 完成账簿登记 单击任务卡实验步骤“账簿登记”，打开操作界面，如图4-18所示。

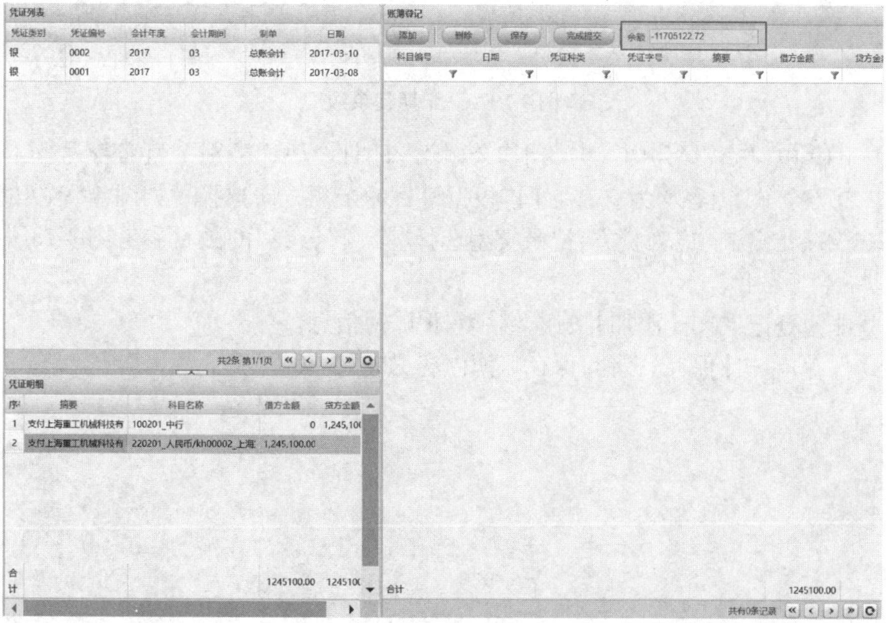

图4-18 账簿登记

图 4-18 左上方为“凭证列表”，左下方为“凭证明细”，右侧界面为“账簿登记”。账簿登记数据项说明如下：

➢ 记录类型：该笔账目发生的类型，分为余额和发生。

用户操作场景中的学生角色进行记账会计执行账簿登记的岗位体验，操作步骤如下：

① 选择凭证和凭证分录：选择某一张凭证，在“凭证明细”界面选择该凭证的某一条分录。

② 登记账簿期初余额：如果该科目的账簿信息为空，首先需要登记账簿的期初余额。单击【添加】按钮，完成期初余额的账簿记录，如图 4-19 所示。

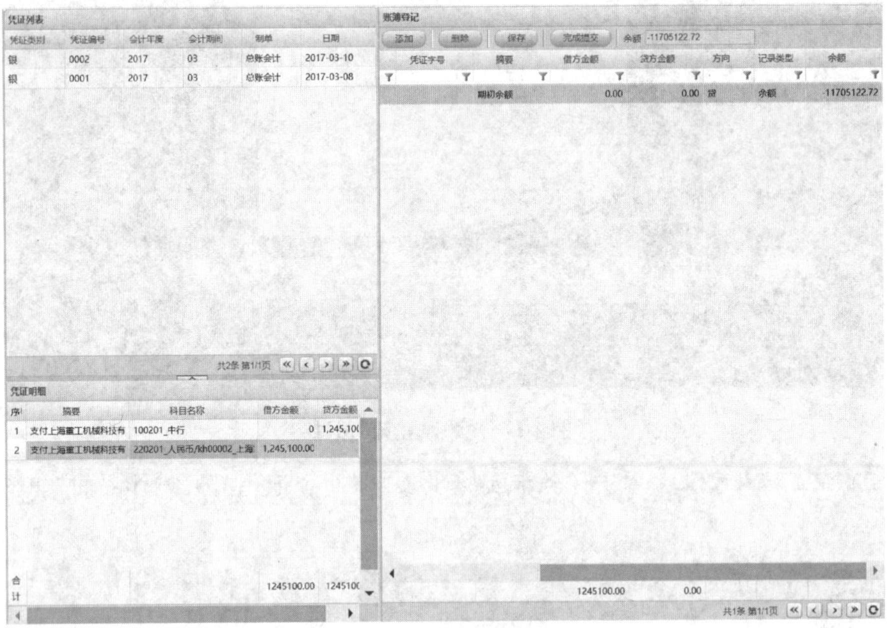

图 4-19　登记期初余额

图 4-19 中，“摘要”列内容为“期初余额”，“日期”“凭证类别”“凭证字号”“借方金额”和“贷方金额”内容均为空，“方向”根据科目的余额方向选择。如图 4-19 中的科目“220201”的余额方向应为贷方，记录类型选择“余额”，余额的数目参考图 4-18 中红色方框里的余额数目。

③ 账簿登记：单击【添加】按钮，继续登记账簿信息。

④ 保存：单击【保存】按钮，保存账簿内容，如图 4-20 所示。

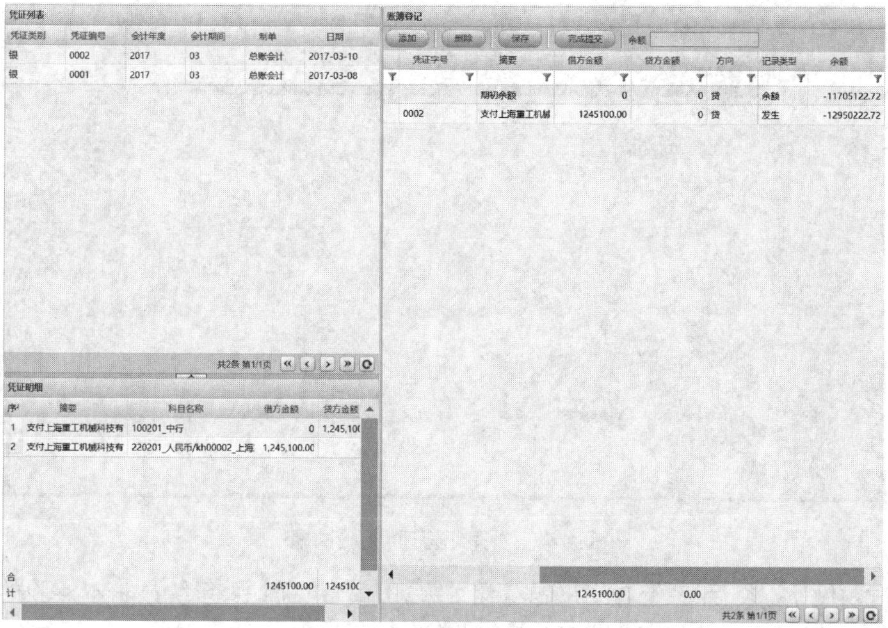

图 4-20 保存账簿内容

⑤ 完成提交:单击【完成提交】按钮,确认当前步骤已完成,然后单击右上角的【关闭】按钮关闭当前窗口,进入下一个实验步骤的操作。

注 意

其中“科目编号”“凭证日期”“凭证类别”“凭证编号”“摘要”“借方金额”“贷方金额”均为凭证分录上的信息,“方向”根据科目的余额方向选择,如图 4-20 中的科目“220201_人民币”的余额方向应为贷方,记录类型选择“发生”,余额的数据根据科目的余额方向计算,公式为期末余额 = 期初余额 + 本期增加发生额 - 本期减少发生额。

步骤 5 实验试题考核

单击任务卡【实验考核】按钮,进入实验试题考核,如图 4-21 所示。

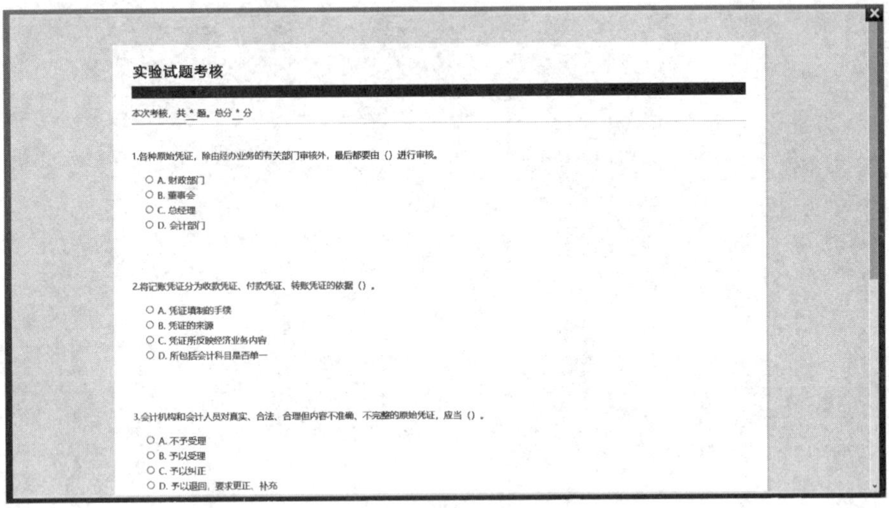

图 4-21 “凭证管理”实验试题

试题做完提交后，系统弹出试题考核结果，关闭该页面后，系统显示本实验的统计分析，可查看本次实验的实验步骤积分、时长等信息。

单击任务卡【退出实验】按钮，完成本实验的全部操作。

4.1.5 思考题

① 凭证作为整个会计信息系统的数据来源和入口，应该如何控制其数据的准确性？

② 若凭证信息和凭证明细分别为数据库中的两个关系，那么二者之间是否存在联系？若存在，联系的类型是什么？相应的主键是什么？

③ 结合本次实验，谈谈你对“Garbage In, Garbage Out”的理解。

④ 思考在什么情况下需要自动编制凭证。

4.2 账簿查询

为了保证财务工作的顺利开展，确保能够及时了解各会计科目的发生额、余额情况，便于及时掌握会计信息，企业财务部门需进行科目余额表、总分类账、明细账、汇总账等财务账簿查询工作。

4.2.1 实验目的

① 进行账簿查询业务的操作，熟悉企业会计人员账簿查询的业务场景，通过角色扮演模拟总账会计履行职责的场景，进行总分类账、明细账、汇总账和科目余额表等财务账簿的查询工作。

② 了解账簿查询业务的处理流程，了解账簿查询的方法、账簿的格式及其数据组织方式。

③ 加深对各类账簿查询相关知识的了解。

4.2.2　实验原理

账簿是以会计凭证为依据，序时地、分类地记录和反映各项经济业务的簿籍，它是由具有一定格式，又互相联系的账页所组成。

设置和登记账簿的作用，可以概括如下：

① 通过设置和登记账簿，能对经济业务活动进行序时、分类的核算，又能为各项总括和明细提供核算资料。

② 通过设置和登记账簿，可为计算财务成果编制会计报表提供依据。

③ 通过设置账簿，利用账簿的核算资料，可为开展财务分析和会计检查提供依据。

4.2.3　实验知识点

(1) 组织机构　本实验“账簿查询”业务由财务部完成，涉及的岗位角色如下：

总账会计：主要负责科目余额表查询、总分类账查询、明细账查询和汇总账查询。

(2) 业务流程　账簿查询流程如图4-22所示。

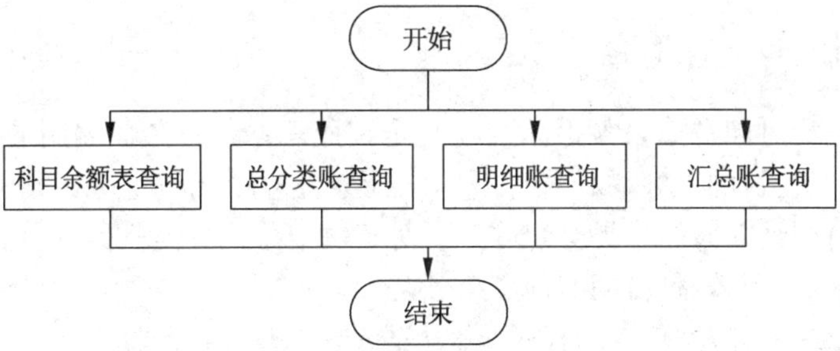

图4-22　账簿查询流程

① 科目余额表查询：总账会计按照科目的余额进行账簿查询。

② 总分类账查询：总账会计按照总账科目进行账簿查询。

③ 明细账查询：总账会计按照明细分类账户进行账簿查询。

④ 汇总账查询：总账会计对汇总的期初余额、发生额和期末余额的汇总账进行账簿查询。

4.2.4　实验步骤

进入财务部的实验场景后，根据任务卡提示及小助手与角色的对话内容接收实验任务，如图4-23所示。

图 4-23　进入“账簿查询”实验

步骤 1　科目余额表查询

科目余额表亦称“总账余额汇总表”，它是按照总账科目余额编制的。总账科目余额就是总账一级科目的余额，如现金科目就是现金科目的余额。在了解科目余额表的同时，需要了解会计账簿的分类登记方式。对于每个总账分类科目，但凡使用都会有科目余额，这个余额要与该科目的明细账余额之和一致。

（1）接收任务　根据任务卡提示与总账会计进行对话，接收任务，如图 4-24 所示。

图 4-24　与总账会计对话

（2）了解账簿查询知识，观看视频　单击任务卡观看“账簿查询”微课，如图 4-25 所示。

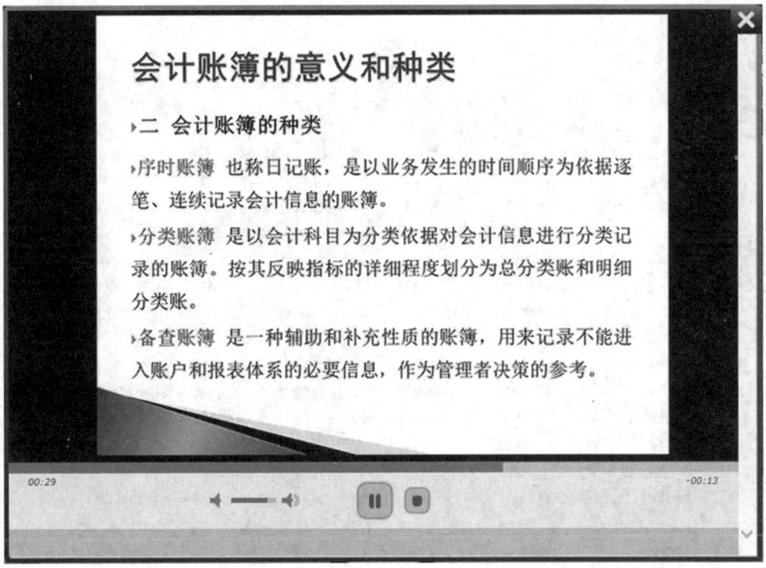

图4-25　“账簿查询”微课

(3) 科目余额表查询　单击任务卡，进入“科目余额表”查询界面，如图4-26所示。

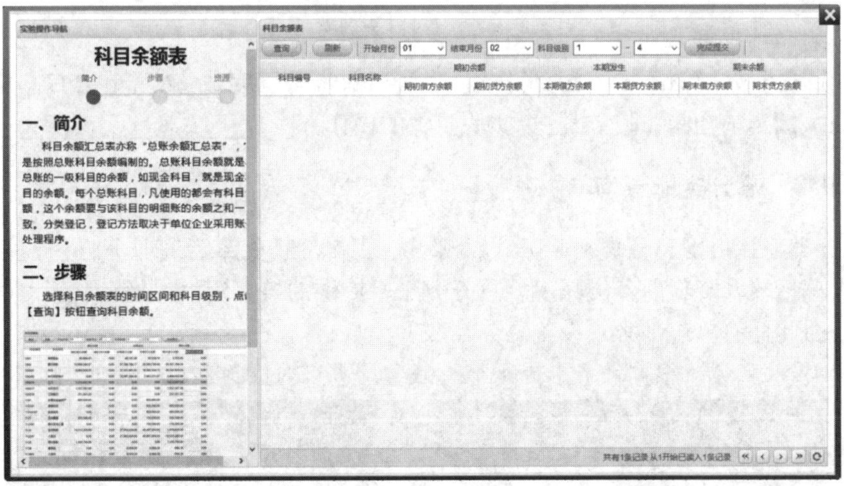

图4-26　科目余额表查询

用户操作场景中的学生角色进行总账会计执行科目余额表查询的岗位体验，操作步骤如下：

① 输入查询条件：科目余额表的查询条件主要包括以下内容：

- 月份：月份包括“起始月份”和“终止月份”两部分内容，终止月份必须大于或者等于起始月份，否则系统会给出提示。
- 科目级别：会计科目的级别范围，用户可以输入起始级别和终止级别或者使用微调按钮进行上下调整，确定需要查询的科目余额表中科目代码的级别。

单击开始月份、结束月份或选择相应的科目级别，输入查询条件后单击【查询】按钮。科目余额表的屏幕输出主要包括科目编号、科目名称、期初余额、本期发生、期末余额等内容,如图4-27所示。

科目余额表

查询 刷新 开始月份 01 结束月份 02 科目级别 1 ~ 4 完成提交

科目编号	科目名称	期初余额		本期发生		期末余额	
		期初借方余额	期初贷方余额	本期借方余额	本期贷方余额	期末借方余额	期末贷方余额
1001	库存现金	45,866.35	0.00	48,167.28	90,528.18	3,505.45	0.00
1002	银行存款	13,984,344.57	0.00	41,588,786.17	26,065,736.40	29,507,394.34	0.00
100201	中行	6,983,938.25	0.00	31,501,491.81	18,382,504.73	20,102,925.33	0.00
100202	中行项目专户	0.00	0.00	10,087,294.36	7,683,231.67	2,404,062.69	0.00
100215	工行	5,212,037.54	0.00	0.00	0.00	5,212,037.54	0.00
100217	交行支行	1,537,367.58	0.00	0.00	0.00	1,537,367.58	0.00
100219	江苏银行	251,001.20	0.00	0.00	0.00	251,001.20	0.00
1101	交易性金融资产	800,000.00	0.00	0.00	800,000.00	0.00	0.00
110101	债券投资	0.00	0.00	0.00	800,000.00	-800,000.00	0.00
11010101	投资成本	0.00	0.00	0.00	800,000.00	-800,000.00	0.00
1121	应收票据	353,548.45	0.00	0.00	150,000.00	203,548.45	0.00
112101	银行承兑汇票	0.00	0.00	0.00	150,000.00	-150,000.00	0.00
1122	应收账款	14,512,209.00	0.00	27,963,624.69	40,497,004.69	1,978,829.00	0.00
112201	人民币	0.00	0.00	27,963,624.69	40,497,004.69	-12,533,380.00	0.00
1123	预付账款	1,330,700.00	0.00	0.00	0.00	1,330,700.00	0.00
1134	备用金	0.00	0.00	8,000.00	8,986.36	-986.36	0.00
113401	人民币	0.00	0.00	8,000.00	8,986.36	-986.36	0.00
1221	其他应收款	5,800.00	0.00	0.00	45,612.00	-39,812.00	0.00
1231	坏账准备	0.00	-435,621.00	0.00	0.00	0.00	-435,621.00

图4-27 科目余额表

② 完成提交:单击【完成提交】按钮,确认当前步骤已完成,然后单击右上角的【关闭】按钮关闭当前窗口,进入下一个实验步骤的操作。

步骤2 总分类账查询

总分类账是根据总分类科目开设的账户,用来登记全部经济业务,进行总分类核算,提供总括核算资料的分类账簿。总分类账所提供的核算资料,是编制会计报表的主要依据,因此任何单位都必须设置总分类账。

(1) 接收任务 根据任务卡提示与总账会计进行对话,接收任务,如图4-28所示。

图4-28 与总账会计对话

（2）完成总分类账查询　单击任务卡打开“总分类账”界面，如图 4-29 所示。

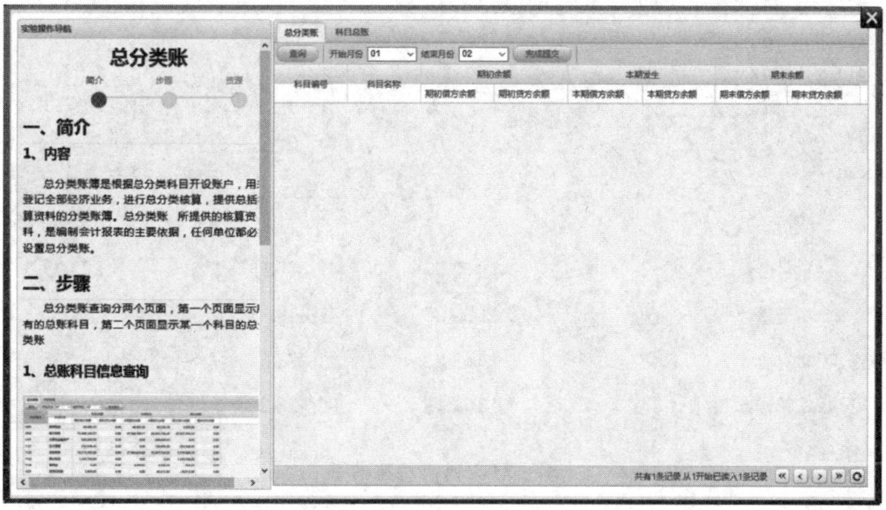

图 4-29　总分类账

总分类账查询分两个页面，第一个页面显示所有的总账科目，第二个页面显示某一个科目的总分类账。

用户操作场景中的学生角色进行总账会计执行总分类账查询的岗位体验，操作步骤如下：

① 选择查询条件：在总分类账页面输入查询的时间，单击【查询】按钮，窗口中会列出满足条件的账务数据，如图 4-30 所示。

科目编号	科目名称	期初借方余额	期初贷方余额	本期借方余额	本期贷方余额	期末借方余额	期末贷方余额
1001	库存现金	45,866.35	0.00	48,167.28	90,528.18	3,505.45	0.00
1002	银行存款	13,984,344.57	0.00	41,588,786.17	26,065,736.40	29,507,394.34	0.00
1101	交易性金融资产	800,000.00	0.00	0.00	800,000.00	0.00	0.00
1121	应收票据	353,548.45	0.00	0.00	150,000.00	203,548.45	0.00
1122	应收账款	14,512,209.00	0.00	27,963,624.69	40,497,004.69	1,978,829.00	0.00
1123	预付账款	1,330,700.00	0.00	0.00	0.00	1,330,700.00	0.00
1134	备用金	0.00	0.00	8,000.00	8,986.36	-986.36	0.00
1221	其他应收款	5,800.00	0.00	0.00	45,612.00	-39,812.00	0.00
1231	坏账准备	0.00	-435,621.00	0.00	0.00	0.00	-435,621.00
1401	材料采购	3,458,262.00	0.00	0.00	0.00	3,458,262.00	0.00
1403	原材料	20,481,200.47	0.00	1,033,500.00	2,119,500.00	19,395,200.47	0.00
1405	库存商品	16,254,000.00	0.00	4,848,621.00	16,330,000.00	4,772,621.00	0.00
1601	固定资产	89,456,127.00	0.00	0.00	0.00	89,456,127.00	0.00
1602	累计折旧	0.00	-15,798,213.00	0.00	88,372.96	0.00	-15,709,840.04
1701	无形资产	300,000.00	0.00	0.00	0.00	300,000.00	0.00
2001	其他专用费用	0.00	1,000,000.00	1,000,000.00	0.00	0.00	0.00
2201	应付票据	0.00	848,791.34	0.00	0.00	0.00	848,791.34

图 4-30　总分类账信息

② 查看科目总账：从当前总分类账中选择一条科目，单击进入科目总账界面，可以查看该科目的具体信息，如图 4-31 所示。

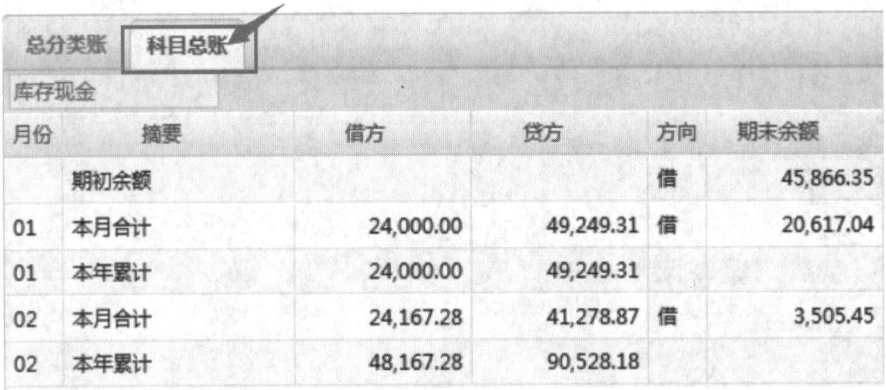

总分类账 | 科目总账

库存现金

月份	摘要	借方	贷方	方向	期末余额
	期初余额			借	45,866.35
01	本月合计	24,000.00	49,249.31	借	20,617.04
01	本年累计	24,000.00	49,249.31		
02	本月合计	24,167.28	41,278.87	借	3,505.45
02	本年累计	48,167.28	90,528.18		

图 4-31　科目总账信息

③ 完成提交：单击【完成提交】按钮，确认当前步骤已完成，然后单击右上角的【关闭】按钮关闭当前窗口，进入下一个实验步骤的操作。

步骤 3　明细账查询

按明细分类账户登记的账簿叫作明细分类账，简称明细账。它是根据总账科目所属的明细科目设置的，按所属明细科目开设账户，用于分类登记经济业务事项，提供有关明细核算的资料。

（1）接收任务　根据任务卡提示与总账会计进行对话，接收任务，如图 4-32 所示。

图 4-32　与总账会计对话

（2）完成明细账查询　单击任务卡打开“明细账”界面，如图 4-33 所示。

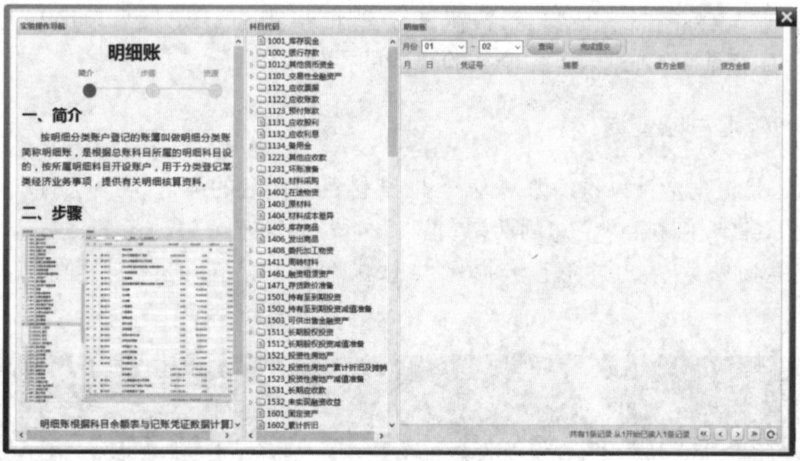

图 4-33　明细账

图 4-33 所示操作界面中间显示会计科目代码明细，右侧显示对应的会计科目明细账。明细账根据科目余额表与记账凭证数据计算形成，主要反映以下内容：

➢ 会计科目的期初余额。
➢ 凭证数据的凭证号、摘要、借/贷方发生额、余额方向和科目余额。
➢ 会计科目的本月合计数（包括借/贷方发生合计数）。
➢ 会计科目的本年累计数（包括借/贷方发生累计数）。

用户操作场景中的学生角色进行总账会计执行明细账查询的岗位体验，操作步骤如下：

① 选择明细账时间区间：在图 4-34 左侧选择“科目代码”，右侧选择“月份”，进行查询。下面以会计科目“2202_应付账款”为例，单击【查询】按钮进行查询，如图 4-34 所示。

图 4-34　明细账查询结果

② 完成提交:单击【完成提交】按钮,确认当前步骤已完成,然后单击右上角的【关闭】按钮关闭当前窗口,进入下一个实验步骤的操作。

步骤 4 汇总账查询

汇总账是根据会计科目的账户设置、明细科目及两者的组合,反映会计科目按照账户标志或子目(明细科目)汇总的期初余额、发生额和期末余额。

(1) 接收任务 根据任务卡提示与总账会计进行对话,接收任务,如图 4-35 所示。

图 4-35 与总账会计对话

(2) 完成汇总账查询 单击任务卡打开“汇总账”界面,如图 4-36 所示。

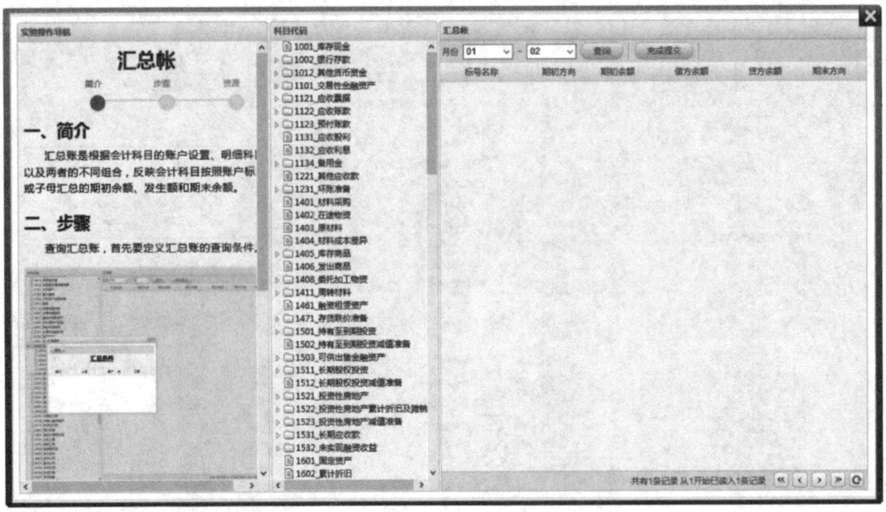

图 4-36 汇总账

用户操作场景中的学生角色进行总账会计执行汇总账查询的岗位体验，操作步骤如下：

① 选择会计科目：在“科目代码”列表选择需查询的会计科目名称。

② 汇总条件定义：系统弹出“汇总条件”选择窗口，需对查询条件进行定义，查询条件为部门、人员、客户或工程，如图 4-37 所示。

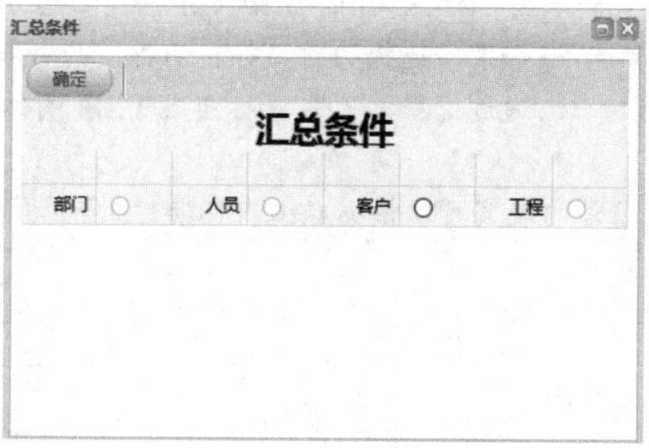

图 4-37　定义汇总查询条件

③ 查询：定义汇总条件，选择查询月份后，单击【查询】按钮，系统列出满足条件的汇总账明细信息。下面以会计科目“2202_应付账款”为例，如图 4-38 所示。

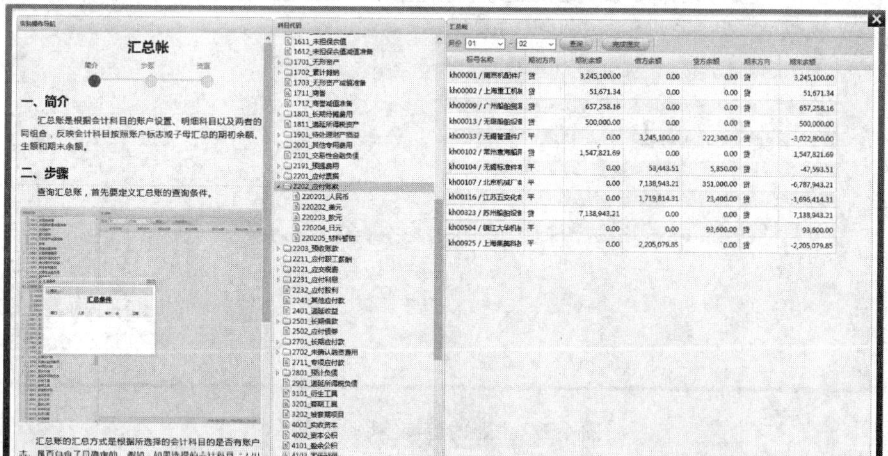

图 4-38　汇总账查询

④ 完成提交：单击【完成提交】按钮，确认当前步骤已完成，然后单击右上角的【关闭】按钮关闭当前窗口，进入下一个实验步骤的操作。

注 意

① 汇总账查询条件,是根据所选择的会计科目是否有账户标志、是否包含子目(明细科目)确定的。例如,如果选择的会计科目“2202_应付账款”包含客户核算的账户标志,用户只能选择“客户”作为汇总方式。

② 账簿目录样式和范围:如果选择的科目只有一种汇总方式,系统则默认不需要定义目录样式和范围;如果所选择的科目存在两种或两种以上汇总方式,则在用户选择某一汇总方式后,通过选择其他账户标志或子目(明细科目)对应的范围出账。

③ 汇总账查询条件的定义可以根据以上内容进行组合,形成不同组合条件的汇总账。

步骤 5　实验试题考核

单击任务卡【实验考核】按钮,进入实验试题考核,如图 4-39 所示。

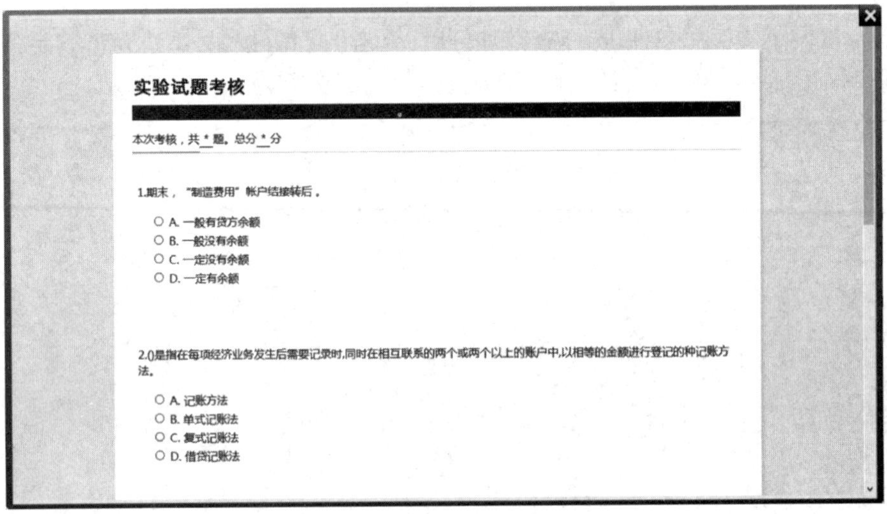

图 4-39　“账簿查询”实验试题

试题做完提交后,系统弹出试题考核结果,关闭该页面后,系统显示本实验的统计分析,可查看本次实验的实验步骤积分、时长等信息。

单击任务卡【退出实验】按钮,完成本实验的全部操作。

4.2.5　思考题

① 描述明细账、科目余额表数据的来源。

② 描述月末结账和新开月份的作用。

③ 谈谈你对会计账簿的认识。

④ 假设某科目代码下的明细账为一基表,其属性及数据类型是什么? 主属性是什么?

4.3　出纳管理

企业为了及时地掌握一定时间范围内现金收支记录和银行存款收支的情况，财务部门对财务的出纳工作主要包括对货币资金的收付业务，现金、银行日记账的登记和银行对账等进行管理，是财务部门非常重要的工作之一。

4.3.1　实验目的

① 进行出纳管理业务的操作，熟悉企业财务部实际开展出纳管理的业务场景，通过角色扮演模拟财务出纳职员履行职责的场景，完成出纳管理任务。

② 了解出纳管理的业务处理流程。

③ 了解现金日记账、银行日记账、资金日报的相关知识及银行对账的处理过程，加深对资金管理的认识。

4.3.2　实验原理

货币资金收付业务的制单、收付款凭证的审核，以及收付款凭证的登记工作已经在“凭证管理”实验中完成，本实验主要通过现金日记账查询、银行日记账查询、资金日报查询及银行对账的处理过程了解出纳管理工作。

4.3.3　实验知识点

(1) 组织机构　本实验“出纳管理”业务由财务部完成，涉及的岗位角色如下：

出纳：主要负责现金日记账查询、银行日记账查询、资金日报查询、银行对账单录入、银行对账和银行余额调节表编制。

(2) 业务流程　出纳管理业务流程如图 4-40 所示。

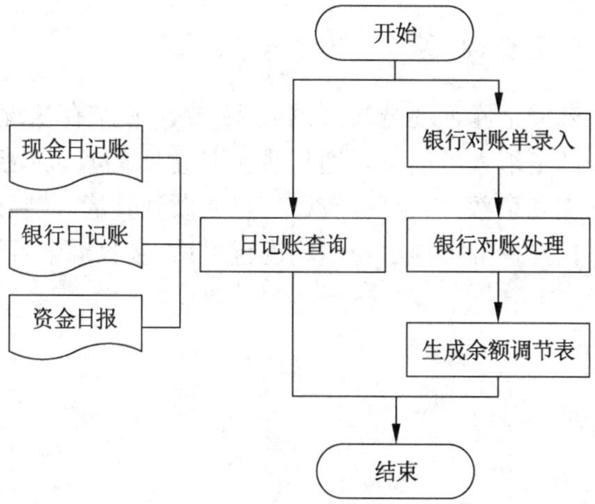

图 4-40　出纳管理业务流程

① 出纳针对账簿所登记的库存现金每天的收入、支出和结存情况进行财务查询。

② 出纳对银行存款日记账进行财务查询，详尽了解每一笔银行存款收付的具体

信息。

③ 出纳针对某一时间区间内资金收付及结存的报表进行财务查询。

④ 出纳将初始的银行对账单和单位日记账中的未达账项录入财务系统中。

⑤ 出纳对企业的银行存款情况进行清查。

⑥ 出纳结束银行对账后,系统自动生成余额调节汇总表,反映银行账户余额、未达账项等信息。

4.3.4 实验步骤

进入财务部的实验场景后,根据任务卡提示及小助手与角色的对话内容接收实验任务,如图 4-41 所示。

图 4-41　进入“出纳管理”实验

步骤 1　现金日记账查询

现金日记账是用来登记库存现金每天的收入、支出和结存情况的账簿。现金日记账的登记主要由财务部出纳人员进行。通过现金日记账的查询,能掌握现金每天的使用情况,包括收入、开支和余额,结合现金盘点,就能做到日清月结、账款相符。

(1) 接收任务　根据任务卡提示与出纳进行对话,接收现金日记账查询任务,如图 4-42 所示。

图 4-42　与出纳对话

（2）完成现金日记账查询　单击任务卡打开“现金日记账”界面，如图 4-43 所示。

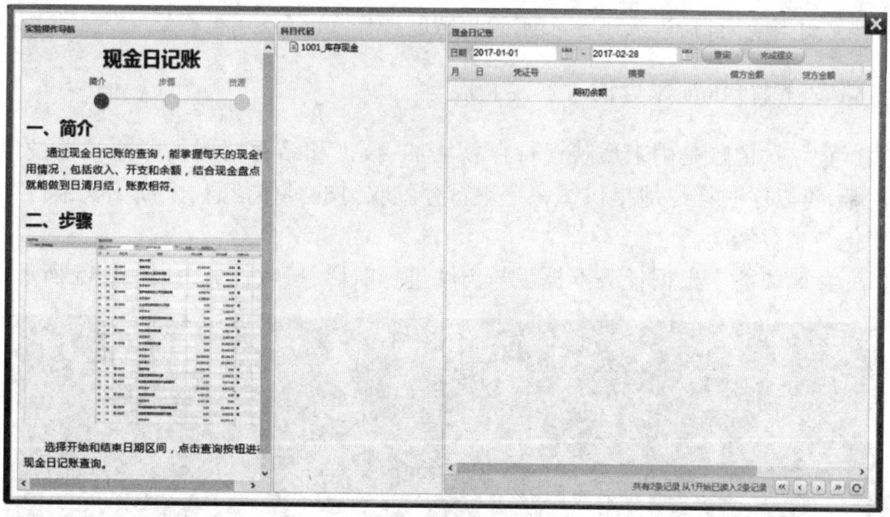

图 4-43　现金日记账

图 4-43 所示实验操作界面中间为“科目代码”列表，右侧显示“现金日记账”明细。

用户操作场景中的学生角色进行出纳执行现金日记账查询的岗位体验，操作步骤如下：

① 选择科目代码：在中间“科目代码”列表中选中需查询的科目代码名称。

② 选择查询日期：在右侧“现金日记账”明细窗口的工具栏中，选择查询的开始日期和结束日期。

③ 查询现金日记账明细：单击【查询】按钮，“现金日记账”明细窗口会列出符合查询条件的账目明细，如图 4-44 所示。

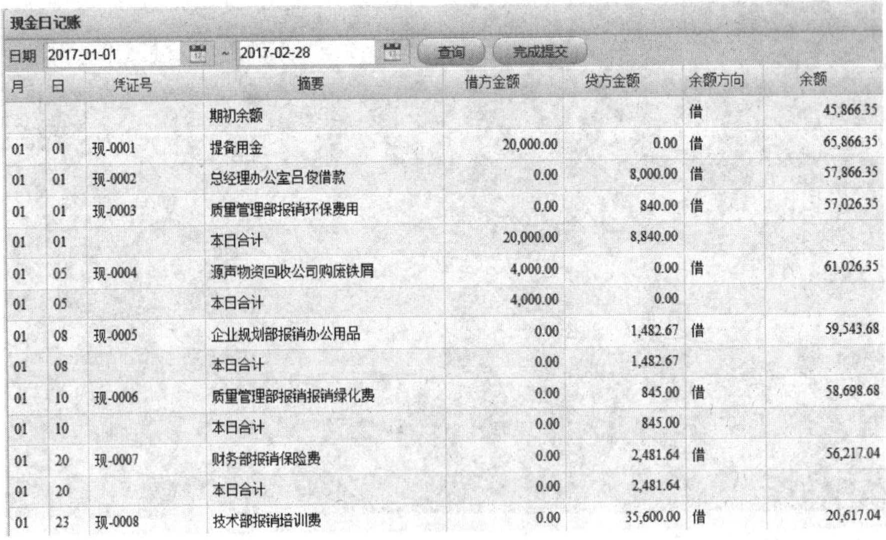

现金日记账

日期 2017-01-01 ~ 2017-02-28 查询 完成提交

月	日	凭证号	摘要	借方金额	贷方金额	余额方向	余额
			期初余额			借	45,866.35
01	01	现-0001	提备用金	20,000.00	0.00	借	65,866.35
01	01	现-0002	总经理办公室吕俊借款	0.00	8,000.00	借	57,866.35
01	01	现-0003	质量管理部报销环保费用	0.00	840.00	借	57,026.35
01	01		本日合计	20,000.00	8,840.00		
01	05	现-0004	源声物资回收公司购废铁屑	4,000.00	0.00	借	61,026.35
01	05		本日合计	4,000.00	0.00		
01	08	现-0005	企业规划部报销办公用品	0.00	1,482.67	借	59,543.68
01	08		本日合计	0.00	1,482.67		
01	10	现-0006	质量管理部报销报销绿化费	0.00	845.00	借	58,698.68
01	10		本日合计	0.00	845.00		
01	20	现-0007	财务部报销保险费	0.00	2,481.64	借	56,217.04
01	20		本日合计	0.00	2,481.64		
01	23	现-0008	技术部报销培训费	0.00	35,600.00	借	20,617.04

图 4-44 现金日记账查询

④ 完成提交:单击【完成提交】按钮,确认当前步骤已完成,然后单击右上角的【关闭】按钮关闭当前窗口,进入下一个实验步骤的操作。

步骤 2 银行日记账查询

银行存款日记账是用来反映银行存款增加、减少和结存情况的账簿。通过银行存款日记账,可以序时详尽地提供每一笔银行存款收付的具体信息,全面反映银行存款的增减变化与结存情况。

(1) 接收任务 根据任务卡提示与出纳进行对话,接收任务,如图 4-45 所示。

图 4-45 与出纳对话

(2) 完成银行日记账查询 单击任务卡打开“银行日记账”界面,如图 4-46 所示。

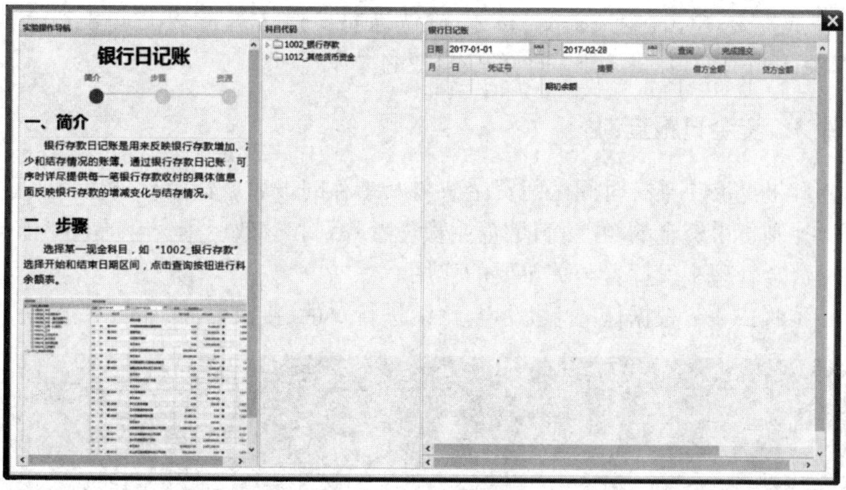

图 4-46　银行日记账

图 4-46 所示实验操作界面中间为“科目代码”列表，右侧为“银行日记账”明细。

用户操作场景中的学生角色进行出纳执行银行日记账查询的岗位体验，操作步骤如下：

① 选择科目代码：在“科目代码”列表中选中需查询的现金科目，下面以“1002_银行存款”为例。

② 选择查询日期：在右侧“现金日记账”明细窗口的工具栏中，选择查询的开始日期和结束日期。

③ 查询银行日记账明细：单击【查询】按钮，“银行日记账”明细窗口会列出符合查询条件的账目明细，如图 4-47 所示。

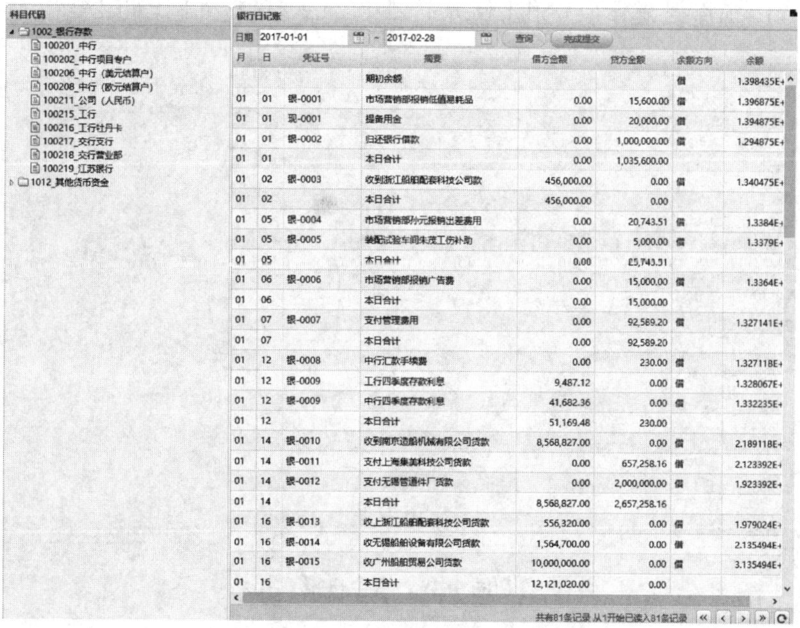

图 4-47　银行日记账查询

④ 完成提交：单击【完成提交】按钮，确认当前步骤已完成，然后单击右上角的【关闭】按钮关闭当前窗口，进入下一个实验步骤的操作。

步骤 3　资金日报查询

资金日报是反映某一时间区间资金收付及结存的报表。资金日报是企业管理者了解、掌握、控制货币资金的额度，满足企业管理者筹划和有效运用资金的重要依据，在企业财务及资金管理中发挥着至关重要的作用。

（1）接收任务　根据任务卡提示与出纳进行对话，接收任务，如图 4-48 所示。

图 4-48　与出纳对话

（2）完成资金日报查询　单击任务卡打开“资金日报”界面，如图 4-49 所示。

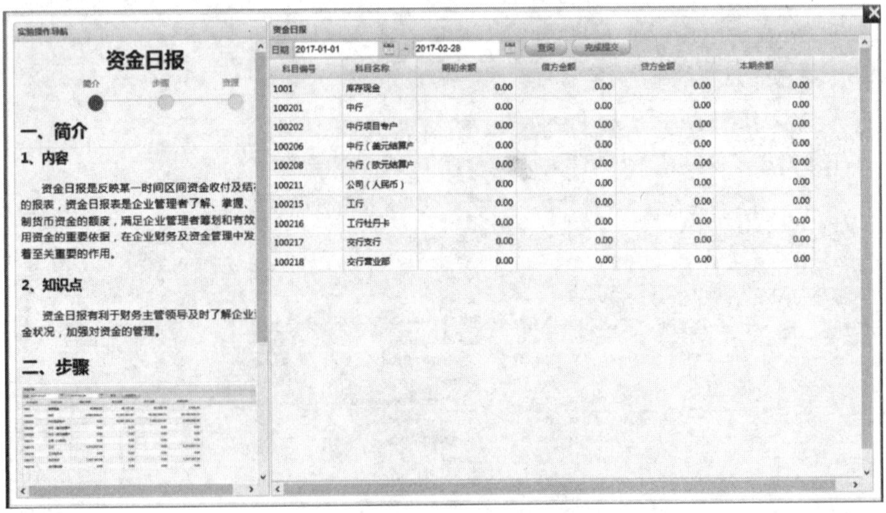

图 4-49　资金日报

资金日报有利于财务主管领导及时了解企业资金状况，加强对资金的管理。资金日报数据项说明如下：

- 日期：资金日报所反映的时间区间。选定日期区间后，单击【查询】按钮，即可查看选择日期范围内的资金日报表。
- 科目编号/名称：资金日报表中涉及的会计科目的编号与名称，一般包括现金科目、银行存款科目（只反映最明细的会计科目，其上级汇总科目不反映）。
- 资金的收支：包括选定时间区间内的期初余额、借方金额、贷方金额和本期余额四栏数据，用来反映资金收入支出的数据。

用户操作场景中的学生角色进行出纳执行资金日报查询的岗位体验，操作步骤如下：

① 查询：选择资金日报查询时间段，单击【查询】按钮，窗口中会列出符合查询条件的账目明细，如图 4-50 所示。

科目编号	科目名称	期初余额	借方金额	贷方金额	本期余额
1001	库存现金	0.00	0.00	0.00	0.00
100201	中行	0.00	0.00	0.00	0.00
100202	中行项目专户	0.00	0.00	0.00	0.00
100206	中行（美元结算户	0.00	0.00	0.00	0.00
100208	中行（欧元结算户	0.00	0.00	0.00	0.00
100211	公司（人民币）	0.00	0.00	0.00	0.00
100215	工行	0.00	0.00	0.00	0.00
100216	工行牡丹卡	0.00	0.00	0.00	0.00
100217	交行支行	0.00	0.00	0.00	0.00
100218	交行营业部	0.00	0.00	0.00	0.00

图 4-50　资金日报查询

② 完成提交：单击【完成提交】按钮，确认当前步骤已完成，然后单击右上角的【关闭】按钮关闭当前窗口，进入下一个实验步骤的操作。

步骤 4　银行对账单录入

使用银行对账功能前，需要将初始的银行对账单和单位日记账中的未达账项录入系统中。

（1）接收任务　根据任务卡提示与出纳进行对话，接收任务，如图 4-51 所示。

图 4-51　与出纳对话

（2）了解银行对账知识　单击任务卡观看“银行对账”微课，如图 4-52 所示。

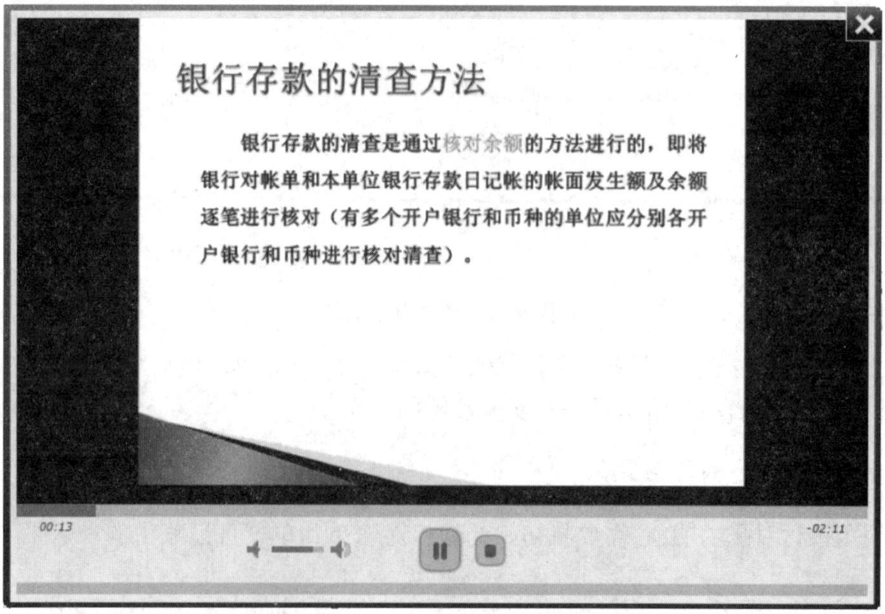

图 4-52　“银行对账”微课

（3）完成银行对账单录入　单击任务卡打开“银行对账单录入”界面，如图 4-53 所示。

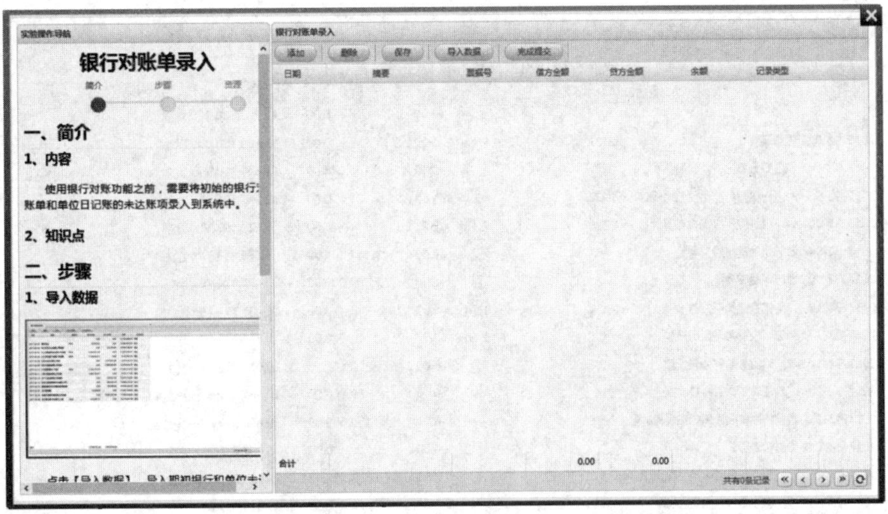

图 4-53　银行对账单录入

用户操作场景中的学生角色进行出纳执行银行对账单录入的岗位体验，操作步骤如下：

① 导入数据：单击【导入数据】按钮，导入银行对账单数据，如图 4-54 所示。

银行对账单录入

添加　删除　保存　导入数据　完成提交

日期	摘要	票据号	借方金额	贷方金额	余额	记录类型
			0.00	0.00	12,703,680.00	余额
2017-02-02	提取现金	0001	20,000.00	0.00	12,683,680.00	发生
2017-02-04	收江苏五交化有限公司货款		0.00	125,678.00	12,809,358.00	发生
2017-02-05	付上海集美科技有限公司货款	0002	1,547,821.69	0.00	11,261,536.31	发生
2017-02-06	付北京机械厂有限公司货款	0003	7,138,943.21	0.00	4,122,593.10	发生
2017-02-09	收苏州轴瓦有限公司款		0.00	1,547,821.69	5,670,414.79	发生
2017-02-09	收苏州船舶有限公司货款		0.00	7,000,000.00	12,670,414.79	发生
2017-02-12	付无锡管道件厂货款	0004	1,245,100.00	0.00	11,425,314.79	发生
2017-02-13	付苏州船舶有限公司货款		1,668,142.97	0.00	9,757,171.82	发生
2017-02-14	收广州船舶贸易公司货款		0.00	319,561.00	10,076,732.82	发生
2017-02-15	收浙江船舶配套科技有限公司货		0.00	389,600.00	10,466,332.82	发生
2017-02-25	票据到期收回无锡船舶设备有限		0.00	150,000.00	10,616,332.82	发生
2017-02-25	支付管理费		14,606.00	0.00	10,601,726.82	发生
2017-02-26	收南京造船机械有限公司货款		0.00	9,383,502.00	19,985,226.82	发生
2017-02-28	支付事业部1月份职工工资	0006	912,087.51	0.00	19,019,597.80	发生
合计			12546701.38	18916162.69		

共19条 第1/2页

图 4-54　导入数据

② 添加银行对账单信息：单击【添加】按钮，在下方空白对账单信息行中输入发生日期、摘要、票据号、借方金额、贷方金额、记录类型等信息，如图 4-55 所示。（本实验不作要求）

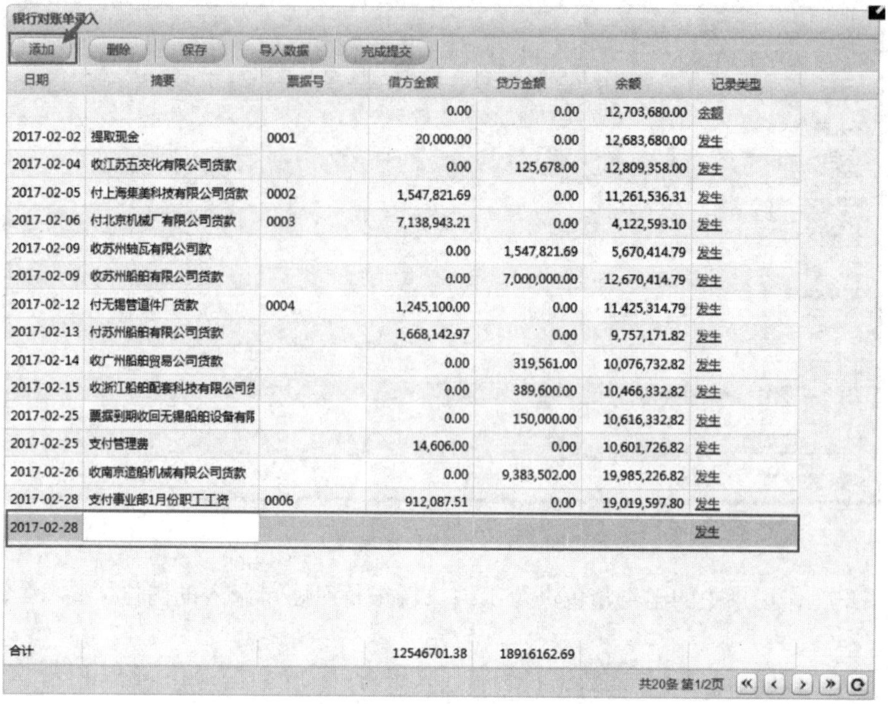

日期	摘要	票据号	借方金额	贷方金额	余额	记录类型
			0.00	0.00	12,703,680.00	余额
2017-02-02	提取现金	0001	20,000.00	0.00	12,683,680.00	发生
2017-02-04	收江苏五交化有限公司货款		0.00	125,678.00	12,809,358.00	发生
2017-02-05	付上海集美科技有限公司货款	0002	1,547,821.69	0.00	11,261,536.31	发生
2017-02-06	付北京机械厂有限公司货款	0003	7,138,943.21	0.00	4,122,593.10	发生
2017-02-09	收苏州轴瓦有限公司款		0.00	1,547,821.69	5,670,414.79	发生
2017-02-09	收苏州船舶有限公司货款		0.00	7,000,000.00	12,670,414.79	发生
2017-02-12	付无锡管道件厂货款	0004	1,245,100.00	0.00	11,425,314.79	发生
2017-02-13	付苏州船舶有限公司货款		1,668,142.97	0.00	9,757,171.82	发生
2017-02-14	收广州船舶贸易公司货款		0.00	319,561.00	10,076,732.82	发生
2017-02-15	收浙江船舶配套科技有限公司货		0.00	389,600.00	10,466,332.82	发生
2017-02-25	票据到期收回无锡船舶设备有限		0.00	150,000.00	10,616,332.82	发生
2017-02-25	支付管理费		14,606.00	0.00	10,601,726.82	发生
2017-02-26	收南京造船机械有限公司货款		0.00	9,383,502.00	19,985,226.82	发生
2017-02-28	支付事业部1月份职工工资	0006	912,087.51	0.00	19,019,597.80	发生
2017-02-28						发生
合计			12546701.38	18916162.69		

图 4-55　添加对账单信息

③ 保存：银行对账单信息填写完整后，单击【保存】按钮，保存录入的对账单信息。

④ 完成提交：单击【完成提交】按钮，确认当前步骤已完成，然后单击右上角的【关闭】按钮关闭当前窗口，进入下一个实验步骤的操作。

注　意

① 选择日期：根据实验资料提供的对账单数据选择日期。

② 录入票据号：录入对账单时的票据号长度应该与凭证的票据号长度保持一致（为减少输入的工作量，一般取票据号的后四位）。

③ 删除：仅可对最后输入的一条对账单进行删除。已经完成对账的对账单记录不能被删除和编辑。

步骤 5　银行对账

银行对账是银行存款清查的基本方法，主要采用银行存款日记账与开户银行的“对账单”相核对的方法。通过银行对账，可以及时掌握企业未达账项的情况，便于及时查明未达账项的原因。

（1）接收任务　根据任务卡提示与出纳进行对话，接收任务，如图 4-56 所示。

图 4-56　与出纳对话

（2）完成银行对账　单击任务卡打开“银行对账”界面，如图 4-57 所示。

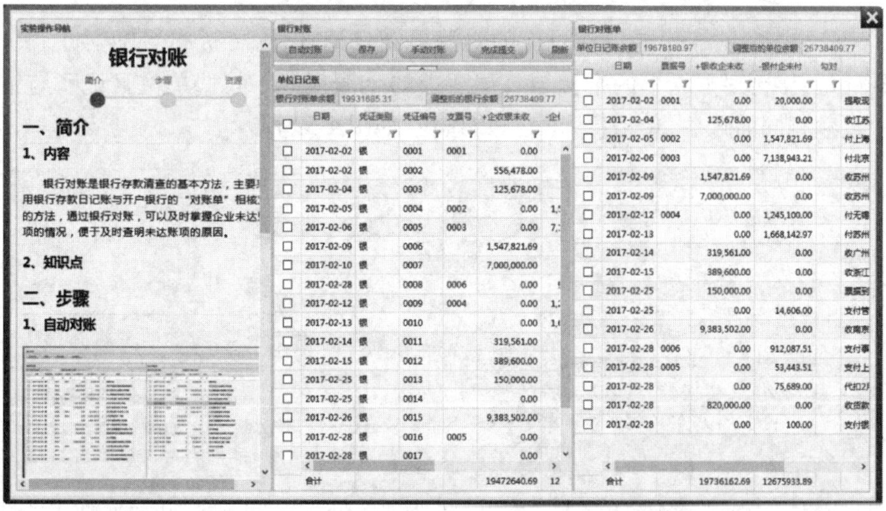

图 4-57　银行对账

图 4-57 中，“银行对账”界面有两张表，中间显示“单位日记账”信息表，右侧为“银行对账单”信息表，窗口内自动显示日记账、对账单和相关余额情况等信息。银行对账功能说明如下：

- 银行对账采用自动对账与手动对账相结合的方式。自动对账依据银行对账单与单位日记账的支票号、金额等信息自动核对、勾销。手动对账则由用户根据金额等信息对已达账项做两清标志。

用户操作场景中的学生角色进行出纳执行银行对账的岗位体验，操作步骤如下：

① 自动对账：单击【自动对账】按钮，系统将相关的单据打上“✓”标志。自动对账的条件是，银行对账单与单位日记账的票据号、借方金额、贷方金额完全相同，如图 4-58 所示。

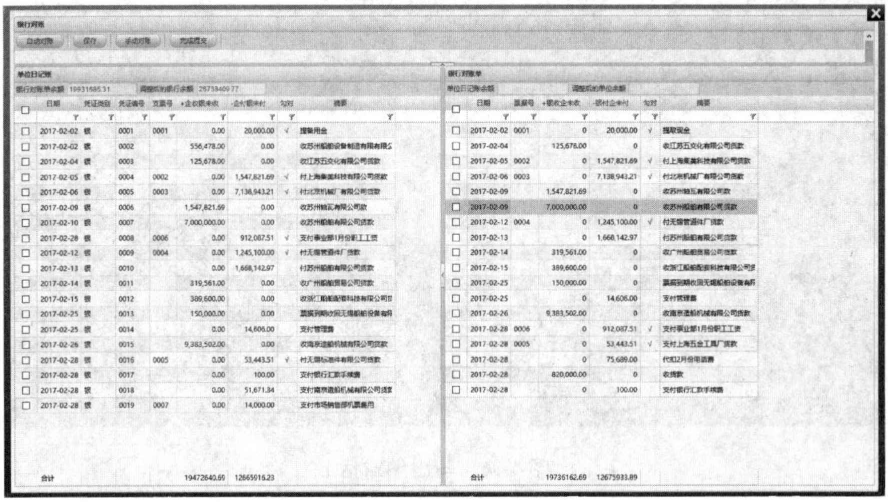

图 4-58　自动对账

② 手动对账：对于不能自动对应的对账单和日记账，需要进行手动对账。手动对账的条件是，银行对账单上的金额与日记账上的金额相等。勾选单位日记账与银行对账单中金额相同的账务，单击【手动对账】按钮，如图 4-59 所示。

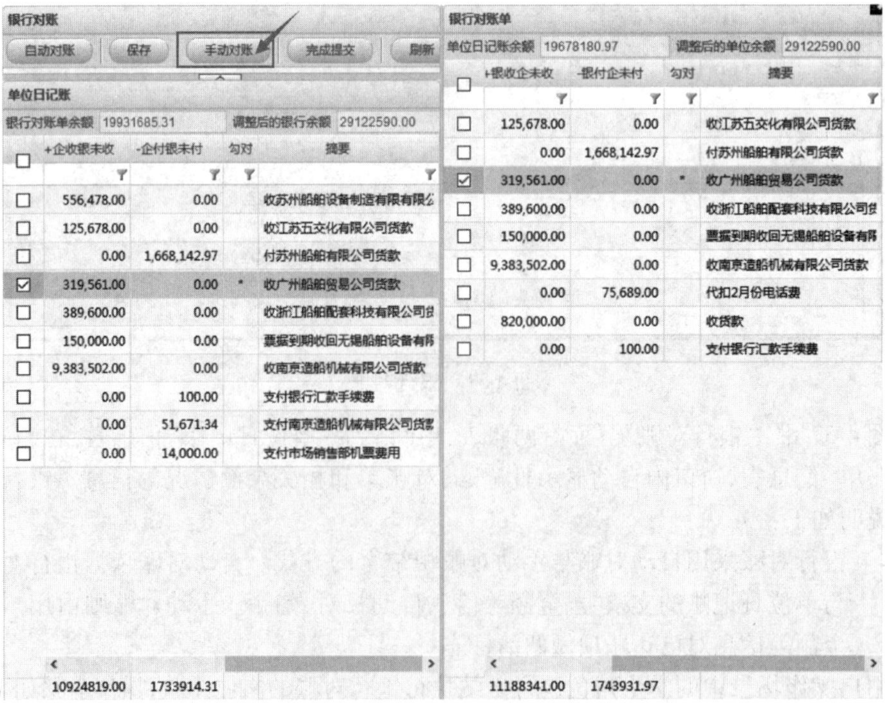

图 4-59　手动勾选

系统提示“勾对完成”(图4-60),单击【确定】按钮,该条账目手动对账完成。

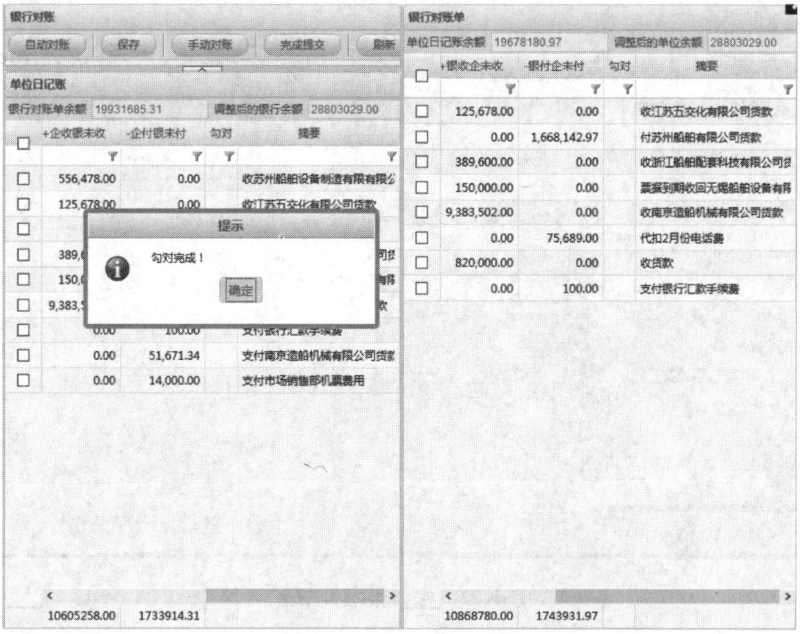

图4-60 银行对账

③ 保存:两边信息表中所有符合条件的账务勾对完成后,单击【保存】按钮,保存对账信息。

④ 完成提交:单击【完成提交】按钮,确认当前步骤已完成,然后单击右上角的【关闭】按钮关闭当前窗口,进入下一个实验步骤的操作。

步骤6 银行余额调节表编制

银行对账完成后,系统自动生成余额调节汇总表,反映银行账户余额、未达账项等信息。

(1) 接收任务 根据任务卡提示与出纳进行对话,接收任务,如图4-61所示。

图4-61 与出纳对话

(2) 完成银行余额调节表编制　单击任务卡打开“银行余额调节表”界面,如图 4-62 所示。

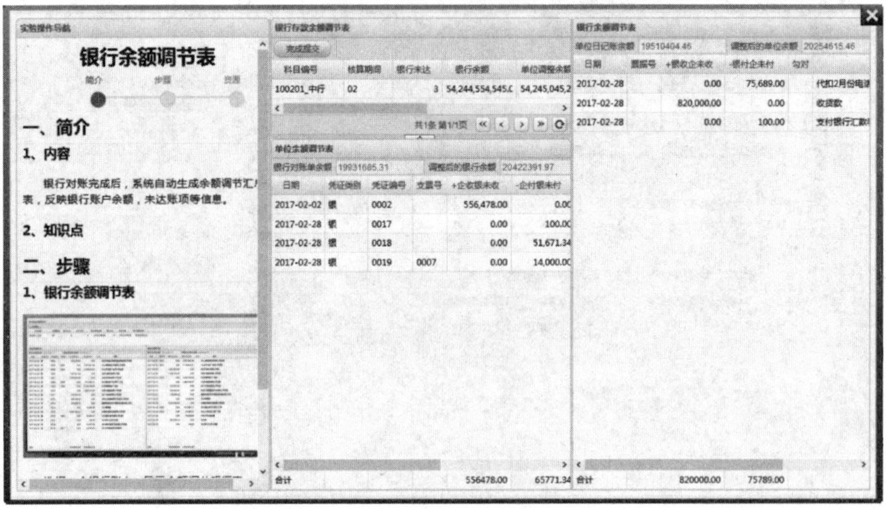

图 4-62　银行余额调节表

用户操作场景中的学生角色进行出纳执行银行余额调节表编制的岗位体验,操作步骤如下:

① 选择银行账户:选择一个银行账户,界面下方显示余额调节明细表。余额调节表反映了银行账户的当前最大对账期间,企业(银行)的未达账款、账面余额和调整后余额等信息。

② 完成提交:单击【完成提交】按钮,确认当前步骤已完成,然后单击右上角的【关闭】按钮关闭当前窗口,进入下一个实验步骤的操作。

步骤 7　实验试题考核

单击任务卡【实验考核】按钮,进入实验试题考核,如图 4-63 所示。

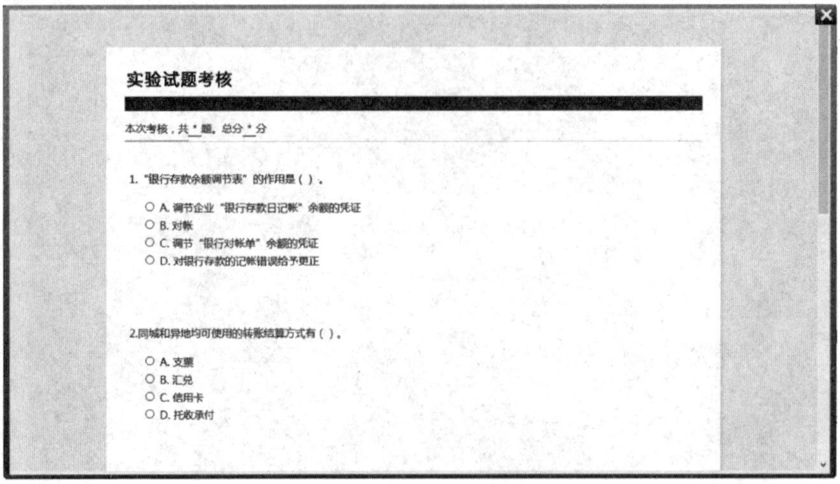

图 4-63　“出纳管理”实验试题

试题做完提交后，系统弹出试题考核结果，关闭该页面后，系统显示本实验的统计分析，可查看本次实验的实验步骤积分、时长等信息。

单击任务卡【退出实验】按钮，完成本实验的全部操作。

4.3.5　思考题

① 银行对账自动勾对未达账项的依据是什么？

② 解释银行余额调节表的编制原理。

4.4　材料入库核算

材料核算员根据采购发票与入库单进行结算，确定采购材料的入库成本。

4.4.1　实验目的

① 通过角色扮演模拟材料入库核算业务操作过程的场景，掌握材料入库核算的会计知识。

② 了解材料报销业务流程，完成采购报销、材料暂估、月末入库处理的操作。

4.4.2　实验原理

企业的材料入库核算业务主要涉及物料管理部门和财务部门。物料管理部门主要负责材料实物形态的采购及其库存管理。材料入库核算的原始数据主要来自仓库的收料单及供应商开具的各种结算单据。材料入库核算是企业会计核算的一项重要内容。进行材料入库核算，应正确计算存货的购入成本，促使企业降低存货成本，反映、监督存货的保管、收发和退领情况。

① 采购核算：反映和监督采购资金的支出情况，正确计算存货的购入成本，促使企业做好存货供应管理，规范采购业务，节约采购费用，降低采购成本。

② 发票和入库单在一个会计期间内同时到达，用户可以根据采购发票和入库单办理采购报销业务，凭证分录如下：

借：原材料（计划价：材料采购）

　　应交税金 - 应交增值税 - 进项税

　　贷：应付账款

③ 对于采购业务，如果货到、票未到时，需要对采购入库单进行估价入账。材料暂估就是外购入库的材料发票未到时，财务人员期末暂时按照申请入库时的估计价格入账，形成暂估入库。凭证业务分录如下：

借：原材料

　　贷：应付账款 - 暂估

④ 当月货到、票未到时，先将采购入库单暂估入账，在下月初立即生成红字回冲单，冲回上月的暂估业务，下月收到发票时再按发票上记录的实际成本核算采购入库成本。如果下月发票仍未到，则月末要重新暂估入账，下月初再回冲，如此循环直到收到发票为止。

下月初根据上月暂估入库单和暂估凭证,生成冲销凭证,分录如下:

借:原材料 (红字)

贷:应付账款-暂估 (红字)

下月发票到,并且与入库单完全结算,进行采购报销业务,凭证分录如下:

借:原材料

应交税金-应交增值税-进项税

贷:应付账款

⑤ 由于计算尾差问题造成的发票与入库单金额不一致(一般金额差比较小),允许报销,将差额直接分摊到成本或者费用(管理费用),凭证分录如下:

借:原材料

应交税金-应交增值税-进项税

管理费用 (差额)

贷:应付账款

4.4.3 实验知识点

(1) 组织机构 本实验"材料入库核算"业务主要由核算室完成,涉及的岗位角色如下:

材料核算员:根据采购发票和入库单办理采购报销业务;对于已验收入库的材料,发票尚未收到的,在月末合理估计入库成本暂估入账;当月货到、票未到时,先将采购入库单暂估入账,在下月初立即生成回冲单,冲回上月的暂估业务,下月收到发票时再按发票上记录的实际成本核算采购入库成本。

(2) 业务流程 材料入库核算业务流程如图4-64所示。

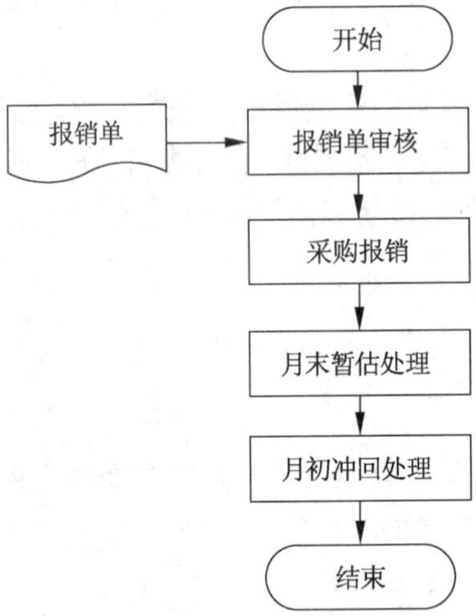

图4-64 材料入库核算业务流程

① 材料核算员进行采购报销单审核。

② 依据报销单进行采购报销处理。

③ 对于已验收入库的材料,但发票尚未收到的,在月末合理估计入库成本暂估入账。

④ 当月货到、票未到时,先将采购入库单暂估入账,在下月初立即生成回冲单,冲

回上月的暂估业务，下月收到发票时再按发票上记录的实际价格核算采购入库成本。

4.4.4　实验步骤

进入财务部的实验场景后，根据任务卡提示及小助手与角色的对话内容接收实验任务，如图4-65所示。

图4-65　进入“材料入库核算”实验

步骤1　报销单审核

入库单是指采购的存货验收入库后由物料管理部门填写的单据。采购员根据收到的采购发票与入库单进行结算，确定材料采购成本。报销单审核是指材料核算员将采购报销单对应的发票与入库单数据进行核对，并且做相应的审核标志。

（1）接收任务　根据任务卡提示与材料核算员进行对话，接收任务，如图4-66所示。

图4-66　与材料核算员对话

(2) 完成报销单审核　单击任务卡打开“报销单审核”界面,如图 4-67 所示。

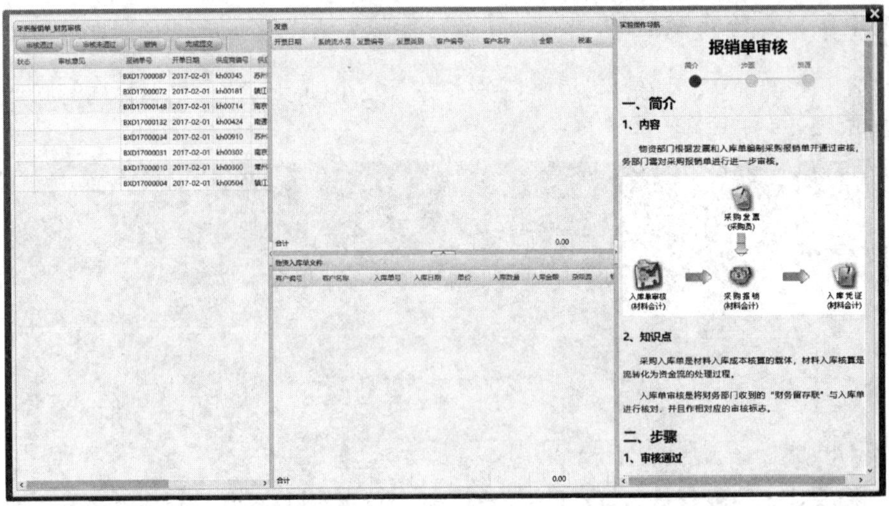

图 4-67　报销单审核

图 4-67 中,报销单审核界面左侧是未审核的采购报销单数据,选中一条报销单数据,中间部分则显示报销单对应的发票和入库单。数据项说明如下:

- 状态:采购报销单是否审核的标识。无内容表示未审核,状态为“√”表示审核通过,状态为“ ×”表示审核未通过。
- 审核意见:主要包括审核通过、供应商与报销单不一致、发票或报销单缺失、发票与入库单金额不一致。
- 报销单号:报销单的编号,唯一标识。

用户操作场景中的学生角色进行材料核算员执行报销单审核的岗位体验,操作步骤如下:

① 选择报销单据:选中一条报销单数据,审核发票与合同上的供应商是否一致,发票与入库单的金额、数量等是否相同。

② 审核:

- 审核通过:如果选中的报销单正确,单击【审核通过】按钮,审核状态变为“√”,系统自动添加审核意见,字体颜色由黑色变为红色,表示该条报销单审核通过,如图 4-68 所示。
- 审核未通过:查看报销单数据发票与入库单信息,如不符合审核要求,单击【审核未通过】按钮,弹出对话框,可在其中选择未通过审核的原因。通常,审核未通过的原因有以下三种:① 供应商与报销单不一致;② 发票或报销单缺失;③ 发票与入库单金额不一致。选择审核未通过的原因序号,单击【确定】按钮,如图 4-69 所示。

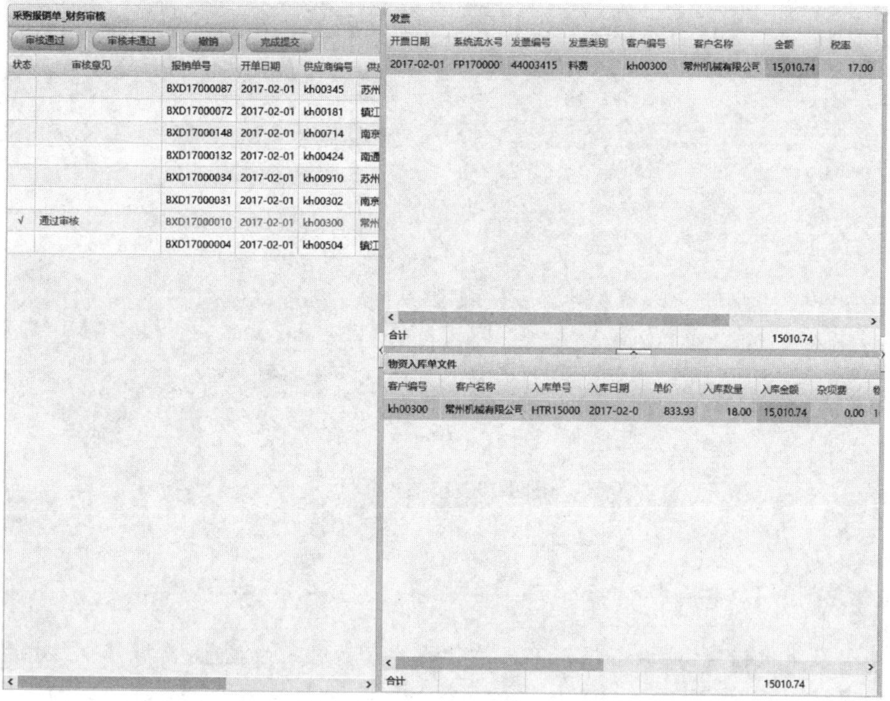

图 4-68　报销单审核通过

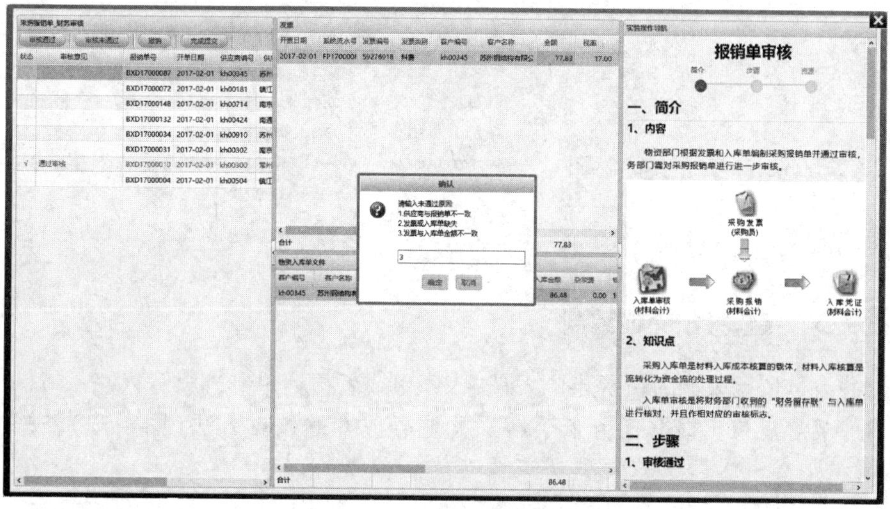

图 4-69　报销单审核未通过

审核未通过，审核状态变为“×”，系统根据选择的未通过审核的原因添加审核意见，字体颜色由黑色变为蓝色，表示该条报销单审核未通过，如图 4-70 所示。

③ 完成提交：单击【完成提交】按钮，确认当前步骤已完成，然后单击右上角的【关闭】按钮关闭当前窗口，进入下一个实验步骤的操作。

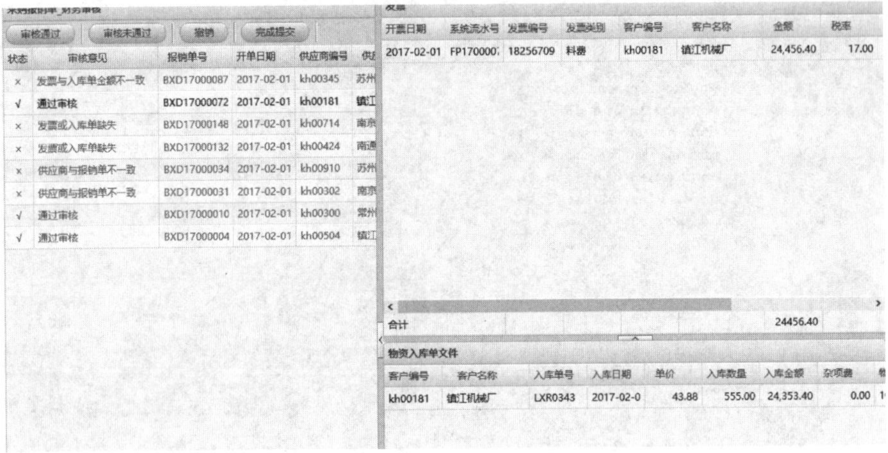

图 4-70　审核未通过

注　意

如果审核错误，则该条报销单记录行的背景颜色变为黄色，需撤销审核操作再重新审核，如图 4-71 所示。

图 4-71　审核错误

步骤 2　采购报销凭证编制

财务人员依据采购人员提供的发票、入库单或者报销单办理财务入账手续。

(1) 观看视频　根据任务卡了解采购业务成本的核算方法(图 4-72)，观看微课视频。

图 4-72　小助手提示

（2）完成采购报销凭证编制　单击任务卡打开“采购报销凭证”界面，如图 4-73 所示。

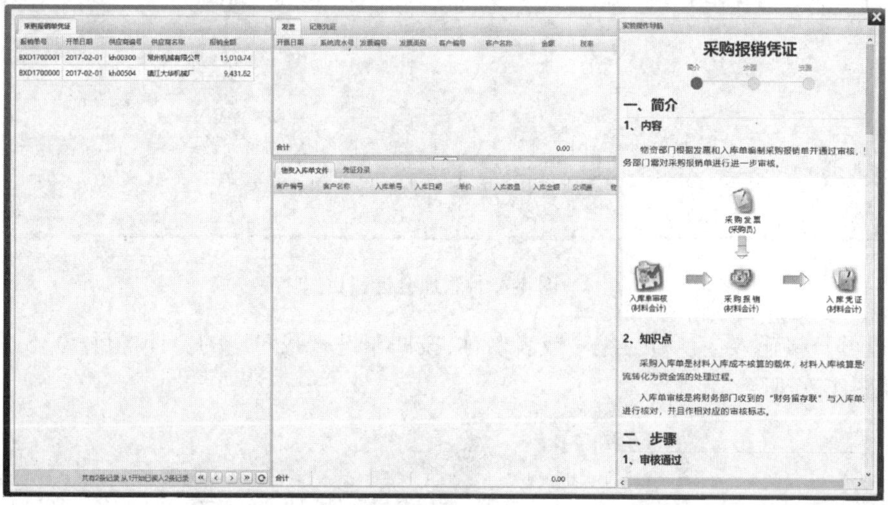

图 4-73　采购报销凭证

图 4-73 所示页面左侧为采购报销单（已审核），选中一条采购报销单，中间则对应显示发票和入库单信息。采购报销单数据项说明如下：

➢ 原材料金额（借方）：取自入库单上的入库金额合计数。

➢ 进项税额（借方）：取自发票上的税额合计数。

➢ 应付账款（贷方）：取自发票上的含税金额合计数。

用户操作场景中的学生角色进行材料核算员执行采购报销凭证编制的岗位体验，操作步骤如下：

① 编写记账凭证：单击“记账凭证”标签，编写采购报销凭证。选择凭证类别和凭证编制日期并填写附件张数，如图 4-74 所示。

图 4-74　编写记账凭证

② 编制凭证分录，添加会计科目：采购报销单借方科目应填写“原材料”和“进项税额”，贷方科目应填写“应付账款”。单击“凭证分录”标签，再单击【添加】按钮，弹出“会计科目”选择对话框，选中会计科目并双击取科目编号，单击【确定】按钮进行添加，如图 4-75 所示。

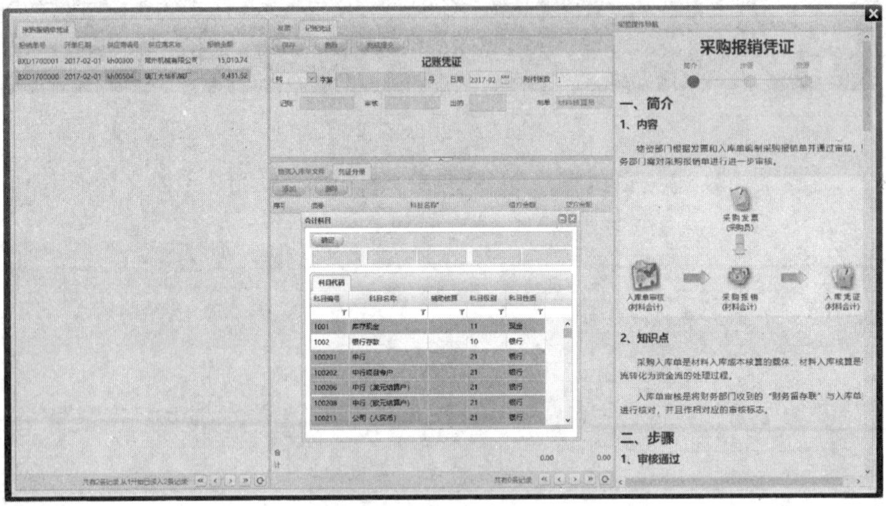

图 4-75　添加会计科目

也可直接输入会计科目编号或者名称，按回车键查找对应的会计科目，双击选择科目，如图 4-76 所示。

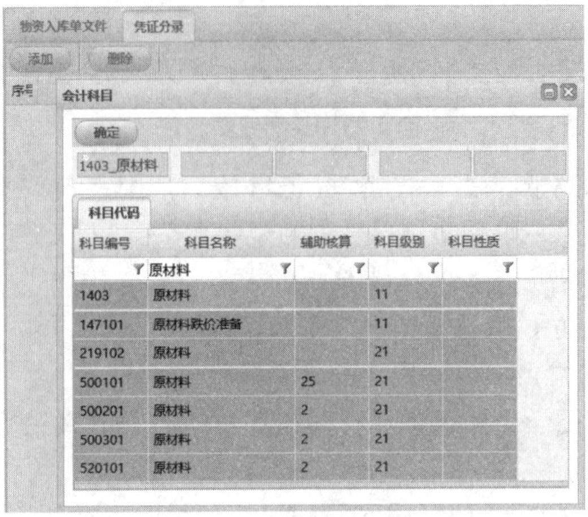

图 4-76　科目查找

贷方科目“应付账款”需要部门和客户信息的辅助核算，在选择会计科目之后还需要选择对应的部门和客户信息。客户信息取自采购报销单的供应商信息“镇江大华机械厂”，如图 4-77 所示。

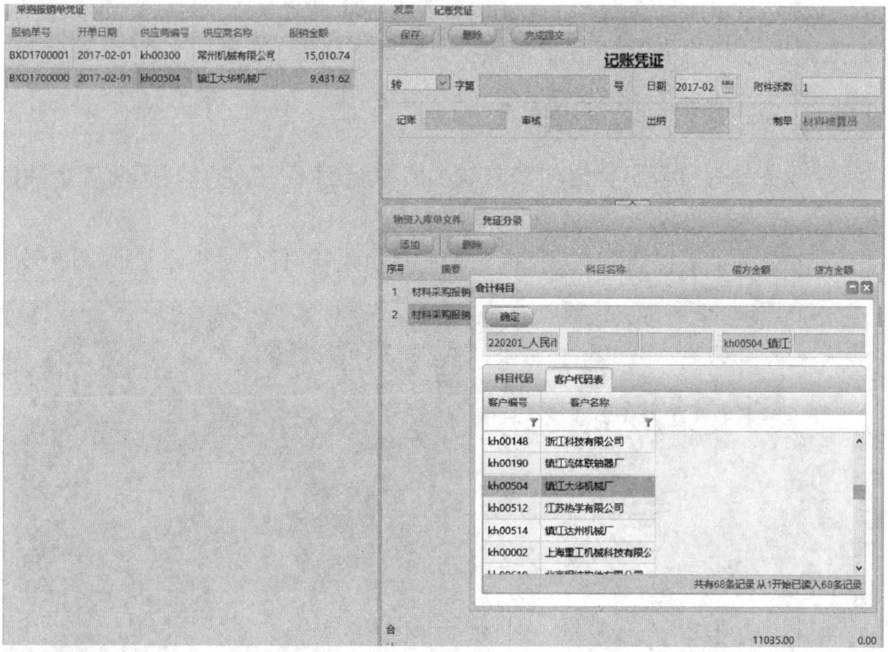

图 4-77　选择客户信息

③ 填写凭证金额：根据采购报销业务，填写凭证分录的借方金额和贷方金额，如图 4-78 所示。

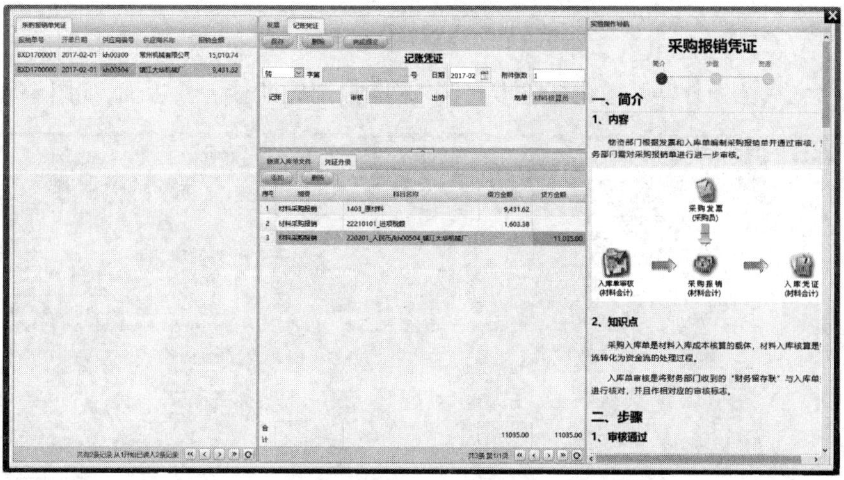

图 4-78　填写凭证金额

注　意

凭证的借、贷方合计金额须相等。

④ 保存：检查编制完成的凭证，单击【保存】按钮，保存当前编制的凭证内容，系统自动生成凭证编号。如若借贷双方的合计金额不相等，则凭证不允许保存，需重新检查并填写正确后再保存。

⑤ 完成提交：单击【完成提交】按钮，确认当前步骤已完成，然后单击右上角的【关闭】按钮关闭当前窗口，进入下一个实验步骤的操作。

步骤 3　采购报销凭证_尾差处理

在实际业务处理过程中会出现发票与入库单金额不一致的问题，两者金额的差额称为尾差。

（1）接收任务　根据任务卡提示与材料核算员进行对话，接收任务，如图 4-79 所示。

图 4-79　与材料核算员对话

（2）完成尾差计算　单击任务卡打开“采购报销凭证_尾差”界面，如图 4-80 所示。

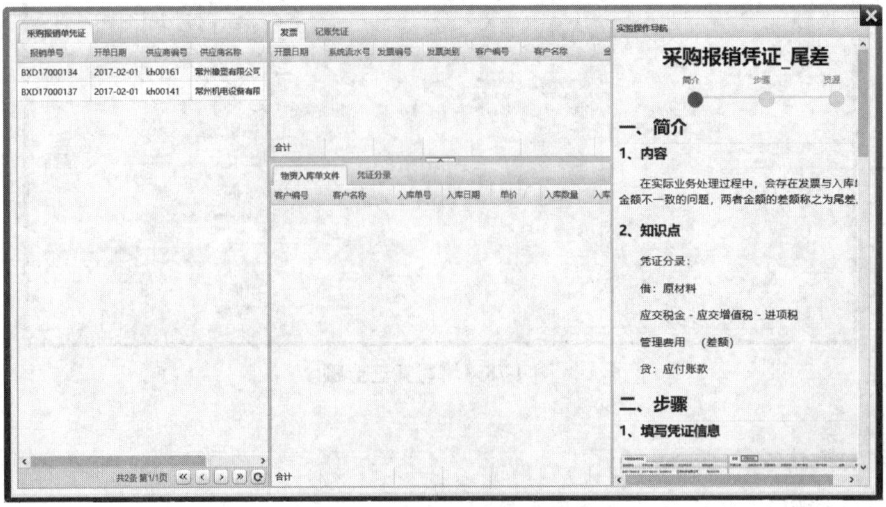

图 4-80　采购报销凭证_尾差

图 4-80 所示页面左侧为采购报销单(已审核),选中一条采购报销单,中间则对应显示发票和入库单信息。采购报销凭证_尾差数据项说明如下:

➢ 原材料金额(借方):取自入库单上的入库金额合计数。
➢ 进项税额(借方):取自发票上的税额合计数。
➢ 管理费用(贷方):取自发票金额与入库单金额差额的负数。
➢ 应付账款(贷方):取自发票上的含税金额合计数。

用户操作场景中的学生角色进行材料核算员执行采购报销凭证_尾差处理的岗位体验,操作步骤如下:

① 填写凭证信息:单击“记账凭证”标签,编写采购报销凭证信息,选择凭证类别、凭证日期并填写附件张数。

② 编制凭证分录,添加会计科目:如果金额相差不大,一般情况下,将差额直接分摊到直接生产成本或者管理费用。借方会计科目分别添加“原材料”“进项税额”“管理费用_物料消耗”科目,贷方会计科目添加“应付账款”,客户信息根据采购报销单上的供应商信息应添加“江苏热学有限公司”辅助核算。

③ 填写凭证金额:根据采购报销业务,填写凭证分录的借方金额和贷方金额。选择的采购报销凭证对应的发票金额与入库单金额相差 0.20 元,在正常差额范围内,应记入贷方的管理费用科目,贷方金额为 -0.20 元,如图 4-81 所示。

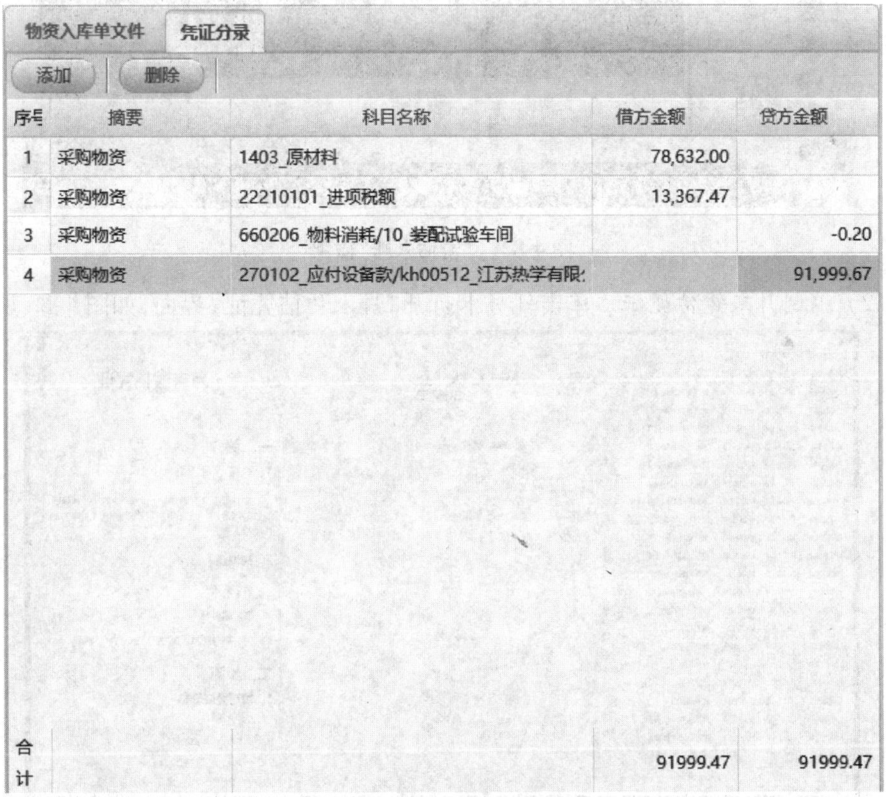

序号	摘要	科目名称	借方金额	贷方金额
1	采购物资	1403_原材料	78,632.00	
2	采购物资	22210101_进项税额	13,367.47	
3	采购物资	660206_物料消耗/10_装配试验车间		-0.20
4	采购物资	270102_应付设备款/kh00512_江苏热学有限:		91,999.67
合计			91999.47	91999.47

图 4-81　编制凭证分录

注 意

凭证借、贷方合计金额须相等。

④ 完成提交:单击【完成提交】按钮,确认当前步骤已完成,然后单击右上角的【关闭】按钮关闭当前窗口,进入下一个实验步骤的操作。

步骤4 月末暂估凭证编制

暂估是指外购的材料已办理入库,但发票还未到达的情况。一般在期末需要按照申请入库时的估计价格入账。

(1) 接收任务 根据任务卡提示观看“暂估入账”微课,如图4-82所示。

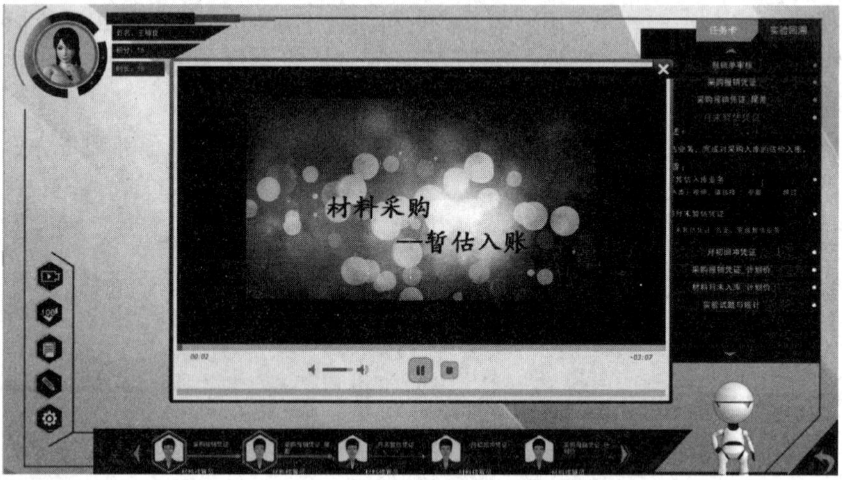

图4-82 “暂估入账”微课

(2) 编制月末暂估凭证 单击任务卡打开“月末暂估凭证”界面,如图4-83所示。

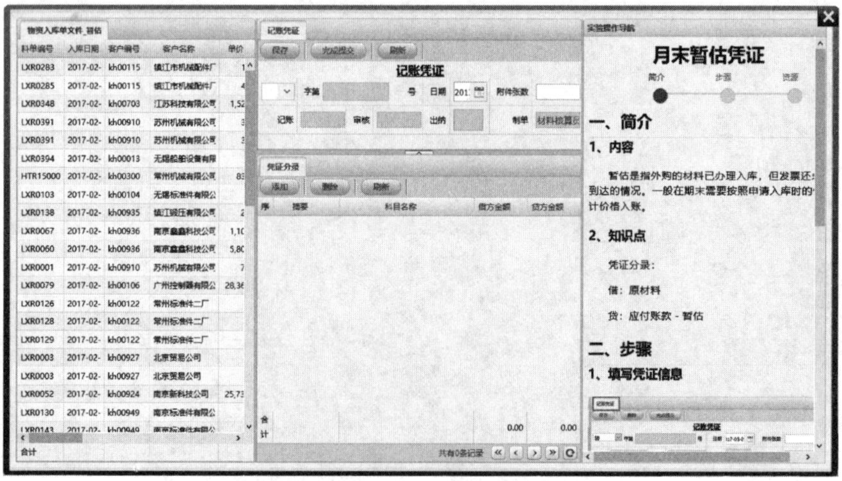

图4-83 月末暂估凭证

用户操作场景中的学生角色进行材料核算员执行月末暂估凭证编制的岗位体验，操作步骤如下：

① 填写凭证信息：单击“记账凭证”标签，编制记账凭证，选择凭证类别和凭证日期，并填写附件张数。

② 添加会计科目：添加借方会计科目“原材料”，对应的贷方会计科目应为“材料暂估”。

③ 填写凭证金额：根据物资入库时估计的入库金额填写凭证摘要、借方金额和贷方金额，如图 4-84 所示。

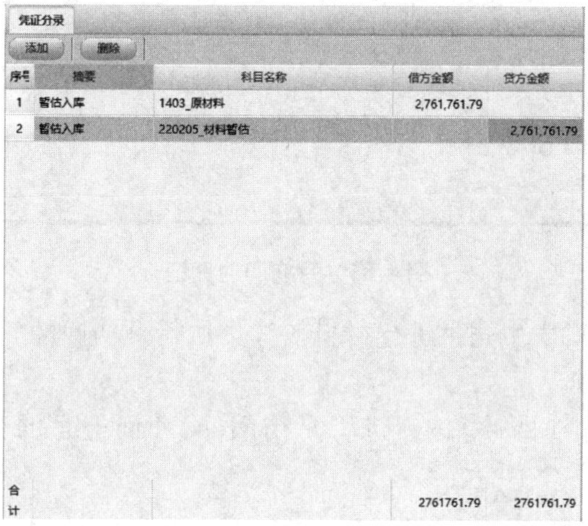

图 4-84　编制凭证分录

注　意

凭证借贷方合计金额须相等，其中：
原材料金额（借方）：取自入库单上的暂估入库金额合计数；
材料暂估金额（贷方）：取自入库单上的暂估入库金额合计数。

④ 完成提交：单击【完成提交】按钮，确认当前步骤已完成，然后单击右上角的【关闭】按钮关闭当前窗口，进入下一个实验步骤的操作。

注　意

如需重新编辑凭证分录会计科目，需先选中一条凭证分录，单击【删除】按钮进行删除，再单击【添加】按钮，重新选择会计科目。

步骤 5　月初回冲凭证编制

按会计制度要求，本月暂估入账在下月初应冲回。

根据任务提示,接收编制月初回冲凭证的任务,如图 4-85 所示。

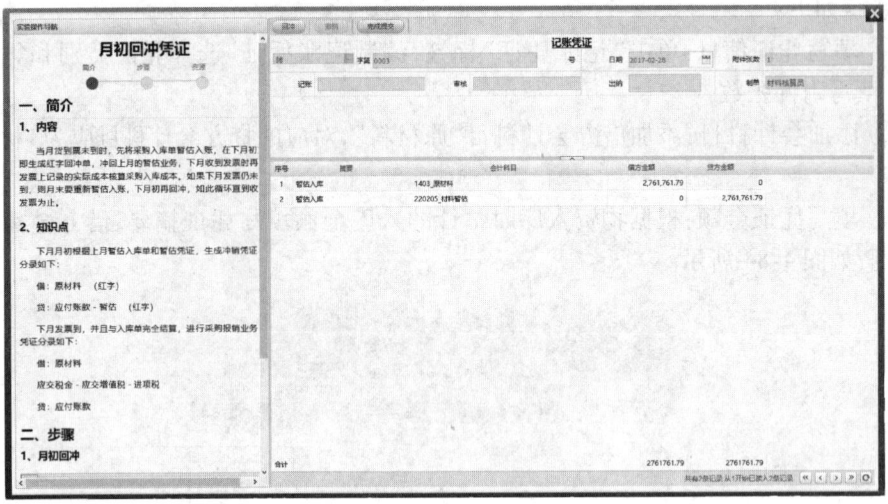

图 4-85　月初回冲凭证

用户操作场景中的学生角色进行材料核算员执行月初回冲凭证编制的岗位体验,操作步骤如下:

① 月初回冲:单击【回冲】按钮进行月初回冲,冲回上月的暂估业务,如图 4-86 所示。

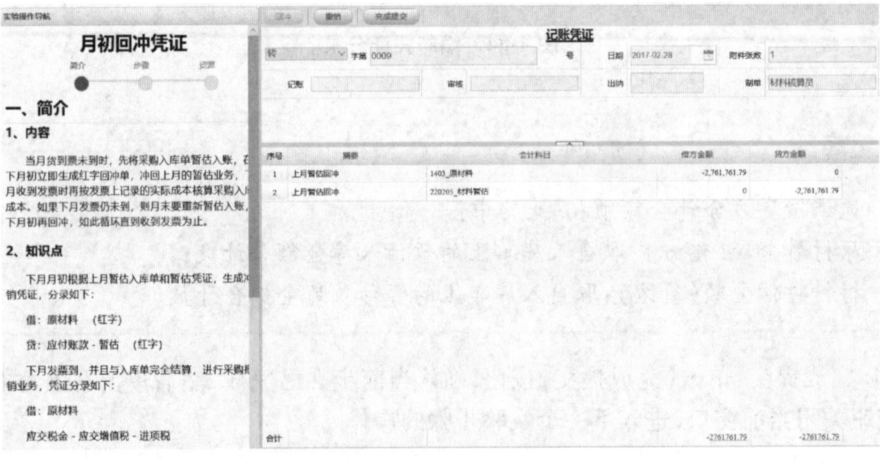

图 4-86　回冲凭证

② 完成提交:单击【完成提交】按钮,确认当前步骤已完成,然后单击右上角的【关闭】按钮关闭当前窗口,进入下一个实验步骤的操作。

步骤 6　计划价采购报销凭证编制

现在企业一般都采用实际价核算,但也有少数企业采用计划成本计价。

(1) 接收任务　根据任务卡提示与材料核算员进行对话,接收任务,如图 4-87 所示。

图 4-87 与材料核算员对话

(2) 了解计价方法 单击任务卡观看“计划成本计价”微课,如图 4-88 所示。

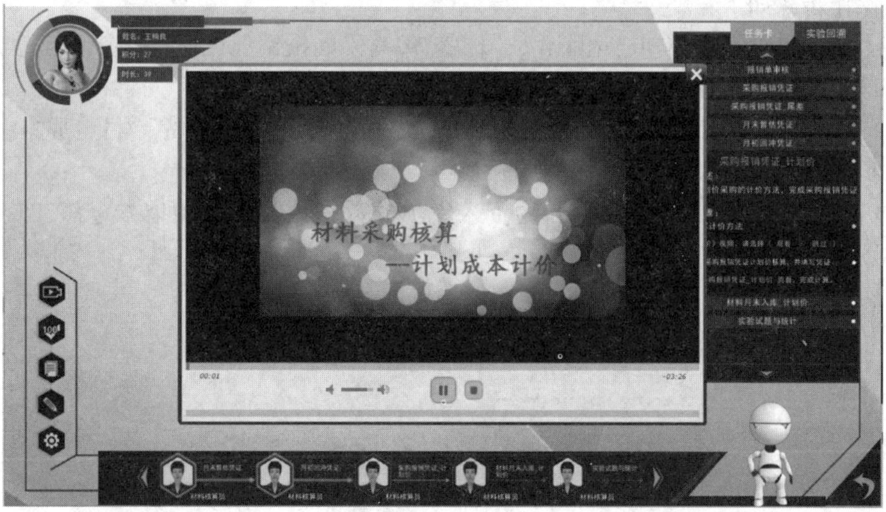

图 4-88 “计划成本计价”微课

(3) 完成计划价采购报销凭证编制 单击任务卡打开“采购报销凭证_计划价”界面,如图 4-89 所示。

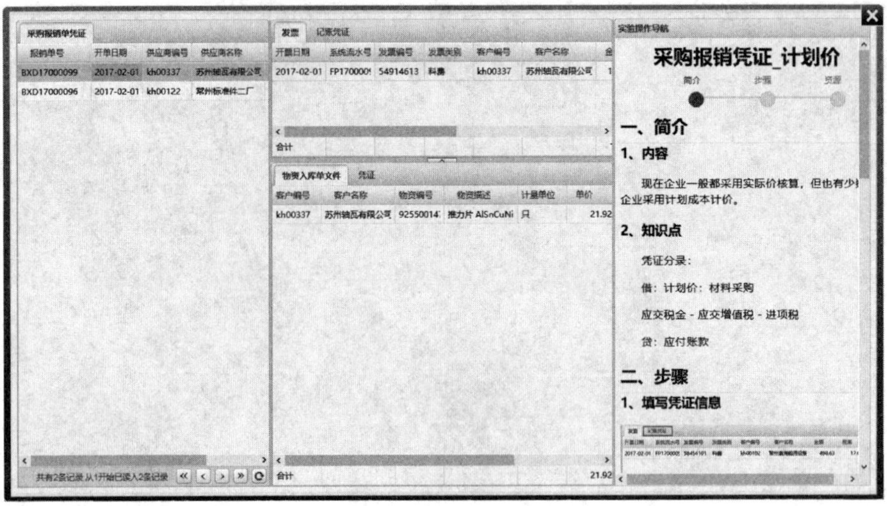

图 4-89　采购报销凭证_计划价

用户操作场景中的学生角色进行材料核算员执行计划价采购报销凭证编制的岗位体验，操作步骤如下：

① 填写凭证信息：单击“记账凭证”标签，编写采购报销凭证信息，选择凭证类别和凭证日期，并填写附件张数。

② 添加会计科目：借方会计科目分别添加“原材料”“应交税费”“材料成本差异”科目，贷方会计科目添加“材料采购”科目。

③ 填写凭证金额：根据发票和物资入库单的数据填写凭证的借方金额和贷方金额，如图 4-90 所示。

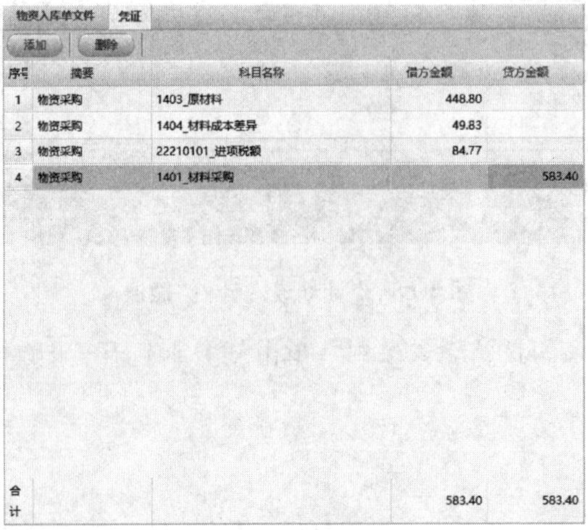

图 4-90　编制凭证分录

注　意

凭证借、贷方合计金额须相等，其中：
原材料金额（借方）：取自入库单上的入库金额合计数；
应交税费金额（借方）：取自发票上的税额合计数；
材料成本差异金额（借方）：取自发票上的金额与入库单入库金额的差额；
材料采购金额（贷方）：取自发票上的含税金额合计数。

④ 完成提交：单击【完成提交】按钮，确认当前步骤已完成，然后单击右上角的【关闭】按钮关闭当前窗口，进入下一个实验步骤的操作。

注　意

删除凭证分录：选中需要删除的凭证分录，单击【删除】按钮直接删除。

步骤 7　计划价材料月末入库处理

编制计划价核算体系下的材料月末入库凭证。

（1）接收任务　根据任务卡提示与材料核算员进行对话，接收任务，如图 4-91 所示。

图 4-91　与材料核算员对话

（2）完成计划价材料月末入库处理　单击任务卡打开“材料月末入库_计划价”界面，并填写凭证，如图 4-92 所示。

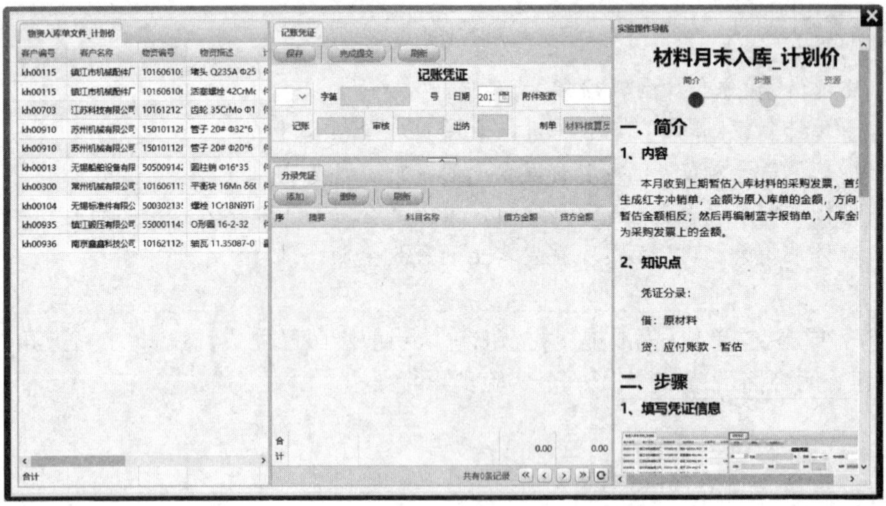

图 4-92　材料月末入库_计划价

用户操作场景中的学生角色进行材料核算员执行计划价材料月末入库处理的岗位体验，操作步骤如下：

① 填写凭证信息：单击“记账凭证”标签，编写材料月末入库凭证信息，选择凭证类别、凭证编制日期，并填写附件张数。

② 添加会计科目：借方会计科目分别添加“原材料”和“材料成本差异”科目，贷方会计科目添加“材料采购”科目。

③ 填写凭证金额：根据发票和物资入库单的数据填写凭证的借方金额和贷方金额，如图 4-93 所示。

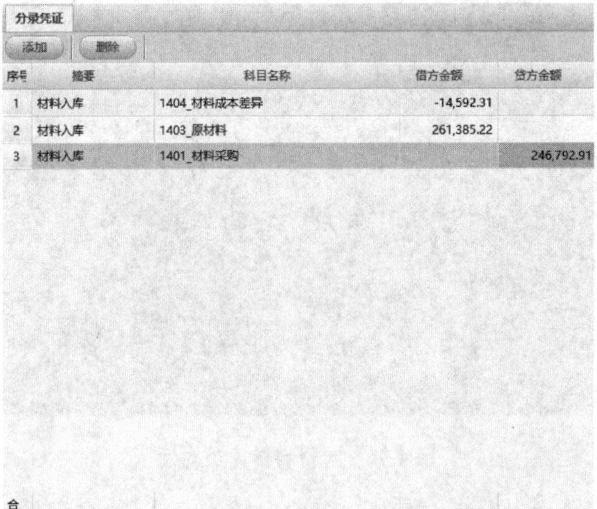

图 4-93　编制凭证分录

注 意

凭证借、贷方合计金额须相等，其中：
原材料金额（借方）：取自物资入库单上的实际金额合计数；
材料成本差异金额（借方）：取自入库单实际金额与计划金额的差额；
材料采购金额（贷方）：取自物资入库单上的计划金额合计数。

④ 完成提交：单击【完成提交】按钮，确认当前步骤已完成，然后单击右上角的【关闭】按钮关闭当前窗口，进入下一个实验步骤的操作。

步骤 8 实验试题考核

单击任务卡【实验考核】按钮，进入实验试题考核，如图 4-94 所示。

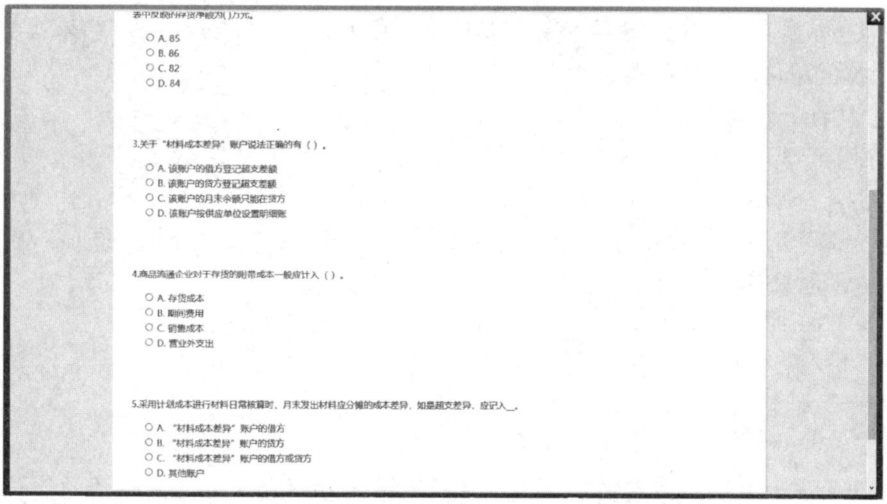

图 4-94 “材料入库核算”实验试题

试题做完提交后，系统弹出试题考核结果，关闭该页面后，系统显示本实验的统计分析，可查看本次实验的实验步骤积分、时长等信息。

单击任务卡【退出实验】按钮，完成本实验的全部操作。

4.4.5 思考题

① 描述材料入库核算的流程。

② 以会计分录的形式描述采用计划成本计价的材料入库核算的流程。

4.5 材料出库核算

材料出库核算是指对出库材料进行汇总，根据受益对象确定产品物料的成本，并且生成材料出库成本凭证。

4.5.1 实验目的

① 通过角色扮演模拟材料出库核算业务操作过程的场景，掌握材料出库核算的会计知识。

② 了解材料出库核算业务流程，完成出库单财务审核、材料出库结算及核算的实操。

4.5.2 实验原理

① 出库单是企业领用存货后由物料管理部门的保管人员填写的单据，是核算产品成本的重要单据。

② 出库单审核是将财务部门收到的“财务留存联”与存货核算系统的出库单据进行核对，并且做相应的稽核标志。

③ 出库核算是将出库结账数据（材料发出汇总表）根据受益对象确定产品物料成本，并且生成凭证的过程。出库核算就是核算库存单据的单位成本，最终结果就是更新出库单据的单位成本和金额。

④ 凭证分录如下：

借：生产成本

　　制造费用

　　销售费用

　　管理费用

　　……

　　贷：原材料

4.5.3 实验知识点

（1）组织机构　本实验“材料出库核算”业务由核算室完成，涉及的岗位角色如下：

材料核算员：将收到的“财务留存联”与出库单据进行核对；出库结账，即对本月已审核的出库单按照受益对象进行汇总；将已出库结账的数据根据受益对象确定产品物料成本，并且生成凭证。

（2）业务流程　材料出库核算业务流程如图 4-95 所示。

① 材料核算员需将收到的“财务留存联”与出库单据进行核对。

② 对本月已审核的出库单按照受益对象汇总。

③ 如果采用计划价核算，领用存货时还要分摊成本差异。

④ 根据受益对象的成本属性，结合受益对象与成本费用科目的对应关系，进行凭证处理。

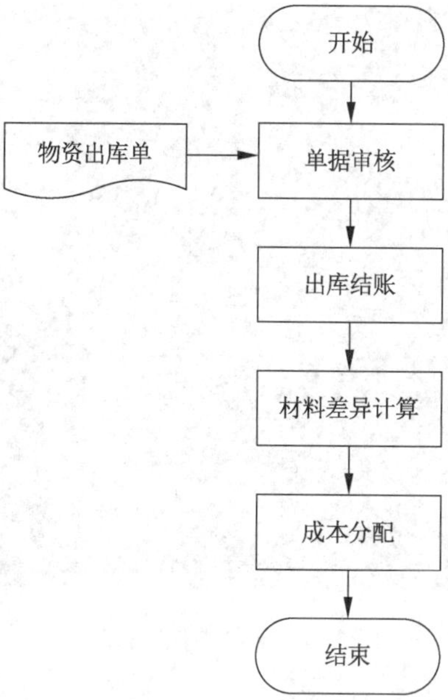

图 4-95　材料出库核算业务流程

4.5.4　实验步骤

进入财务部的实验场景后，根据任务卡提示及小助手与角色的对话内容接收实验任务，如图 4-96 所示。

图 4-96　进入"材料出库核算"实验

步骤 1　出库单财务审核

材料核算员需将收到的"财务留存联"与出库单据进行核对。

(1) 接收任务　根据任务卡提示与材料核算员进行对话，接收任务，如图 4-97 所示。

图 4-97　与材料核算员对话

(2) 完成出库单审核　单击任务卡打开“出库单审核”界面，如图 4-98 所示。

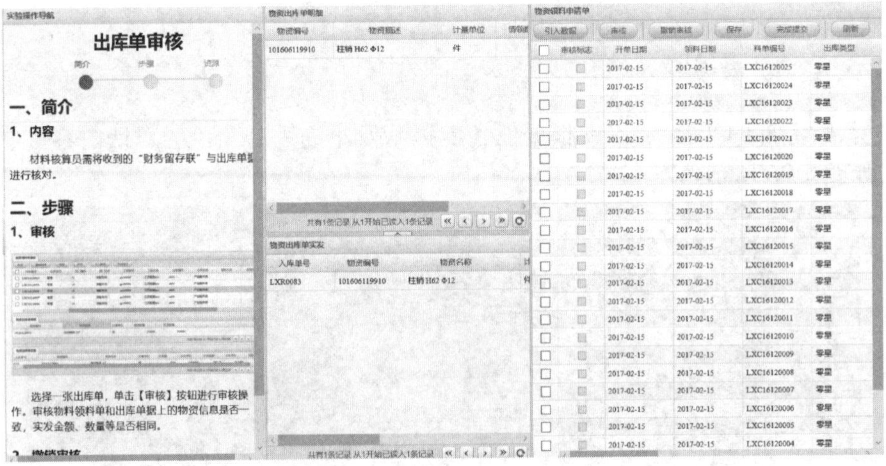

图 4-98　出库单审核

图 4-98 所示界面右侧显示领料单主体部分，包括开单日期、领料日期、料单编号、出库类型、部门信息、工程信息、仓库信息。中间上部分显示出库物资信息，下部分显示实际发料情况。

用户操作场景中的学生角色进行材料核算员执行出库单财务审核的岗位体验，操作步骤如下：

① 引入实验数据：单击【引入数据】按钮，提取出库单财务审核的实验数据。

② 选择单据审核：在右侧界面中选中一条出库单后，单击【审核】按钮进行审核操作，如图 4-99 所示。

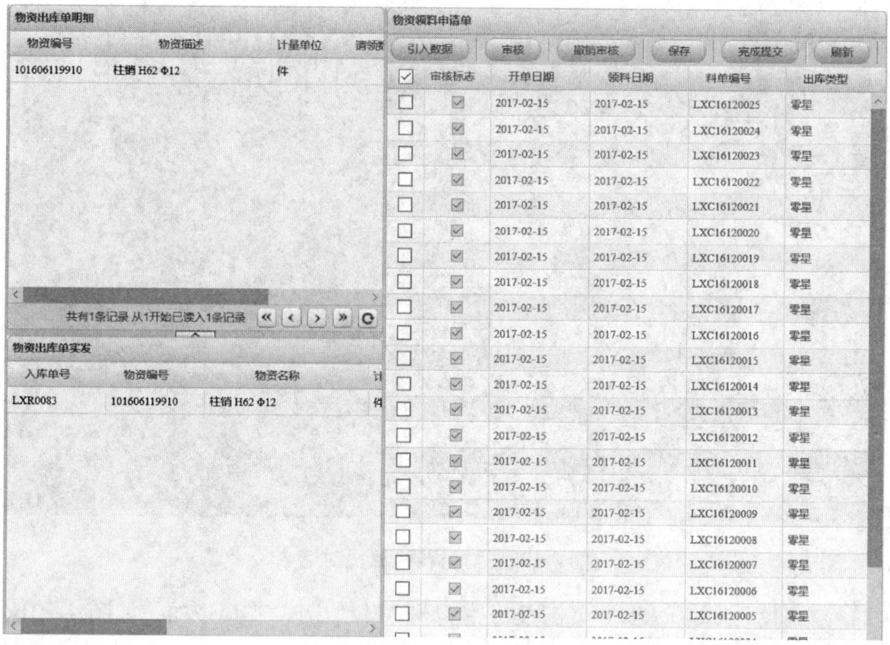

图 4-99 审核出库单

注 意

出库单要全部审核。

③ 完成提交:单击【完成提交】按钮,确认当前步骤已完成,然后单击右上角的【关闭】按钮关闭当前窗口,进入下一个实验步骤的操作。

步骤 2 材料出库结账

出库结账,是对本月已审核的出库单按照受益对象汇总的过程,这里的受益对象一般是指部门和工程(产品)。月末将审核的出库单按照用途和受益对象进行汇总,编制"物资出库成本汇总表"。

(1) 接收任务 根据任务卡提示与材料核算员进行对话,接收任务,如图 4-100 所示。

图 4-100　与材料核算员对话

(2) 完成材料出库结账　单击任务卡打开“材料出库结账”界面，如图 4-101 所示。

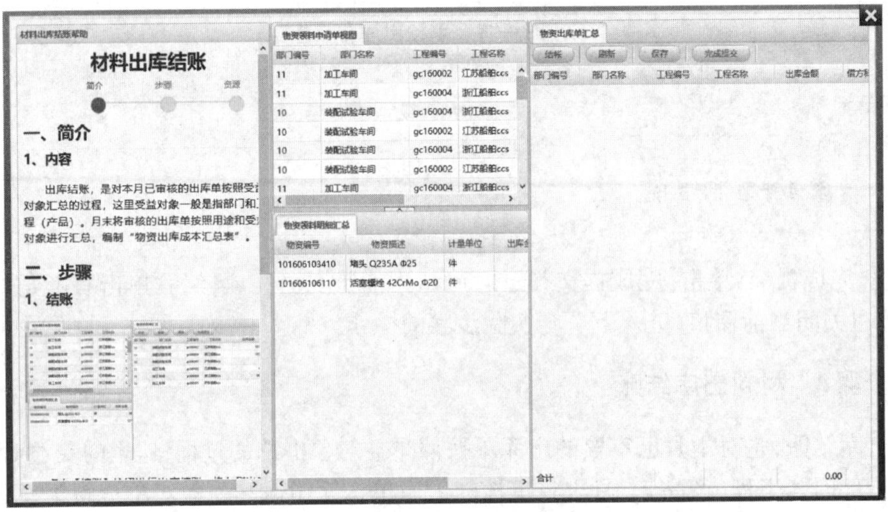

图 4-101　材料出库结账

用户操作场景中的学生角色进行材料核算员开展材料出库结账的岗位体验，操作步骤如下：

① 出库单汇总：单击【结账】按钮进行出库结账，将左侧出库单明细进行汇总，如图 4-102 所示。

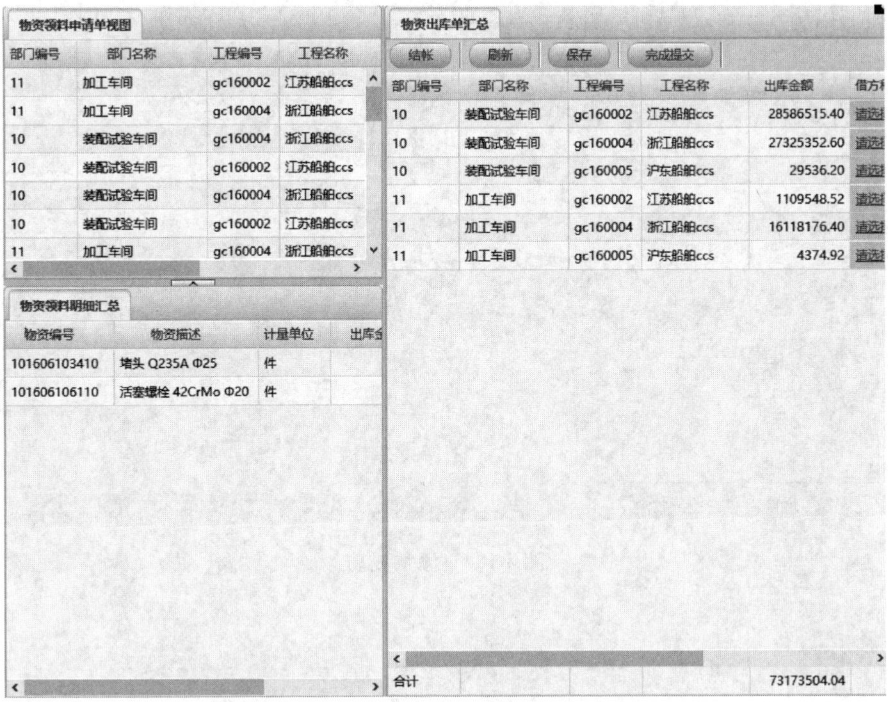

图 4-102　出库单汇总

② 添加借方会计科目：一般情况下，产品生产过程的耗用构成产品实体的材料，计入“生产成本”科目；基本生产车间中为管理和组织生产而发生的材料消耗，如修理、机物料消耗等领用计入“制造费用”科目；企业管理部门的耗用计入“管理费用”科目；销售部门为销售产品消耗的材料计入“营业费用”科目；辅助生产耗用的材料计入“辅助生产”科目。

选择一条物资出库单汇总信息，双击“借方科目编号”单元格，系统弹出会计科目选择窗口。选择会计科目，单击【选中】按钮，如图 4-103 所示。

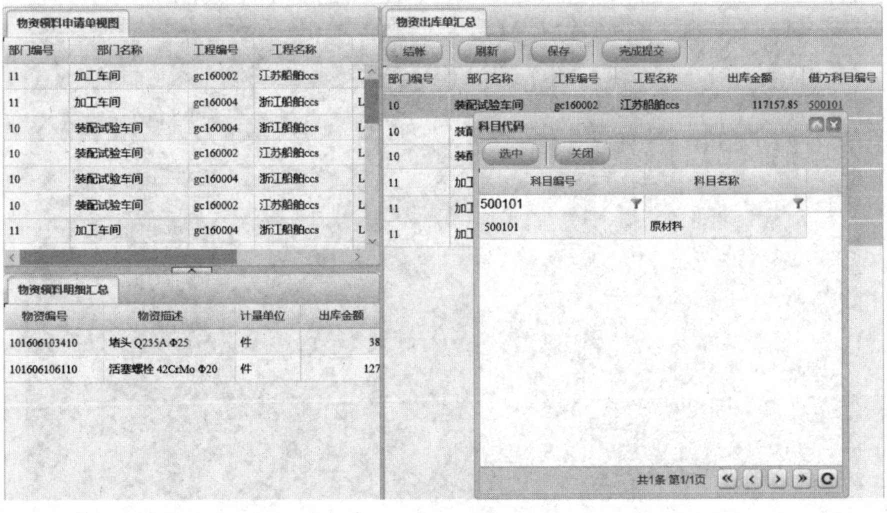

图 4-103　添加借方会计科目信息

添加借方会计科目成功,如图 4-104 所示。

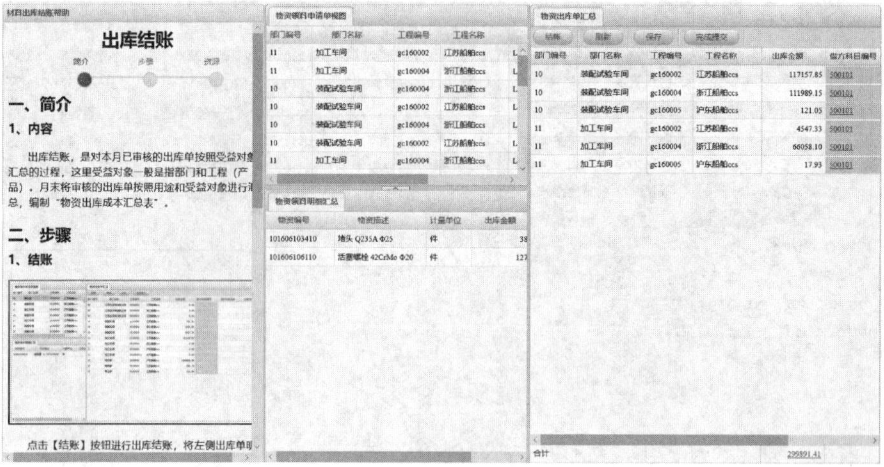

图 4-104 添加成功

注 意

如需修改借方会计科目编号,双击需要修改的单元格则会弹出会计科目选择窗口,在其中修改即可。

③ 完成提交:单击【完成提交】按钮,确认当前步骤已完成,然后单击右上角的【关闭】按钮关闭当前窗口,进入下一个实验步骤的操作。

步骤 3 材料成本分配

根据受益对象的成本属性,结合受益对象与成本费用科目的对应关系,进行凭证处理。

(1) 接收任务 根据任务卡提示与材料核算员进行对话,如图 4-105 所示。

图 4-105 与材料核算员对话

(2) 了解材料成本分配知识　单击任务卡观看“材料成本分配”微课,如图 4-106 所示。

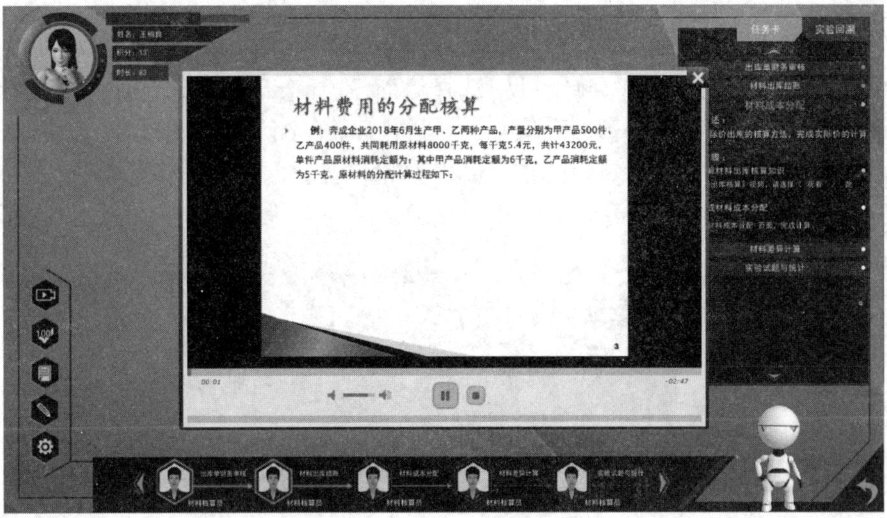

图 4-106　“材料成本分配”微课

(3) 完成材料成本分配　单击任务卡打开“材料成本分配”界面,如图 4-107 所示。

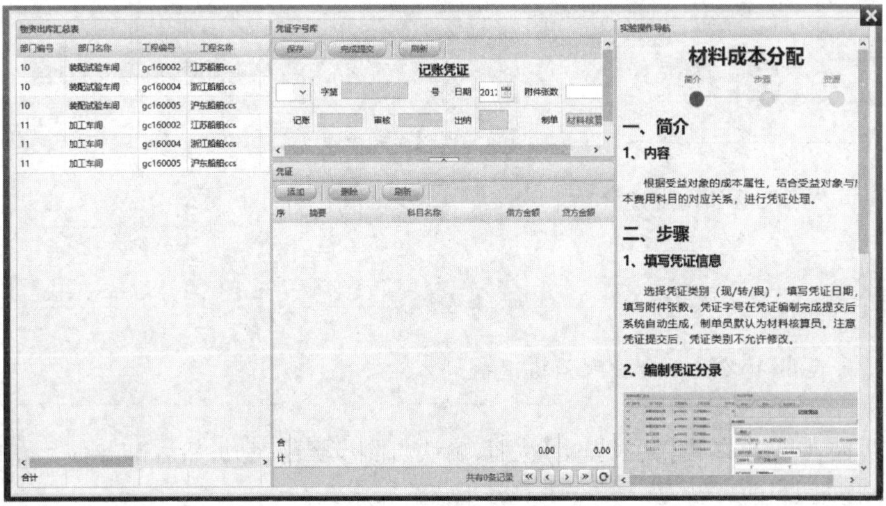

图 4-107　材料成本分配

用户操作场景中的学生角色进行材料核算员开展材料成本分配的岗位体验,操作步骤如下:

① 填写凭证信息:选择凭证类别(现/转/银),填写凭证日期和附件张数。凭证字号在凭证编制完成提交后,系统自动生成,制单员默认为材料核算员。

② 编制凭证分录:分录如下所示。

借:生产成本

　　制造费用

销售费用
管理费用
……
贷:原材料

单击【添加】按钮,进入"会计科目"选择界面,选择会计科目,也可输入科目编号/名称进行查找,单击选择会计科目,取会计科目代码,单击【确定】按钮。

如需填写辅助核算项目,操作方式同会计科目的选择,选择对应的工程信息,双击取工程编号,如图 4-108 所示。

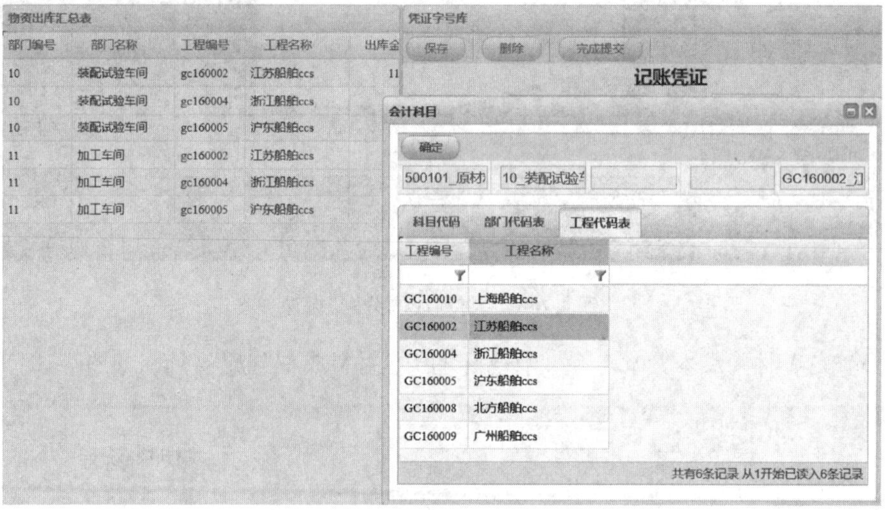

图 4-108 选择工程信息

③ 填写摘要和借、贷方金额。

注 意

凭证借、贷方金额合计数必须相等。

④ 完成提交:单击【完成提交】按钮,确认当前步骤已完成,然后单击右上角的【关闭】按钮关闭当前窗口,进入下一个实验步骤的操作。

步骤 4 材料差异计算

如果采用计划价核算,领用存货时还要分摊成本差异。

(1) 接收任务 根据任务卡提示与材料核算员进行对话,接收任务,如图 4-109 所示。

图 4-109　与材料核算员对话

(2) 了解材料差异计算知识　单击任务卡观看“材料差异计算”微课，如图 4-110 所示。

图 4-110　“材料差异计算”微课

(3) 完成材料差异计算　单击任务卡实验步骤“材料差异计算”，打开操作界面，如图 4-111 所示。

图 4-111　材料差异计算

用户操作场景中的学生角色完成材料核算员执行材料差异计算的岗位体验，操作步骤如下：

① 差异计算：单击【差异计算】按钮，按照公式“差异率 = 材料差异/材料成本 × 100%”进行差异计算，如图 4-112 所示。

图 4-112　差异计算检验

② 完成提交：单击【完成提交】按钮，确认当前步骤已完成，然后单击右上角的【关闭】按钮关闭当前窗口，进入下一个实验步骤的操作。

步骤 5　实验试题考核

对实验相关知识点进行测试，进入实验测试页面，如图 4-113 所示。进行实验试题考核，完成之后单击【提交】按钮。

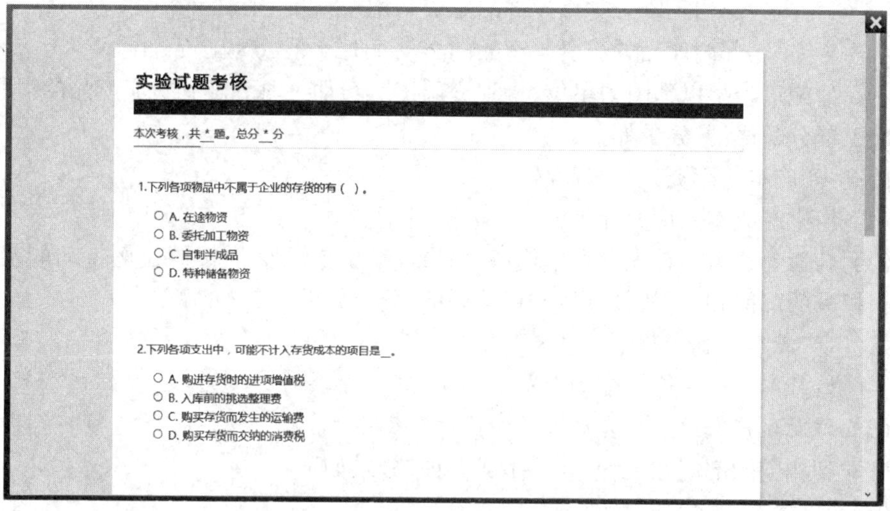

图 4-113　“材料出库核算”实验试题

4.5.5　思考题

① 描述材料出库核算的流程。

② 以会计分录的形式描述采用计划成本计价的材料出库核算的流程。

4.6　成本核算

成本核算是对发生的成本进行记录、分类，并采用适当的成本计算方法计算出不同成本核算对象的总成本和单位成本的过程。

4.6.1　实验目的

① 进行成本核算业务的操作，熟悉企业财务部实际开展成本核算业务的场景，通过角色扮演模拟财务部门中各个岗位职员履行职责的场景，完成成本核算，体会成本核算的业务逻辑。

② 加深对成本核算流程的了解。

③ 完成工资分配核算、动能费分配核算、辅助生产分配核算和制造费用分配核算等业务的操作。

4.6.2　实验原理

成本核算是利用会计核算体系，对已发生的成本进行记录、分类，并采用适当的成本计算方法计算出不同成本核算对象的总成本和单位成本的过程。成本核算包括成本汇集分配和成本计算两个相关联的过程。成本核算的基本目的是反映生产经营过程中实际发生的耗费，为损益计算和资产计价提供成本资料。

（1）工资分配　按照实动工时进行分配。首先，每个部门计算工资分配率，计算公式如下：

部门工资分配率＝部门工资费用÷（部门工时×系数）

部门产品的工资＝产品的实动工时×系数×工资分配率

工资分配过程是以部门为单位，将工资额按照实动工时分配到对应产品的过程，并且生成工资分配凭证，分录如下：

借：生产成本－工资　××产品

　贷：生产成本－待分配工资　××部门

（2）动能费分配　首先计算单位产品动能费的成本，然后按照比例将动能费成本分配到相应的部门和工程，并且生产相关凭证，分录如下：

借：生产成本－制造费用　××产品

　贷：基本生产－待分配动能费　××部门

（3）辅助生产分配　首先计算单位产品的劳务量成本，然后按照比例将辅助生产成本分配到相应的部门和工程，并且生成凭证，分录如下：

借：辅助生产　××产品

　贷：基本生产－待分配辅助生产　××部门

（4）制造费用分配　首先计算单位产品制造费用的成本，然后按照比例将制造费用成本分配到相应的部门和工程，并且生产相关凭证，分录如下：

借：生产成本－制造费用　××产品

　贷：基本生产－待分配制造费用　××部门

4.6.3　实验知识点

（1）组织机构　本实验“成本核算”业务由财务部完成，涉及的岗位角色如下：

成本核算员：主要负责工资待分配数录入、工时数据录入、工资分配核算，动能费待分配数录入、动能费分配核算，辅助生产待分配数录入、劳务量数据录入、辅助生产分配核算，制造费用待分配数录入、制造费用分配核算。

（2）业务流程　成本核算业务流程如图4-114所示。

① 成本核算员进行工资分配核算，填写工资待分配数、工时数据，根据工资待分配数和实动工时数据进行工资分配，编制工资分配凭证。

② 成本核算员进行动能费分配核算，填写动能费待分配数，根据动能费待分配数和实动工时数据进行动能费分配，编制动能费分配凭证。

③ 成本核算员进行辅助生产分配核算，填写辅助生产待分配数、劳务量数据，根据辅助生产待分配数和劳务量数据进行辅助生产分配，编制辅助生产分配凭证。

④ 成本核算员进行制造费用分配核算，填写制造费待分配数，并进行制造费待分配，编制制造费用分配凭证。

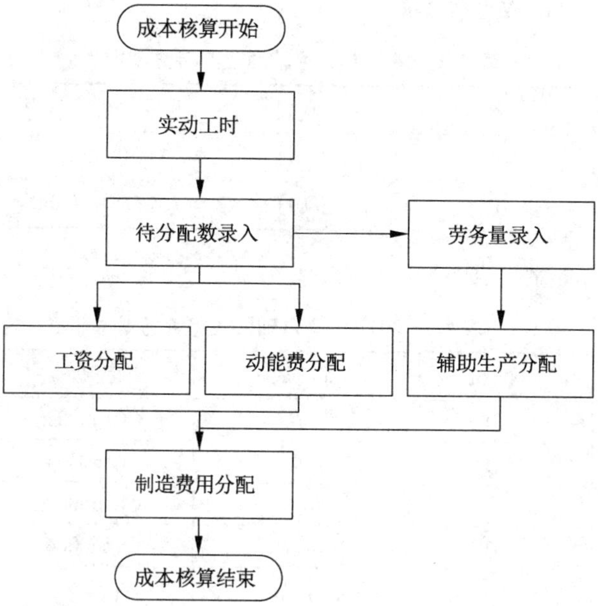

图 4-114　成本核算业务流程

4.6.4　实验参考数据

① 工资待分配数见表 4-1。

表 4-1　2017 年 2 月工资待分配数

年	月	科目	部门	金额/元
2017	02	500108	10	1 350 000
2017	02	500108	11	1 050 000

② 工时数据见表 4-2。

表 4-2　2017 年 2 月实动工时

年	月	部门	工程	工时/小时
2017	02	10	GC160002	10 000
2017	02	10	GC160004	35 000
2017	02	11	GC160002	30 000
2017	02	11	GC160004	20 000

③ 动能费待分配数见表 4-3。

表 4-3　2017 年 2 月动能费待分配数

年	月	科目	部门	金额/元
2017	02	500110	10	90 000
2017	02	500110	11	75 000

④ 辅助生产待分配数见表 4-4。

表 4-4　2017 年 2 月辅助生产待分配数

年	月	科目	部门	金额/元
2017	02	500112	31(供水车间)	14 000
2017	02	500112	32(供电车间)	18 000

⑤ 辅助生产劳务量见表 4-5。

表 4-5　2017 年 2 月辅助生产劳务量

劳务量名称	提供部门	部门编号	工程编号	数量
水费	31	10	GC160002	1 100
水费	31	10	GC160004	700
水费	31	11	GC160002	1 000
水费	31	11	GC160004	1 200
水费	31	32		500
电费	32	10	GC160002	4 000
电费	32	10	GC160004	7 000
电费	32	11	GC160002	5 000
电费	32	11	GC160004	9 000
电费	32	31		3 000

⑥ 制造费用待分配数见表 4-6。

表 4-6　2017 年 2 月制造费用待分配数

年	月	科目	部门	金额/元
2017	02	500111	10	900 000
2017	02	500111	11	750 000

4.6.5 实验步骤

进入财务部的实验场景后，根据任务卡提示及小助手与角色的对话内容接收实验任务，如图 4-115 所示。

图 4-115　进入“成本核算”实验

步骤 1　工资分配核算

工资成本为职工工资总额，每月计算的应付职工薪酬应按职工岗位性质分别记入不同的成本费用科目，这项工作在工资核算完成。将工资核算的结果导入待分配数据表，然后以实动工时为分配标准按照成本核算对象（部门、工程）进行工资成本分配，并且生成相关凭证。

（1）接收任务　根据任务卡提示与成本核算员进行对话，接收任务，如图 4-116 所示。

图 4-116　与成本核算员对话

（2）了解成本核算知识　单击任务卡观看“成本核算”微课，如图 4-117 所示。

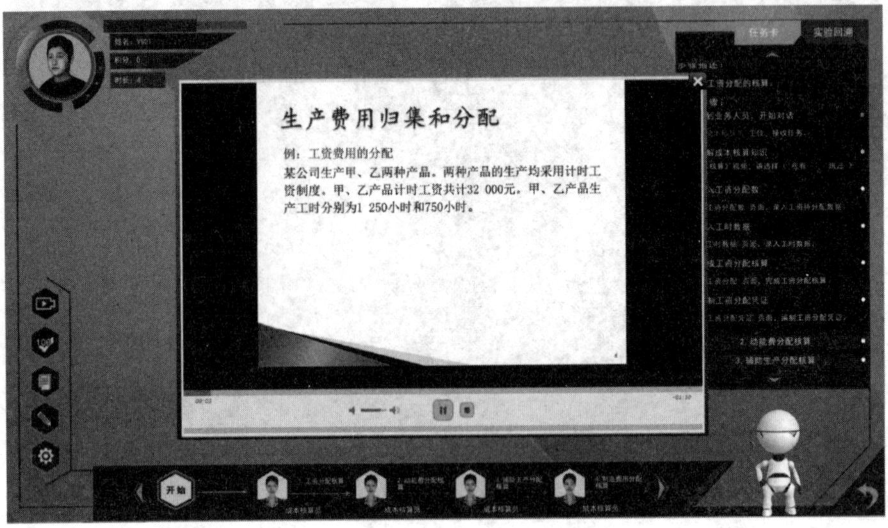

图 4-117 “成本核算”微课

(3) 根据成本核算员的提示，录入表 4-1 所示 2017 年 2 月工资待分配数 单击任务卡打开“工资待分配数”界面，如图 4-118 所示。

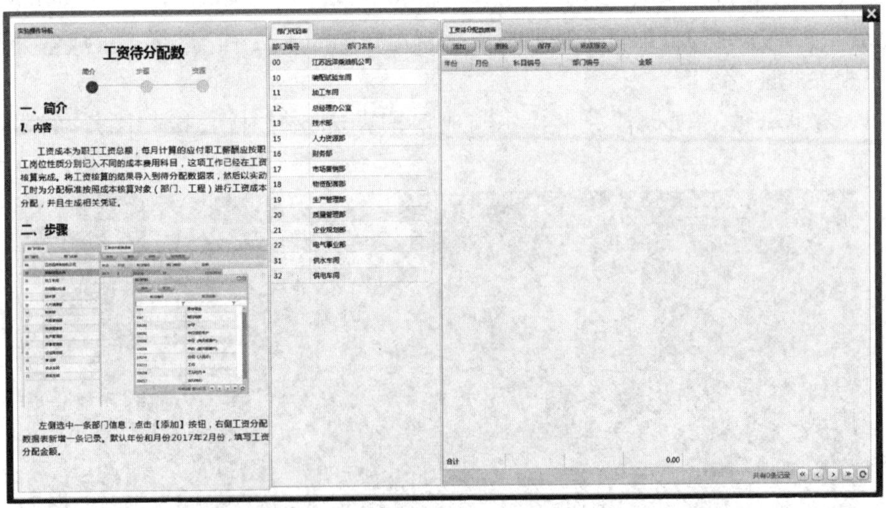

图 4-118 工资待分配数

图 4-118 所示界面中间为“部门代码表”，右侧为“工资待分配数据表”。工资待分配数数据项说明如下：

- 部门编号/名称：企业工资待分配的部门信息。
- 年份：待分配工资发生的年度。
- 月份：待分配工资发生的月份。
- 金额：待分配工资的金额。

用户操作场景中的学生角色进行成本核算员执行工资待分配数录入的岗位体验，操作步骤如下：

① 添加工资分配数：左侧选中一条部门信息，单击右侧工具栏中的【添加】按钮，右侧“工资待分配数据表”中新增一条记录，系统默认年、月份为 2017 年 2 月份，如图 4-119 所示。

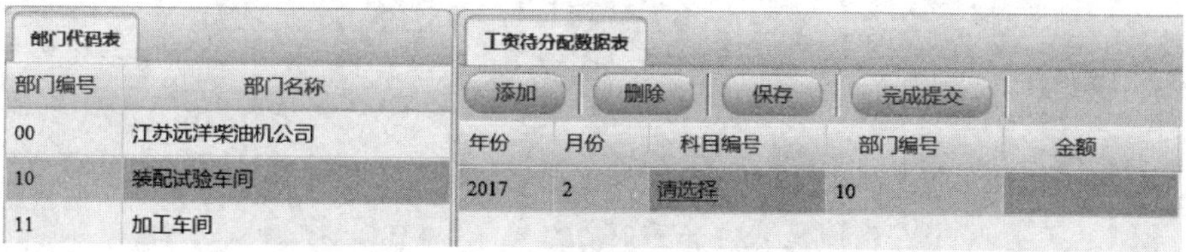

图 4-119　新增工资待分配数数据行

② 填写工资分配金额：选择科目编号“500108　待分配工资”，填写工资分配金额，如图 4-120 所示。

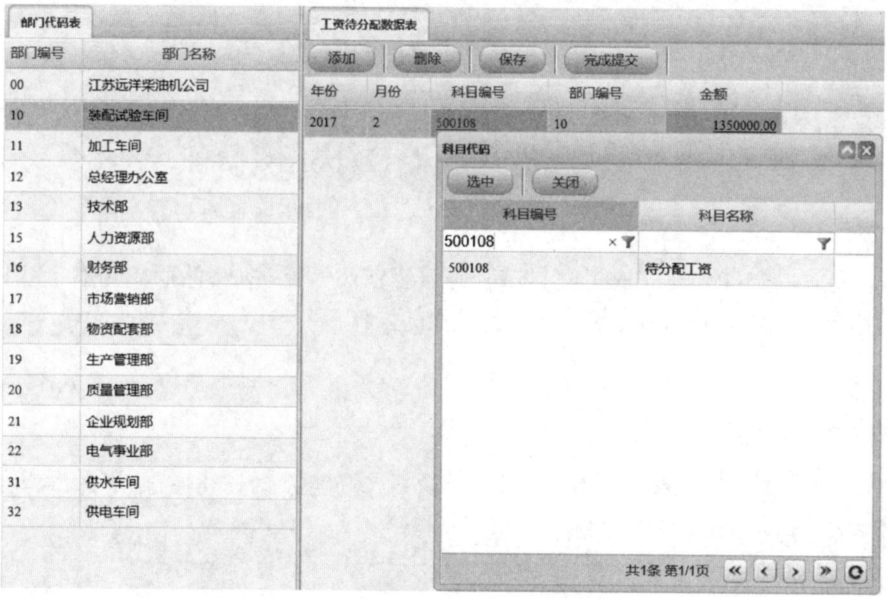

图 4-120　选择科目编号

注　意

蓝色背景的数据项为必填项。

③ 保存：单击工具栏上的【保存】按钮，保存录入的工资待分配数信息，如图 4-121 所示。

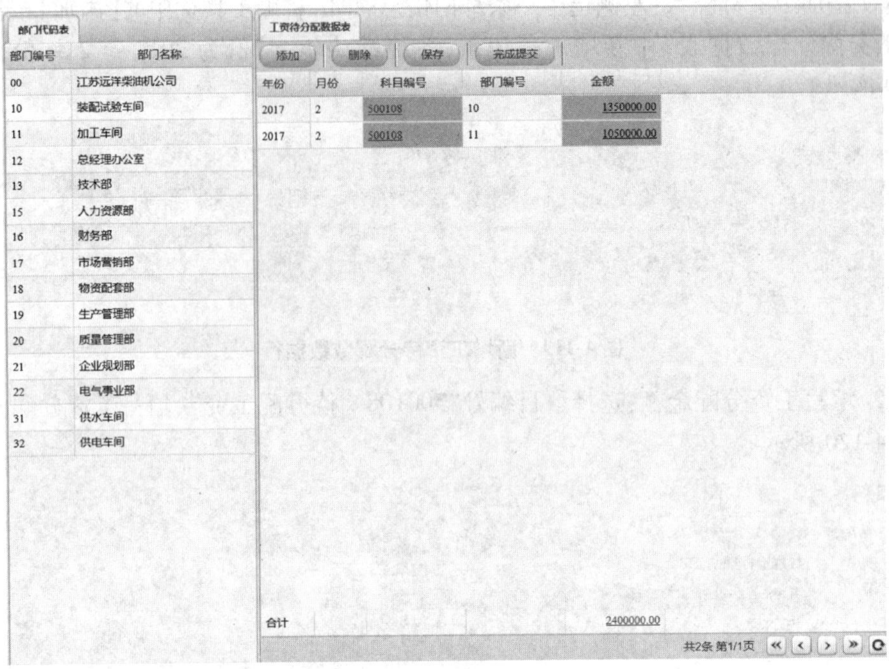

图 4-121　保存

④ 完成提交：单击【完成提交】按钮，确认当前步骤已完成，然后单击右上角的【关闭】按钮关闭当前窗口，进入下一个实验步骤的操作。

注　意

如果工资待分配数录入错误，则选中该条工资待分配数数据行，单击工具栏上的【删除】按钮，保存后即可删除。

(4) 根据成本核算员的提示，录入表 4-2 所示 2017 年 2 月实动工时　单击任务卡打开“工时数据”界面，如图 4-122 所示。

图 4-122 所示界面中间为部门信息，选中一条部门数据，右侧则对应显示工时信息。工时数据项说明如下：

- 工时：在一定的生产技术组织条件下，直接生产工人为完成生产任务或生产合格产品实际耗用的劳动时间。它是检查目标工时和核算产品工时的重要依据。
- 工时性质：分为本厂和厂外，系统默认为本厂。

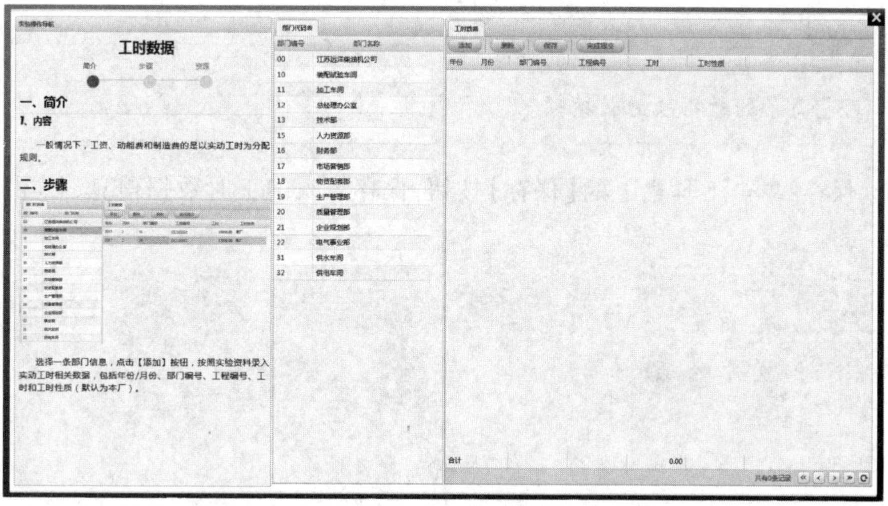

图 4-122　工时数据

用户操作场景中的学生角色进行成本核算员执行工时数据录入的岗位体验，操作步骤如下：

① 添加工时数：选择一条部门信息，单击工具栏上的【添加】按钮，右侧“工时数据”表中新增一条记录，系统默认年、月份为 2017 年 2 月份，工时性质默认为本厂，如图 4-123 所示。

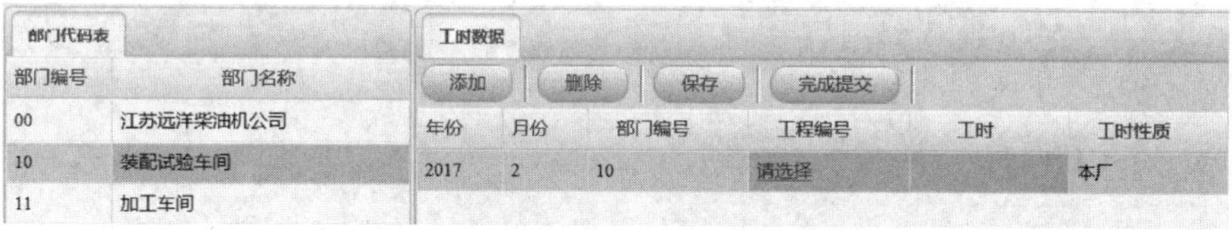

图 4-123　新增工时数据行

② 选择工程信息，填写工时，如图 4-124 所示。

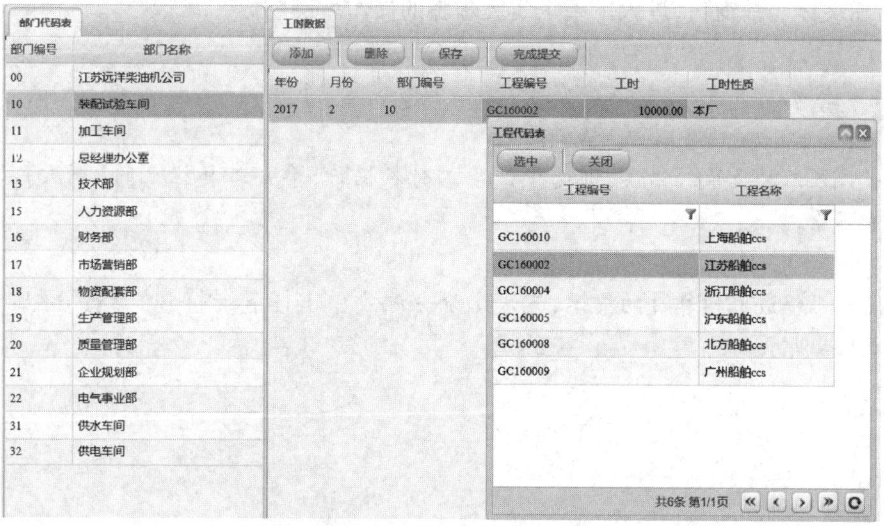

图 4-124　选择工程信息

注　意

蓝色背景的数据项为必填项。

③ 保存:单击工具栏上的【保存】按钮,保存录入的工时数据信息,如图 4-125 所示。

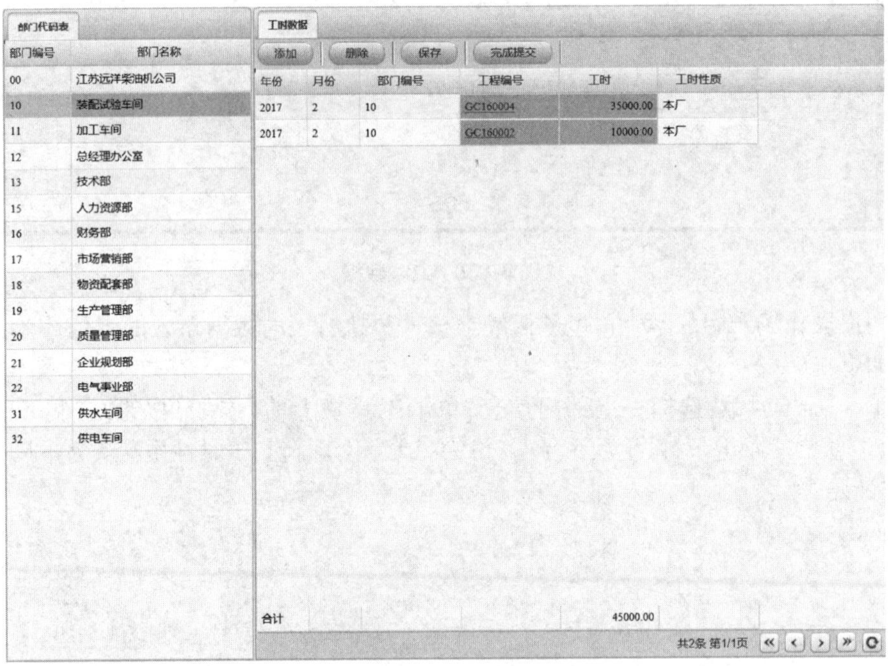

图 4-125　保存

④ 完成提交:单击【完成提交】按钮,确认当前步骤已完成,然后单击右上角的【关闭】按钮关闭当前窗口,进入下一个实验步骤的操作。

注　意

如果工时数录入错误,则选中该条工时数据行,单击工具栏上的【删除】按钮即可删除。

(5) 根据成本核算员的提示,完成工资分配　单击任务卡打开“工资分配”界面,如图 4-126 所示。

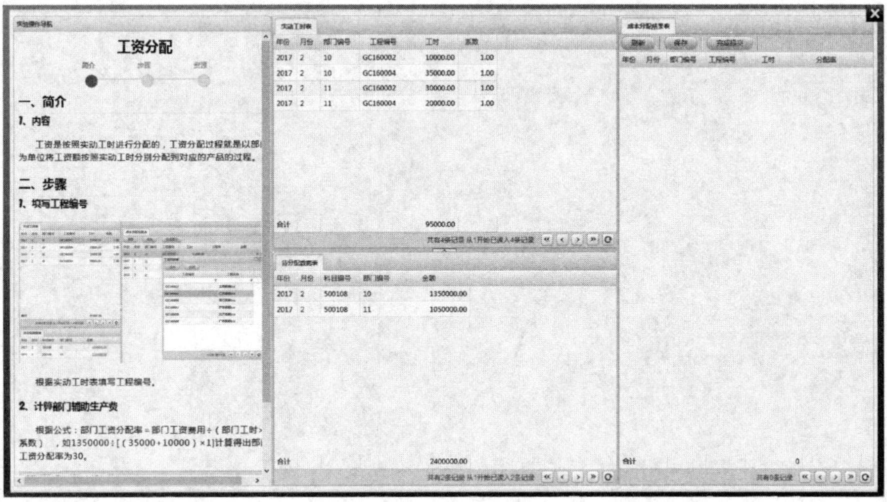

图 4-126　工资分配

图 4-126 所示界面中间上方为实动工时信息，中间下方为待分配工资信息，界面右侧为成本工资成本分配结果。工资分配数据项说明如下：

➢ 系数：制造费用按工资标准进行分解时，单位工资分担的制造费用数量叫工资分配系数，系统默认为 1。

➢ 分配率：部门工资分配率，计算公式为部门工资分配率 = 部门工资费用 ÷（部门工时 × 系数）。

➢ 金额：部门产品的工资成本，计算公式为金额 = 产品的实动工时 × 工资分配率。

用户操作场景中的学生角色进行成本核算员执行工资分配的岗位体验，操作步骤如下：

① 导入工资分配结果：单击工具栏上的【刷新】按钮，导入工资分配结果，如图 4-127 所示。

② 计算部门工资分配金额：先根据公式“部门工资分配率 = 部门工资费用 ÷（部门工时 × 系数）计算”，如 1 350 000 ÷ [（35 000 + 10 000）× 1] 得出部门工资分配率为 30，该金额根据计算公式自动计算得出，如图 4-128 所示。

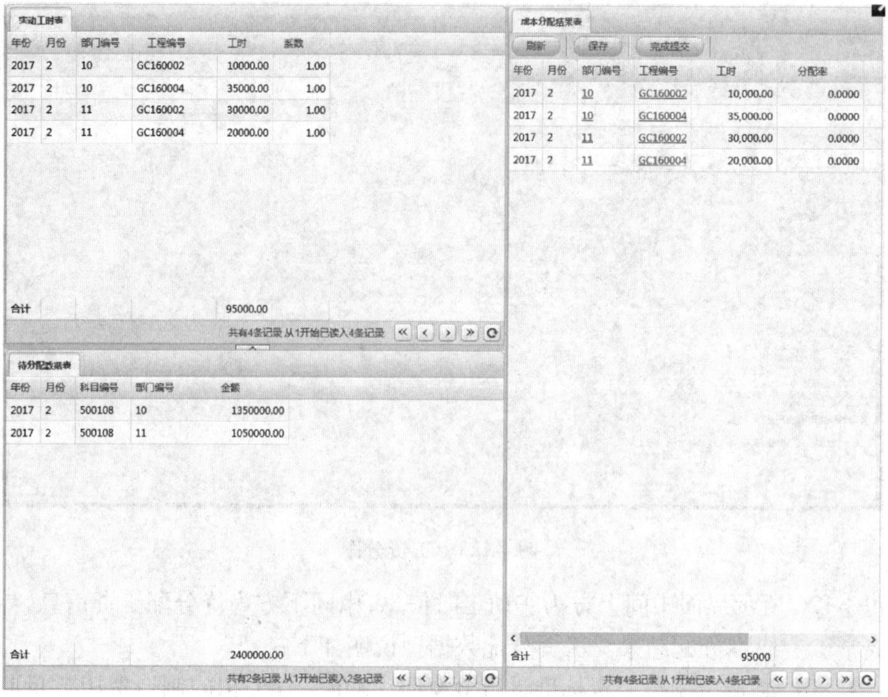

图 4-127　导入工资分配结果

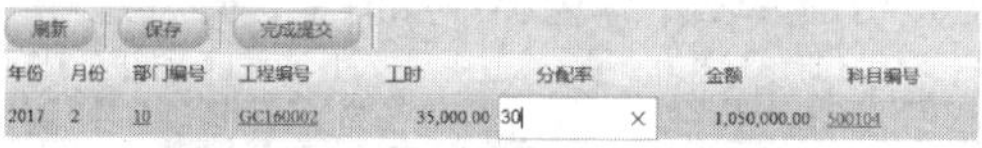

图 4-128　计算工资分配率

③ 选择会计科目：工资分配数发生科目应为“500104　职工薪酬”，单击“科目编号”列的“请选择”打开“科目代码”窗口，选择会计科目，如图 4-129 所示。

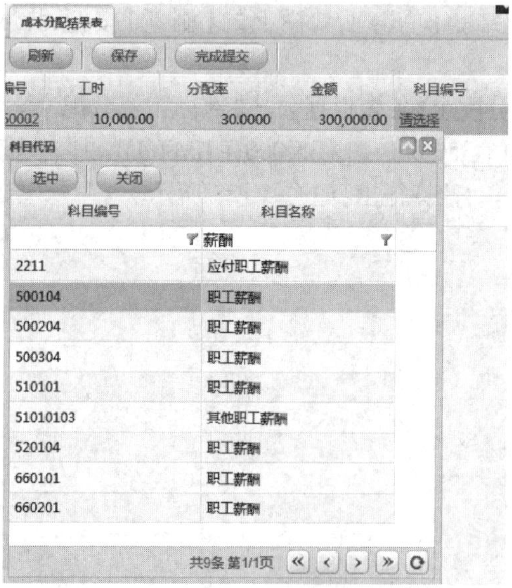

图 4-129　选择会计科目

④ 保存:单击工具栏上的【保存】按钮,保存工资分配数据,如图 4-130 所示。

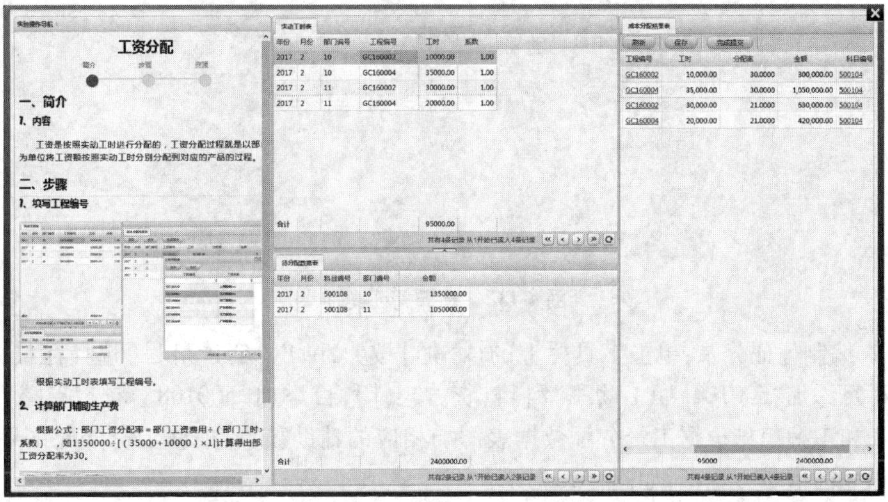

图 4-130　保存工资分配数据

⑤ 完成提交:单击【完成提交】按钮,确认当前步骤已完成,然后单击右上角的【关闭】按钮关闭当前窗口,进入下一个实验步骤的操作。

(6) 根据成本核算员的提示,完成工资分配后生成工资分配凭证　单击任务卡打开“工资分配凭证”界面,如图 4-131 所示。

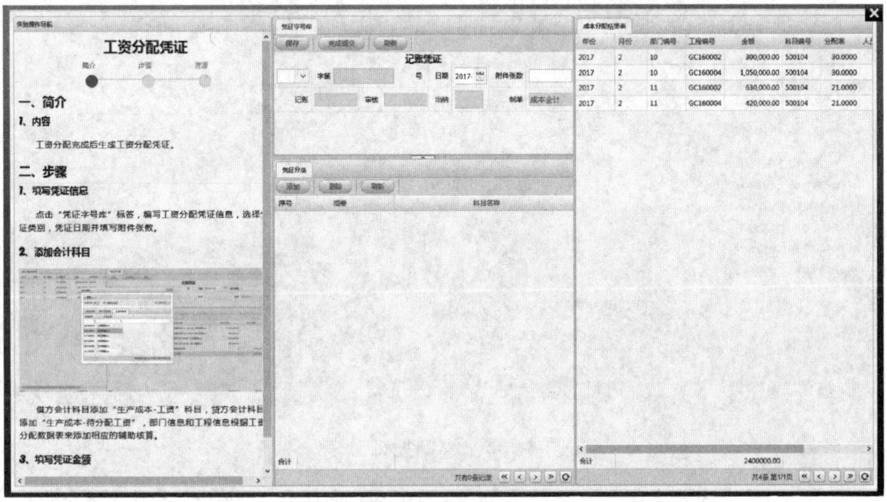

图 4-131　工资分配凭证

图 4-131 所示界面中间为成本工资凭证编制界面,右侧为工资分配结果。

用户操作场景中的学生角色进行成本核算员完成工资分配凭证编制的岗位体验,操作步骤如下:

① 填写凭证基本信息:选择凭证类别、凭证日期并填写附件张数,如图 4-132 所示。

图 4-132　选择凭证类别

② 编制凭证分录:单击工具栏上的【添加】按钮,弹出“会计科目”选择窗口,借方会计科目添加“500104_职工薪酬”科目,贷方会计科目添加“500108_待分配工资”,部门信息和工程信息根据工资分配数据表添加相应的辅助核算,根据工资分配结果填写摘要和凭证借贷方金额,如图 4-133 所示。

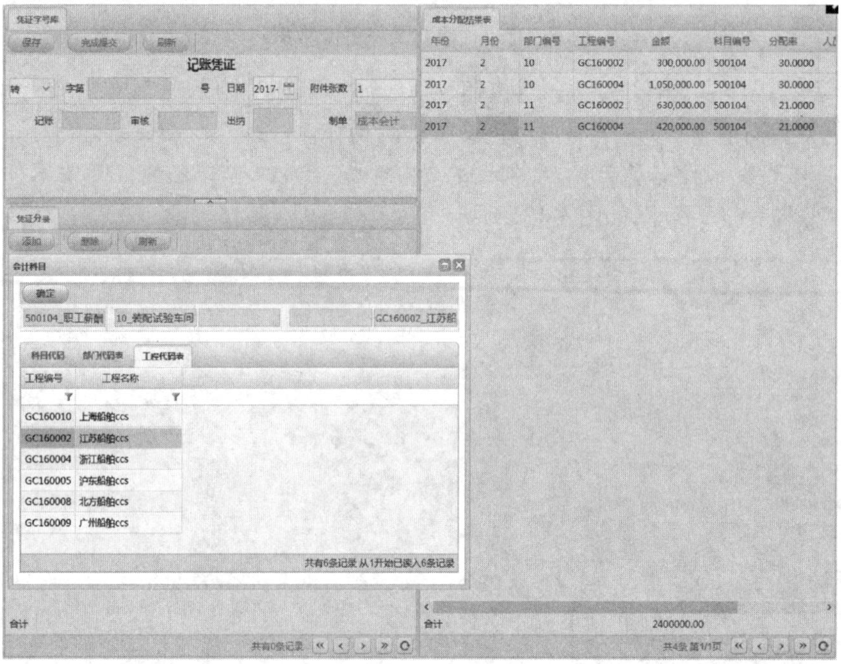

图 4-133　编制凭证分录

③ 保存:单击【保存】按钮,保存当前编制的凭证内容,系统自动生成凭证编号,如图 4-134 所示。如若借、贷双方金额合计不相等,则不允许保存,须返回检查借、贷方金额,确保借、贷方金额合计相等。

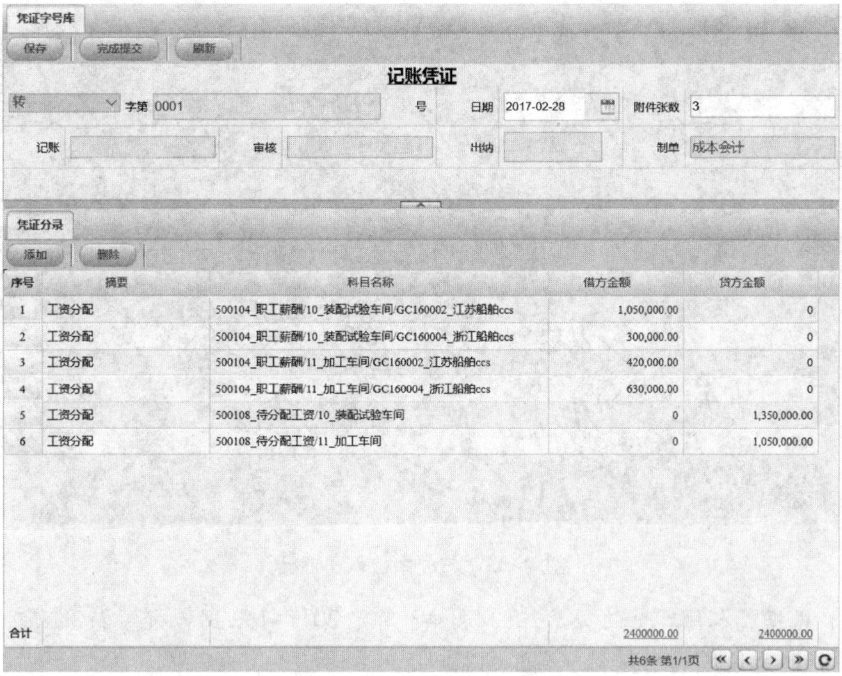

图 4-134　保存凭证

④ 完成提交：单击【完成提交】按钮，确认当前步骤已完成，然后单击右上角的【关闭】按钮关闭当前窗口，进入下一个实验步骤的操作。

注　意

如需重新编辑或删除凭证分录会计科目，则选中该凭证分录，单击【删除】按钮进行删除，再单击【添加】按钮，重新选择会计科目。

步骤 2　动能费分配核算

动能费是企业外购水、电等动能的费用，动能费一般按照实动工时分配标准进行分配。

（1）接收任务　根据任务卡提示与成本核算员进行对话，接收任务，如图 4-135 所示。

图 4-135　与成本核算员对话

(2) 根据成本核算员的提示，录入表 4-3 所示 2017 年 2 月动能费待分配数　单击任务卡打开“动能费待分配数”界面，如图 4-136 所示。

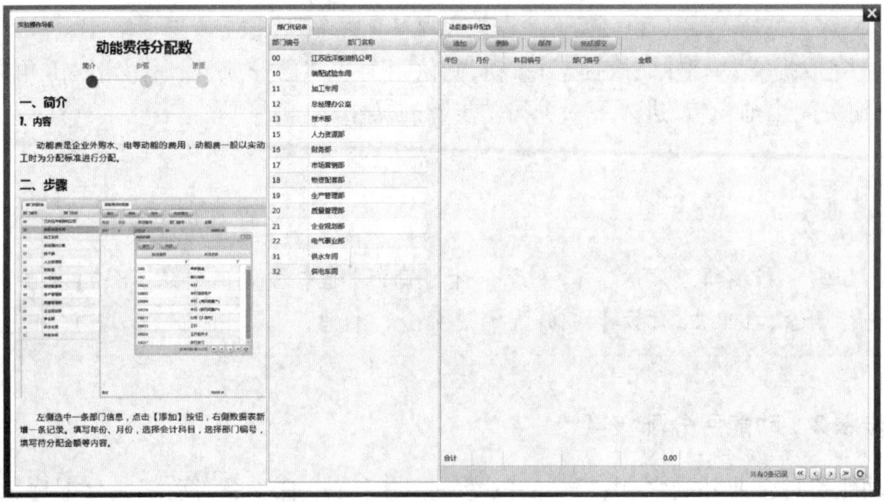

图 4-136　动能费待分配数

图 4-136 所示界面中间是“部门代码表”，右侧是“动能费待分配数”。

用户操作场景中的学生角色进行成本核算员执行动能费待分配数录入的岗位体验，操作步骤如下：

① 添加工资分配数：左侧选中一条部门信息，单击右侧工具栏上的【添加】按钮，右侧“动能费待分配数”中新增一条记录，系统默认年、月份为 2017 年 2 月份，如图 4-137 所示。

图 4-137　新增动能费待分配数数据行

② 填写动能费分配金额:选择科目编号“500110　待分配动能费”,填写动能费分配金额,如图 4-138 所示。

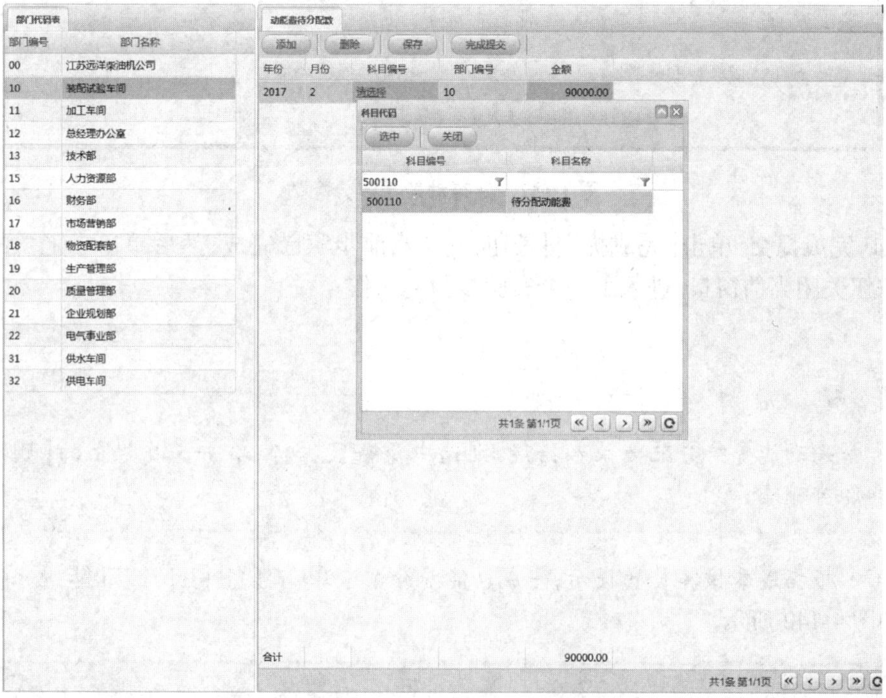

图 4-138　选择科目编号

注　意

蓝色背景的数据项为必填项。

③ 保存:单击工具栏上的【保存】按钮,保存录入的动能费待分配数信息,如图 4-139 所示。

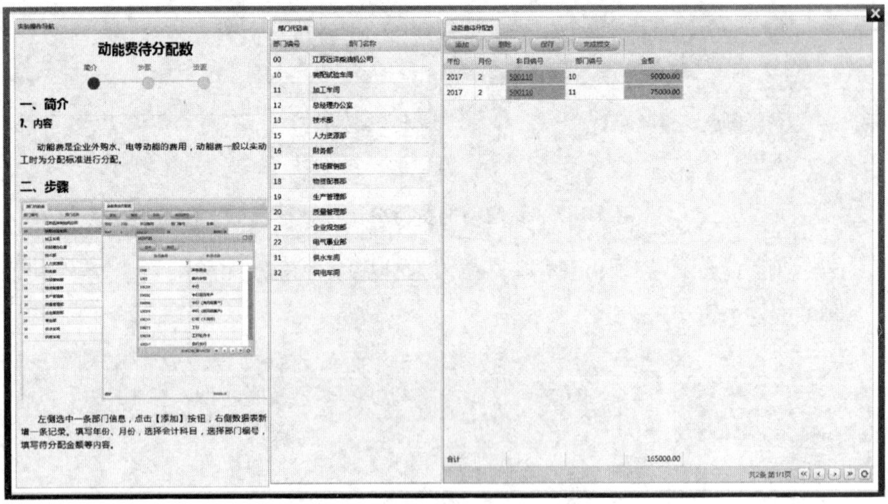

图 4-139　保存动能费待分配数

④ 完成提交：单击【完成提交】按钮，确认当前步骤已完成，然后单击右上角的【关闭】按钮关闭当前窗口，进入下一个实验步骤的操作。

注　意

如果动能费待分配数录入错误，则选中该条数据行，单击工具栏上的【删除】按钮即可删除。

(3) 根据成本核算员的提示，完成动能费分配　单击任务卡打开"动能费分配"界面，如图 4-140 所示。

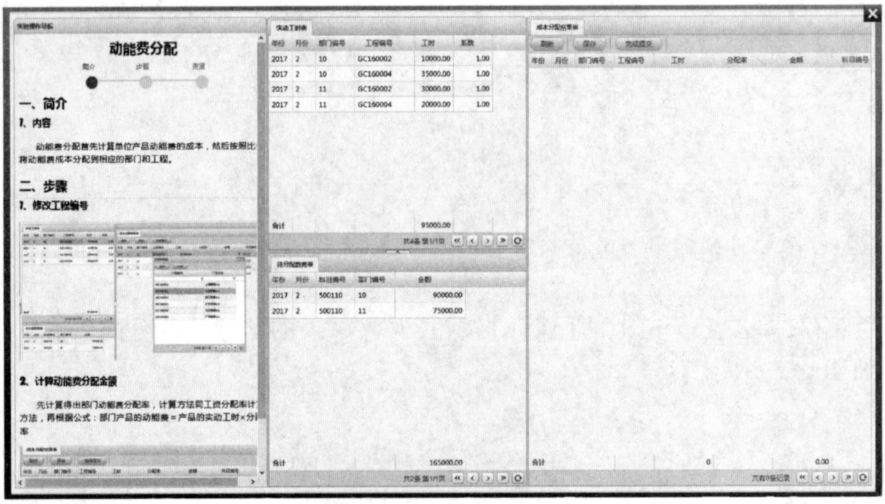

图 4-140　动能费分配

图 4-140 所示界面中间上方为实动工时信息，中间下方为待分配动能费信息，右侧

为动能费成本分配结果。

用户操作场景中的学生角色进行成本核算员执行动能费分配的岗位体验，操作步骤如下：

① 导入动能费分配结果：单击工具栏上的【刷新】按钮，导入动能费分配结果，如图 4-141 所示。

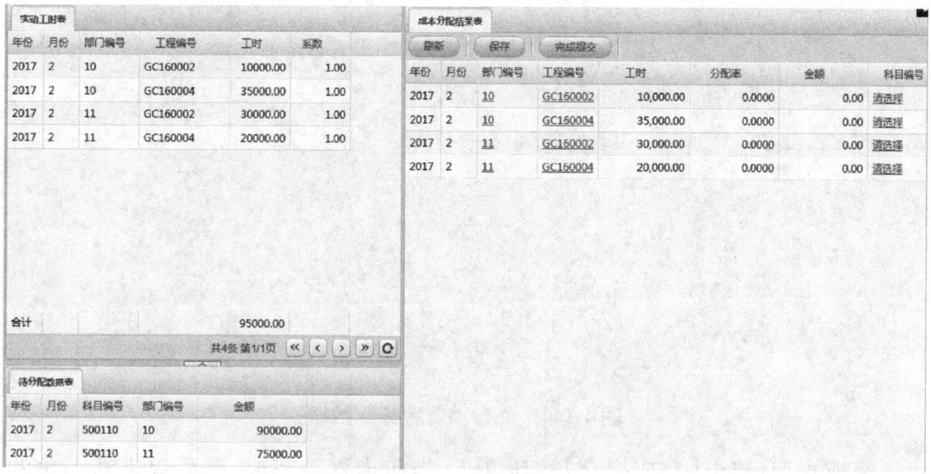

年份	月份	部门编号	工程编号	工时	系数
2017	2	10	GC160002	10000.00	1.00
2017	2	10	GC160004	35000.00	1.00
2017	2	11	GC160002	30000.00	1.00
2017	2	11	GC160004	20000.00	1.00
合计				95000.00	

年份	月份	科目编号	部门编号	金额
2017	2	500110	10	90000.00
2017	2	500110	11	75000.00

年份	月份	部门编号	工程编号	工时	分配率	金额	科目编号
2017	2	10	GC160002	10,000.00	0.0000	0.00	请选择
2017	2	10	GC160004	35,000.00	0.0000	0.00	请选择
2017	2	11	GC160002	30,000.00	0.0000	0.00	请选择
2017	2	11	GC160004	20,000.00	0.0000	0.00	请选择

图 4-141　导入动能费分配结果

② 计算动能费分配金额：先计算出部门动能费分配率，计算方法同工资分配率的计算方法，系统将根据公式"部门产品的动能费 = 产品的实动工时 × 分配率"计算出部门动能费金额，如图 4-142 所示。

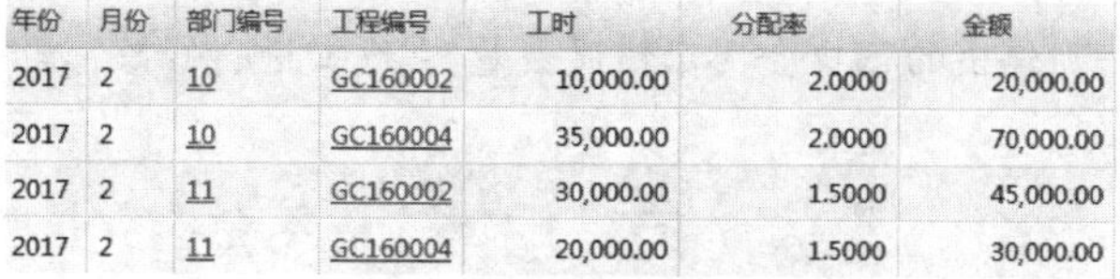

年份	月份	部门编号	工程编号	工时	分配率	金额
2017	2	10	GC160002	10,000.00	2.0000	20,000.00
2017	2	10	GC160004	35,000.00	2.0000	70,000.00
2017	2	11	GC160002	30,000.00	1.5000	45,000.00
2017	2	11	GC160004	20,000.00	1.5000	30,000.00

图 4-142　动能费分配金额

③ 选择会计科目：单击"科目编号"列的"请选择"打开"科目代码"选择窗口，选择会计科目"500105　动力"，如图 4-143 所示。

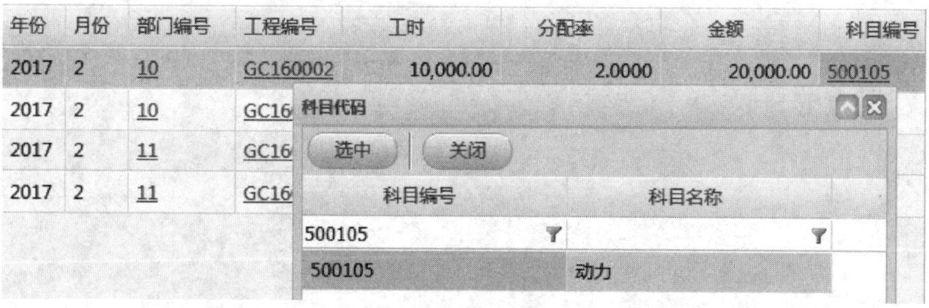

图 4-143　选择会计科目

④ 保存：单击工具栏上的【保存】按钮，保存动能费分配数据，如图 4-144 所示。

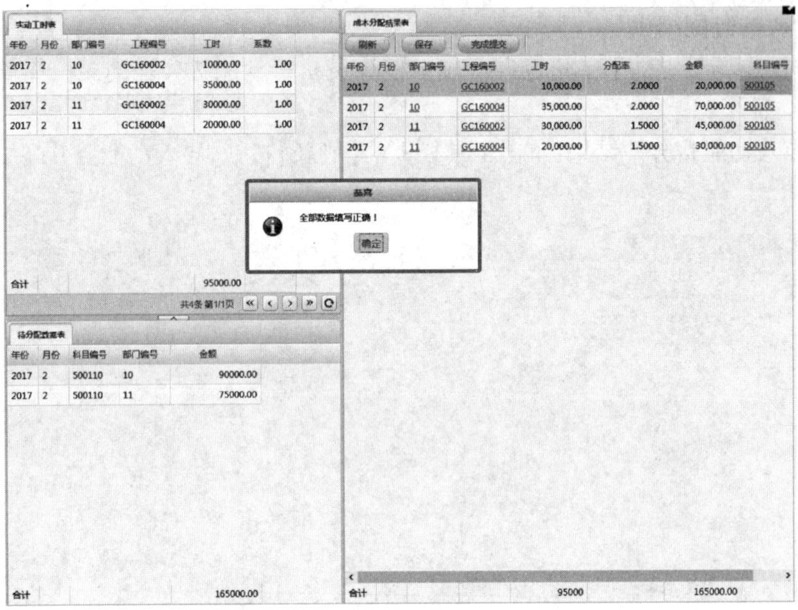

图 4-144　保存动能费分配数据

⑤ 完成提交:单击【完成提交】按钮,确认当前步骤已完成,然后单击右上角的【关闭】按钮关闭当前窗口,进入下一个实验步骤的操作。

注　意

在保存动能费分配时,如果数值计算错误,如动能费待分配数合计总数与分配结果合计总数不相等,则弹出的窗口会提示错误数量,需返回进行修改,如图 4-145 所示。

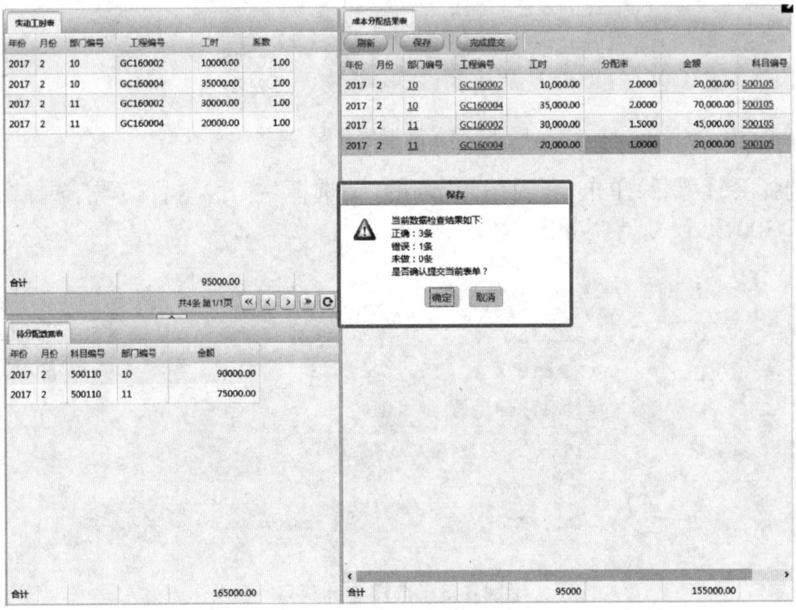

图 4-145　窗口提示

(4) 根据成本核算员的提示,完成动能费分配后生成动能费分配凭证 单击任务卡打开“动能费分配凭证”界面,如图4-146所示。

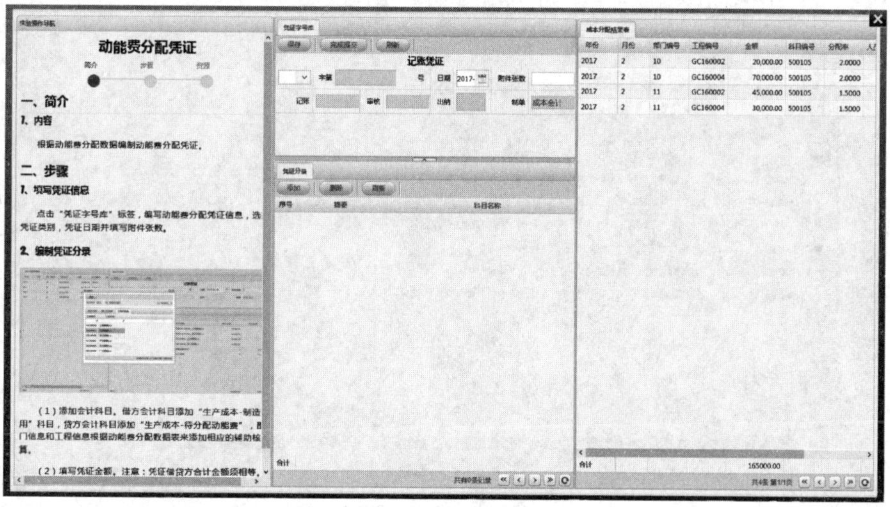

图4-146 动能费分配凭证

图4-146所示界面中间为成本动能费凭证编制界面,右侧为动能费分配结果。

用户操作场景中的学生角色进行成本核算员完成动能费分配凭证编制的岗位体验,操作步骤如下:

① 填写凭证基本信息:选择凭证类别、凭证日期并填写附件张数。

② 编制凭证分录:单击工具栏上的【添加】按钮,弹出“会计科目”选择窗口,借方会计科目添加“500105_动力”科目,贷方会计科目添加“500110_待分配动能费”,部门信息和工程信息根据动能费分配数据表添加相应的辅助核算,根据动能费分配结果填写摘要和凭证借贷方金额,如图4-147所示。

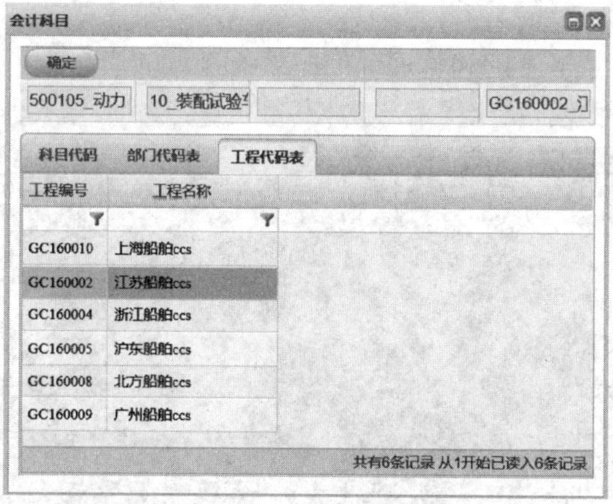

图4-147 会计科目及辅助项目选择

③ 保存:单击【保存】按钮,保存当前编制的凭证内容,系统自动生成凭证编号,如图4-148所示。若借、贷双方金额合计不相等,则不允许保存,需返回检查借、贷方金额。

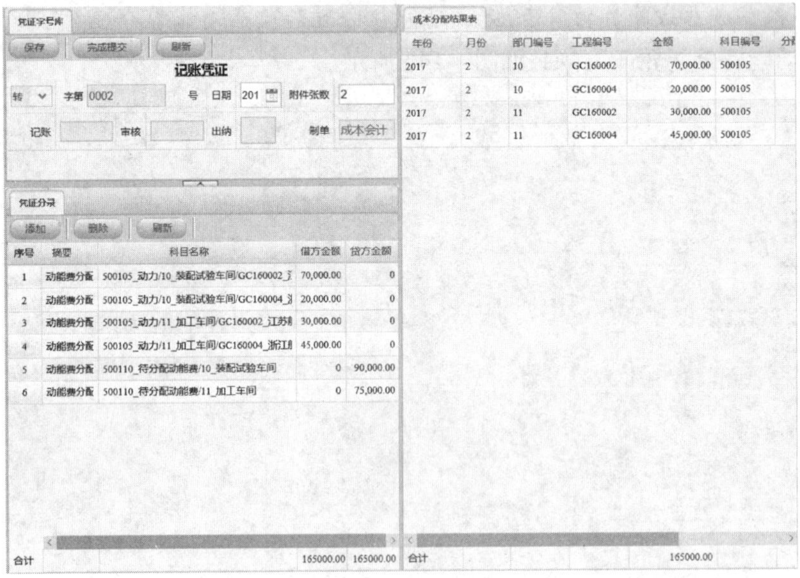

图 4-148　动能费成本分配凭证保存

④ 完成提交:单击【完成提交】按钮,确认当前步骤已完成,然后单击右上角的【关闭】按钮关闭当前窗口,进入下一个实验步骤的操作。

注　意

如需重新编辑或删除凭证分录会计科目,则选中该凭证分录,单击【删除】按钮进行删除,再单击【添加】按钮,重新选择会计科目。

步骤 3　辅助生产分配核算

辅助生产是指为基本生产和管理部门服务而进行的产品生产和劳务供应。

(1) 接收任务　根据任务卡提示与成本核算员进行对话,接收任务,如图 4-149 所示。

图 4-149　与成本核算员对话

(2) 了解辅助生产分配核算知识　单击任务卡观看“辅助生产分配核算”微课，如图 4-150 所示。

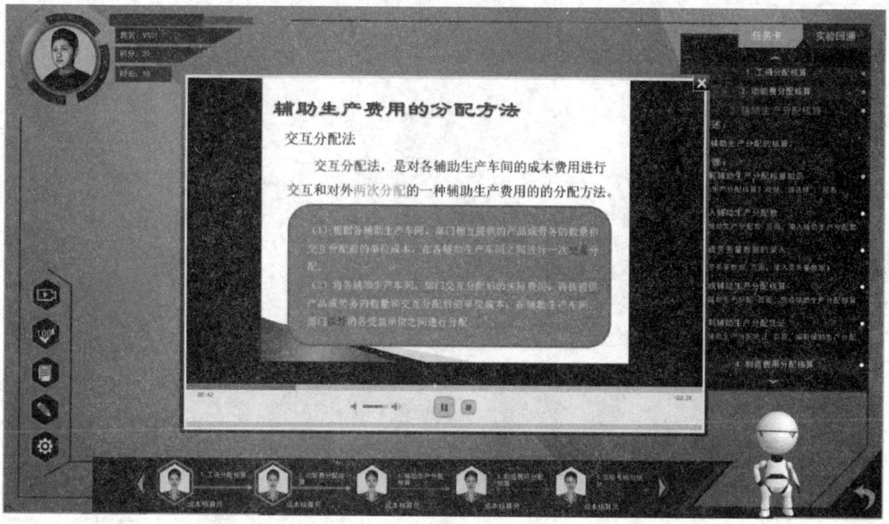

图 4-150　“辅助生产分配核算”微课

(3) 根据成本核算员的提示，录入表 4-4 所示 2017 年 2 月辅助生产待分配数　单击任务卡打开“辅助生产待分配数”界面，如图 4-151 所示。

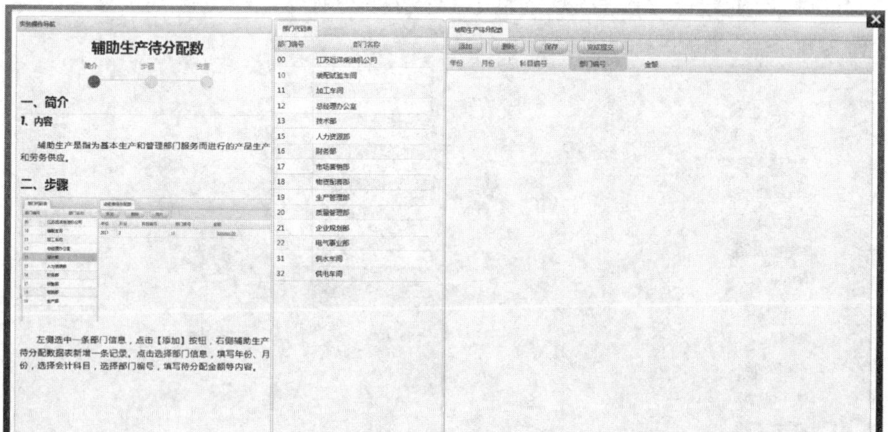

图 4-151　辅助生产待分配数

图 4-151 所示界面中间是“部门代码表”，右侧是“辅助生产待分配数”。

用户操作场景中的学生角色进行成本核算员执行辅助生产待分配数录入的岗位体验，操作步骤如下：

① 添加辅助生产待分配数：左侧选中一条部门信息，单击右侧工具栏上的【添加】按钮，右侧“辅助生产待分配数”新增一条记录，系统默认年、月份为 2017 年 2 月份，如图 4-152 所示。

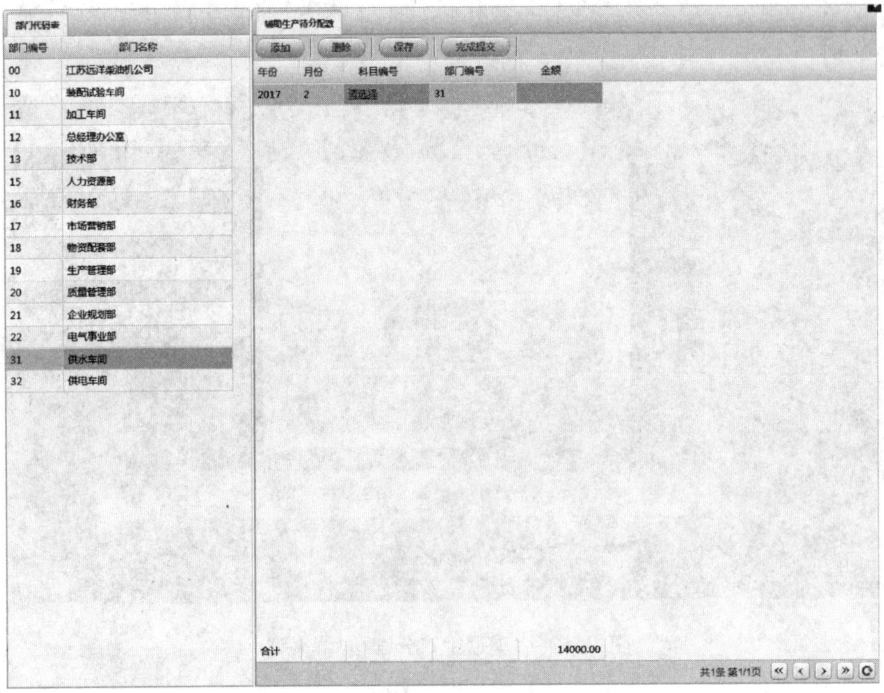

图 4-152　新增辅助生产待分配数数据行

② 填写辅助生产待分配金额：选择科目编号“500112　待分配辅助生产”，填写辅助生产待分配金额，如图4-153 所示。

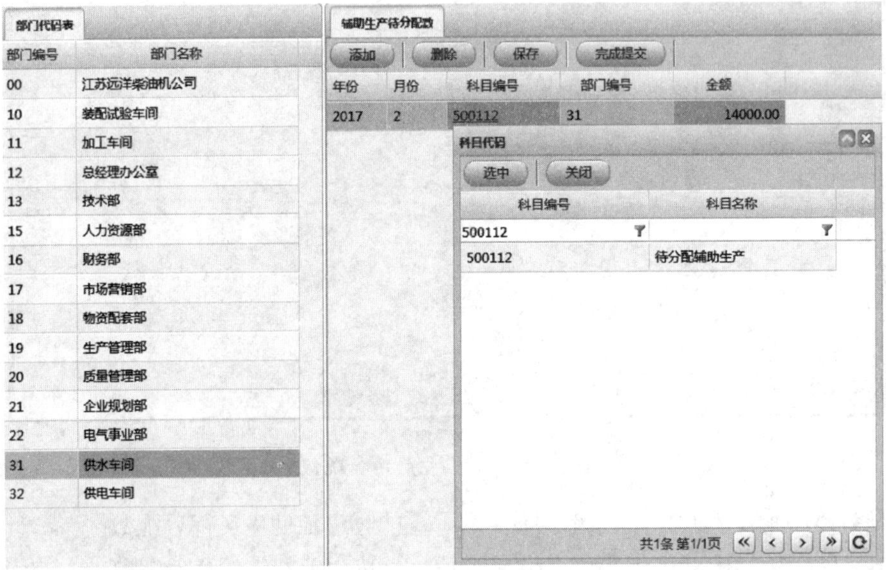

图 4-153　选择科目编号

注 意

蓝色背景的数据项为必填项。

③ 保存：单击工具栏上的【保存】按钮，保存录入的辅助生产待分配数信息，如图 4-154 所示。

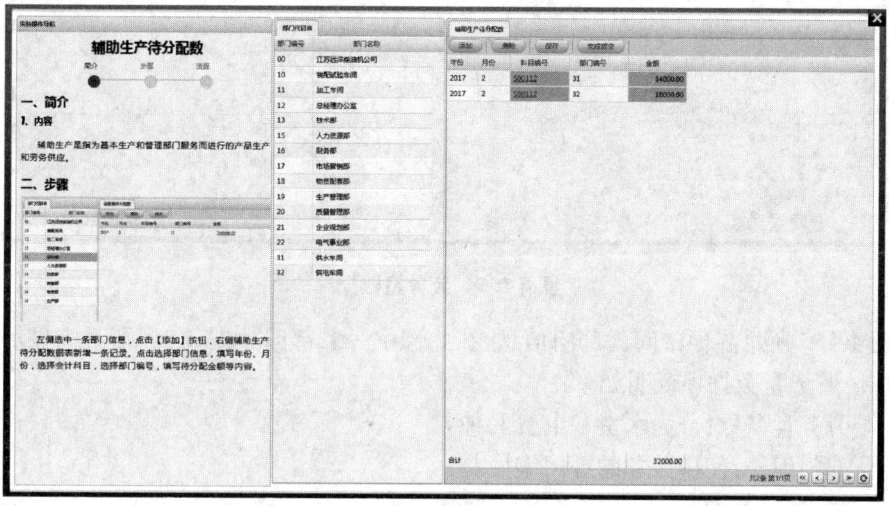

图 4-154 保存录入的辅助生产待分配数信息

④ 完成提交：单击【完成提交】按钮，确认当前步骤已完成，然后单击右上角的【关闭】按钮关闭当前窗口，进入下一个实验步骤的操作。

注 意

如果辅助生产待分配数录入错误，则选中该条数据行，单击工具栏上的【删除】按钮，保存后即可删除。

(4) 根据成本核算员的提示，录入表 4-5 所示 2017 年 2 月辅助生产劳务量 单击任务卡打开“劳务量数据”界面，如图 4-155 所示。

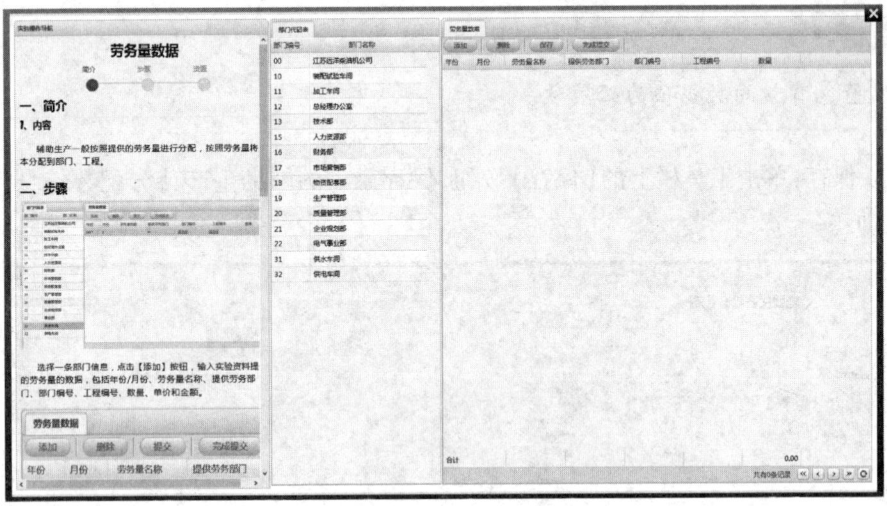

图 4-155　劳务量数据

图 4-155 所示界面中间为部门信息，在此选中一条部门数据，右侧则对应显示劳务量信息。劳务量数据项说明如下：

- 劳务量名称：分为水费和电费两种。
- 部门编号：使用劳务的部门编号。
- 数量：劳务量。

用户操作场景中的学生角色进行成本核算员执行劳务量录入的岗位体验，操作步骤如下：

① 添加劳务量：选择一条部门信息，单击右侧工具栏上的【添加】按钮，“劳务量数据”中新增一条记录，系统默认年、月份为 2017 年 2 月份，如图 4-156 所示。

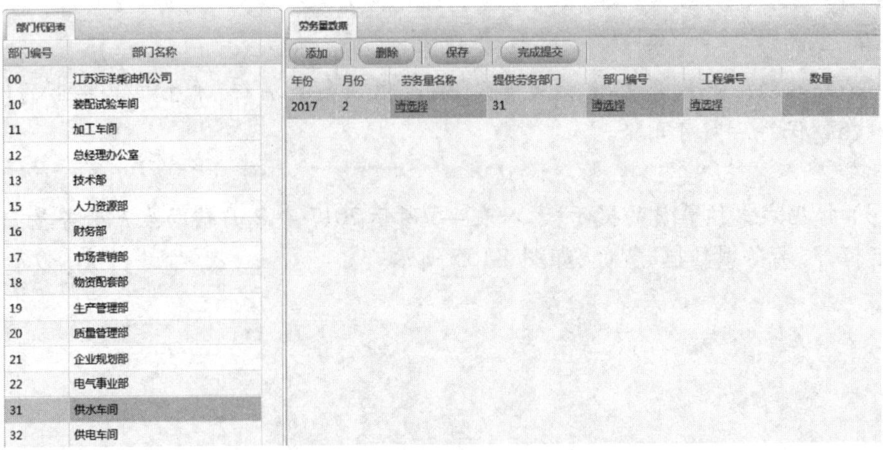

图 4-156　新增劳务量数据行

② 填写劳务数量：选择劳务量名称、部门信息、工程信息，填写劳务数量，如图 4-157 所示。

图 4-157　选择劳务量名称

注　意

蓝色背景的数据项为必填项。

③ 保存：单击工具栏上的【保存】按钮，保存录入的劳务量数据信息，如图 4-158 所示。

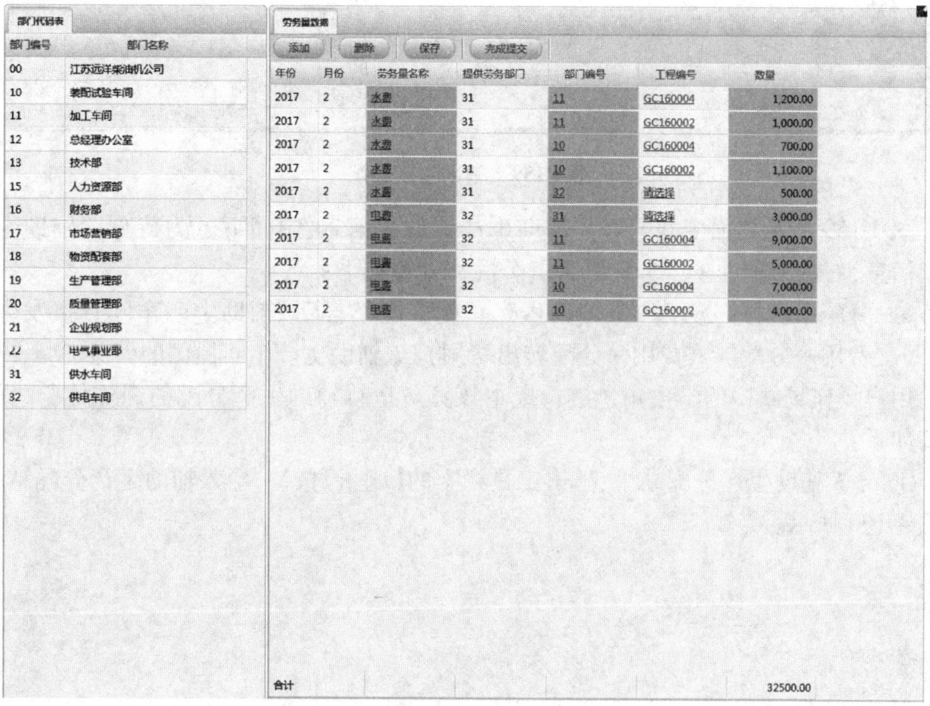

图 4-158　保存录入的劳务量数据信息

④ 完成提交：单击【完成提交】按钮，确认当前步骤已完成，然后单击右上角的【关闭】按钮关闭当前窗口，进入下一个实验步骤的操作。

注　意

如果劳务量数据录入错误，则选中该数据行，单击工具栏上的【删除】按钮即可删除。

(5) 根据成本核算员的提示进行辅助生产分配(本实验采用交互分配法)　首先计算单位产品的劳务量成本，然后按照比例将辅助生产成本分配到相应的部门和工程。单击任务卡打开“辅助生产分配”界面，如图 4-159 所示。

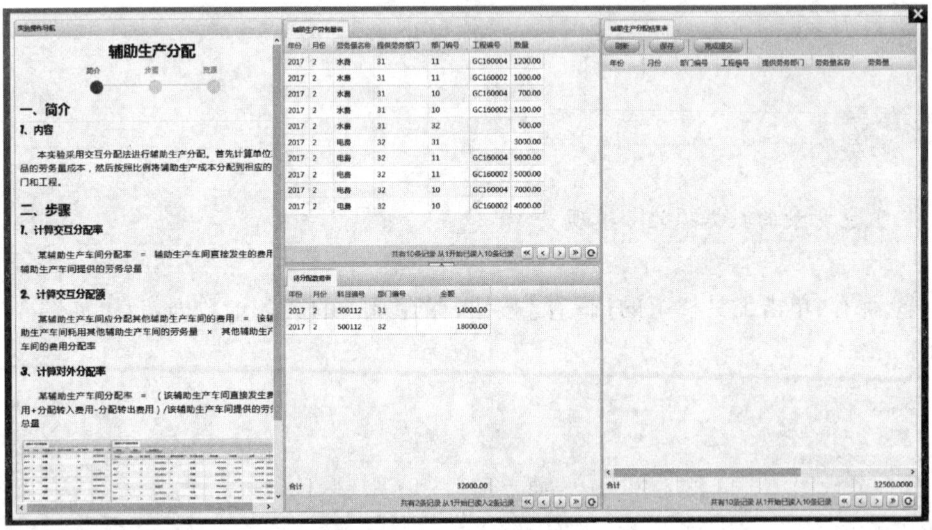

图 4-159　辅助生产分配

图 4-159 所示界面中间上方为辅助生产劳务量信息，中间下方为待分配辅助生产费用信息，右侧为辅助生产分配结果。分配率计算如下：

➢ 分配率：对外分配率，某辅助生产车间分配率 =（该辅助生产车间直接发生的费用 + 分配转入费用 − 分配转出费用）/该辅助生产车间提供的劳务总量。

用户操作场景中的学生角色进行成本核算员执行辅助生产分配的岗位体验，操作步骤如下：

① 导入辅助生产分配结果：单击工具栏上的【刷新】按钮，导入辅助生产分配结果，如图 4-160 所示。

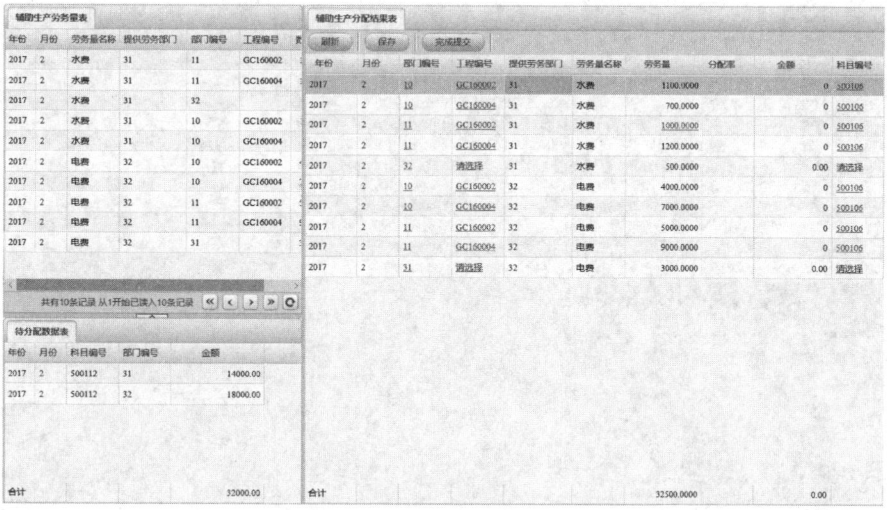

辅助生产劳务量表

年份	月份	劳务量名称	提供劳务部门	部门编号	工程编号
2017	2	水费	31	11	GC160002
2017	2	水费	31	11	GC160004
2017	2	水费	31	32	
2017	2	水费	31	10	GC160002
2017	2	水费	31	10	GC160004
2017	2	电费	32	10	GC160002
2017	2	电费	32	10	GC160004
2017	2	电费	32	11	GC160002
2017	2	电费	32	11	GC160004
2017	2	电费	32	31	

共有10条记录 从1开始已读入10条记录

待分配数据表

年份	月份	科目编号	部门编号	金额
2017	2	500112	31	14000.00
2017	2	500112	32	18000.00
合计				32000.00

辅助生产分配结果表

刷新　保存　完成提交

年份	月份	部门编号	工程编号	提供劳务部门	劳务量名称	劳务量	分配率	金额	科目编号
2017	2	10	GC160002	31	水费	1100.0000		0	500106
2017	2	10	GC160004	31	水费	700.0000		0	500106
2017	2	11	GC160002	31	水费	1000.0000		0	500106
2017	2	11	GC160004	31	水费	1200.0000		0	500106
2017	2	32	请选择	31	水费	500.0000		0.00	请选择
2017	2	10	GC160002	32	电费	4000.0000		0	500106
2017	2	10	GC160004	32	电费	7000.0000		0	500106
2017	2	11	GC160002	32	电费	5000.0000		0	500106
2017	2	11	GC160004	32	电费	9000.0000		0	500106
2017	2	31	请选择	32	电费	3000.0000		0.00	请选择
合计						32500.0000		0.00	

图 4-160　导入辅助生产分配结果

② 计算交互分配率：根据公式"某辅助生产车间分配率 = 辅助生产车间直接发生的费用/辅助生产车间提供的劳务总量"计算交互分配率。

③ 计算交互分配额：根据公式"某辅助生产车间应分配其他辅助生产车间的费用 = 该辅助生产车间耗用其他辅助生产车间的劳务量 × 其他辅助生产车间的费用分配率"计算交互分配额。

④ 计算对外分配率：根据公式"某辅助生产车间分配率 =（该辅助生产车间直接发生的费用 + 分配转入费用 − 分配转出费用）/该辅助生产车间提供的劳务总量"计算，金额根据对外分配率计算得出，如图 4-161 所示。

辅助生产分配结果表

刷新　保存　完成提交

工程编号	提供劳务部门	劳务量名称	劳务量	分配率	金额	科目
GC160002	31	水费	1100.0000	4.3750	4,812.50	请选
GC160004	31	水费	700.0000	4.3750	3,062.50	请选
GC160002	31	水费	1000.0000	4.3750	4,375.00	请选
GC160004	31	水费	1200.0000	4.3750	5,250.00	请选
GC160002	32	电费	4000.0000	0.5800	2,320.00	请选
GC160004	32	电费	7000.0000	0.5800	4,060.00	请选
GC160002	32	电费	5000.0000	0.5800	2,900.00	请选
GC160004	32	电费	9000.0000	0.5800	5,220.00	请选
请选择	32	电费	3000.0000	0.0000	0.00	请选
请选择	31	水费	500.0000	0.0000	0.00	请选

图 4-161　辅助生产分配金额

⑤ 选择会计科目：辅助生产分配归集科目应为"500106　制造费用"，单击"科目编号"列的"请选择"打开会计科目代码表。

⑥ 保存：单击工具栏上的【保存】按钮，保存辅助生产分配数据，如图 4-162 所示。

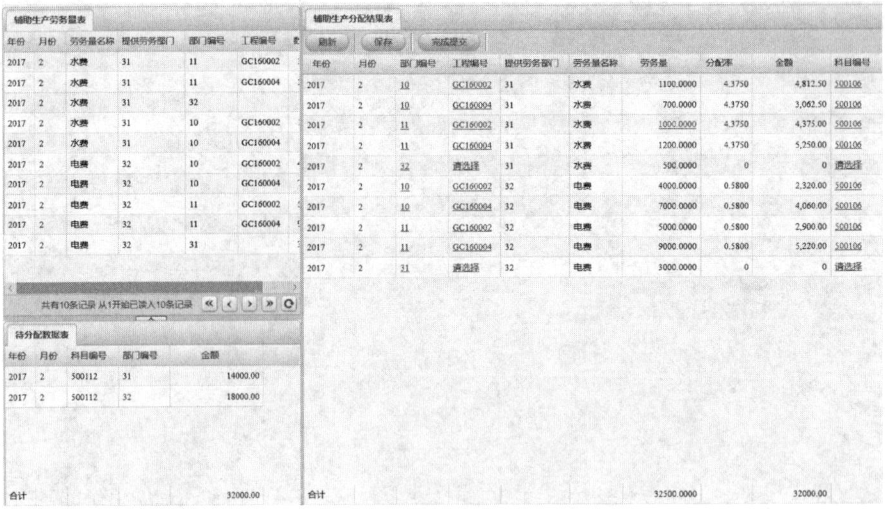

图 4-162　保存辅助生产分配数据

⑦ 完成提交:单击【完成提交】按钮,确认当前步骤已完成,然后单击右上角的【关闭】按钮关闭当前窗口,进入下一个实验步骤的操作。

(6) 根据成本核算员的提示,完成辅助生产分配后生成辅助生产分配凭证　单击任务卡打开“辅助生产分配凭证”界面,如图 4-163 所示。

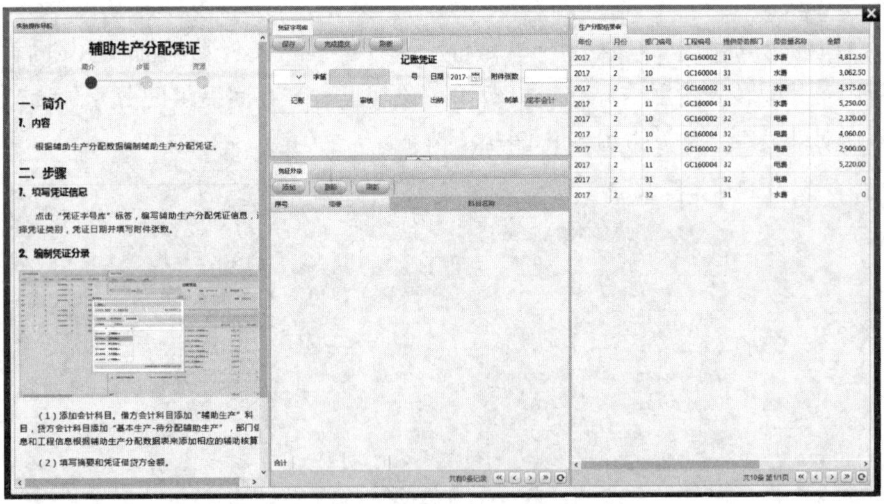

图 4-163　辅助生产分配

图 4-163 所示界面中间为成本辅助生产凭证编制界面,右侧为辅助生产分配结果。

用户操作场景中的学生角色进行成本核算员完成辅助生产分配凭证编制的岗位体验,操作步骤如下:

① 填写凭证基本信息:选择凭证类别、凭证日期并填写附件张数。

② 编制凭证分录:单击工具栏上的【添加】按钮,弹出“会计科目”选择窗口,借方会计科目添加“500106_制造费用”科目,贷方会计科目添加“500112_待分配辅助生产”,部门信息和工程信息根据辅助生产分配数据表添加相应的辅助核算,根据辅助生

产分配结果填写摘要和凭证借贷方金额,如图 4-164 所示。

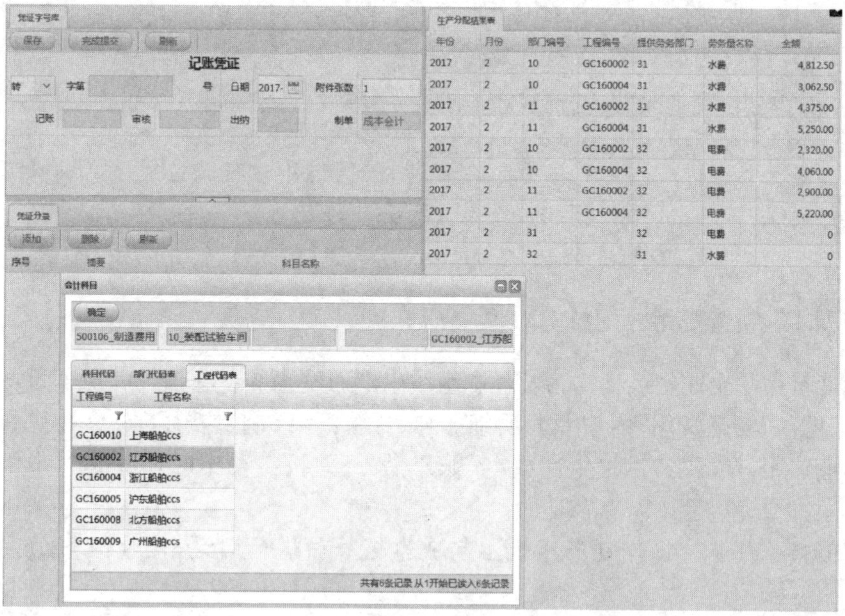

图 4-164　编制凭证分录

③ 保存:单击【保存】按钮,保存当前编制的凭证内容,系统自动生成凭证编号,如图 4-165 所示。若借、贷双方金额合计不相等,则不允许保存,需返回检查借、贷方金额,确保借、贷方金额合计相等。

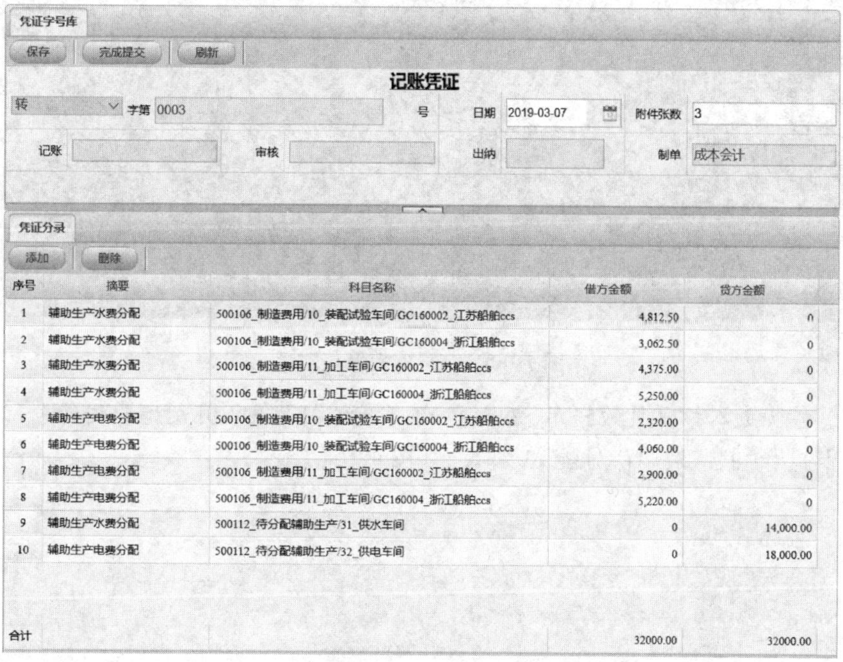

图 4-165　保存辅助生产分配凭证

④ 完成提交:单击【完成提交】按钮,确认当前步骤已完成,然后单击右上角的【关闭】按钮关闭当前窗口,进入下一个实验步骤的操作。

注 意

如需重新编辑或删除凭证分录会计科目,则选中该凭证分录,单击【删除】按钮进行删除,再单击【添加】按钮,重新选择会计科目。

步骤 4　制造费用分配核算

制造费用是企业生产部门为管理和组织生产而发生的各项消耗。各车间发生的制造费用,记入"制造费用"账户及其明细账户,月末汇集"制造费用"账户的基本生产车间的制造费用,全部结转到"生产成本"账户借方,并按实动工时在各成本计算对象之间分配。

(1) 接收任务　根据任务卡提示与成本核算员进行对话,接收任务,如图 4-166 所示。

图 4-166　与成本核算员对话

(2) 根据成本核算员的提示,录入表 4-6 所示 2017 年 2 月制造费用待分配数　单击任务卡打开"制造费用待分配数"界面,如图 4-167 所示。

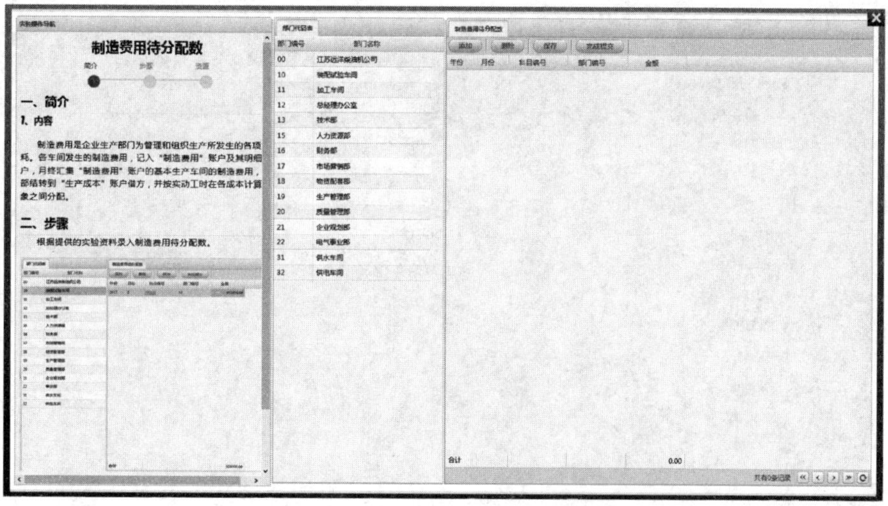

图 4-167　制造费用待分配数

图 4-167 所示界面中间是“部门代码表”，右侧是“制造费用待分配数”。

用户操作场景中的学生角色进行成本核算员执行制造费用待分配数录入的岗位体验，操作步骤如下：

① 添加制造费用分配数：左侧选中一条部门信息，单击右侧工具栏上的【添加】按钮，右侧“制造费用待分配数”中新增一条记录，系统默认年、月份为 2017 年 2 月份，如图 4-168 所示。

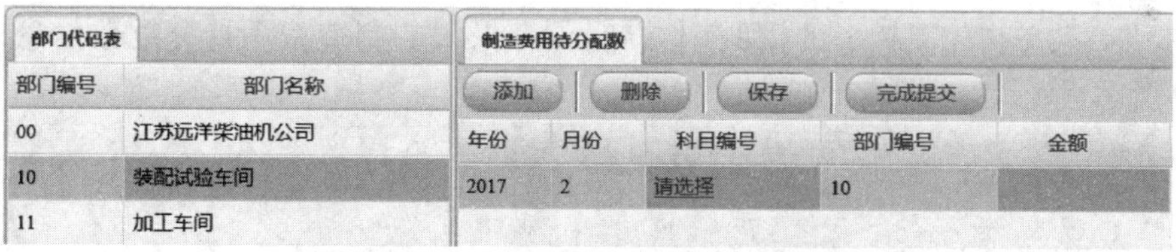

图 4-168　新增制造费用待分配数数据行

② 填写制造费用分配金额：选择科目编号“500111　待分配制造费用”，填写制造费用分配金额，如图4-169 所示。

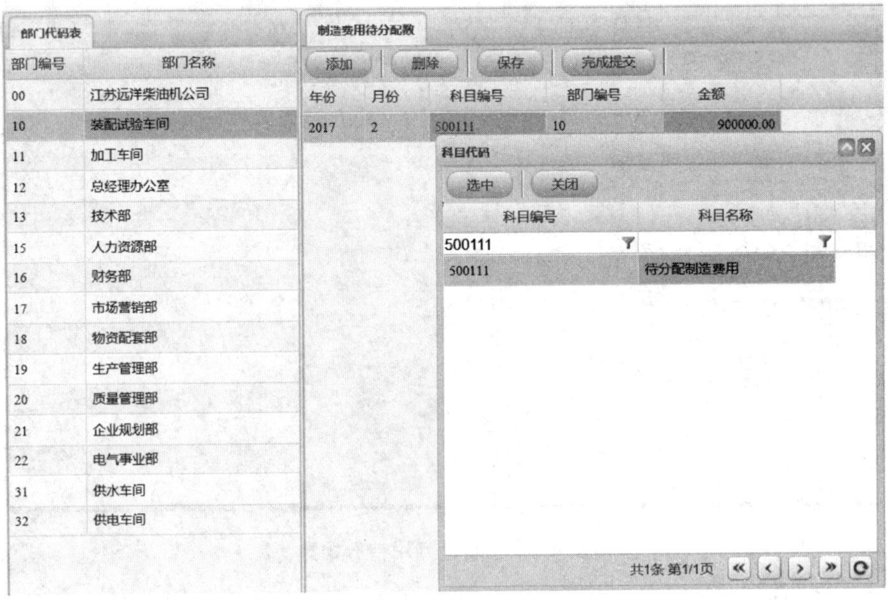

图 4-169　选择科目编号

注　意

蓝色背景的数据项为必填项。

③ 保存：单击工具栏上的【保存】按钮，保存录入的制造费用待分配数信息，如图4-170 所示。

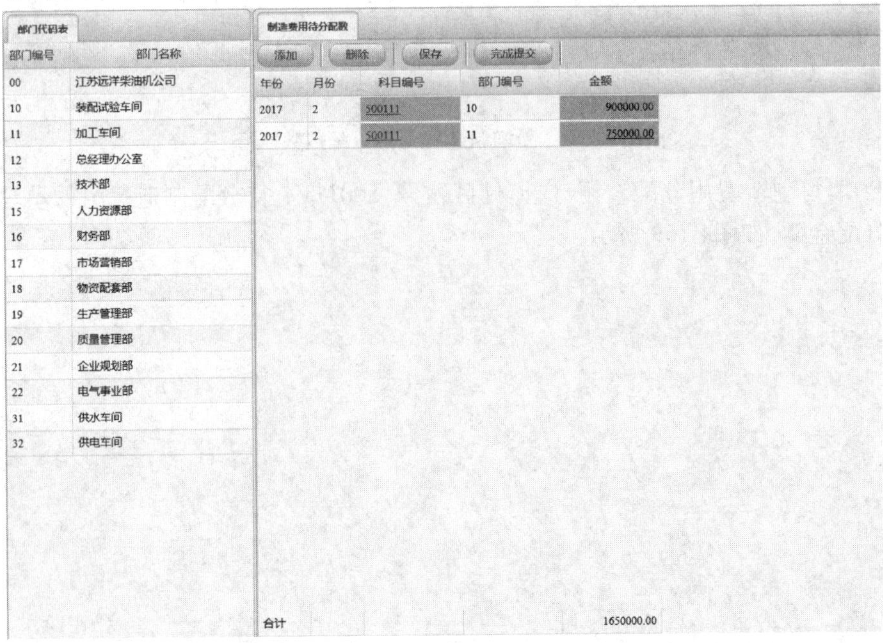

图 4-170　保存制造费用待分配数信息

④ 完成提交：单击【完成提交】按钮，确认当前步骤已完成，然后单击右上角的【关闭】按钮关闭当前窗口，进入下一个实验步骤的操作。

注　意

如果制造费用待分配数录入错误，则选中该条数据行，单击工具栏上的【删除】按钮即可删除。

（3）根据成本核算员的提示，计算单位产品制造费用的成本，然后按照比例将制造费用成本分配到相应的部门和工程　单击任务卡打开“制造费用分配”界面，如图 4-171 所示。

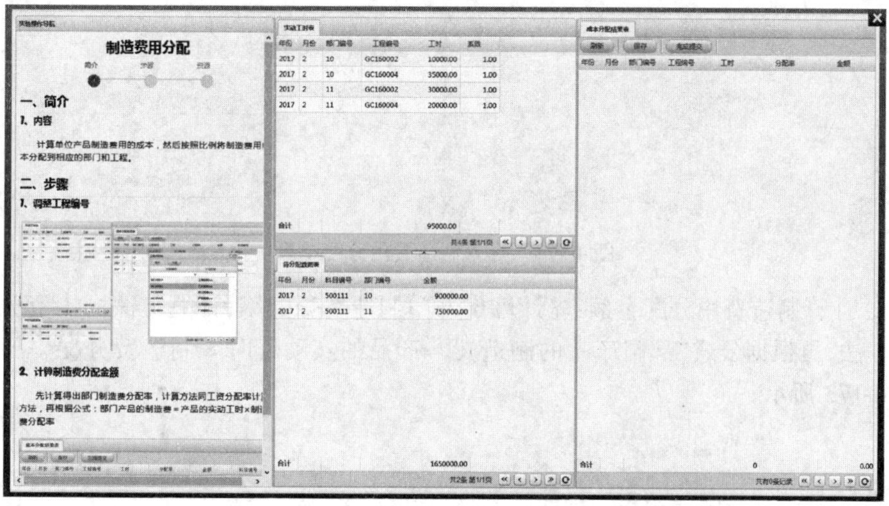

图 4-171　制造费用分配

图 4-171 所示界面中间上方为实动工时信息，中间下方为待分配制造费用信息，右侧为制造费用成本分配结果。

用户操作场景中的学生角色进行成本核算员执行制造费用分配的岗位体验，操作步骤如下：

① 导入制造费用分配结果：单击工具栏上的【刷新】按钮，导入制造费用分配结果，如图 4-172 所示。

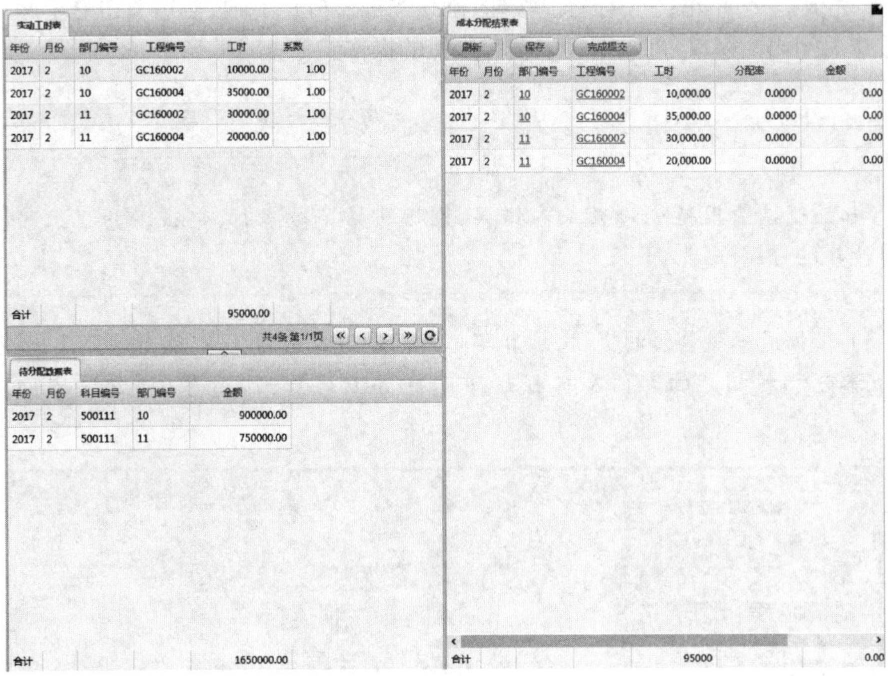

图 4-172　导入制造费用分配结果

② 计算制造费用分配金额:先计算出部门制造费分配率,计算方法同工资分配率计算方法,再根据公式“部门产品的制造费 = 产品的实动工时 × 制造费分配率”计算,如图 4-173 所示。

图 4-173　制造费用分配金额

③ 选择会计科目:单击“科目编号”列的“请选择”打开“科目代码”选择窗口,选择会计科目“500106　制造费用”,如图 4-174 所示。

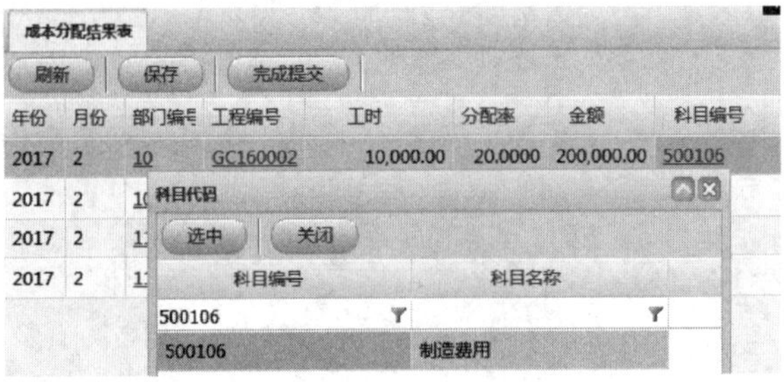

图 4-174　选择会计科目

④ 保存：单击工具栏上的【保存】按钮，保存制造费用分配数据，如图 4-175 所示。

图 4-175　保存制造费用分配数据

⑤ 完成提交：单击【完成提交】按钮，确认当前步骤已完成，然后单击右上角的【关闭】按钮关闭当前窗口，进入下一个实验步骤的操作。

注　意

在保存制造费用分配数据时，如果数值计算错误，如制造费用待分配数合计总数与分配结果合计总数不相等，则弹窗提示错误数量，需返回进行修改。

（4）根据成本核算员的提示，完成制造费用分配后生成制造费用分配凭证　单击任务卡打开“制造费用分配凭证”界面，如图 4-176 所示。

图 4-176 所示界面中间为成本制造费用凭证编制界面，右侧为制造费用分配结果。

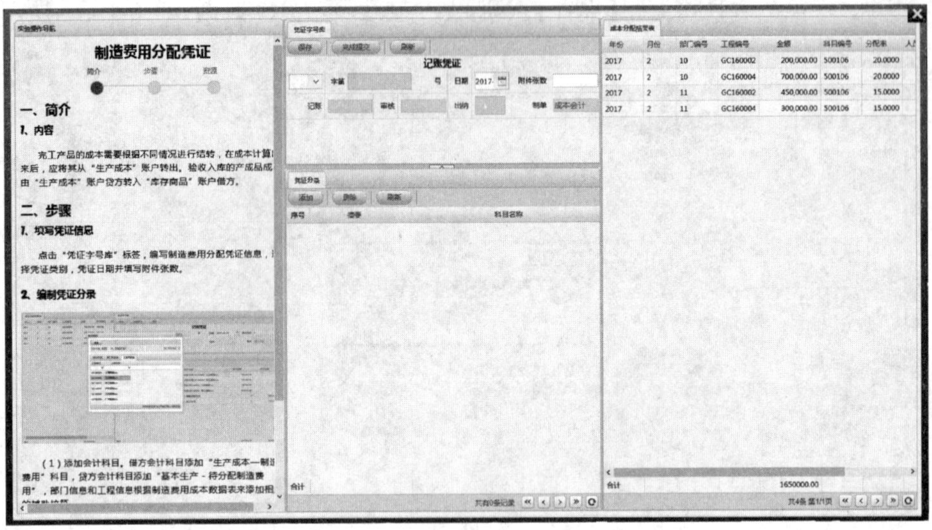

图 4-176　制造费用分配凭证

用户操作场景中的学生角色进行成本核算员完成制造费用分配凭证编制的岗位体验，操作步骤如下：

① 填写凭证基本信息：选择凭证类别、凭证日期并填写附件张数。

② 编制凭证分录：单击工具栏上的【添加】按钮，弹出“会计科目”选择窗口，借方会计科目添加“500106_制造费用”科目，贷方会计科目添加“500111_待分配制造费用”，部门信息和工程信息根据制造费用成本数据表添加相应的辅助核算，根据制造费用分配结果填写摘要和凭证借贷方金额，如图 4-177 所示。

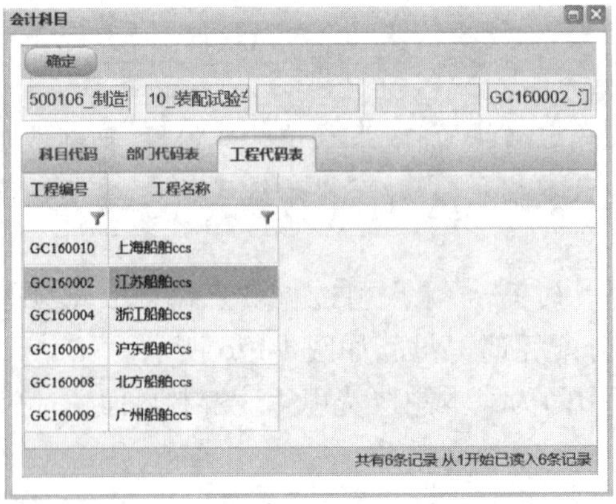

图 4-177　会计科目及辅助核算项目选择

③ 保存：单击【保存】按钮，保存当前编制的凭证内容，系统自动生成凭证编号，如图 4-178 所示。若借、贷双方金额合计不相等，则不允许保存，需返回检查借、贷方金额。

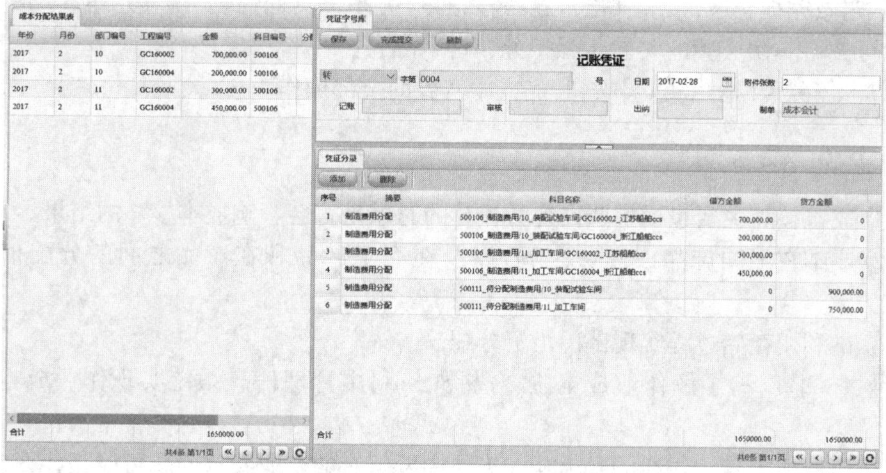

图 4-178　保存编制的凭证内容

④ 完成提交:单击【完成提交】按钮,确认当前步骤已完成,然后单击右上角的【关闭】按钮关闭当前窗口,进入下一个实验步骤的操作。

注　意

如果需重新编辑或删除凭证分录会计科目,则选中该凭证分录,单击【删除】按钮进行删除,再单击【添加】按钮,重新选择会计科目。

步骤 5　实验试题考核

单击任务卡【实验考核】按钮,进入实验试题考核,如图 4-179 所示。

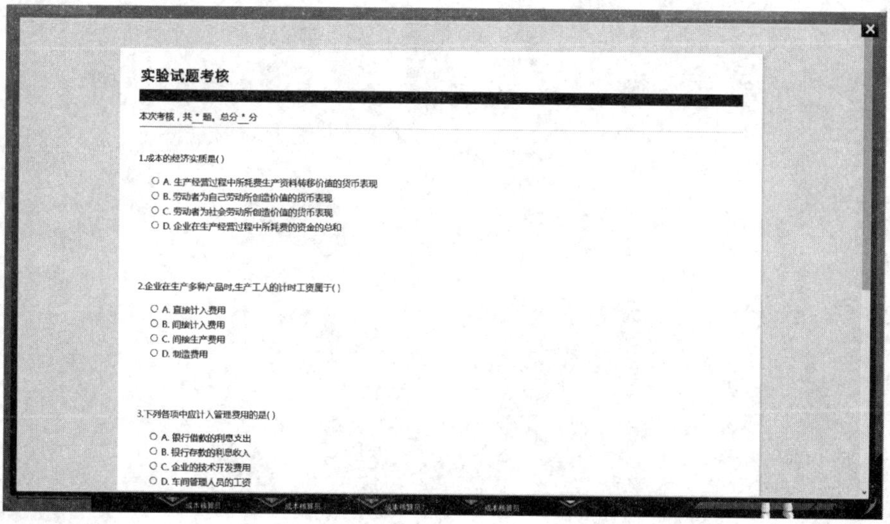

图 4-179　“成本核算”实验试题

试题做完提交后，系统弹出试题考核结果，关闭该页面后，系统显示本实验的统计分析，可查看本次实验的实验步骤积分、时长等信息。

单击任务卡【退出实验】按钮，完成本实验的全部操作。

4.6.6 思考题

① 成本核算主要包括哪些内容？核算的时序是否会影响成本核算的结果？

② 成本在不同产品或工程之间，以及在完工产品和在产品之间的分配依据是什么？

③ 试利用存储过程实现部门工资分配。

④ 查阅资料，了解作业成本法，分析如何利用管理信息系统实现作业成本核算方法。

⑤ 谈谈成本管理主线的几大功能模块中要解决的企业管理问题可能是什么？

第5章　生产主线

生产主线包括订单管理、产品结构数据管理、工艺数据管理、生产计划管理、作业计划管理、设备管理和质量管理七个实验。营销部门接收销售订单；技术部门进行产品结构数据管理和工艺数据管理；生产计划部门编制生产计划，并下达到生产车间，车间根据作业要求编制具体作业计划；生产过程中资产管理部门对设备进行管理，质量管理部门对产品进行质量管理。

部门和职员

1）营销部

营销部组织机构如图5-1所示。

（1）经理办公室

➢ 营销部经理

职员职责：订单审核。

（2）统计室

➢ 营销业务员

职员职责：销售订单登记；销售发票登记；回款登记。

2）技术部

技术部组织机构如图5-2所示。

➢ 结构设计员

职员职责：产品结构查询；产品结构维护；零件结构借用；产品结构审核。

➢ 工艺设计员

职员职责：加工工艺编制；材料消耗定额编制；工艺工时定额编制；零部件工艺审核。

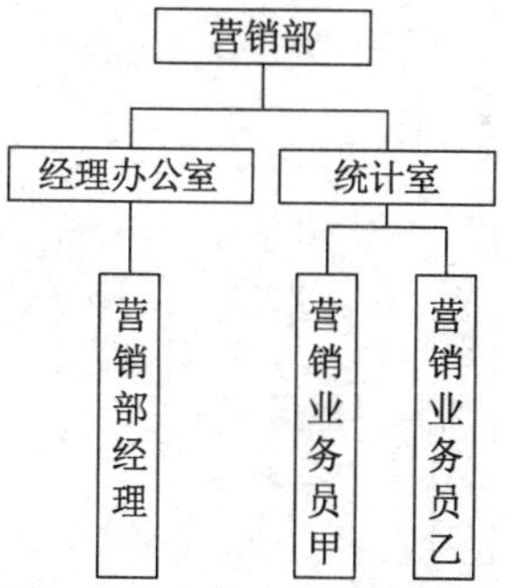

图5-1　营销部组织机构

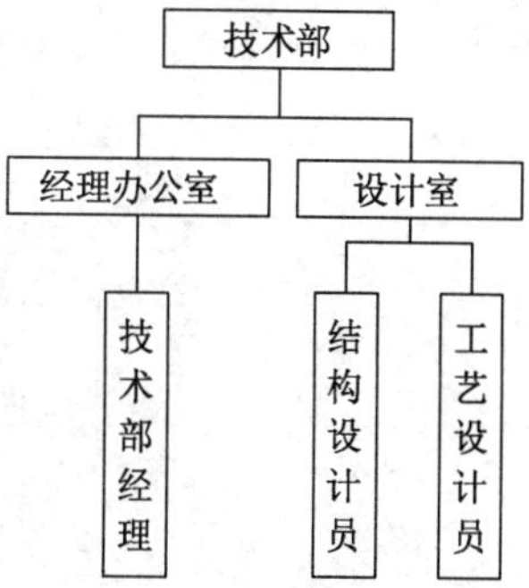

图5-2　技术部组织机构

3）生产管理部

生产管理部组织机构如图5-3所示。

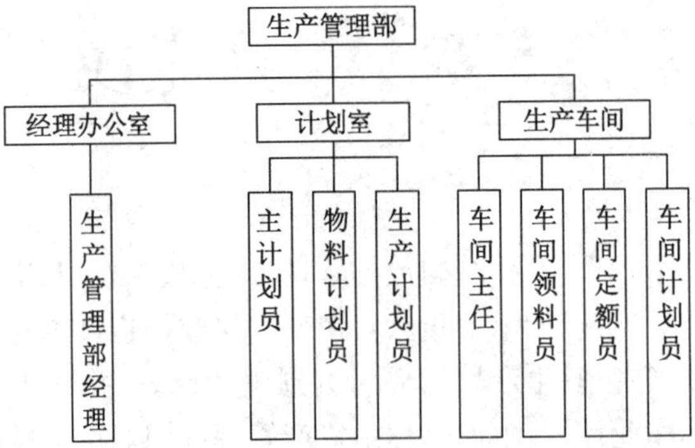

图5-3　生产管理部组织机构

（1）经理办公室

➢ 生产管理部经理

职员职责：生产计划审核。

（2）计划室

➢ 生产计划员

职员职责：开工通知单编制；产成品出库编制；生产计划编制；粗能力平衡；生产计划下达。

（3）生产车间

➢ 车间主任

职员职责：作业计划审核。

➢ 车间定额员

职员职责：作业计划反馈。

➢ 车间计划员

职员职责：作业计划编制；作业计划下达。

4）资产管理部

资产管理部组织机构如图5-4所示。

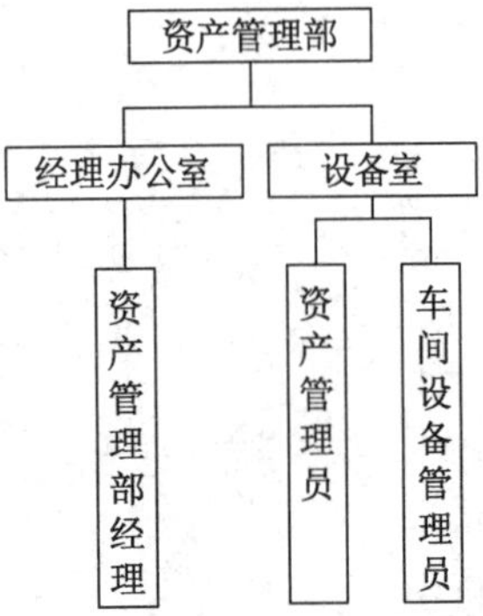

图5-4　资产管理部组织机构

➢ 资产管理员

职员职责:设备台账管理;维修保养计划编制。

➢ 车间设备管理员

职员职责:设备运行状态管理;备品备件管理。

5) 质量管理部

质量管理部组织机构如图5-5所示。

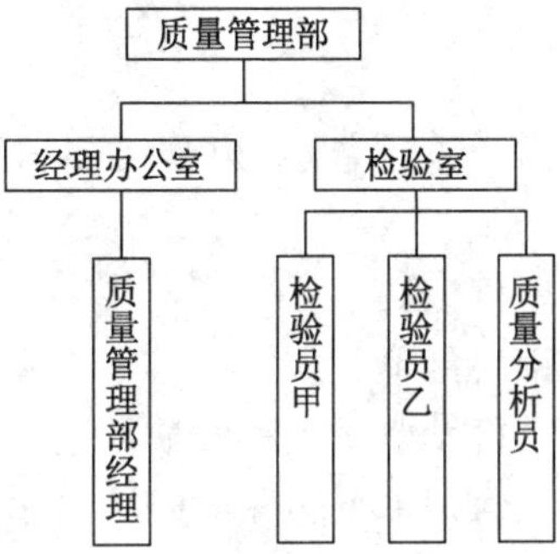

图5-5 质量管理部组织机构

➢ 检验员

职员职责:质量检验;不合格品审理;废品通知单下达。

➢ 质量分析员

职员职责:质量分析。

数据

基础数据参考1.3.1基础数据内容。

业务数据参考1.3.2.3生产主线内容。

学习目标

① 熟悉整个生产主线各个部门的职责。

② 掌握各个业务流程。

5.1 订单管理

销售订单是购销双方共同签署的、确认购销活动的标志。营销部门与客户签订了销售合同后,经合同审核后将生产任务下达给生产部门。

5.1.1 实验目的

① 通过实验加深对企业订单管理整体流程的了解,熟悉企业销售部实际进行订单管理的业务场景,通过角色扮演模拟销售部门中各个岗位职员履行职责的场景,体会订单管理的业务逻辑。

② 完成销售订单录入、订单审核、销售发票录入、回款登记和产成品出库单填写等

业务的操作。

5.1.2　实验原理

订单管理是经营管理中的重要工作内容。当与客户签订了销售合同后,销售部门就建立合同信息档案,并与技术部门、生产部门、物资部门共同讨论,经合同评审后将生产任务下达给生产部门。

5.1.3　实验知识点

(1) 组织机构　本实验“订单管理”业务由营销部和生产部完成,涉及的岗位角色如下:

营销部经理:主要负责订单审核。

营销业务员甲:主要负责销售订单录入。

营销业务员乙:主要负责销售发票录入和回款登记。

生产计划员:主要负责开工通知单下达和产成品出库。

(2) 业务流程　订单管理业务流程如图 5-6 所示。

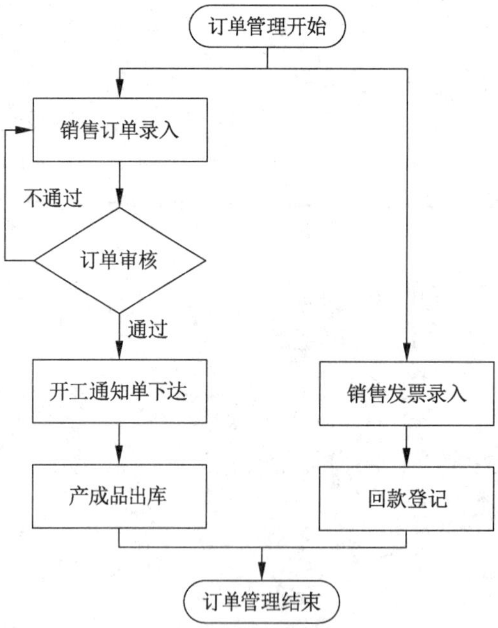

图 5-6　订单管理业务流程

① 营销业务员甲录入销售订单。

② 营销部经理对销售订单进行审核。

③ 企业收到销售发票后,营销业务员乙将其录入系统。

④ 企业收到汇款后,营销业务员乙进行回款登记。

⑤ 生产计划员下达开工通知单。

⑥ 生产计划员完成产成品出库。

5.1.4 实验参考数据

(1) 销售订单 从以下销售合同中至少选择3条合同信息进行录入。

① 广州船舶贸易公司购买6G1624型柴油机2台。

合同编号:HT2017-01;

单价:650 000元;

签订日期:2017年2月23日;

交货日期:2017年6月30日;

签订地点在广州;以现金的方式结算;销售方式为现销;该公司的客户代表为刘峰。

② 常州袁海船用设备有限公司购买6G1624型柴油机4台。

合同编号:HT2017-02;

单价:550 000元;

签订日期:2017年2月5日;

交货日期:2017年5月4日;

签订地点在常州;以支票的方式结算;销售方式为分期收款;该公司的客户代表为王方。

备注:买方应在合同生效后30天内付给卖方合同总价20%的预付款。

③ 浙江船舶配套科技公司购买6G16306型柴油机2台。

合同编号:HT2017-03;

单价:600 000元;

签订日期:2017年2月2日;

交货日期:2017年4月10日;

签订地点在舟山;以银行存款的方式结算;销售方式为现销;该公司的客户代表为李青山。

④ 苏州船舶设备制造有限公司购买7G2330型柴油机2台。

合同编号:HT2017-04;

单价:650 000元;

签订日期:2017年2月13日;

交货日期:2017年7月20日;

签订地点在苏州;以银行存款的方式结算;销售方式为现销;该公司的客户代表为李大银。

⑤ 无锡船舶设备有限公司购买6G1624型柴油机4台。

合同编号:HT2017-05;

单价:450 000元;

签订日期:2017年2月24日;

交货日期:2017年10月;

签订地点在无锡;以汇票的方式结算;销售方式为分期收款;该公司的客户代表为胡燕芳。

(2) 销售发票　从以下销售发票中至少选择 3 条发票内容进行录入。

① 2017－02－25,为广州船舶贸易公司开具增值税专用发票。

发票编号:08084001;

产品:6G1624 型柴油机;

数量:2 台;

税率:17%;

价税合计:1 300 000 元。

② 2017－02－05,为常州袁海船用设备有限公司开具增值税专用发票。

发票编号:08084002;

产品:6G1624 型柴油机;

数量:4 台;

税率:17%;

价税合计:2 200 000 元。

③ 为浙江船舶配套科技公司开具增值税专用发票。

发票编号:08084003;

产品:6G16306 型柴油机;

数量:2 台;

税率:17%;

价税合计:1 200 000 元。

④ 为苏州船舶设备制造有限公司开具增值税专用发票。

发票编号:08084004;

产品:7G2330 型柴油机;

数量:2 台;

税率:17%;

价税合计:1 300 000 元。

(3) 回款管理　要求全部录入。

① 2017 年 2 月 28 日,广州船舶贸易公司以支票形式支付合同"HT2017－01"预付款 260 000 元。

② 2017 年 2 月 8 日,常州袁海船用设备有限公司支付 6G1624 型柴油机合同预付款 440 000 元,并于 2017 年 2 月 25 日将付进度款(660 000 元)。

③ 2017 年 2 月 15 日,浙江船舶配套科技公司一次付清合同款 1 200 000 元。

④ 2017 年 2 月 27 日,苏州船舶设备制造有限公司支付合同预付款 910 000 元。

(4) 开工通知单　要求至少选择 3 条开工通知单信息录入。

① 合同编号:HT2017－01;

工程信息:GC160009　广州船舶 ccs;

开工日期:2017 年 3 月 23 日;

完工日期:2017 年 5 月 30 日。

② 合同编号:HT2017－02;
工程信息:GC160002　江苏船舶 ccs;
开工日期:2017 年 2 月 25 日;
完工日期:2017 年 4 月 27 日。
③ 合同编号:HT2017－03;
工程信息:GC160005　浙江船舶 ccs;
开工日期:2017 年 2 月 22 日;
完工日期:2017 年 3 月 11 日。
④ 合同编号:HT2017－04;
工程信息:GC160002　江苏船舶 ccs;
开工日期:2017 年 3 月 23 日;
完工日期:2017 年 7 月 1 日。
⑤ 合同编号:HT2017－05;
工程信息:GC160002　江苏船舶 ccs;
开工日期:2017 年 4 月 15 日;
完工日期:2017 年 9 月 23 日。

(5) 产成品出库　要求至少选择 3 条产成品出库信息进行录入。

① 合同编号:HT2017－01;
开单日期:2017 年 6 月 10 日;
出库日期:2017 年 6 月 15 日;
产品信息:6G1624 型柴油机;
请发数:2 台;
实发数:2 台;
单价:650 000 元。
② 合同编号:HT2017－02;
开单日期:2017 年 4 月 9 日;
出库日期:2017 年 4 月 14 日;
产品:6G1624 型柴油机;
请发数:4 台;
实发数:4 台;
单价:550 000 元。
③ 合同编号:HT2017－03;
开单日期:2017 年 3 月 26 日;
出库日期:2017 年 3 月 26 日;
产品:6G16306 型柴油机;
请发数:2 台;
实发数:2 台;
单价:600 000 元。

④ 合同编号:HT2017－04;
开单日期:2017 年 7 月 11 日;
出库日期:2017 年 7 月 13 日;
产品:7G2330 型柴油机;
请发数:2 台;
实发数:2 台;
单价:650 000 元。
⑤ 合同编号:HT2017－05;
开单日期:2017 年 9 月 26;
出库日期:2017 年 9 月 29 日;
产品:6G1624 型柴油机;
请发数:4 台;
实发数:4 台;
单价:450 000 元。

5.1.5 实验步骤

进入生产部的实验场景后,根据任务卡提示及小助手与角色的对话内容接收实验任务,如图 5-7 所示。

图 5-7 进入"订单管理"实验

步骤 1 销售订单录入

销售合同是购销双方签署的、确认购销活动的标志。

(1) 接收任务 根据任务卡提示与营销业务员甲进行对话,接收任务,如图 5-8 所示。

图 5-8　与营销业务员甲对话

（2）完成销售订单录入　单击任务卡打开“销售订单”界面，如图 5-9 所示。

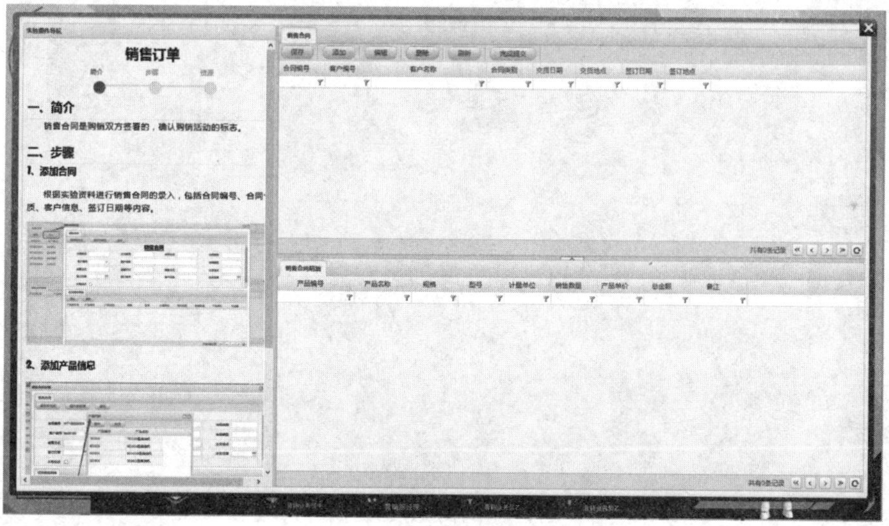

图 5-9　销售订单

图 5-9 中，销售订单录入界面上方是销售合同列表，下方是销售合同的明细。销售合同数据项说明如下：

- 合同编号：签订正式合同后所编制的合同编号，由用户定义。
- 客户编号/名称：签订销售订单、销售货物所指向的单位编号和名称。
- 合同类别：当合同内的产品类别相同时，在此设置合同类别（直接出口、间接出口、国内）。
- 交货日期：向购货单位交货的日期，作为制订生产计划的依据。交货日期必须至少晚于单据签订日期。
- 交货地点：该笔业务交货的地点，根据实际情况手工录入。

- 签订日期和签订地点:合同的签订日期和签订地点。
- 产品编号、产品名称/规格/型号/计量单位:合同所销售货物的产品代码、名称、规格型号等信息,从产品代码中选择,用户不能修改。
- 销售数量:当前产品按当前所选单位计量的订货数量。
- 产品单价:当前产品的销售价格。
- 总金额:当前产成品的销售金额,系统采用以下公式计算得出:金额 = 单价 × 数量。

用户操作场景中的学生角色进行营销业务员甲完成销售订单录入的岗位体验,操作步骤如下:

① 添加合同:单击工具栏上的【添加】按钮,新增一张空白销售合同,根据实验资料进行销售合同的录入,如图 5-10 所示。

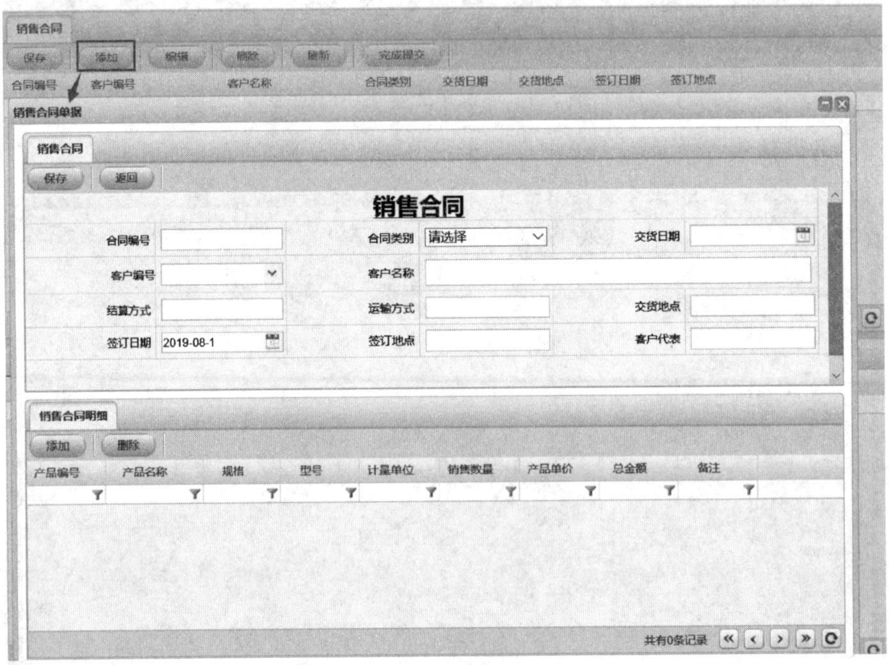

图 5-10 添加销售合同

② 选择客户信息:单击"客户编号"的下拉按钮,弹出"客户代码表",选择一条客户信息,单击【选中】按钮,如图 5-11 所示。

图 5-11 添加客户信息

③ 添加产品信息：单击“销售合同明细”标签页的【添加】按钮，添加一条产品信息，如图 5-12 所示。

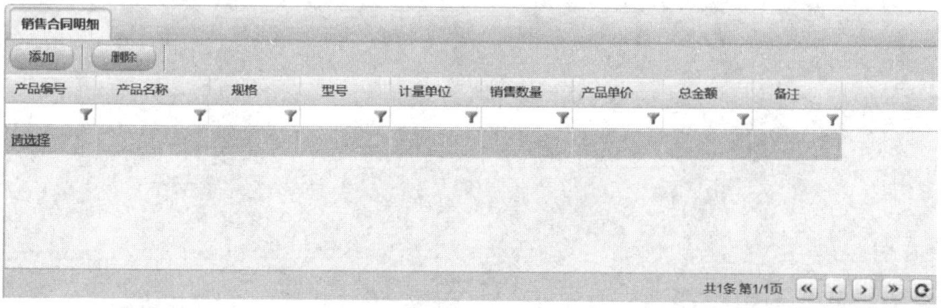

图 5-12 添加产品信息

单击“产品编号”列的“请选择”，弹出“产品代码”窗口，单击选择一条产品信息，并单击【选中】按钮，将选中的产品信息读取到销售明细数据行中，根据实验资料依次填写产品规格、计量单位、物料类型、销售数量、产品单价等信息，如图 5-13 所示。

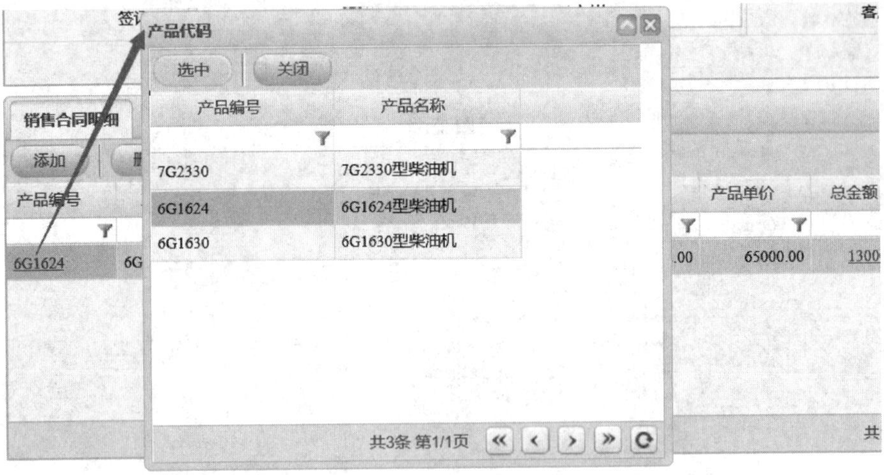

图 5-13　选择产品信息

④ 保存:销售合同编制完成后,单击【保存】按钮,保存销售合同信息,并关闭当前销售合同编制界面,如图 5-14 所示。

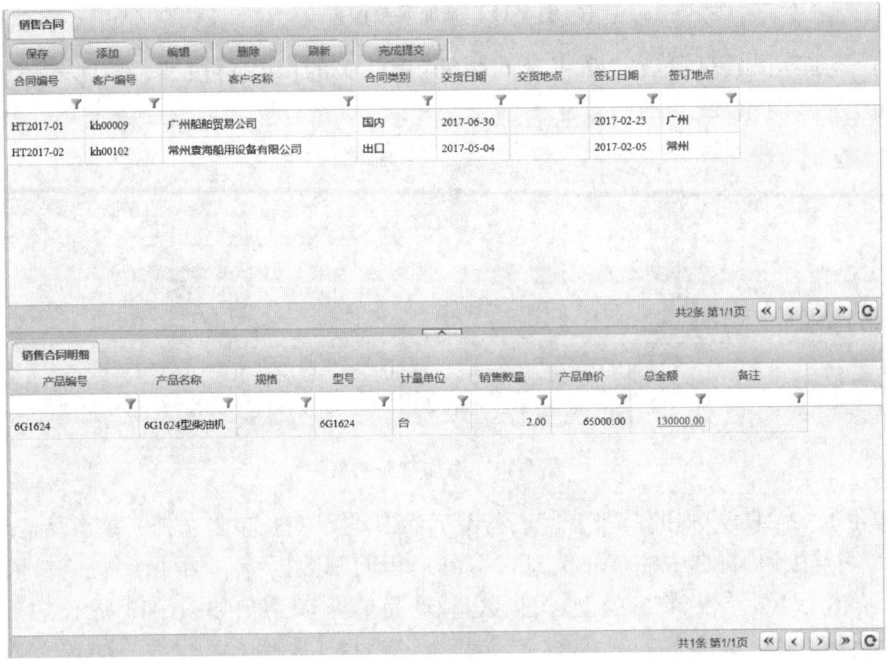

图 5-14　保存销售合同

⑤ 完成提交:单击【完成提交】按钮,确认当前步骤已完成,然后单击右上角的【关闭】按钮关闭当前窗口,进入下一个实验步骤的操作。

注　意

① 编辑合同。选择需要修改的销售合同，单击销售合同工具栏上的【编辑】按钮，进入该销售合同编辑界面即可修改订单合同的基本信息和明细信息。

② 删除产品信息。选中需要删除的产品信息，单击销售合同明细工具栏上的【删除】按钮即可删除。

③ 删除合同。选择需要删除的采购合同，单击工具栏上的【删除】按钮即可删除。

④ 已审核的销售合同不允许编辑和删除，合同信息显示为红色标识。如因业务需要，需修改已审核的合同，则先对其进行撤销审核操作。

步骤2　订单审核

销售订单需经审核后，才能安排生产任务。

(1) 接收任务　根据任务卡提示与营销部经理进行对话，接收任务，如图5-15所示。

图5-15　与营销部经理对话

(2) 进行销售订单审核　单击任务卡打开"订单审核"界面，如图5-16所示。图5-16中，销售订单合同审核界面上方为销售合同列表，下方是销售合同的明细。

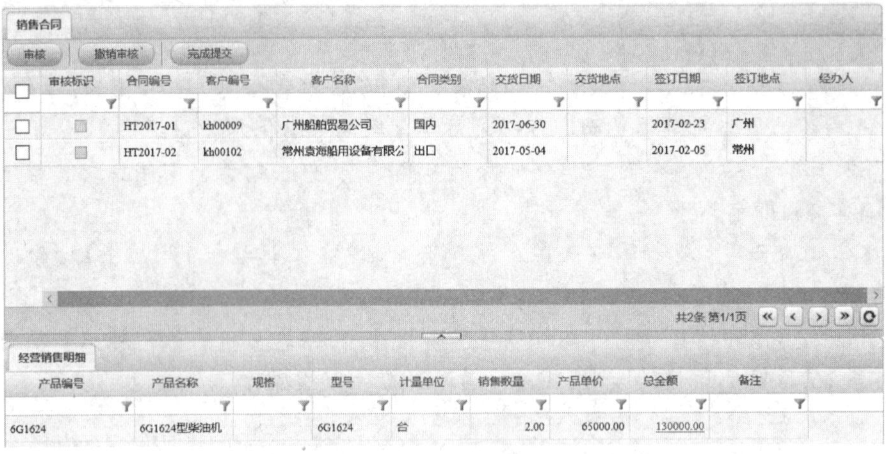

图 5-16　订单审核

用户操作场景中的学生角色进行营销部经理审核销售订单的岗位体验，操作步骤如下：

① 审核：选择合同，单击【审核】按钮，审核订单信息，如图 5-17 所示。

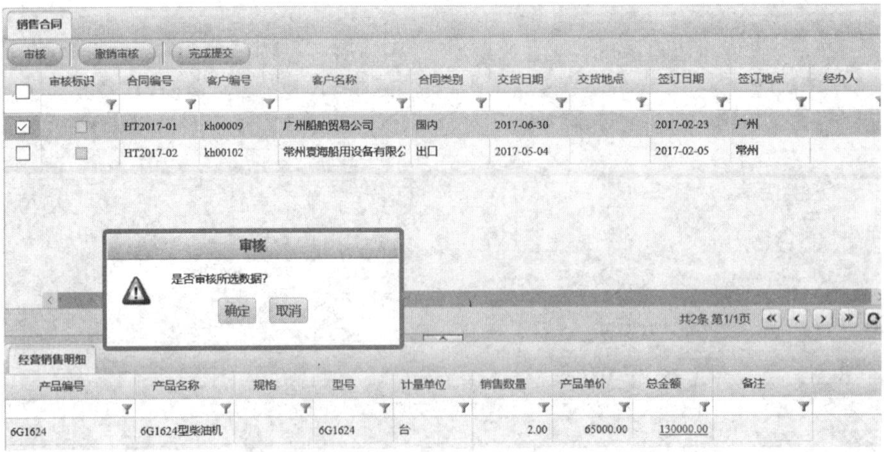

图 5-17　审核订单信息

审核成功的订单信息，审核状态为"√"，该订单信息标记为红色，如图 5-18 所示。本实验要求将所有订单审核完毕。

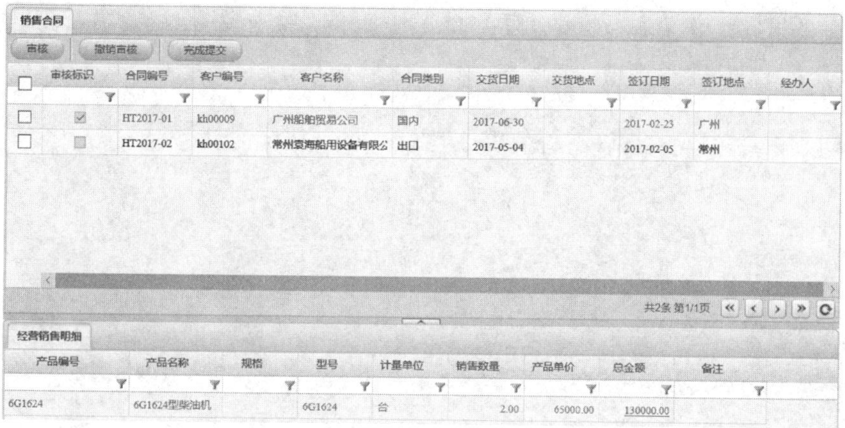

图 5-18　审核成功

② 完成提交：单击【完成提交】按钮，确认当前步骤已完成，然后单击右上角的【关闭】按钮关闭当前窗口，进入下一个实验步骤的操作。

注　意

① 撤销审核：选中需要撤销审核的订单数据，单击工具栏上的【撤销审核】按钮即可。

② 已经下达生产任务的合同不能撤销审核。

步骤 3　销售发票录入

销售发票是一种用来表明已销售商品的规格、数量、价格、销售金额、运费和保险费、开票日期、付款条件等内容的凭证。

（1）接收任务　根据任务卡提示与营销业务员乙进行对话，接收任务，如图 5-19 所示。

图 5-19　与营销业务员乙对话

（2）根据实验数据录入销售发票　单击任务卡实验步骤“销售发票”，打开操作界面，如图 5-20 所示。

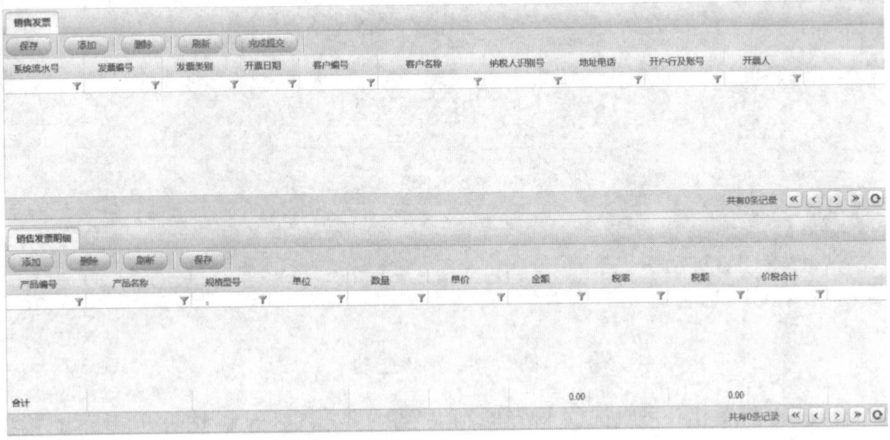

图 5-20　销售发票

图 5-20 中，界面上方为“销售发票”，可查看发票的基本信息；下方为“销售发票明细”。销售发票数据项说明如下：

- 系统流水号：系统自动生成发票的流水编号。
- 发票编号：销售发票申请单的编号。
- 发票类别：发票的分类，为可选项。系统提供普通发票、专用发票两种发票类别。
- 价税合计：发票中金额和税额的合计数（为含税金额）。

用户操作场景中的学生角色完成营销业务员乙执行销售发票录入的岗位体验，操作步骤如下：

① 新增空白发票数据行：单击【添加】按钮，新增一条发票信息，系统自动生成发票流水号，发票类别默认为普通发票，如图 5-21 所示。

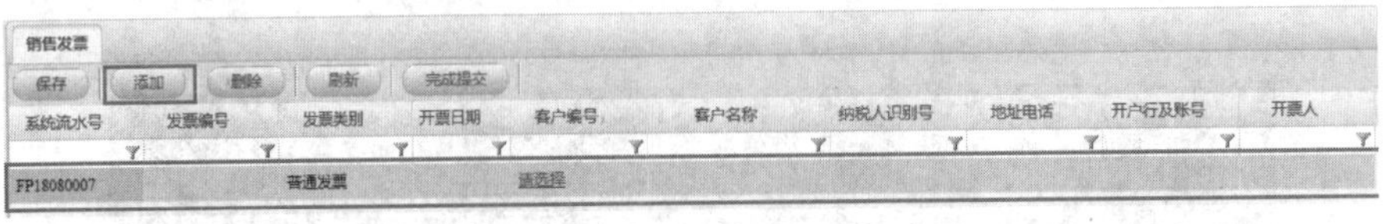

图 5-21　新增发票

② 填写发票的基本信息：选择开票日期和客户信息，并填写纳税人识别号等信息，如图 5-22 所示。

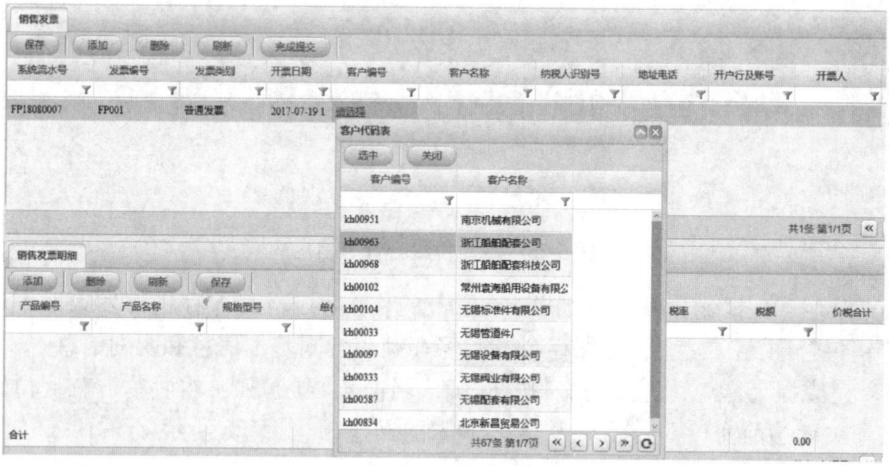

图 5-22 选择客户信息

③ 添加产品信息:单击【添加】按钮,新增一条产品信息,如图 5-23 所示。

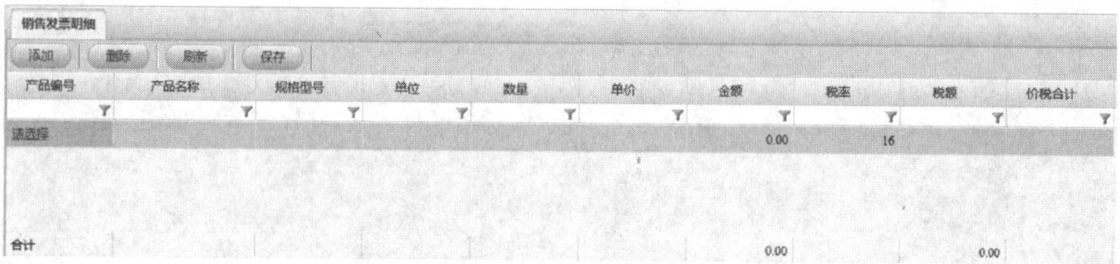

图 5-23 添加产品信息

④ 选择产品信息:单击“产品编号”列的“请选择”弹出“产品代码”选择界面,选择一条产品信息,单击【选中】按钮,将产品信息读取到产品信息相关列表中,如图 5-24 所示。

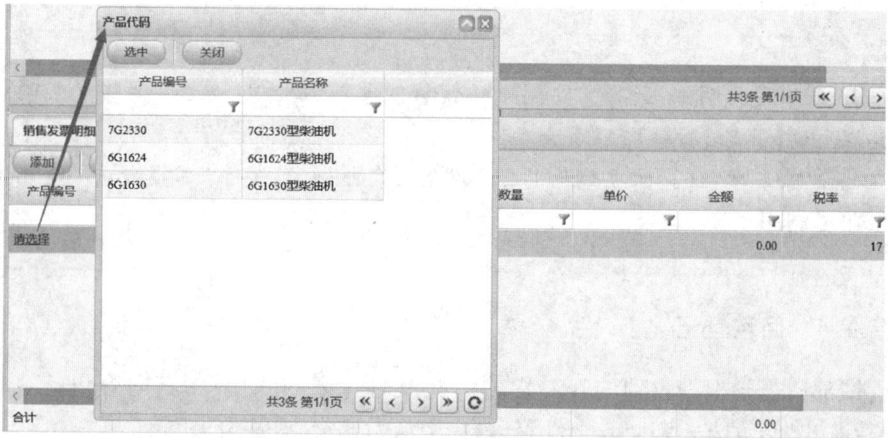

图 5-24 选择产品信息

⑤ 填写产品数量和价税合计金额:产品单价、金额和税额根据公式计算得出,如图 5-25 所示。

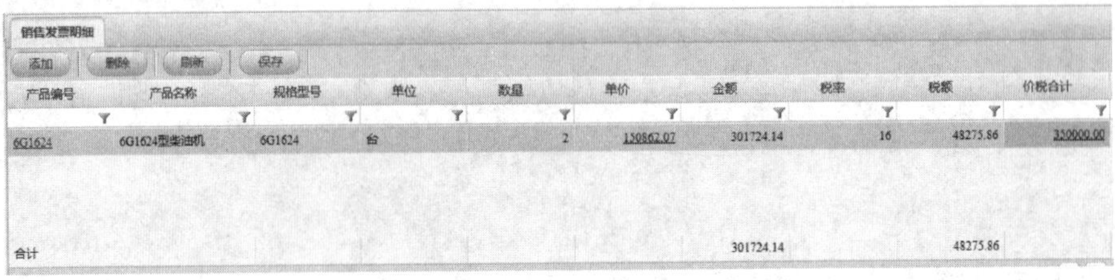

图 5-25　填写价税合计等信息

⑥ 保存：单击“销售发票明细”工具栏上的【保存】按钮，保存销售发票明细信息。单击“销售合同”工具栏上的【保存】按钮，保存销售合同基本信息和明细信息。

⑦ 完成提交：单击【完成提交】按钮，确认当前步骤已完成，然后单击右上角的【关闭】按钮关闭当前窗口，进入下一个实验步骤的操作，如图 5-26 所示。

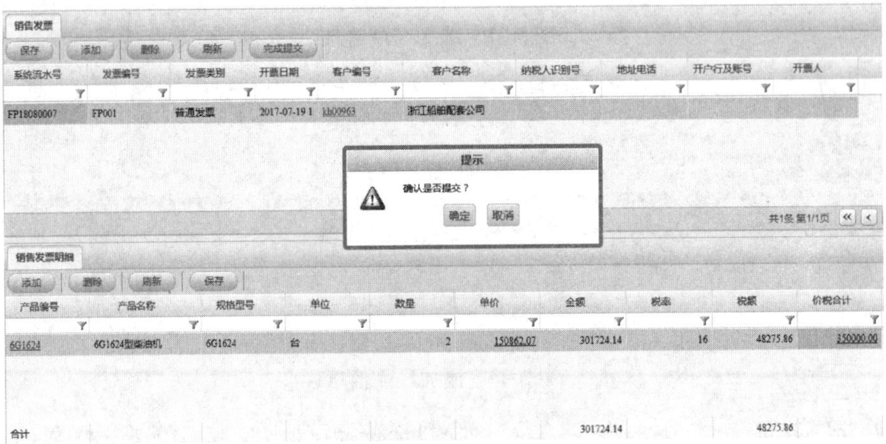

图 5-26　提交发票信息

注　意

① 删除发票明细：选择需要删除的销售发票明细信息，单击“销售发票明细”工具栏上的【删除】按钮即可删除。

② 删除发票：选择需要删除的销售发票，单击“销售发票”工具栏上的【删除】按钮即可删除。

步骤 4　回款登记

营销部门需要根据收到的客户货款情况及时登记回款信息，其内容包括客户、部门、银行账户、结算方式和回款金额等信息，确认后递交财务部门审核。

(1) 接收任务　根据任务卡提示与营销业务员乙进行对话，接收任务，如图 5-27 所示。

图 5-27　与营销业务员乙对话

（2）根据实验资料进行回款登记　单击任务卡实验步骤“回款管理”，打开操作界面，如图 5-28 所示。

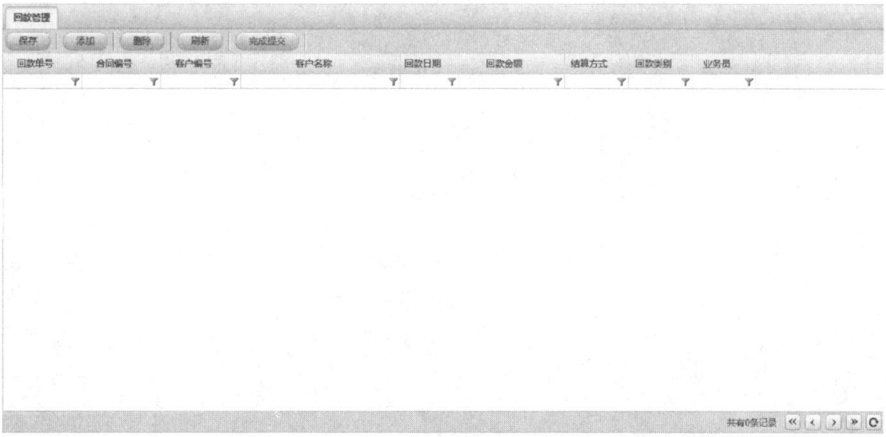

图 5-28　回款管理

图 5-28 中，“回款管理”界面显示回款登记信息。回款管理数据项说明如下：

➢ 回款单号：回款单的唯一标识号，保存时系统自动产生，作为该回款的检索标识。
➢ 合同编号/客户编号/客户名称：回款合同基本信息。
➢ 回款日期/金额：合同回款的日期和金额。
➢ 结算方式：回款结算方式，系统提供支票、汇票、现金、银行转账四种方式。
➢ 回款类别：分为预付款、进度款、尾款和货款四种类别。

用户操作场景中的学生角色完成营销业务员乙执行回款登记的岗位体验，操作步骤如下：

① 添加空白回款数据行：单击工具栏上的【添加】按钮，新增一条回款记录，系统自动生成回款单号，结算方式默认为支票，回款类别默认为预付款，业务员默认为营销业务员乙，如图 5-29 所示。

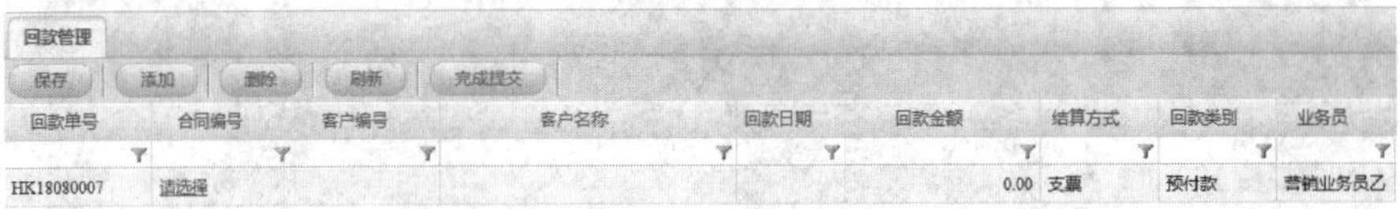

图 5-29　添加回款记录

② 保存：单击工具栏上的【保存】按钮，提交回款信息。

③ 完成提交：单击【完成提交】按钮，确认当前步骤已完成，然后单击右上角的【关闭】按钮关闭当前窗口，进入下一个实验步骤的操作，如图 5-30 所示。

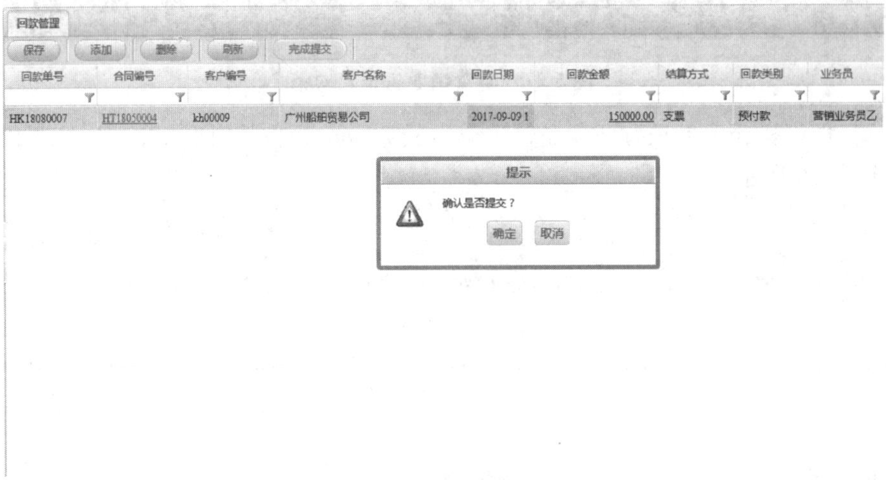

图 5-30　提交回款信息

注　意

删除回款信息：如果有登记错误的回款信息，则选中后单击工具栏上的【删除】按钮即可删除。

步骤 5　开工通知单下达

对于审核后的订单合同，企业根据计划排产下达开工通知单，生产部门在接到任务后开始组织生产。

(1) 接收任务　根据任务卡提示到生产部门与生产计划员进行对话，接收任务，如图5-31所示。

图5-31　与生产计划员对话

(2) 完成开工通知单下达　单击任务卡实验步骤“开工通知单”，打开操作界面，如图5-32所示。

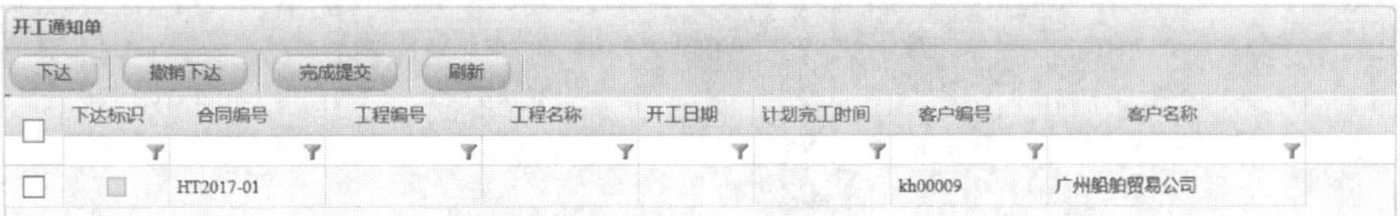
开工通知单

下达　撤销下达　完成提交　刷新

	下达标识	合同编号	工程编号	工程名称	开工日期	计划完工时间	客户编号	客户名称
□	□	HT2017-01					kh00009	广州船舶贸易公司

图5-32　开工通知单

图5-32中，界面显示等待开工的订单合同信息。开工通知单数据项说明如下：

➢ 开工日期：该订单合同生产的开始日期。

➢ 计划完工时间：计划完成的生产时间。

用户操作场景中的学生角色完成生产计划员下达开工通知单的岗位体验，操作步骤如下：

① 下达开工通知单：选择需要开工的销售合同，单击工具栏上的【下达】按钮，进入开工通知单的编辑界面，如图5-33所示。

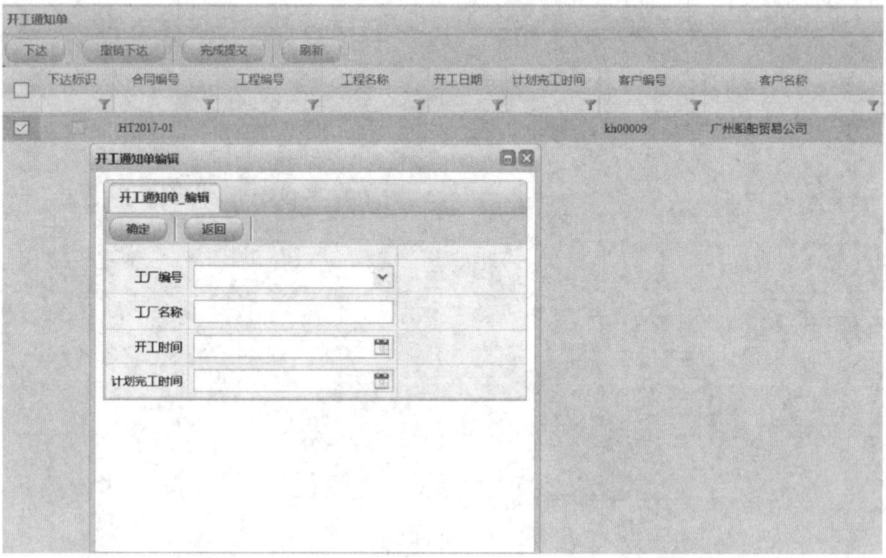

图 5-33 开工通知单

② 填写开工通知单内容:根据实验数据选择对应的工程信息,填写开工日期和计划完工日期,编辑完成后,单击【确定】按钮,保存开工通知单信息,如图 5-34 所示。

图 5-34 填写开工通知单

③ 完成提交:已下达的开工通知单信息颜色为蓝色,并添加下达标识"√",如图 5-35 所示。单击【完成提交】按钮,确认当前步骤已完成,然后单击右上角的【关闭】按钮关闭当前窗口,进入下一个实验步骤的操作。

图 5-35 已下达开工通知单

注 意

① 如果需要对已下达开工通知单但尚未开工的销售合同进行撤销，则单击工具栏上的【撤销下达】按钮，进行撤销操作，如图5-36所示。

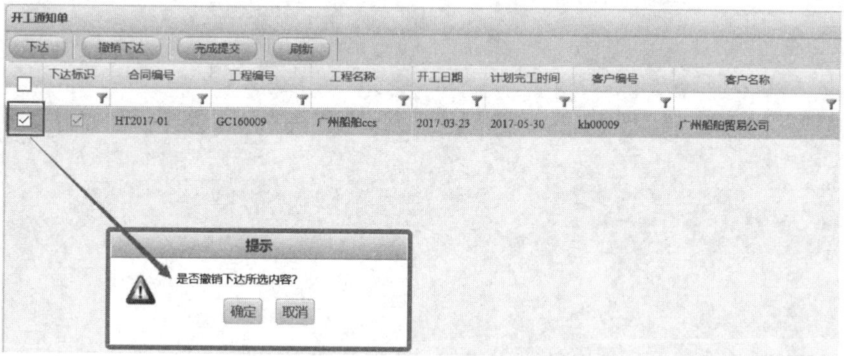

图5-36 撤销下达

② 已进行生产的销售合同的开工通知单不允许撤销。

步骤6 产成品出库

产品出库单又叫发货单，是确认产品出库的原始单据，也是财务人员据以记账的重要原始凭证之一。

（1）接收任务 根据任务卡提示与生产计划员进行对话，接收任务，如图5-37所示。

图5-37 与生产计划员对话

（2）完成产成品出库 单击任务卡实验步骤“产成品出库”，打开操作界面，如图5-38所示。

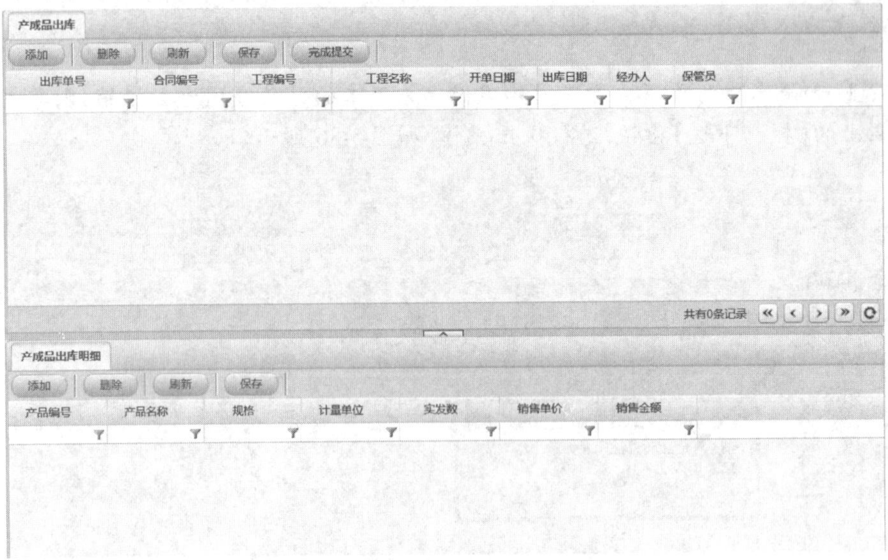

图 5-38　产成品出库

图 5-38 中,界面显示的是产成品出库信息填写界面,上方为“产成品出库”的基本信息,下方为“产成品出库明细”。产成品出库数据项说明如下:

- 出库单号:出库单的编号,由系统自动生成。
- 合同编号:入库产品的合同编号。
- 开单日期:单据的录入日期。
- 工程编号/名称:生产部门按工程编号组织生产,设置工程编号的目的是便于售后服务和质量跟踪。
- 产品信息:出库产品的编号、名称、规格、型号、计量单位等信息。
- 实发数:当前产品发货的实际数量,在产品实发出库时由保管员填写。

用户操作场景中的学生角色进行生产计划员执行产成品出库的岗位体验,操作步骤如下:

① 添加出库单:单击【添加】按钮,新增一张空白出库单,如图 5-39 所示。根据实验资料选择合同编号,选择开单类别、出库日期,选择销售类型和工程信息,填写经办人和保管员信息。

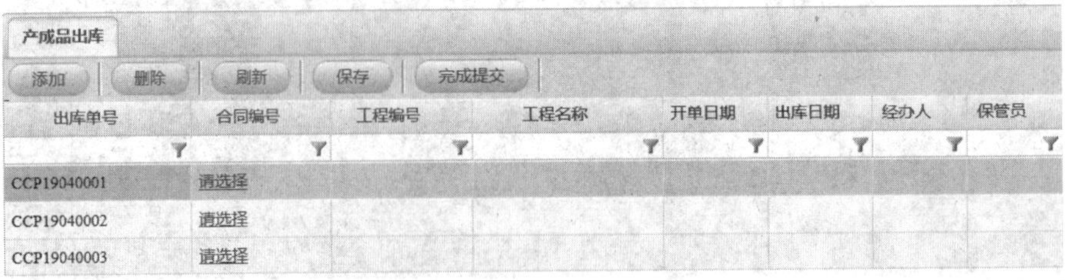

图 5-39　添加出库单

② 录入产成品出库明细信息:选择一条产成品出库单信息,单击界面下方“产成品出库明细”界面中的【添加】按钮,新增一行空白产品明细信息行,单击“产品编号”列的

"请选择"弹出"产品代码"选择界面。在此界面上选中一条产品代码并单击【选中】按钮进行选择,如图5-40所示。然后在"产成品出库明细"界面填写请发数、实发数、销售单价和销售金额等信息。

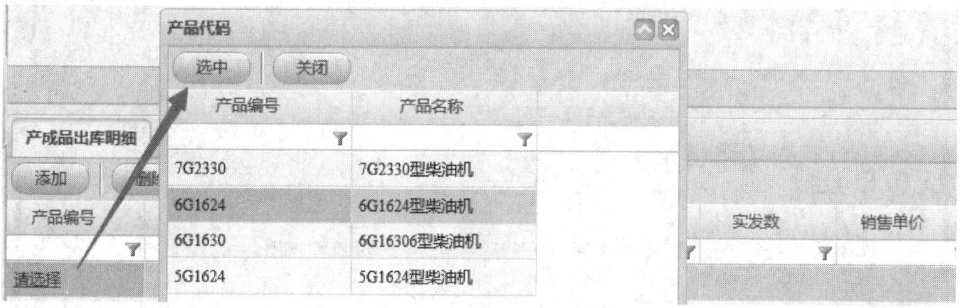

图5-40 选择产品代码

③ 保存:单击【保存】按钮,保存当前编制的出库单内容,如图5-41所示。

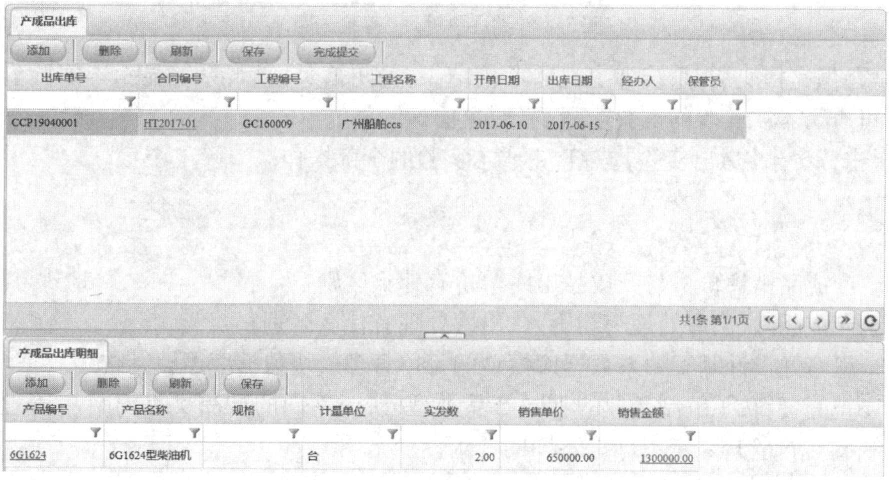

图5-41 保存出库单内容

④ 完成提交:单击【完成提交】按钮,确认当前步骤已完成,然后单击右上角的【关闭】按钮关闭当前窗口,进入下一个实验步骤的操作。

注 意

① 选择需要删除的产成品出库明细信息,单击"产成品出库明细"工具栏上的【删除】按钮即可删除。

② 选择需要删除的产成品出库信息,单击"产成品出库"工具栏上的【删除】按钮即可删除。

步骤7 实验试题考核

单击任务卡【实验考核】按钮,进入实验试题考核,如图5-42所示。

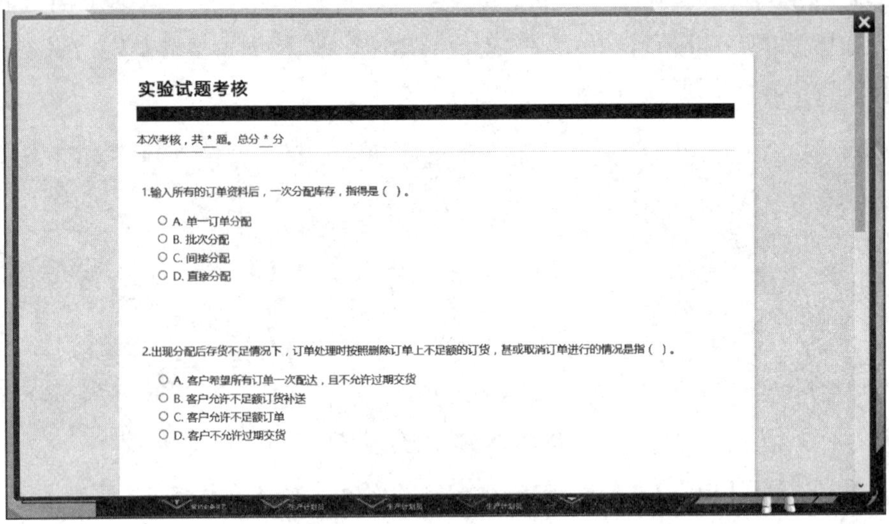

图 5-42 “订单管理”实验试题

试题做完提交后，系统弹出试题考核结果，关闭该页面后，系统显示本实验的统计分析，可查看本次实验的实验步骤积分、时长等信息。

单击任务卡【退出实验】按钮，完成本实验的全部操作。

5.1.6 思考题

① 产成品销售价格与产成品出库单价有什么区别？

② 产成品入、出库处理与物资入、出库处理有什么区别？

③ 思考并设计基于关系数据库模型的订单管理模块数据库逻辑结构。

④ 查阅资料，了解制造业的不同产品类型，谈谈不同的产品类型对订单管理有什么影响，对生产管理系统有什么不同的要求。

5.2 产品结构数据管理

产品结构树是描述某一产品的物料及各部分文件组成的层次结构树状图。它是将产品数据管理中的零部件信息，结合各个零部件之间的层级关系，组成一种有效的属性管理结构，一般在产品数据管理系统（PDM）中描述和定义。

5.2.1 实验目的

① 进行产品结构维护业务的操作，熟悉企业技术部实际开展产品数据管理的业务场景，通过角色扮演模拟技术结构部门中各个岗位职员履行职责的场景，了解产品结构维护任务的业务逻辑。

② 完成产品结构查询、维护，零部件结构借用和产品结构审核等业务的操作。

5.2.2 实验原理

设计人员除了绘制零件的结构图之外，还要填写零件的图号、名称、材质、单重（零件的理论重量）和零件尺寸等信息；如果是一个部件图，还需要编制明细栏，明细栏数据中注明部件的结构组成零件，包括零件的图号、名称、组成数量、材质、单重、尺寸等信息。明细栏数据中的零件也可能是一个部件，可以通过部件的图号查找该部件的结构图。

5.2.3　实验知识点

（1）组织机构　本实验“产品结构数据管理”业务由技术部完成，涉及的岗位角色如下：

结构设计员：负责产品结构查询、产品结构维护、零部件结构借用、产品结构审核。

（2）业务流程　产品结构数据管理业务流程如图5-43所示。

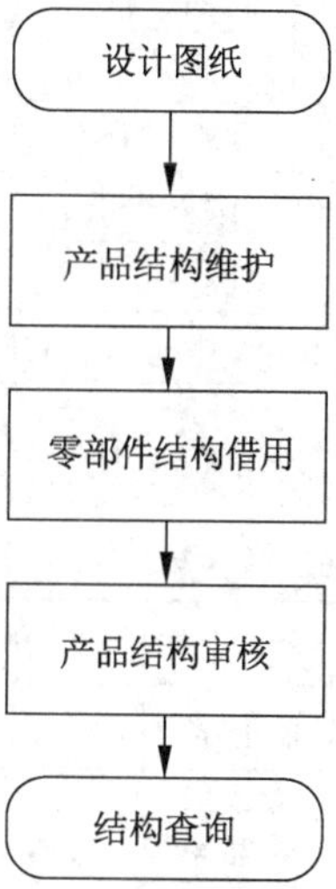

图5-43　产品结构数据管理业务流程

① 结构设计师依据设计图纸，对产品结构进行维护。

② 结构设计师在产品结构维护过程中，对于与其他产品相同的零部件，可以进行借用，避免重复劳动。

③ 产品结构完成后，结构设计师进行产品结构审核。

5.2.4　实验参考数据

（1）基础数据　产品结构树是描述某一产品的物料组成及各部分文件的层次结构树状图。它是将产品数据管理中的零部件信息，结合各个零部件之间的层级关系，组成一种有效的属性管理结构，一般在产品数据管理系统（PDM）中描述和定义。其由产品装配系统图、产品零部件明细表（包括通用件、标准件、自制件、外购件、外协件、原材料）产生。

（2）实验录入数据

① 产品结构维护：根据表5-1的内容，补充曲轴产品结构信息。

表 5-1　产品结构维护零部件

属性	零部件件号	零部件图号	零部件名称	材料	计量单位	结构数量	零部件来源
部件	07	pz－010712	曲轴			1	部套
零件	0007－0001	pz－CDG－4－P	O 形圈		件	1	自制件
零件	0007－0002	pz－14814002	平衡块	16Mn	件	6	自制件
零件	0007－0003	pz－14814003	螺柱	30Cr2MoV	件	6	自制件
零件	0007－0004	pz－14814004	螺塞	35	件	8	自制件
零件	0007－0005	pz－14814005	节流螺塞	35	件	1	自制件
零件	0007－0006	pz－14814006	齿轮	12CrNi2	件	1	自制件
零件	0007－0007	pz－14814007	螺栓	30Cr2MoV	件	8	自制件
零件	0007－0008	pz－010713－0	曲轴装置		件	1	自制件
零件	0007－0008－0001	pz－010713	曲轴		件	1	自制件
零件	0007－0008－0002	pz－9878009	圆柱销		件	1	外购件
零件	0007－0008－0003	pz－9878010	圆柱销		件	24	外购件
零件	0007－0008－0004	pz－9878011	圆柱销		件	1	外购件
零件	0007－0008－0005	pz－14810203	螺母	30Cr2MoV	件	12	自制件

② 产品结构借用:零部件结构的复制、借用(表 5-2)。

表 5-2　产品结构借用零部件

属性	零部件件号	零部件图号	零部件名称	材料	计量单位	结构数量	零部件来源
部件	0003	pz－14836004	曲轴轴承			1	部套

本次实验借用零部件为“0003　曲轴轴承”;零部件图号:pz－14836004。

5.2.5　实验步骤

进入技术部门的实验场景后,根据任务卡提示及小助手与角色的对话内容接收实验任务,如图 5-44 所示。

图 5-44　进入“产品结构数据管理”实验

步骤1 产品结构查询

通过产品结构的查询，可以很清晰地了解产品的组成及层次结构关系。在产品结构设计中，一个产品由若干零部件组成，一个零部件由若干零件组成。一个零部件由图号、名称、材料、组成部件的数量及其他一些属性构成。

（1）接收任务　根据任务卡提示与结构设计员进行对话，接收任务，如图5-45所示。

图5-45　与结构设计员对话

（2）了解产品结构管理知识　单击任务卡观看“产品结构管理”微课，如图5-46所示。

图5-46　“产品结构管理”微课

（3）完成产品结构管理查询　单击任务卡打开“产品结构查询”界面，如图5-47所示。

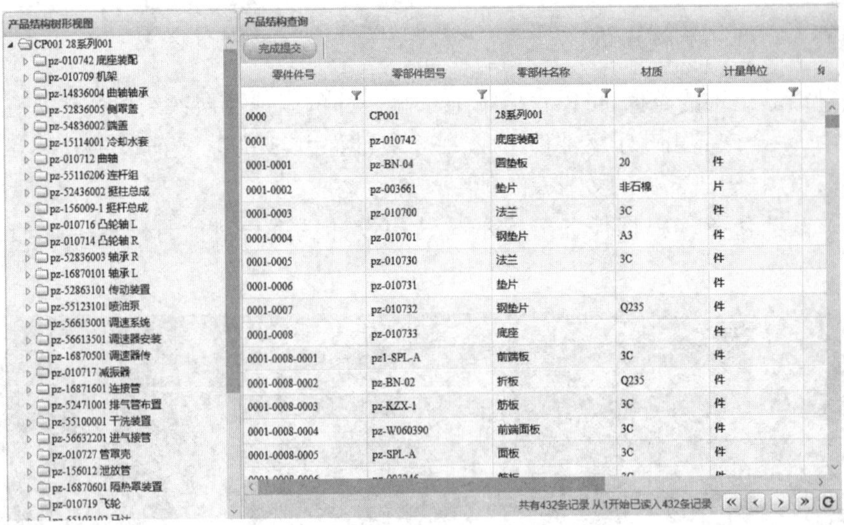

图 5-47　产品结构查询

图 5-47 中，界面左侧为产品结构的部件图号，右侧为产品结构数据查询界面。

用户操作场景中的学生角色进行结构设计员执行产品结构查询的岗位体验，操作步骤如下：

① 查询结构：选中界面左侧产品结构树中的部件图号，右侧窗口则对应显示所选部件图号的组成结构及组成部件图号的零件。

② 完成提交：单击【完成提交】按钮，确认当前步骤已完成，然后单击右上角的【关闭】按钮关闭当前窗口，进入下一个实验步骤的操作。

步骤 2　产品结构维护

产品结构树以树视图方式描述产品结构，树中根节点表示产品，各结点分别表示部件或组件，叶结点表示零件。

(1) 接收任务　根据与结构设计员的对话内容，接收任务，如图 5-48 所示。

图 5-48　与结构设计员对话

（2）完成对产品结构的维护 单击任务卡实验步骤“产品结构维护”，打开操作界面，如图5-49所示。

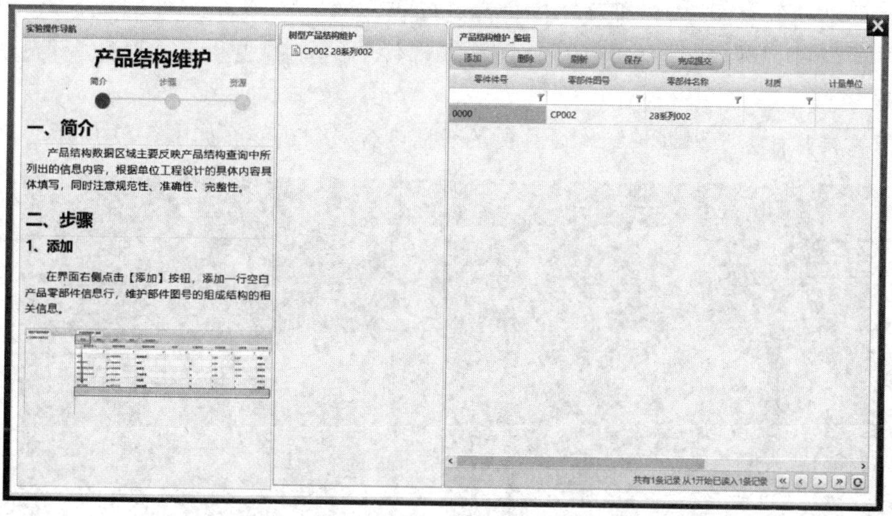

图5-49 产品结构维护

用户操作场景中的学生角色进行结构设计员执行产品结构维护的岗位体验，操作步骤如下：

① 添加零件：在图5-49所示界面中间的产品结构树中选择节点，右侧界面中单击【添加】按钮，添加一行空白产品零部件信息行，维护部件图号的组成结构相关信息。保存后，左侧产品结构树刷新对应的零部件结构信息。

② 完成提交：单击【完成提交】按钮，确认当前步骤已完成，如图5-50所示。单击右上角的【关闭】按钮关闭当前窗口，进入下一个实验步骤的操作。

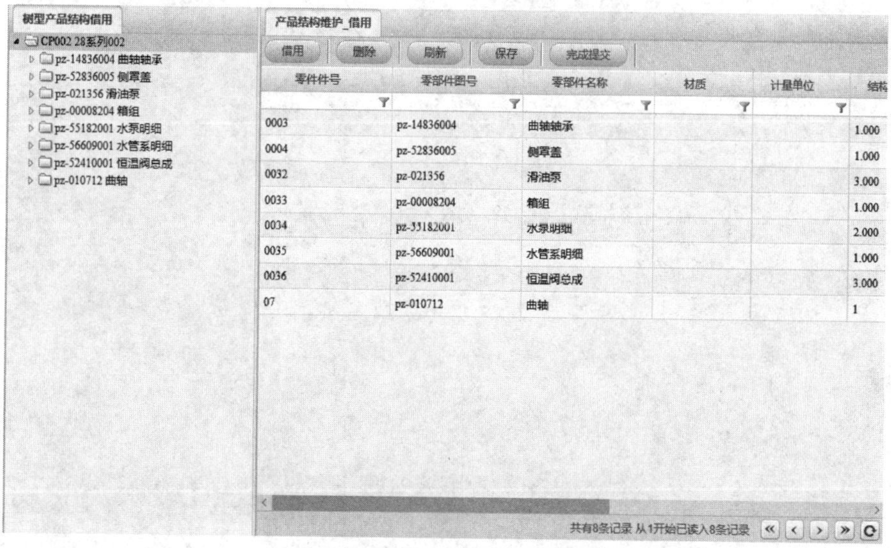

图5-50 产品结构维护完成提交

步骤 3　零部件结构借用

零件结构的复制、借用是在不同产品之间存在的比较普遍的现象，也是减少结构描述工作量的一种途径。借用的同时，将零部件的结构组成和零件属性等信息一并借用。

（1）接收任务　根据与结构设计员的对话内容，接收任务，如图 5-51 所示。

图 5-51　与结构设计员对话

（2）完成零部件结构借用　单击任务卡实验步骤“零部件结构借用”，打开“产品结构维护_借用”操作界面，如图 5-52 所示。

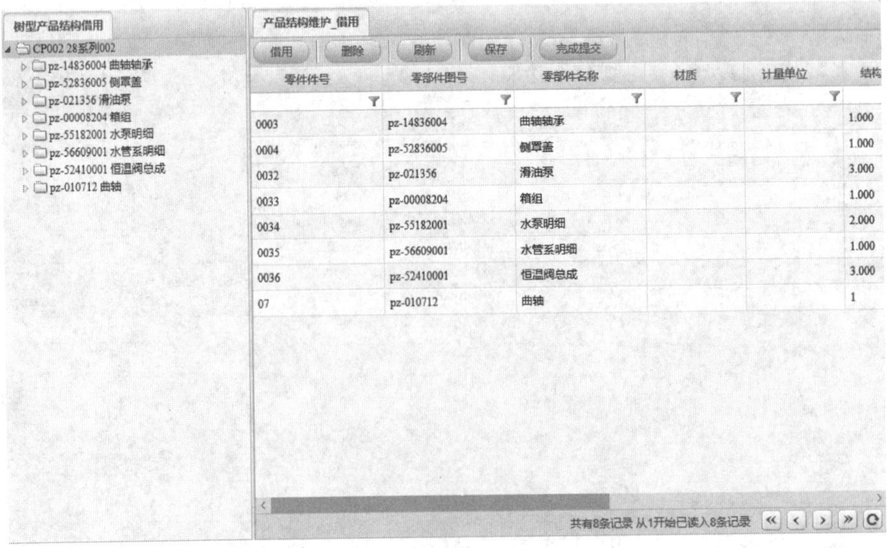

图 5-52　零部件结构借用

用户操作场景中的学生角色进行结构设计员开展零部件结构借用的岗位体验，操作步骤如下：

① 选择借用的零部件在产品结构中的位置：在图 5-52 左侧产品结构树中单击节点，标识该零部件的结构需要借用。

② 借用：单击【借用】按钮，弹出“产品借用”界面，如图 5-53 所示。勾选零部件信息后，单击【产品借用】按钮，系统会自动将选择的结构信息复制到当前产品结构中。

图 5-53　借用

③ 完成提交：单击【完成提交】按钮，确认当前步骤已完成，然后单击右上角的【关闭】按钮关闭当前窗口，进入下一个实验步骤的操作。

步骤 4　产品结构审核

产品结构审核是结构设计员对产品结构进行审定，保证产品结构数据的合理性和正确性，同时也对维护人员的工作结果进行考评。

（1）接收任务　根据与结构设计员的对话内容，接收任务，如图 5-54 所示。

图 5-54　与结构设计员对话

(2) 完成产品结构审核　单击任务卡实验步骤“产品结构审核”，打开“产品结构表_审核”操作界面，如图 5-55 所示。

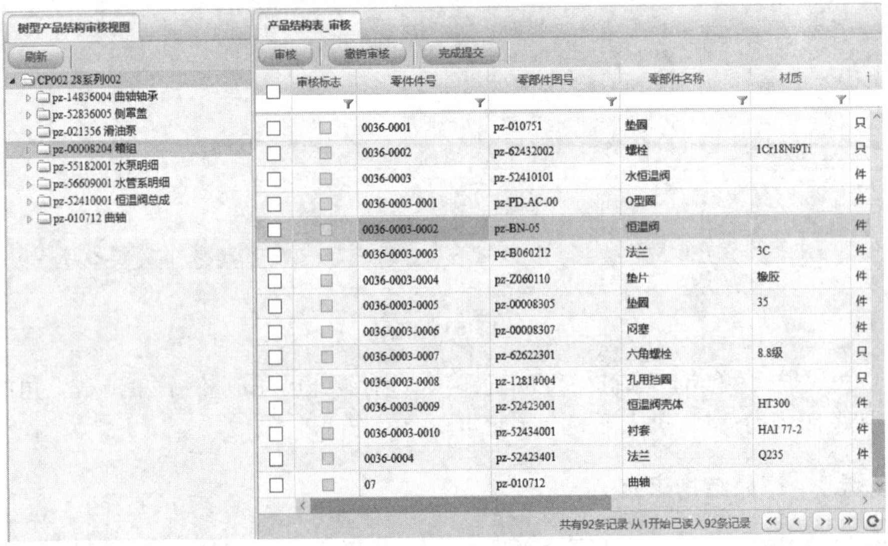

图 5-55　产品结构审核

用户操作场景中的学生角色进行结构设计员开展产品结构审核的岗位体验，操作步骤如下：

① 选择产品结构：选择需要审核的产品结构信息，单击【审核】按钮。审核结束后，已审核的产品结构的数据呈红色，添加审核标志“√”，表明产品结构审核处理结束，如图 5-56 所示。

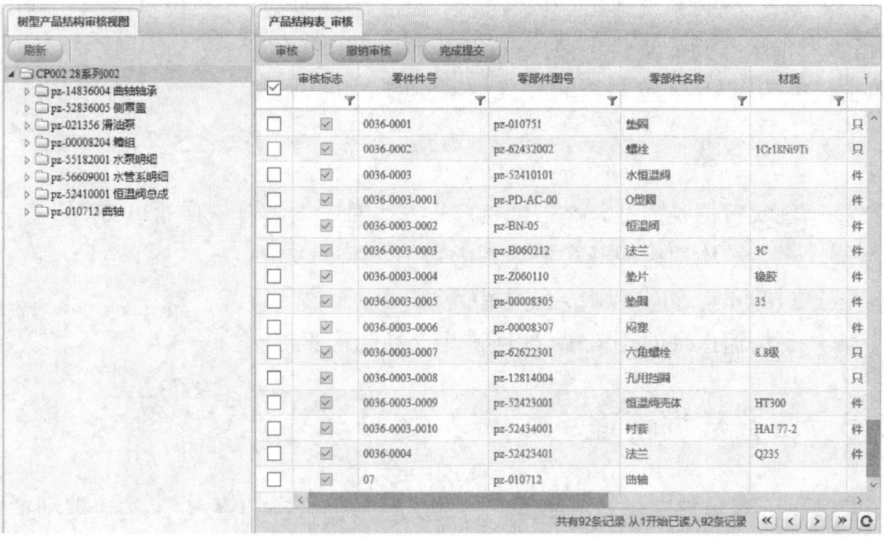

图 5-56　产品结构审核

② 完成提交:单击【完成提交】按钮,确认当前步骤已完成,然后单击右上角的【关闭】按钮关闭当前窗口,进入下一个实验步骤的操作。

注　意

如果需要对审核错误的产品结构进行撤销,则选中产品,再单击【撤销审核】按钮,系统会清除审核标志。

步骤 5　实验试题考核

单击任务卡【实验考核】按钮,进入实验试题考核,如图 5-57 所示。

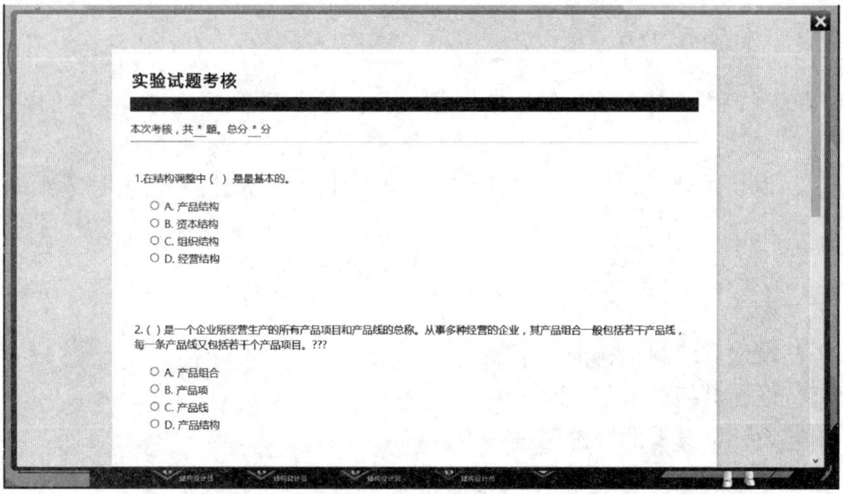

图 5-57　“产品结构数据管理”实验试题

试题做完提交后，系统弹出试题考核结果，关闭该页面后，系统显示本实验的统计分析，可查看本次实验的实验步骤积分、时长等信息。

单击任务卡【退出实验】按钮，完成本实验的全部操作。

5.2.6 思考题

① 产品结构数据管理涉及企业的哪些人员？他们各有什么职责？

② 描述产品结构的构成及数据组织方式。

③ 试通过 SQL 语句实现产品结构借用。

④ 在产品快速迭代的环境中，如何进行产品结构管理？

5.3 工艺数据管理

工艺数据管理是指完成对产品零部件的工艺数据维护和管理，工艺数据维护完毕，作为指导生产加工的技术资料分发到生产车间，指导工人进行生产加工。

5.3.1 实验目的

① 根据任务卡的步骤提示，与岗位角色（NPC）交流并了解业务流程，完成加工工艺编制、材料消耗定额编制、工艺工时定额编制和零部件工艺审核等任务步骤。

② 了解企业中零部件加工工艺、材料定额和工时定额的基本编制方法。

5.3.2 实验原理

工艺数据包括零部件生产的流转工艺路线、在车间中生产的加工路线、零部件消耗的材料和工时定额。工艺数据提供完成零部件生产的过程控制依据。对零部件生产加工要求的各种技术条件，如加工方式、尺寸大小、消耗材料数量（重量）、加工时间等都在工艺数据中反映。

5.3.3 实验知识点

(1) 组织机构　本实验“工艺数据管理”业务由技术部完成，涉及的岗位角色如下：

工艺设计员：主要负责加工工艺编制、材料消耗定额编制、工艺工时定额编制和零部件工艺审核。

(2) 业务流程　工艺数据管理业务流程如图 5-58 所示。

① 工艺设计员编制加工工艺。

② 工艺设计员编制材料消耗定额。

③ 工艺设计员编制工艺工时定额。

④ 工艺设计员对零部件工艺进行审核。

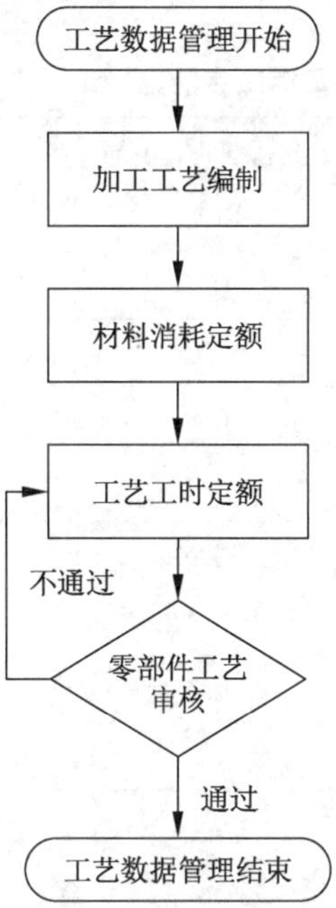

图 5-58　工艺数据管理业务流程

5.3.4　实验参考数据

① 加工工艺编制：零部件图号为“pz－14814002”，零部件名称为“平衡块”（表 5-3）。

表 5-3　加工工艺编制

工序号	工序名称	工序内容	设备信息	工装名称
10	下料		sb5830001 等离子切割机	
20	打磨		sb0101002 普通车床	
25	油漆			
30	铣		sb0203002 立式铣床	铣槽夹具
40	划线			
50	铣		sb0203002 立式铣床	铣槽夹具
60	钻		sb0101002 普通车床	钻孔夹具
70	序钳			
80	油漆			

② 材料消耗定额：“下料”工序的材料消耗定额。

材料编号：740401010025 合结钢；下料数量：1；下料规格：80 mm×90 mm；最大成品尺寸：78 mm×85 mm；毛重：2.808 kg；净重：2.586 kg。

③ 加工工时见表 5-4。

表 5-4　每道工序的定额工时、准备工时

工序号	工序名称	准备工时/小时	定额工时/小时	工时单价/元
10	下料	7.0	2	30
20	打磨	0.5	1	30
25	油漆	0	2.5	30
30	铣	0.2	3	30
40	划线	0.2	0.8	30
50	铣	0.5	1.4	30
60	钻	0.1	0.6	30
70	序钳	0.5	0.7	30
80	油漆	0	2	30

5.3.5　实验步骤

进入技术部的实验场景后，根据任务卡提示及小助手与角色的对话内容接收实验任务，如图 5-59 所示。

图 5-59　进入“工艺数据管理”实验

步骤 1　加工工艺编制

工艺编制完成零部件加工过程中各个环节的信息描述，包括工序、工序内容（即加工步骤）、加工设备、工装、计量器具等信息。

（1）接收任务　根据任务卡提示与工艺设计员进行对话，接收任务，如图 5-60 所示。

图 5-60　与工艺设计员对话

（2）了解工艺编制知识　单击任务卡观看“工艺编制”微课，如图 5-61 所示。

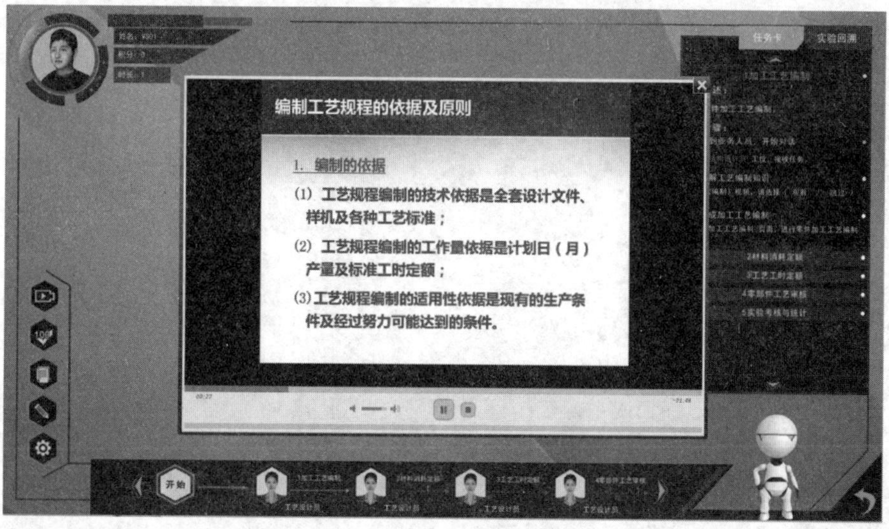

图 5-61　“工艺编制”微课

（3）完成加工工艺编制　单击任务卡打开“加工工艺编制”界面，如图 5-62 所示。

图 5-62 中，界面中间为零件目录结构，右侧为“加工工艺编制”界面。加工工艺编制数据项说明如下：

- ➢ 工序：包括工序号、工序名称和工序内容等内容，描述生产加工零件的步骤次序及每个步骤的加工内容，工序号的编制方法一般根据企业内的编制规则制定。
- ➢ 设备、工装：分别描述应用到的设备型号和名称、工装名称等。

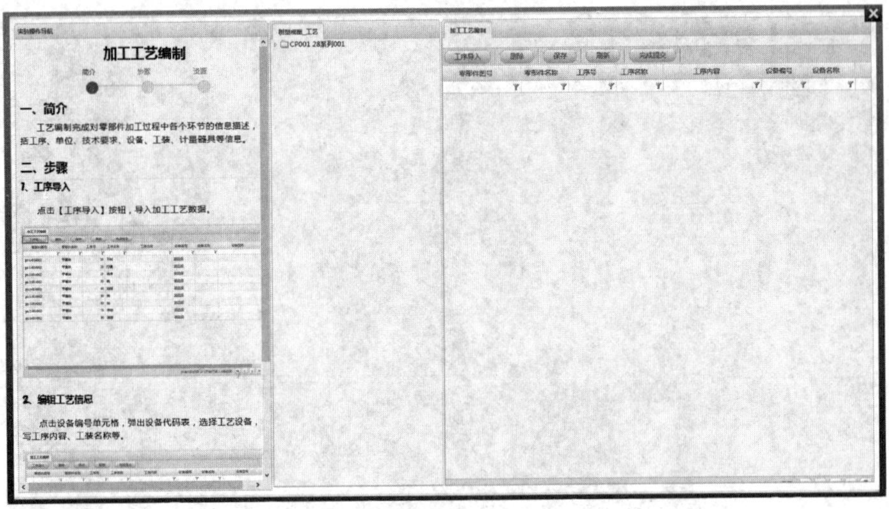

图 5-62　加工工艺编制

用户操作场景中的学生角色进行工艺设计员完成加工工艺编制的岗位体验，操作步骤如下：

① 工序导入：单击工具栏上的【工序导入】按钮，导入加工工艺数据，如图 5-63 所示。

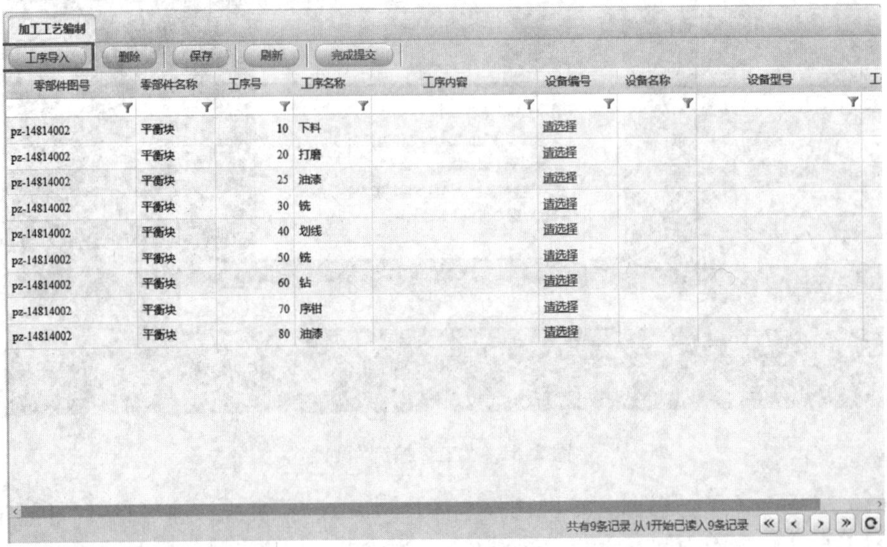

零部件图号	零部件名称	工序号	工序名称	工序内容	设备编号	设备名称	设备型号
pz-14814002	平衡块	10	下料		请选择		
pz-14814002	平衡块	20	打磨		请选择		
pz-14814002	平衡块	25	油漆		请选择		
pz-14814002	平衡块	30	铣		请选择		
pz-14814002	平衡块	40	划线		请选择		
pz-14814002	平衡块	50	铣		请选择		
pz-14814002	平衡块	60	钻		请选择		
pz-14814002	平衡块	70	序钳		请选择		
pz-14814002	平衡块	80	油漆		请选择		

图 5-63　工序导入

② 编辑工艺信息：填写工艺内容，包括工序号、工序名称、工序内容。工序号是工序内容的高度概括。

③ 编辑工艺信息：选择加工设备，单击“设备编号”列的“请选择”，弹出“设备代码”选择窗口，选择工艺设备，如图 5-64 所示。

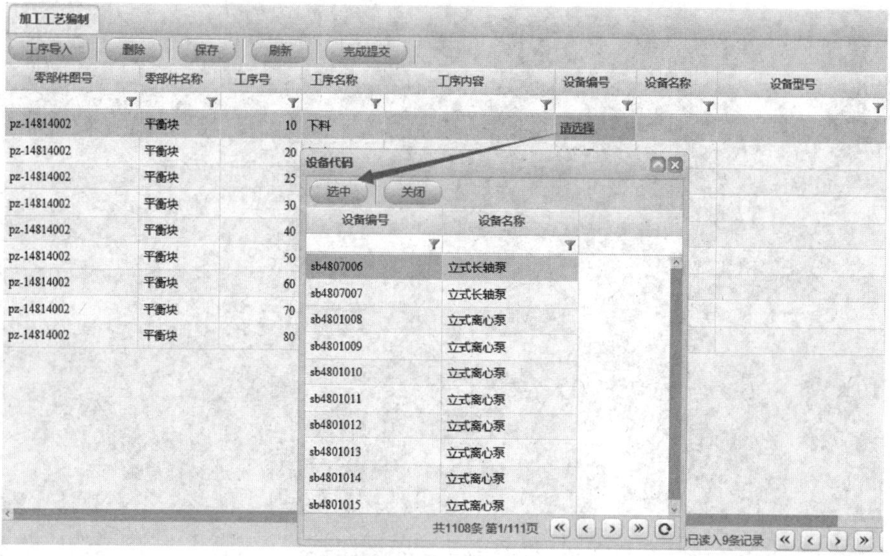

图 5-64　选择工艺设备

④ 保存：单击【保存】按钮，保存数据。

⑤ 完成提交：单击【完成提交】按钮，确认当前步骤已完成，然后单击右上角的【关闭】按钮关闭当前窗口，进入下一个实验步骤的操作。

注　意

如需要删除加工工艺信息，则选中需要删除的数据行，单击工具栏上的【删除】按钮即可删除。

步骤 2　材料消耗定额编制

零件的材料定额即按照产品设计中确定的零件尺寸大小和材质要求，指定具体的材料消耗，如材料、下料数量、下料规格、最大尺寸，并根据材料的属性（密度、材质等）计算零件需要材料的理论重量（毛重），该理论重量作为生产过程中使用材料的依据。

（1）接收任务　根据与工艺设计员的对话内容，接收任务，如图 5-65 所示。

图 5-65　与工艺设计员对话

(2) 进行材料消耗定额录入　单击任务卡“材料消耗定额”打开“零件加工工艺”界面，如图 5-66 所示。

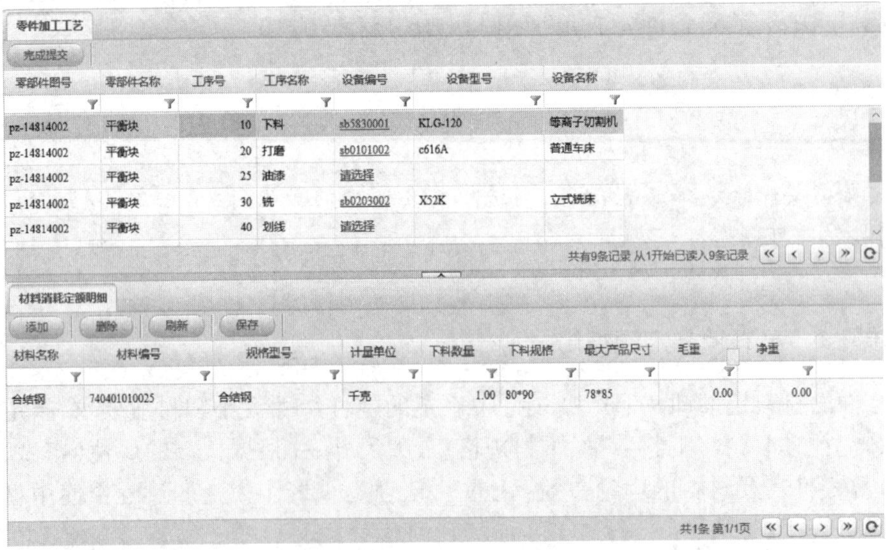

图 5-66　材料消耗定额

图 5-66 中，界面上方为零件工艺信息，下方为工艺工时定额编辑界面。材料消耗定额数据项说明如下：

- 零件属性：包括零件图号、名称等，在产品设计中按照图号和零件命名规则编制。
- 材料基本属性：包括材料名称、规格、型号、计量单位、材料编号等，通过选择指定的具体材料确定。
- 下料属性：包括材料密度、最大产品尺寸、下料规格、下料数量等属性，根据产品设计中确定的零件尺寸和材质要求确定。

用户操作场景中的学生角色进行工艺设计员完成材料消耗定额编制的岗位体验，操作步骤如下：

① 选择工艺设备：选中一条零件工艺信息，单击“设备编号”列的“请选择”弹出“设备代码”表，选择工艺设备，如图5-67所示。

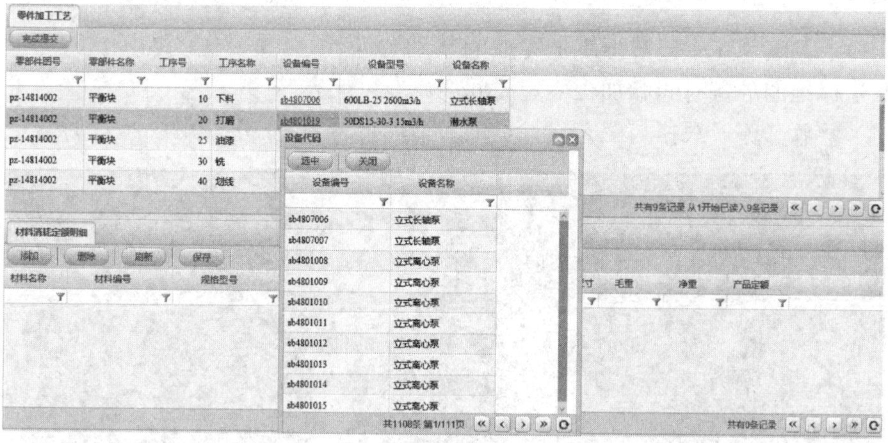

图5-67 选择工艺设备

② 添加消耗材料：界面上方选中一条工序信息，单击工具栏上的【添加】按钮，弹出“物资选择”界面，选择需要添加的消耗材料，并单击【选中】按钮进行选择，如图5-68所示。

图5-68 添加消耗材料

③ 根据实验数据输入材料定额信息。

④ 保存：单击工具栏上的【保存】按钮，保存材料消耗定额信息。

⑤ 完成提交：单击【完成提交】按钮，确认当前步骤已完成，然后单击右上角的【关闭】按钮关闭当前窗口，进入下一个实验步骤的操作。

注 意

如果需要删除消耗材料信息，则单击【删除】按钮即可删除。

步骤 3　工艺工时定额编制

工时定额编制在工艺数据维护完成的基础上进行，需要对生产加工过程中的每个步骤制定标准的准备时间和加工额定时间。

（1）接收任务　根据与工艺设计员的对话内容，接收任务，如图 5-69 所示。

图 5-69　与工艺设计员对话

（2）根据实验数据录入工时定额　单击任务卡实验步骤“工艺工时定额”，打开操作界面，如图 5-70 所示。

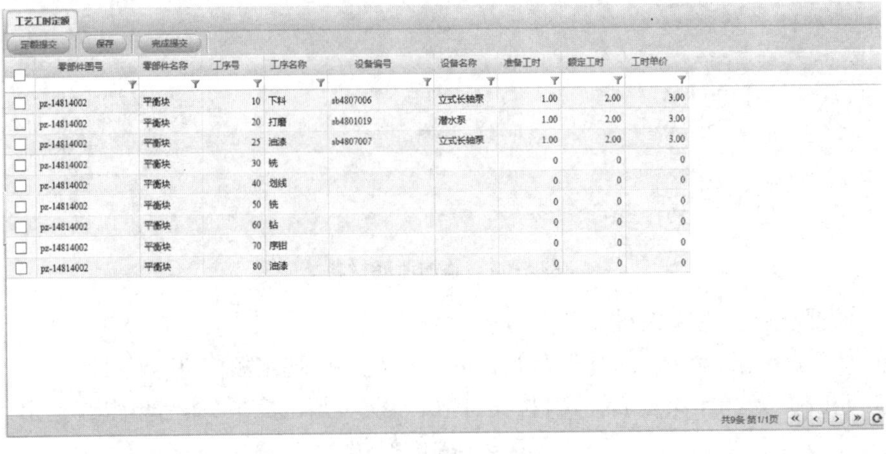
工艺工时定额

定额提交　保存　完成提交

零部件图号	零部件名称	工序号	工序名称	设备编号	设备名称	准备工时	额定工时	工时单价
pz-14814002	平衡块	10	下料	sb4807006	立式长轴泵	1.00	2.00	3.00
pz-14814002	平衡块	20	打磨	sb4801019	潜水泵	1.00	2.00	3.00
pz-14814002	平衡块	25	油漆	sb4807007	立式长轴泵	1.00	2.00	3.00
pz-14814002	平衡块	30	铣			0	0	0
pz-14814002	平衡块	40	划线			0	0	0
pz-14814002	平衡块	50	铣			0	0	0
pz-14814002	平衡块	60	钻			0	0	0
pz-14814002	平衡块	70	序钳			0	0	0
pz-14814002	平衡块	80	油漆			0	0	0

共9条 第1/1页

图 5-70　工艺工时定额

图 5-70 中，界面显示工艺工时定额信息。工艺工时定额数据项说明如下：

➢ 额定工时:加工完成一道工序需要的标准时间,一般以分钟为单位。

➢ 准备工时:加工一道工序在准备阶段须耗费的时间。

用户操作场景中的学生角色完成工艺设计员完成工艺工时定额编制的岗位体验,操作步骤如下:

① 根据实验数据录入工时定额内容:选择一条零部件图号的工序信息,根据工序内容输入相应的额定工时、准备工时和工序类型信息。

注 意

要求填写所有的工艺数据。

② 保存:单击工具栏上的【保存】按钮,保存工时定额信息。

③ 定额提交:选中所有数据项,单击【定额提交】按钮,提交录入的工时信息,提交成功后,数据项颜色变蓝。

④ 完成提交:单击【完成提交】按钮,确认当前步骤已完成,然后单击右上角的【关闭】按钮关闭当前窗口,进入下一个实验步骤的操作。

步骤 4 零部件工艺审核

工艺审核是对编制的零部件工艺进行审核确认,审定编制工艺的正确性和合理性。

(1) 接收任务 根据与工艺设计员的对话内容,接收任务,如图 5-71 所示。

图 5-71 与工艺设计员对话

(2) 完成零部件工艺审核 单击任务卡实验步骤"零部件工艺审核",打开操作界面,如图 5-72 所示。

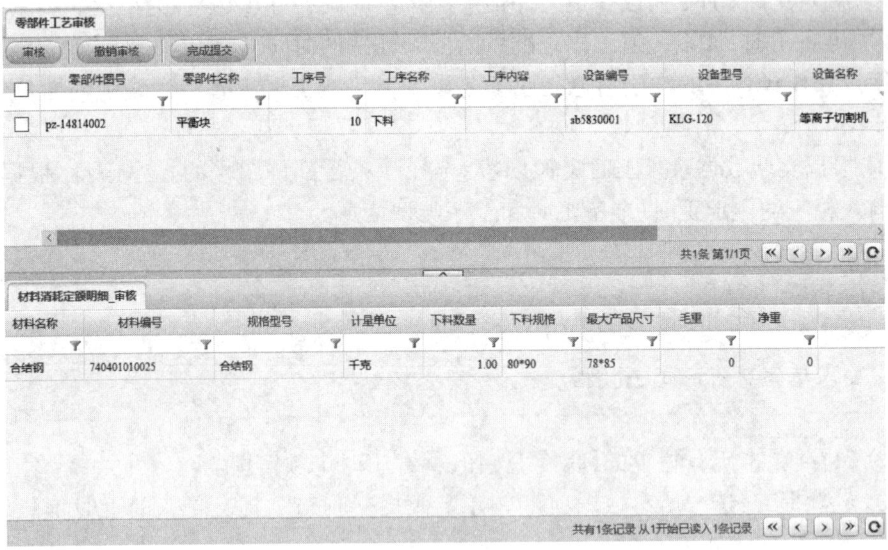

图 5-72　零部件工艺审核

用户操作场景中的学生角色进行工艺设计员完成零部件工艺审核的岗位体验，操作步骤如下：

① 审核：选择需要审核的零部件工艺，单击【审核】按钮，系统出现用户确认审核对话框，自动对工艺信息进行审核，如图 5-73 所示。审核结束后，已审核的零部件工艺的数据呈红色，表明产品工艺审核结束。

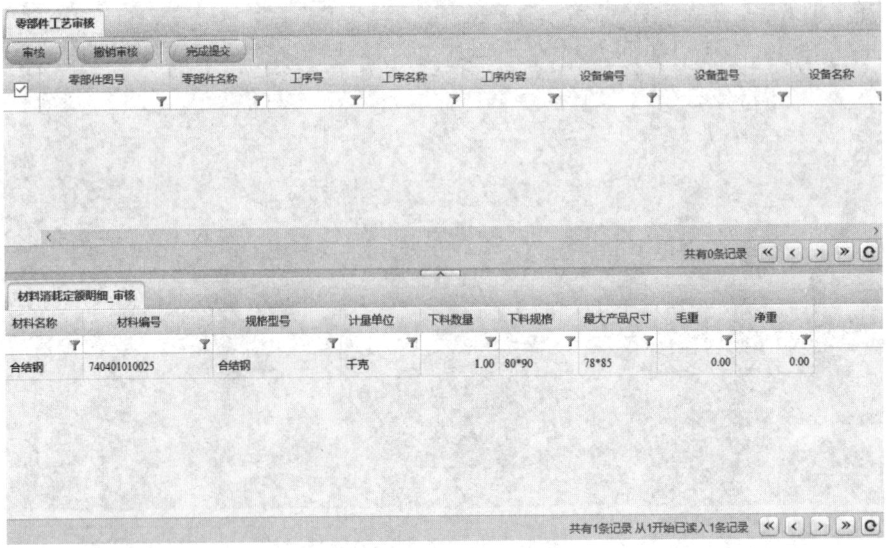

图 5-73　通过审核

② 完成提交：单击【完成提交】按钮，确认当前步骤已完成，然后单击右上角的【关闭】按钮关闭当前窗口，进入下一个实验步骤的操作。

注　意

① 撤销审核。选择需要撤销审核的工艺信息，单击【撤销审核】按钮，撤销审核结束后，工艺数据的审核标志清除。

② 工艺审核步骤只能进行工艺审核处理，不能对窗口数据进行编辑。

步骤 5　实验试题考核

单击任务卡【实验考核】按钮，进入实验试题考核，如图 5-74 所示。

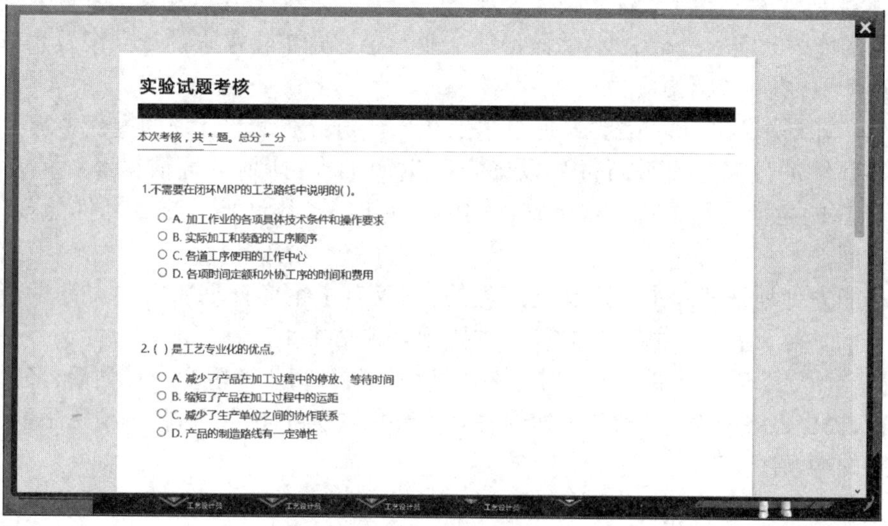

图 5-74　“工艺数据管理”实验试题

试题做完提交后，系统弹出试题考核结果，关闭该页面后，系统显示本实验的统计分析，可查看本次实验的实验步骤积分、时长等信息。

单击任务卡【退出实验】按钮，完成本实验的全部操作。

5.3.6　思考题

① 工艺数据包含哪些信息？

② 描述加工工艺与工时的联系。

③ 在产品快速迭代的环境中，应该如何进行工艺数据管理？

5.4　生产计划管理

为保证下达的工程能按时保质地完成，以技术部门提供的 PDM 资料为基础，计划员编制的主生产计划及物料计划员运算调整得到的物料需求计划为依据，关键工作中心的能力需求计划为主导，对已下达的生产任务进行生产计划编制，在计划确定的基础上产生指导车间生产零部件的生产计划。

5.4.1 实验目的

① 根据任务卡的任务步骤提示，与岗位角色（NPC）交流并了解业务流程，完成生产任务接收、生产计划编制、粗能力平衡、生产计划审核和生产计划下达等实验步骤。

② 熟悉生产计划的形成过程，理解生产计划在整个生产管理中起到承上启下的枢纽作用。

5.4.2 实验原理

主生产计划是用来协调生产与销售环节供需关系的重要工具。它根据客户订单和市场预测进行分析，得出产品级或主要部件级的需求计划，并结合粗能力计划对关键生产设备的能力与需求进行平衡，从而帮助企业确定适合销售需求的产品级及零部件级的生产计划，协调产销关系。

生产计划编制的目的是更好地组织生产。计划员在编制计划的过程中需要把涉及的零部件进行汇总或重新拆分以确定其生产批次；计划员可依据经验值对通过MRP计算的生产数量重新进行调整（直接调整其生产数量），确定零部件的预计开、完工时间。

粗能力计划是伴随主生产计划产生的，它仅对主生产计划所需的关键生产能力做粗略的估算，给出能力需求的概况，主要用来评估主生产计划的可行性。

生产计划下达是对主生产计划的确认过程。制订初步的主生产计划后，经过粗能力平衡，提出最终的MPS方案，下达给各有关部门作为指导生产制造、物资采购、工程技术等的纲领性文件。

5.4.3 实验知识点

（1）组织机构　本实验“生产计划管理”业务由生产部完成，涉及的岗位角色如下：

生产部经理：主要负责生产计划的审核。

生产计划员：主要负责生产任务接收、生产计划编制、粗能力平衡和生产计划下达。

（2）业务流程　生产计划管理业务流程如图5-75所示。

① 生产计划员接收生产任务。

② 生产计划员编制生产计划。

③ 生产计划员进行粗能力平衡。

④ 生产部经理审核生产计划。

⑤ 生产计划员对生产计划进行下达。

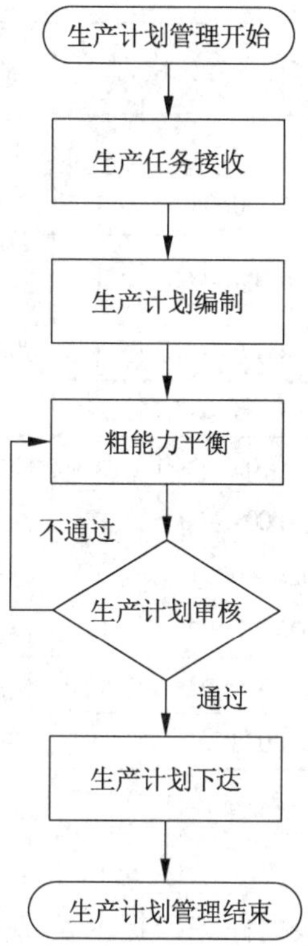

图5-75 生产计划管理业务流程

5.4.4 实验参考数据

生产计划编制见表5-5。

表5-5 生产计划表

工程编号:GC160002　　生产产品:CP001　　数量:5　　预计完工时间:2018/9/10

零部件图号	零部件名称	零件件号	结构数量	属性	设备信息
CP001	28系列001	0	1		
pz－010712	曲轴	0007	1	部套	
pz－CDG－4－P	O形圈	0007－0001	1	自制件	sb0801021数控曲轴车铣复合加工中心
pz－14814002	平衡块	0007－0002	6	自制件	sb0801021数控曲轴车铣复合加工中心
pz－14814003	螺柱	0007－0003	6	自制件	sb0801021数控曲轴车铣复合加工中心
pz－14814004	螺塞	0007－0004	8	自制件	
pz－14814005	节流螺塞	0007－0005	1	自制件	
pz－14814006	齿轮	0007－0006	1	自制件	

续表

零部件图号	零部件名称	零件件号	结构数量	属性	设备信息
pz－14814007	螺栓	0007－0007	8	自制件	
pz－010713－0	曲轴装置	0007－0008	1	自制件	sb0203002 立式铣床
pz－010713	曲轴	0007－0008－0001	1	自制件	sb0801021 数控曲轴车铣复合加工中心
pz－9878009	圆柱销	0007－0008－0002	1	外购件	
pz－9878010	圆柱销	0007－0008－0003	24	外购件	
pz－9878011	圆柱销	0007－0008－0004	1	外购件	
pz－14810203	螺母	0007－0008－0005	12	自制件	
pz－010725	飞轮	0028－0001	1	自制件	
pz－55171001	螺栓	0028－0002	12	自制件	
pz－55171801	套管	0028－0003	12	自制件	
pz－010719	飞轮	0028	1	部套	

5.4.5 实验步骤

进入生产部的实验场景后，根据任务卡提示及小助手与角色的对话内容接收实验任务，如图 5-76 所示。

图 5-76　进入“生产计划管理”实验

步骤 1　生产任务接收

生产任务接收是指生产部门接收已经下达的生产任务，是对生产任务的确认过程。

(1) 接收任务　根据任务卡提示与生产计划员进行对话，接收任务，如图 5-77 所示。

图 5-77 与生产计划员对话

(2) 完成生产任务接收 单击任务卡打开“生产任务接收”界面，如图 5-78 所示。

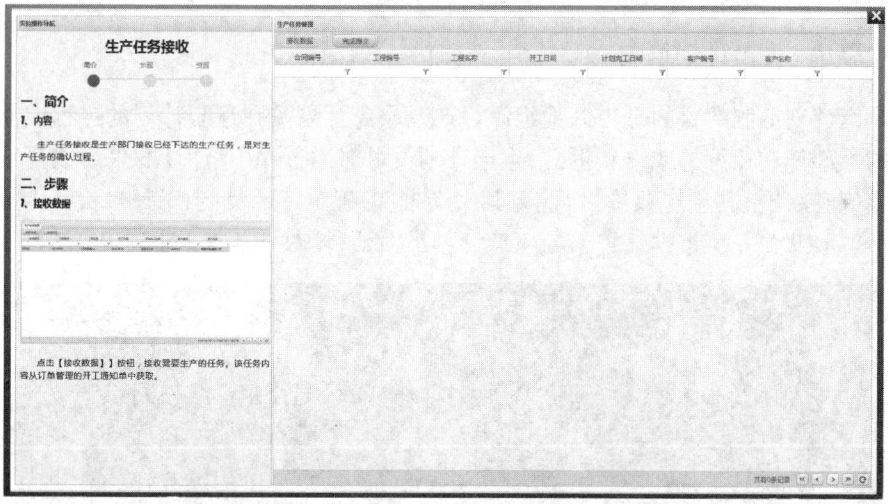

图 5-78 生产任务接收

图 5-78 中，界面显示生产任务内容。生产任务接收数据项说明如下：

- 合同编号：签订正式合同后所设置的合同编号，由用户定义。
- 工程编号/名称：生产任务所属工程的编号和名称。
- 开工日期：生产任务的开工日期。
- 计划完工日期：生产任务计划的完成时间。

用户操作场景中的学生角色进行生产计划员接收生产任务的岗位体验，操作步骤如下：

① 接收数据：单击【接收数据】按钮，接收需要生产的任务，如图 5-79 所示。

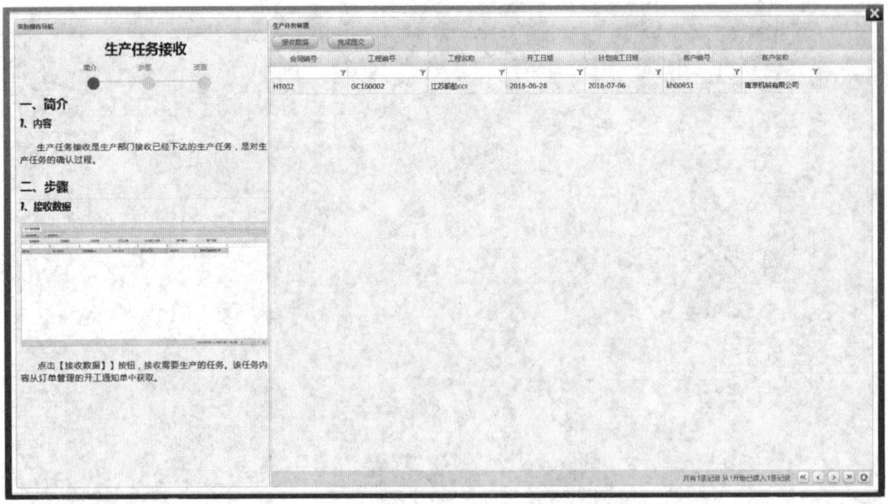

图 5-79　生产任务接收

② 完成提交:单击【完成提交】按钮,确认当前步骤已完成,然后单击右上角的【关闭】按钮关闭当前窗口,进入下一个实验步骤的操作。

步骤 2　生产计划编制

生产计划编制的目的是更好地组织生产。生产计划员在编制计划的过程中需要把涉及的零部件进行汇总或重新拆分;生产计划员可对通过 MRP 计算的生产数量重新进行调整(直接调整其生产数量)以确定其生产批次,确定零部件的预计开、完工时间。

(1) 接收任务　根据任务卡与生产计划员对话,接收任务,如图 5-80 所示。

图 5-80　与生产计划员对话

(2) 进行生产计划编制　单击任务卡打开“生产计划编制”界面,如图 5-81 所示。

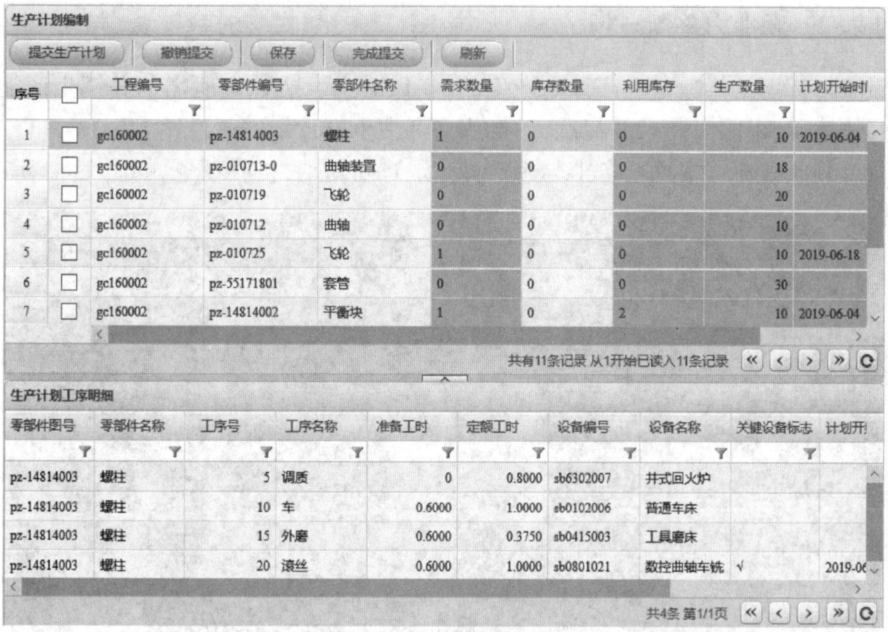

图 5-81 生产计划编制

图5-81中，界面上方为生产计划列表，下方为“生产计划工序明细”。生产计划编制数据项说明如下：

- 工程编号/名称：工程代码的唯一标识。
- 零部件信息：零部件的编号和名称。
- 需求数量：根据工程套数及产品结构中的结构总数计算得出需求数量。
- 库存数量：当前生产的半成品的库存数量。
- 利用库存：本次计划中利用半成品库存零件的数量。
- 生产数量：本次零件的生产数量。其中，生产数量 = 需求数量 - 利用库存 + 放量生产数量。
- 计划开始/完工时间：输入零件的预计开、完工时间，与实际开、完工时间类似。

用户操作场景中的学生角色进行生产计划员编制生产计划的岗位体验，操作步骤如下：

① 录入数据：在接收生产任务时，系统根据产品配置要求提取相关生产零件的信息至生产计划列表中。选择生产任务，根据实验要求录入需求数量、利用库存、生产数量及计划开始、完工时间。

② 保存：单击【保存】按钮，保存数据。

③ 提交生产计划：选中编制完成的生产计划，再单击【提交生产计划】按钮，将生产计划提交给生产部经理进行审核。

④ 完成提交：单击【完成提交】按钮，确认当前步骤已完成，然后单击右上角的【关闭】按钮关闭当前窗口，进入下一个实验步骤的操作。

步骤 3　粗能力平衡

粗能力计划是伴随主生产计划产生的，它仅对主生产计划所需的关键生产能力做粗略的估算，给出能力需求的概况，主要用来评估生产计划的可行性。

(1) 接收任务　根据任务卡与生产计划员进行对话，接收任务，如图 5-82 所示。

图 5-82　与生产计划员对话

(2) 了解粗能力平衡知识　单击任务卡观看“粗能力平衡”微课，如图 5-83 所示。

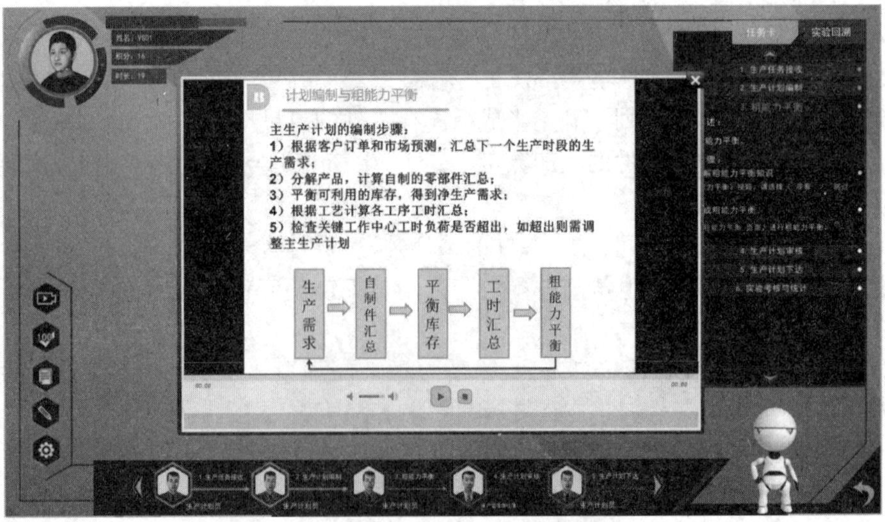

图 5-83　“粗能力平衡”微课

(3) 完成粗能力平衡　单击任务卡实验步骤“粗能力平衡”，打开操作界面，如图 5-84 所示。

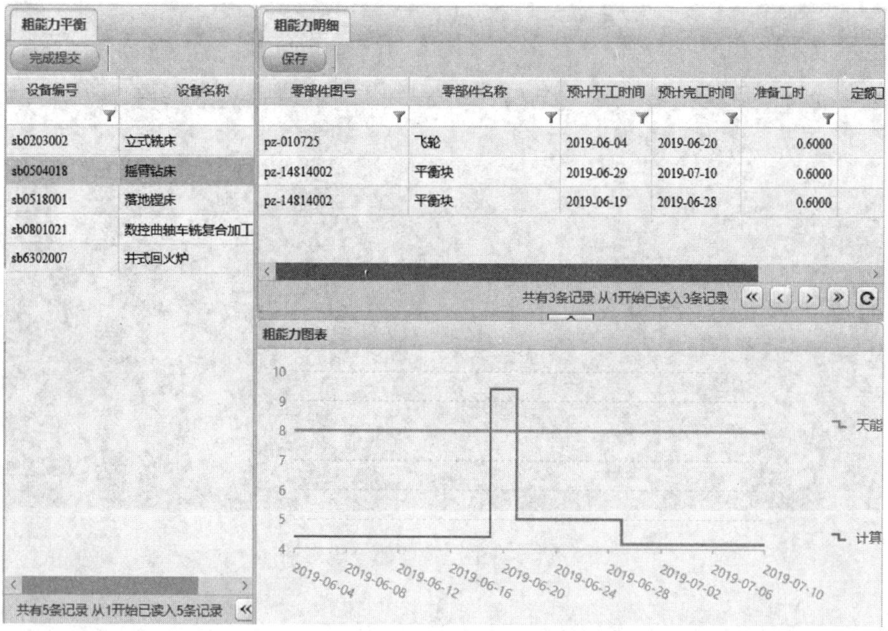

图 5-84　粗能力平衡

图 5-84 中，界面左侧为设备信息，右上方为生产任务明细，右下方为“粗能力图表”。

用户操作场景中的学生角色进行生产计划员完成粗能力平衡的岗位体验，操作步骤如下：

① 调整时间：将关键设备的天能力与设备计划负荷进行对比分析，超出天能力加工范围时需要进行调整。企业一般会安排“加班”或者调整加工的预计开、完工时间达到要求。

② 输入日期：在“预计开工时间”“预计完工时间”列中输入新的日期。

③ 保存：单击【保存】按钮，保存预计开工、完工时间。

④ 完成提交：单击【完成提交】按钮，确认当前步骤已完成，然后单击右上角的【关闭】按钮关闭当前窗口，进入下一个实验步骤的操作。

步骤 4　生产计划审核

生产计划编制、调整结束后，需要审核完成后才能下达给生产车间。

(1) 接收任务　根据任务卡提示与生产管理部经理进行对话，接收任务，如图 5-85 所示。

图 5-85　与生产管理部经理对话

(2) 完成生产计划审核　单击任务卡实验步骤“生产计划审核”,打开操作界面,如图 5-86 所示。

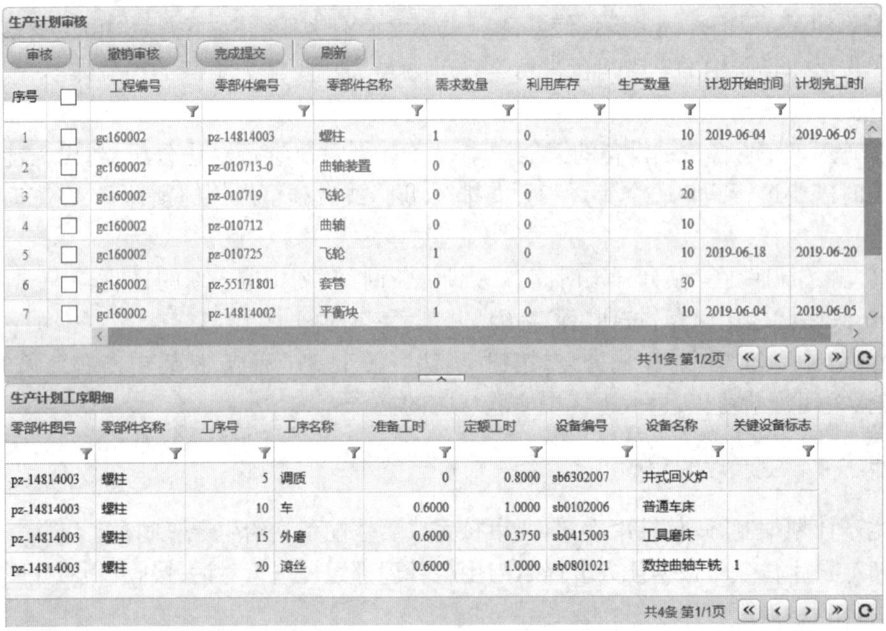

生产计划审核

审核　撤销审核　完成提交　刷新

序号		工程编号	零部件编号	零部件名称	需求数量	利用库存	生产数量	计划开始时间	计划完工时
1		gc160002	pz-14814003	螺柱	1	0	10	2019-06-04	2019-06-05
2		gc160002	pz-010713-0	曲轴装置	0	0	18		
3		gc160002	pz-010719	飞轮	0	0	20		
4		gc160002	pz-010712	曲轴	0	0	10		
5		gc160002	pz-010725	飞轮	1	0	10	2019-06-18	2019-06-20
6		gc160002	pz-55171801	套管	0	0	30		
7		gc160002	pz-14814002	平衡块	1	0	10	2019-06-04	2019-06-05

共11条 第1/2页

生产计划工序明细

零部件图号	零部件名称	工序号	工序名称	准备工时	定额工时	设备编号	设备名称	关键设备标志
pz-14814003	螺柱	5	调质	0	0.8000	sb6302007	井式回火炉	
pz-14814003	螺柱	10	车	0.6000	1.0000	sb0102006	普通车床	
pz-14814003	螺柱	15	外磨	0.6000	0.3750	sb0415003	工具磨床	
pz-14814003	螺柱	20	滚丝	0.6000	1.0000	sb0801021	数控曲轴车铣	1

共4条 第1/1页

图 5-86　生产计划审核

图 5-86 中,界面上方显示生产计划基本信息,下方为“生产计划工序明细”。

用户操作场景中的学生角色进行生产管理部经理审核生产计划的岗位体验,操作步骤如下:

① 审核:选择生产计划,单击【审核】按钮,系统出现提示用户确认审核的对话框,确定后系统自动对生产计划信息进行审核。审核结束后,将已审核的生产计划下

发到生产部门等待下达。

审核成功后，数据字体颜色变为红色，系统自动添加审核时间和审核人员等审核标志。

② 完成提交：单击【完成提交】按钮，确认当前步骤已完成，然后单击右上角的【关闭】按钮关闭当前窗口，进入下一个实验步骤的操作。

注　意

① 生产计划审核步骤只能进行生产计划审核处理，不能对窗口数据进行编辑调整。

② 撤销审核。选择需要撤销审核的生产计划，单击【撤销审核】按钮进行撤销审核，清除生产计划的审核标志。

步骤5　生产计划下达

生产计划下达是对生产计划的确认过程。制订的初步的生产计划，在经过粗能力平衡、生产计划审核后，下达给各有关部门作为指导生产制造、物资采购、工程技术等的纲领性文件。

(1) 接收任务　根据任务卡提示到生产部门与生产计划员进行对话，接收任务，如图5-87所示。

图5-87　与生产计划员对话

(2) 完成生产计划下达　单击任务卡实验步骤"生产计划下达"，打开操作界面，如图5-88所示。

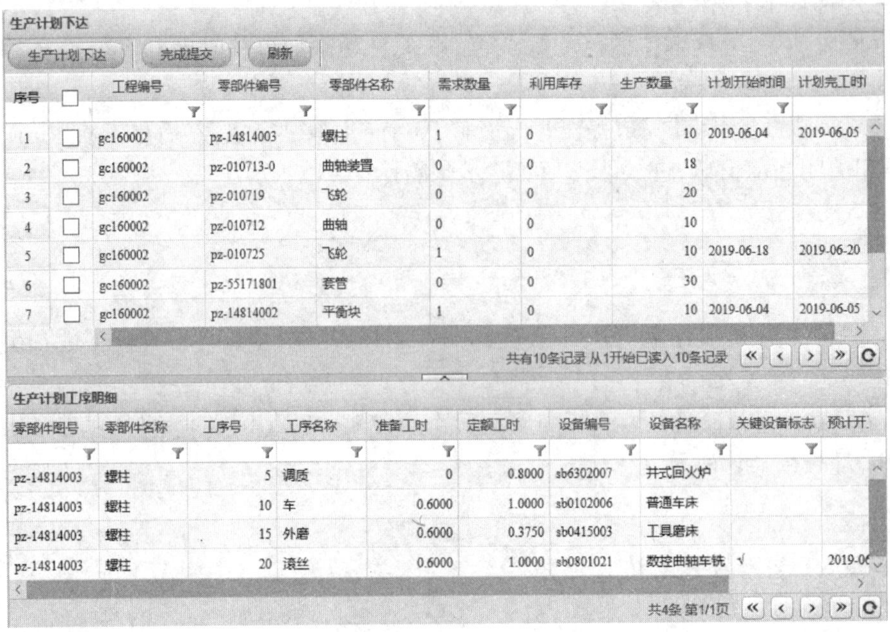

图 5-88　生产计划下达

图 5-88 中,界面显示等待下达的生产计划信息。

用户操作场景中的学生角色完成生产计划员下达生产计划的岗位体验,操作步骤如下:

① 生产计划下达:选择需要下达的生产计划,单击【生产计划下达】按钮,进行下达。

② 完成提交:单击【完成提交】按钮,确认当前步骤已完成,然后单击右上角的【关闭】按钮关闭当前窗口,进入下一个实验步骤的操作。

注　意

选择需要撤销下达的生产计划信息,单击【撤销下达】按钮,撤销下达结束后,生产计划数据进入生产计划待下达数据列表中。

步骤 6　实验试题考核

单击任务卡【实验考核】按钮,进入实验试题考核,如图 5-89 所示。

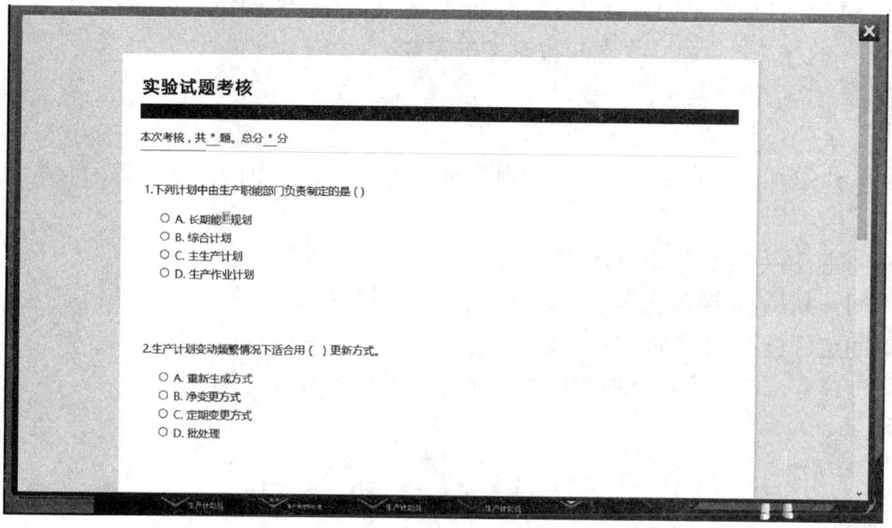

图 5-89　“生产计划管理”实验试题

试题做完提交后，系统弹出试题考核结果，关闭该页面后，系统显示本实验的统计分析，可查看本次实验的实验步骤积分、时长等信息。

单击任务卡【退出实验】按钮，完成本实验的全部操作。

5.4.6　思考题

① 生产计划有什么作用？

② 生产计划管理以什么为基础？

③ 从管理信息系统角度，谈谈如何提高动态市场环境中生产计划的可控性，且有哪些关键要素。

5.5　作业计划管理

生产作业计划是生产计划工作的继续，是企业年度生产计划的具体执行。生产作业计划是协调企业日常生产活动的中心环节。生产管理部根据年度生产计划规定的产品品种、数量及大致交货期的要求对每个生产单位在具体时期内的生产任务做出详细的规定，使年度生产计划得到落实。

5.5.1　实验目的

① 熟悉车间作业计划管理的处理过程。

② 以生产管理部门下达给车间的生产任务为主体，熟悉车间作业计划编制、作业计划审核、作业计划下达与反馈的整个业务流程。

5.5.2　实验原理

生产计划下达之后，就需要把生产管理部门下达的生产任务安排到车间的每一个工作地,并落实到每一个岗位具体执行的操作者上,并通过对作业的实时监控与跟踪管理,使实际的生产进度按计划要求按时按量完成。

5.5.3 实验知识点

(1) 组织机构　本实验"作业计划管理"业务由生产车间完成,涉及的岗位角色如下:

车间主任:主要负责作业计划审核。

车间计划员:主要负责作业计划编制、作业计划下达。

车间定额员:主要负责作业计划反馈。

(2) 业务流程　作业计划管理业务流程如图 5-90 所示。

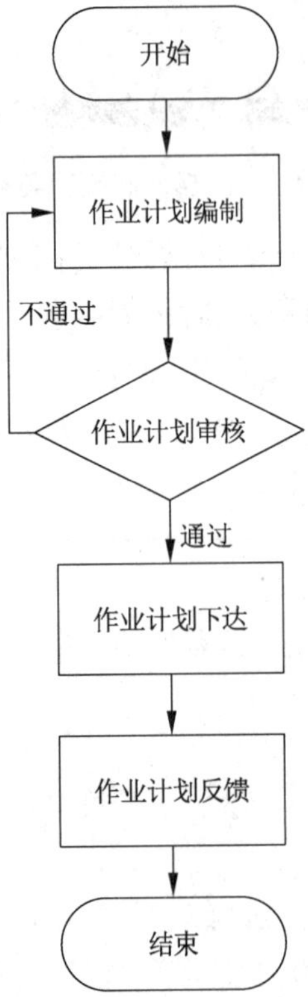

图 5-90　作业计划管理业务流程

① 作业计划编制:车间计划员针对生产任务进行生产作业计划编制。

② 作业计划审核:车间主任根据实情对作业计划进行审核,符合车间生产负荷的则审核通过,不符合需要的则需车间计划员重新进行编制。

③ 作业计划下达:车间计划员负责对审核通过的作业计划进行具体的工作任务下达。

④ 作业计划反馈:车间定额员针对需要检验的零部件进行检验,并在工票中反馈检验结果。

5.5.4 实验参考数据

作业计划:至少选择表5-6中3条数据下达作业计划、表5-7中3条数据下达工票信息。

表5-6 作业计划

生产工程	零部件图号	零部件名称	生产数量	计划开工时间	计划完工时间	设备信息	工时/小时
gc160002	pz－14814003	螺柱	8	2018－09－10	2018－09－12		1
gc160002	pz－14814006	齿轮	55	2018－09－19	2018－09－29	sb0801021 数控曲轴车铣复合加工中心	3
gc160002	pz－010725	飞轮	8	2018－09－10	2018－09－14	sb0801021 数控曲轴车铣复合加工中心	1
gc160002	pz－010713	曲轴装置	9	2018－09－01	2018－09－06	sb0801021 数控曲轴车铣复合加工中心	1
gc160002	pz－010719	轮	2	2018－09－08	2018－09－08		
gc160002	pz－14814002	平衡块	3	2018－09－11	2018－09－12		
gc160002	pz－010713	曲轴	9	2018－09－14	2018－09－15		
gc160002	pz－55171801	套管	1	2018－09－01	2018－09－01		

表5-7 作业计划编制_操作者

生产工程	零部件图号	工序号	工序名称	操作者
pz－14814003	螺柱	5	调质	宋睿
pz－14814003	螺柱	10	小车	马志刚
pz－14814003	螺柱	20	外磨	毛佳宇
pz－14814003	螺柱	30	滚丝	彭恒明
pz－14814002	平衡块	5	下料	
pz－14814002	平衡块	10	铣	钱书成
pz－14814002	平衡块	15	钻	乔鸿民
pz－55171801	套管	5	去应力	史英杰
pz 55171801	套管	10	车	司纯伟
pz－55171801	套管	15	车	宋庚页
pz－55171801	套管	20	平磨	宋雨龙

5.5.5 实验步骤

进入生产管理部的实验场景后,根据任务卡提示及小助手与角色的对话内容接收实验任务,如图5-91所示。

图 5-91　进入“作业计划管理”实验

步骤 1　作业计划编制

生产作业计划是根据主作业计划下达的生产任务，结合车间的情况，安排本车间各班组、工作中心、操作人员的作业任务。

(1) 接收任务　根据任务卡提示与车间计划员进行对话，接收任务，如图 5-92 所示。

图 5-92　与车间计划员对话

(2) 了解车间作业计划知识　单击任务卡观看“车间作业计划”微课，如图 5-93 所示。

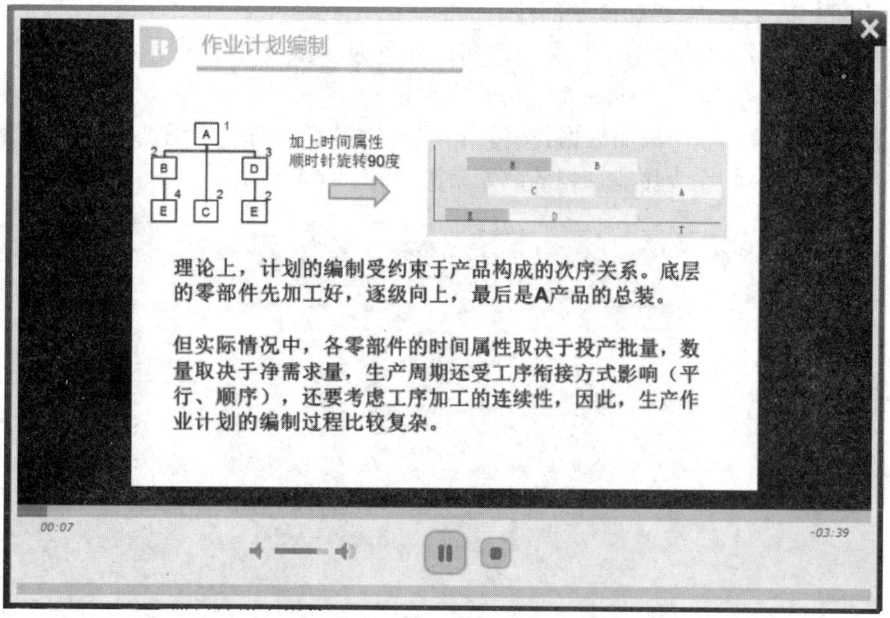

图 5-93 “车间作业计划”微课

（3）完成作业计划编制 单击任务卡打开“作业计划编制”界面，如图 5-94 所示。

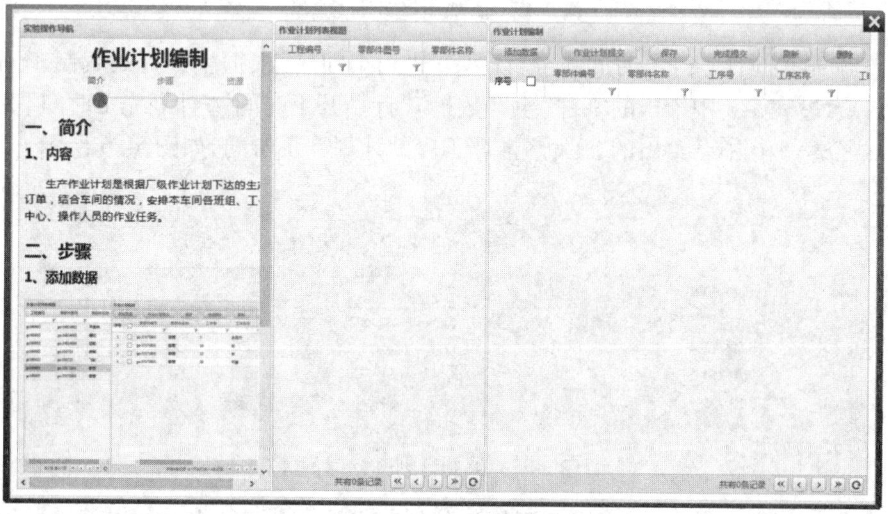

图 5-94 作业计划编制

作业计划编制主要包括以下内容：

- 工程信息：工程编号和名称。
- 零部件信息：需要生产的零部件编号和名称。
- 生产数量：计划生产的生产数量。
- 开工时间：零部件在车间准备开始生产的时间。
- 设备信息：设备编号和名称。
- 部门信息：部门编号和名称。

➢ 班组人员名称：参加该零部件生产的班组人员姓名。

用户操作场景中的学生角色进行车间计划员编制作业计划的岗位体验，操作步骤如下：

① 添加数据：单击【添加数据】按钮，在作业计划编制列表中添加生产计划管理中已下达的生产计划，作为作业计划的数据来源，如图 5-95 所示。

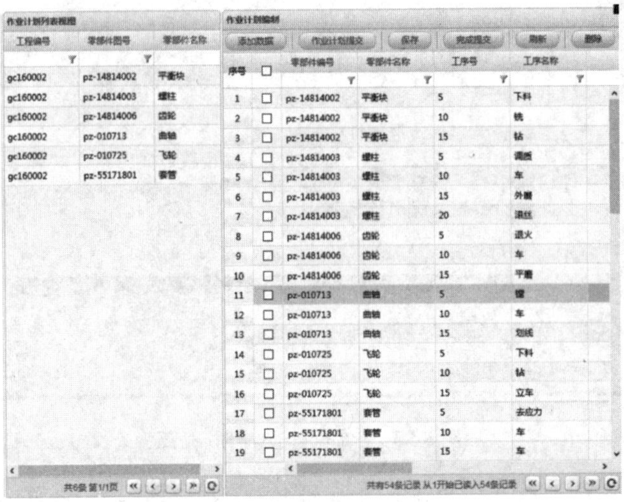

图 5-95 添加生产计划数据

② 编制车间计划开工时间：生产计划下达到车间后，根据生产计划编制车间的生产计划，通过表 5-6 中给出的零件“生产数量”“计划开工时间”“计划完工时间”等实验数据，结合表 5-6 中已给出的“工时”推算工序的计划开工时间，如图 5-96 所示。

图 5-96 编制计划开始时间

③ 填写班组人员名称：填写工序加工的操作者。根据表 5-7 中给出的“操作者”，填写班组人员信息。本实验由学生自行录入班组人员的信息。

④ 保存作业计划编制信息：当前零部件作业计划编制完成后，单击【保存】按钮，保存作业计划信息。

⑤ 作业计划提交：作业计划列表中零件作业计划编制完成后，勾选作业计划，单击【作业计划提交】按钮，如图 5-97 所示。

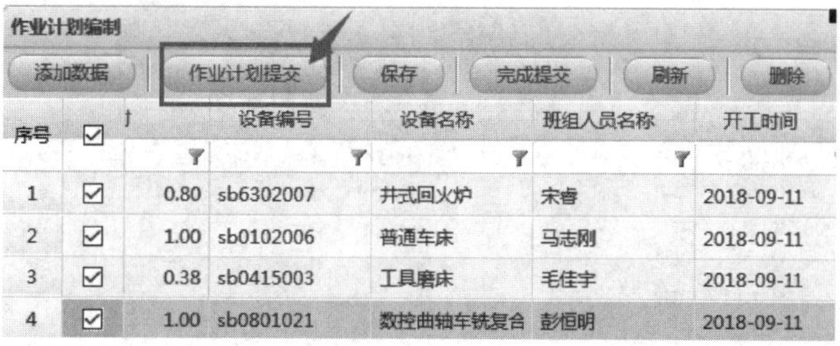

序号	☑		设备编号	设备名称	班组人员名称	开工时间
1	☑	0.80	sb6302007	井式回火炉	宋睿	2018-09-11
2	☑	1.00	sb0102006	普通车床	马志刚	2018-09-11
3	☑	0.38	sb0415003	工具磨床	毛佳宇	2018-09-11
4	☑	1.00	sb0801021	数控曲轴车铣复合	彭恒明	2018-09-11

图 5-97　作业计划提交

⑥ 完成提交：单击【完成提交】按钮，确认当前步骤已完成，然后单击右上角的【关闭】按钮关闭当前窗口，进入下一个实验步骤的操作。

步骤 2　作业计划审核

编制的作业计划必须经审核后方可下达。

（1）接收任务　根据任务卡提示与车间主任进行对话，接收任务，如图 5-98 所示。

图 5-98　与车间主任对话

（2）完成作业计划审核　单击任务卡打开“作业计划审核”界面，如图 5-99 所示。

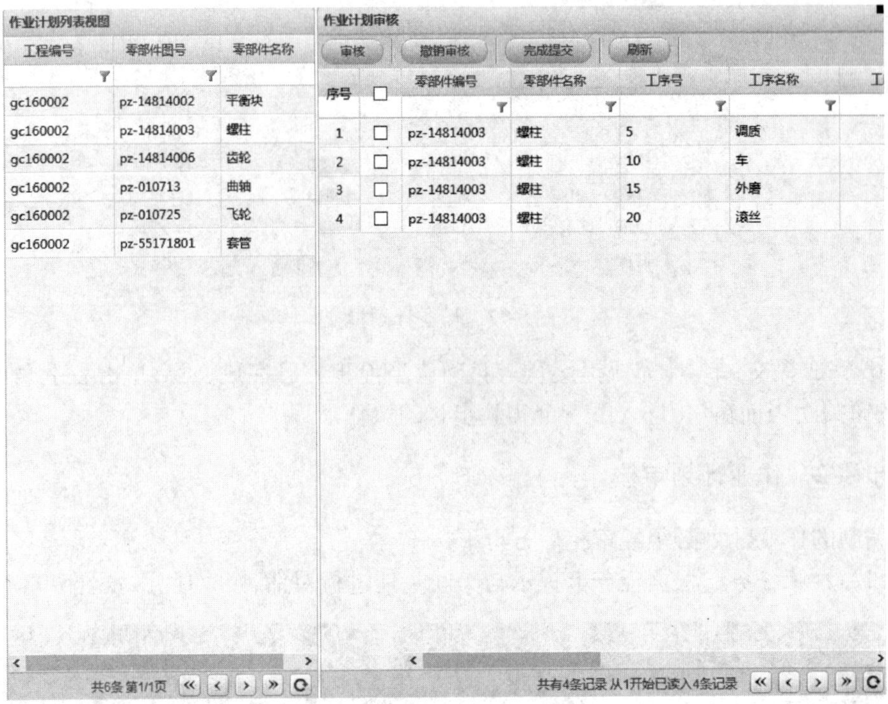

图 5-99　作业计划审核

用户操作场景中的学生角色进行车间主任审核作业计划的岗位体验，操作步骤如下：

① 审核：单击"作业计划列表视图"中的零部件信息，"作业计划审核"窗口则对应显示已编制完成的作业计划信息，在作业计划审核窗口勾选需要审核的作业计划，单击【审核】按钮进行审核，系统弹出是否进行审核的弹窗，然后单击【确定】完成审核，如图 5-100 所示。

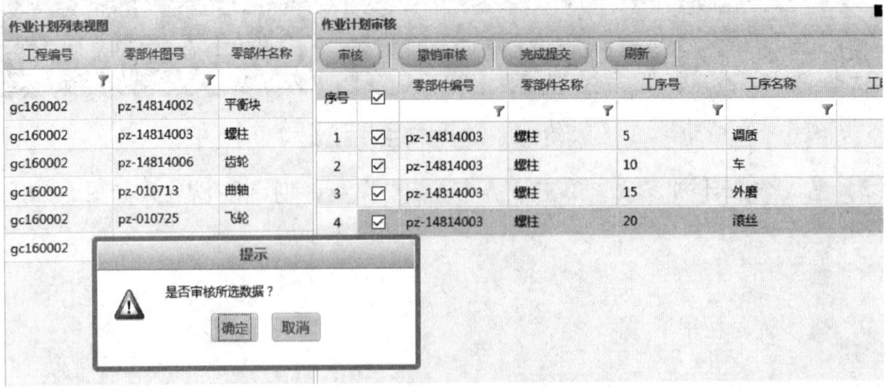

图 5-100　作业计划审核

② 完成提交：作业计划审核成功后将转给车间计划员进行作业计划的下达。单击【完成提交】按钮，确认当前步骤已完成，然后单击右上角的【关闭】按钮关闭当前窗口，进入下一个实验步骤的操作。

步骤3 作业计划下达

审核完成的车间作业计划将下达给车间各班组、工作中心、操作人员。

(1) 接收任务　根据任务卡提示与车间计划员进行对话,接收任务,如图5-101所示。

图5-101　与车间计划员对话

(2) 完成作业计划下达　单击任务卡实验步骤"作业计划下达",打开操作界面,如图5-102所示。

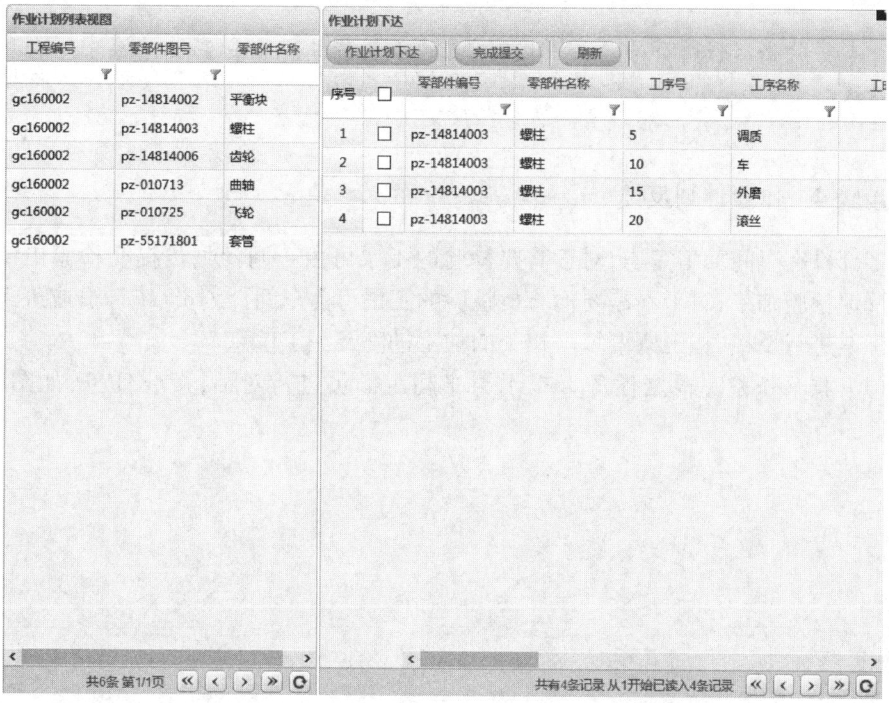

图5-102　作业计划下达

用户操作场景中的学生角色进行车间计划员下达作业计划的岗位体验，操作步骤如下：

① 作业计划下达：勾选需要下达的作业任务，单击【作业计划下达】按钮，即可下达车间作业计划，如图 5-103 所示。

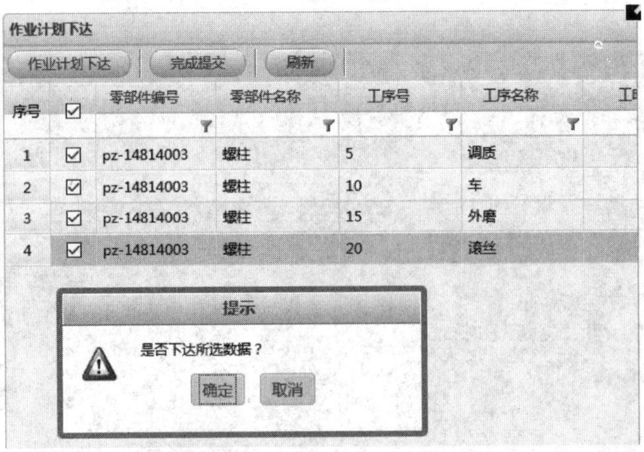

图 5-103　作业计划下达

② 完成提交：单击【完成提交】按钮，确认当前步骤已完成，然后单击右上角的【关闭】按钮关闭当前窗口，进入下一个实验步骤的操作。

注　意

本实验要求将所有的工序下达，下达的车间作业计划在实验回溯中不允许进行修改。

步骤 4　作业计划反馈

零部件在车间加工完毕，对于需要检验的工票可由车间计划员提交检验申请由检验员反馈检验结果，对于不需要检验员检验的工票可由车间计划员、统计员或班组长对生产工票进行反馈，在工票上填写相关的加工进度及完工信息。

(1) 接收任务　根据任务卡提示与车间定额员进行对话，接收任务，如图 5-104 所示。

图 5-104　与车间定额员对话

（2）完成作业计划反馈　单击任务卡实验步骤“作业计划反馈”，打开操作界面，如图 5-105 所示。

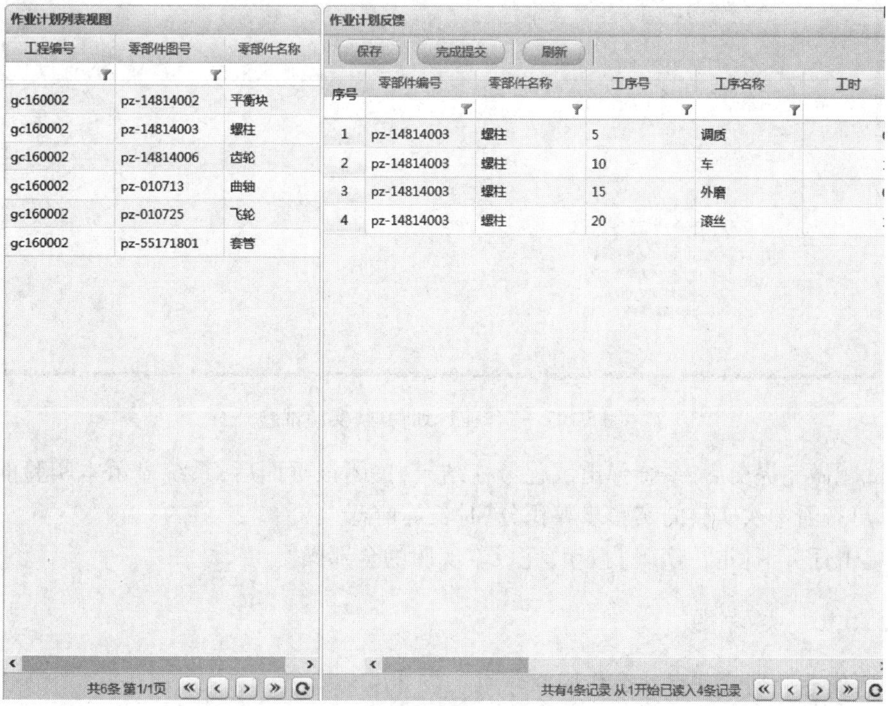

图 5-105　作业计划反馈

用户操作场景中的学生角色进行车间定额员进行作业计划反馈的岗位体验，操作步骤如下：

① 作业计划反馈：选择一条作业计划，选择开工时间和完工时间，如图 5-106 所示。

图 5-106　选择作业计划开工时间和完工时间

② 保存:单击【保存】按钮,保存作业计划反馈信息。

③ 完成提交:单击【完成提交】按钮,确认当前步骤已完成,然后单击右上角的【关闭】按钮关闭当前窗口,进入下一个实验步骤的操作。

步骤 5　实验试题考核

单击任务卡【实验考核】按钮,进入实验试题考核,如图 5-107 所示。

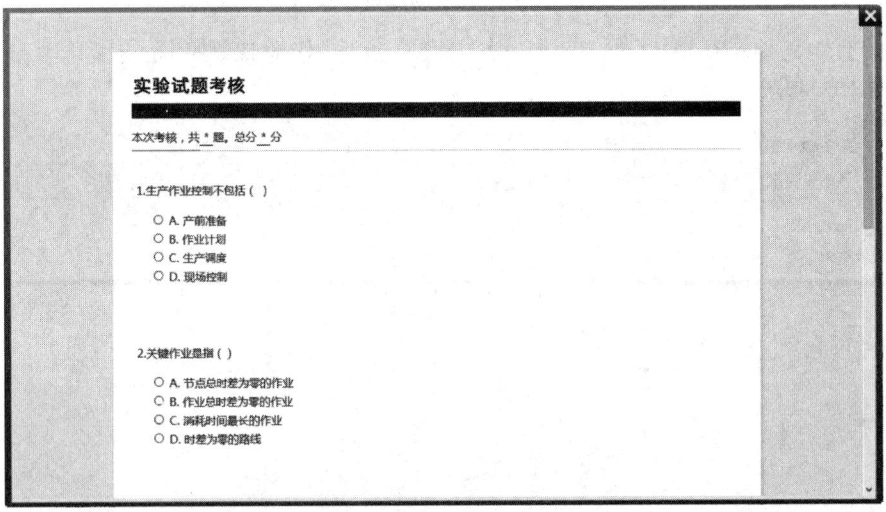

图 5-107　“作业计划管理”实验试题

试题做完提交后,系统弹出试题考核结果,关闭该页面后,系统显示本实验的统计分析,可查看本次实验的实验步骤积分、时长等信息。

单击任务卡【退出实验】按钮,完成本实验的全部操作。

5.5.6　思考题

① 作业计划管理有什么作用?

② 如何统计生产进度?

③ 现代化无人车间需要作业计划管理系统吗?与传统作业计划管理系统有什么差异?

④ 从管理信息系统的角度谈谈你对智能制造的理解。

5.6　设备管理

在设备的日常管理中，设备操作人员通过设备的日常管理随时掌握设备的技术状态。通过日常维护和定期维护，调整设备的精度，排除设备的故障。

5.6.1　实验目的

① 根据任务卡的任务步骤提示，与岗位角色（NPC）交流并了解业务流程，完成设备台账管理、维修保养计划编制、设备运行状态查看和备品备件管理等实验步骤。

② 了解设备管理的基本内容，以及设备管理人员的日常管理工作。

5.6.2　实验原理

设备资产是企业固定资产的主要组成部分，是进行生产的技术物质基础。要做好设备资产的管理工作，设备管理部门、使用单位和财务部门必须同心协力、互相配合。设备管理部门负责设备资产的验收、编号、维修、改造、调拨、租赁、报废等；使用单位负责设备资产的正确使用和保养等。

5.6.3　实验知识点

（1）组织机构　本实验“设备管理”业务由资产管理部完成，涉及的岗位角色如下：

资产管理员：主要负责设备台账管理和维修保养计划编制。

车间设备管理员：主要负责设备运行状态查看和备品备件管理。

（2）业务流程　设备管理业务流程如图5-108所示。

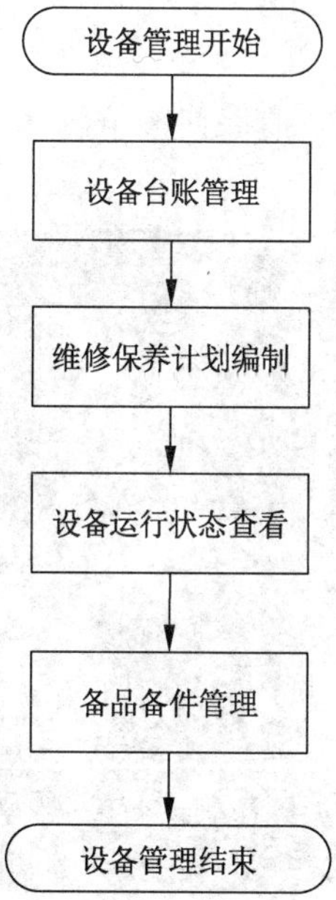

图5-108　设备管理业务流程

① 资产管理员进行设备台账管理。
② 资产管理员编制维修保养计划。
③ 车间设备管理员查看设备运行状态。
④ 车间设备管理员进行备品备件管理。

5.6.4 实验参考数据

① 维修保养计划见表 5-8。

表 5-8 维修保养计划

设备信息	部门信息	计划开始时间	计划完成时间	实际完成时间
sb4801037 单级单吸立式离心泵	装配试验车间	2018-06-08	2018-07-07	
sb4801038 单级单吸立式离心泵	装配试验车间	2018-06-22	2018-07-18	
sb4801039 单级单吸立式离心泵	装配试验车间	2018-08-08	2018-08-15	
sb4807006 立式长轴泵	装配试验车间	2018-07-30	2018-08-07	

② 备品备件信息见表 5-9。

表 5-9 备品备件

设备信息	备品备件
sb1303001 液压机 y41-40	101606107010 接管 20 Φ21×3.5
	101606108810 控制杆 Q235A δ25
sb2102014 单梁起重机 3T/L=13.5M	101606101610 传感器 1638345-7 101606115010 调速器安装 R 101606115110 调速器安装 L

5.6.5 实验步骤

进入资产管理部的实验场景后,根据任务卡提示及小助手与角色的对话内容接收实验任务,如图 5-109 所示。

图 5-109 进入"设备管理"实验

步骤1 设备台账管理

设备台账是设备购入后,登记设备的名称、型号、规格、购入日期、使用年限等信息形成的台账,是便于管理单位记录、整理所需的过程数据和文件。

(1) 接收任务 根据任务卡提示与资产管理员进行对话,接收任务,如图 5-110 所示。

图 5-110 与资产管理员对话

(2) 完成设备台账管理 单击任务卡打开“设备台账管理”界面,如图 5-111 所示。

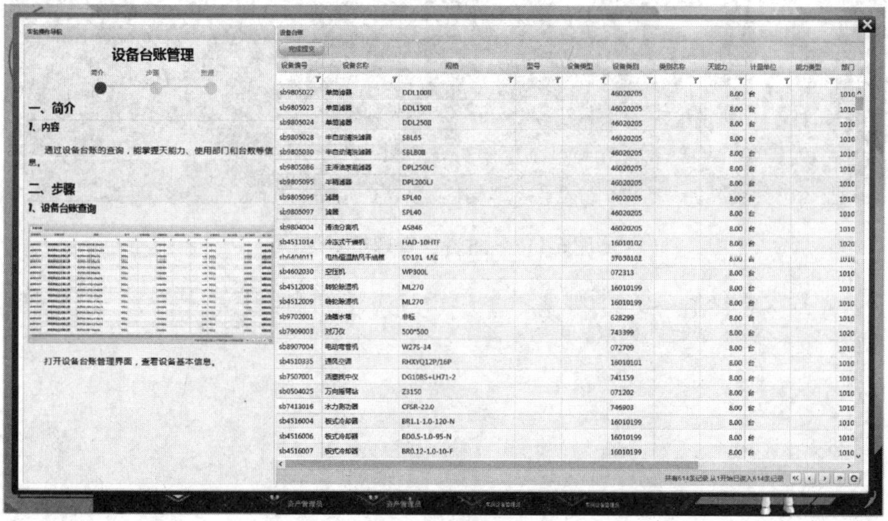

图 5-111 设备台账管理

图 5-111 中,界面显示设备台账内容。设备台账管理数据项说明如下:

➢ 设备信息:设备编号/设备名称、规格/型号。

- 设备类别:设备的类别。
- 天能力:设备一天可以工作的时长。
- 部门信息:设备所在部门的编号和名称。
- 设备台数:设备数量。

用户操作场景中的学生角色进行资产管理员完成设备台账管理的岗位体验,操作步骤如下:

① 设备台账查询:通过设备台账的查询,掌握天能力、使用部门和台数等信息。

② 完成提交:单击【完成提交】按钮,确认当前步骤已完成,然后单击右上角的【关闭】按钮关闭当前窗口,进入下一个实验步骤的操作。

步骤 2　维修保养计划编制

在设备管理中,通过保养设备可以维持设备的技术性能、减少设备故障、延长设备的修理周期;通过设备维修,可以恢复设备的技术性能,延长设备的使用寿命。设备保养与维修的原则是"以预防为主,维护保养与计划检修并重"。

(1) 接收任务　根据任务卡与资产管理员对话,接收任务,如图 5-112 所示。

图 5-112　与资产管理员对话

(2) 进行设备维修保养计划编制　单击任务卡打开"维修保养计划"界面,如图 5-113 所示。

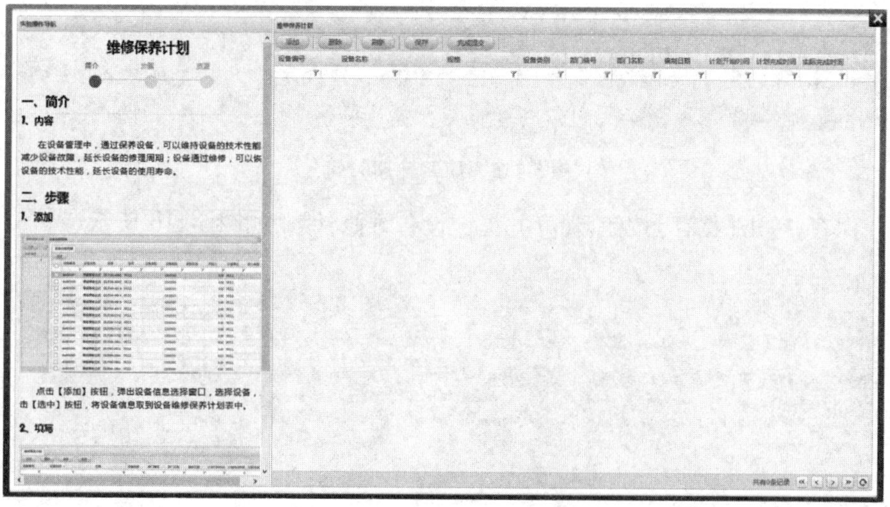

图 5-113　维修保养计划

设备的保养与维修是通过计划来实现的：依据设备状态统计信息和设备运行台账制订保养计划；根据设备的维修费用、状态统计信息、使用年限和生产计划制订维修计划。

用户操作场景中的学生角色进行资产管理员编制维修保养计划的岗位体验，操作步骤如下：

① 添加设备信息：单击【添加】按钮，弹出设备信息选择窗口，选择设备，如图 5-114 所示。单击【选中】按钮，将设备信息提取到设备维修保养计划表中。

图 5-114　添加设备信息

② 填写编制日期、计划开始时间、计划完成时间等内容，如图 5-115 所示。

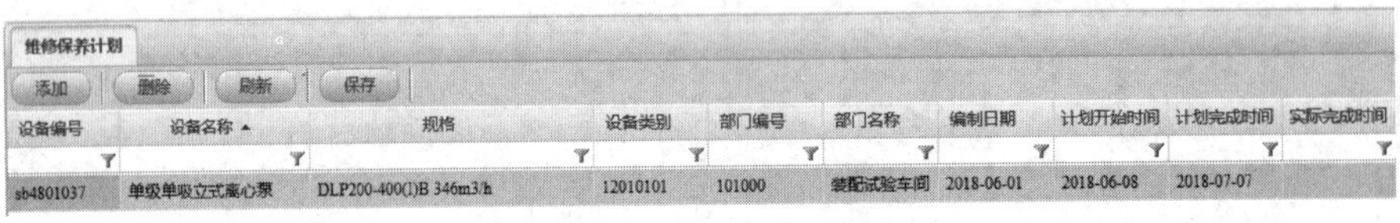

图 5-115　填写计划时间

③ 保存:单击【保存】按钮,保存并提交设备维修计划,如图 5-116 所示。

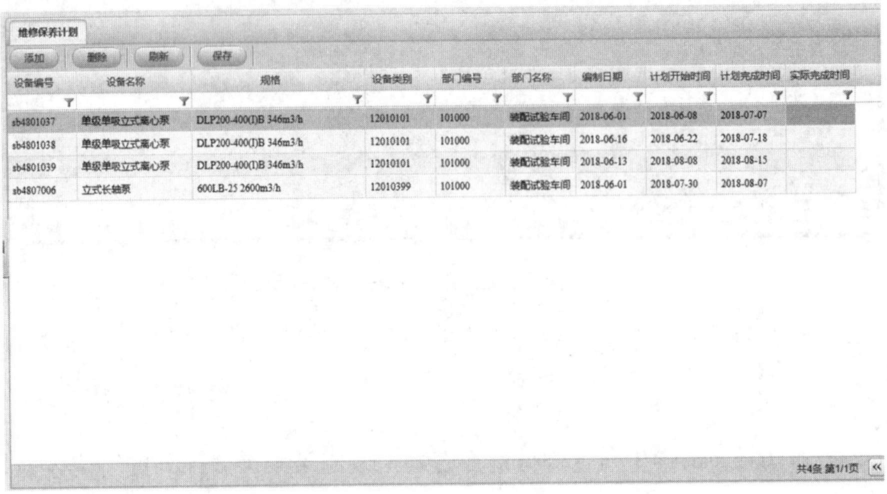

图 5-116　保存维修保养计划

④ 维护实际完成时间:设备维修保养计划完成后,需录入维修保养计划的实际完成时间,如图 5-117 所示。

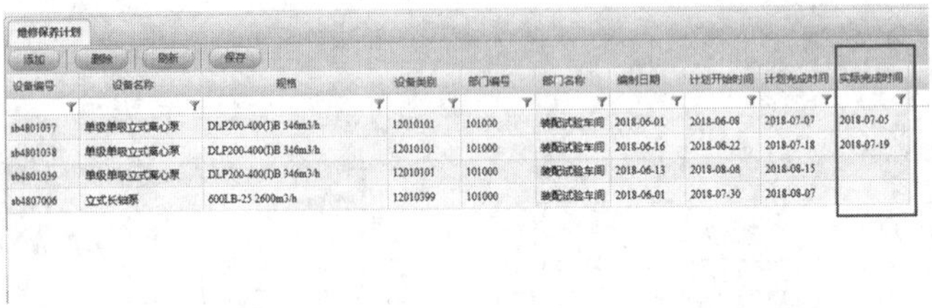

图 5-117　录入维修保养计划实际完成时间

⑤ 完成提交:单击【完成提交】按钮,确认当前步骤已完成,然后单击右上角的【关闭】按钮关闭当前窗口,进入下一个实验步骤的操作。

> **注　意**
>
> 选中需要删除的设备维修保养计划,单击【删除】按钮进行删除。

步骤 3　设备运行状态查看

根据设备日常点检、巡检、故障管理、事故管理动态生成设备运行状况清单,通过此清单可以随时掌握本月度哪些设备处于非完好状态、每台设备的利用率及发生故障的频率等,为制订设备的保养计划和年度大修计划提供准确的依据。

(1) 接收任务 根据任务卡与车间设备管理员进行对话,接收任务,如图5-118所示。

图5-118 与车间设备管理员对话

(2) 查看设备运行状态 单击任务卡实验步骤“设备运行状态”,打开操作界面,如图5-119所示。

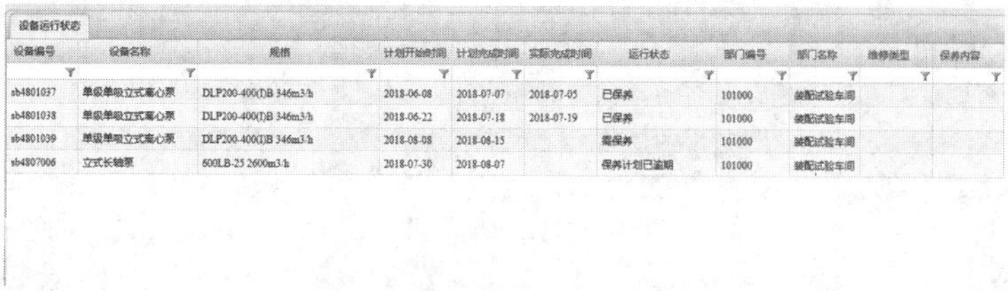

设备运行状态

设备编号	设备名称	规格	计划开始时间	计划完成时间	实际完成时间	运行状态	部门编号	部门名称	维修类型	保养内容
sb4801037	单级单吸立式离心泵	DLP200-400(I)B 346m3/h	2018-06-08	2018-07-07	2018-07-05	已保养	101000	装配试验车间		
sb4801038	单级单吸立式离心泵	DLP200-400(I)B 346m3/h	2018-06-22	2018-07-18	2018-07-19	已保养	101000	装配试验车间		
sb4801039	单级单吸立式离心泵	DLP200-400(I)B 346m3/h	2018-08-08	2018-08-15		需保养	101000	装配试验车间		
sb4807006	立式长轴泵	600LB-25 2600m3/h	2018-07-30	2018-08-07		保养计划已逾期	101000	装配试验车间		

图5-119 设备运行状态

图5-119中,界面为设备运行信息。

用户操作场景中的学生角色完成车间设备管理员执行设备运行状态查看的岗位体验,操作步骤如下:

① 查看设备运行状态:需查看的设备运行状况包括设备代码信息、计划开始时间、计划完成时间、实际完成时间、运行状态、部门信息、维修类型和保养内容等。

运行状态根据设备维修保养计划的实际完成时间分为需保养、已保养、保养计划已逾期三种情况。

② 完成提交:单击【完成提交】按钮,确认当前步骤已完成,然后单击右上角的【关闭】按钮关闭当前窗口,进入下一个实验步骤的操作。

步骤4 备品备件管理

备品备件管理是为了按计划进行设备维修、缩短修理停机时间、减少修理费用而对备件的信息和存储等方面进行的业务工作。

(1) 接收任务　根据任务卡提示与车间设备管理员进行对话,接收任务,如图 5-120 所示。

图 5-120　与车间设备管理员对话

(2) 完成备品备件管理　单击任务卡实验步骤“备品备件管理”,打开操作界面,如图 5-121 所示。

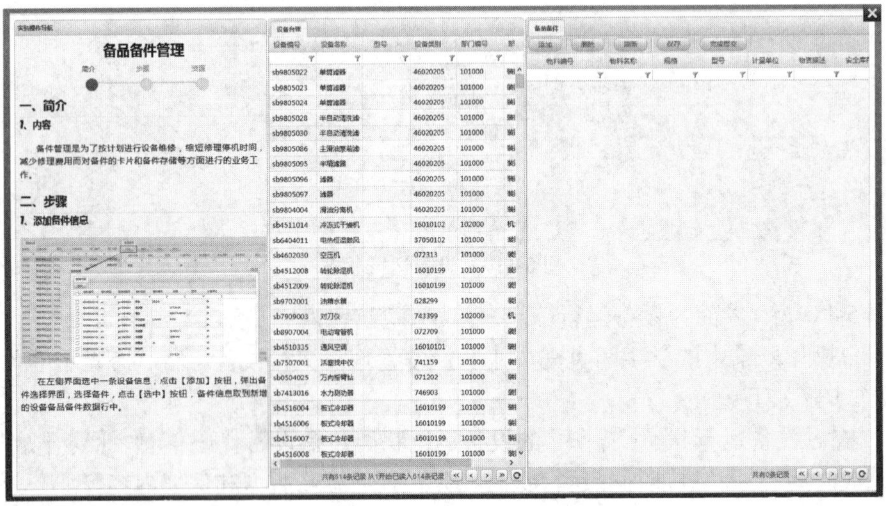

图 5-121　备品备件管理

图 5-121 中,界面中间为“设备台账”,右侧为备品备件维护界面。

用户操作场景中的学生角色进行车间设备管理员执行备品备件管理的岗位体验,操作步骤如下:

① 添加备品备件信息:添加备品备件信息,在图 5-122 左侧界面选中一条设备信息,单击【添加】按钮,弹出“物资选择”界面,选择备件,单击【选中】按钮,将备件信息提

取到新增的设备备品备件数据行中。

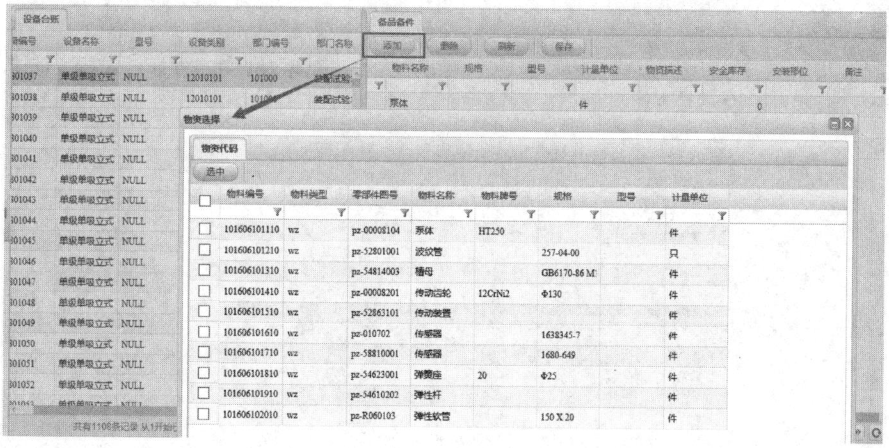

图 5-122 添加备件信息

② 保存:单击【保存】按钮,保存录入的备品备件信息,如图 5-123 所示。

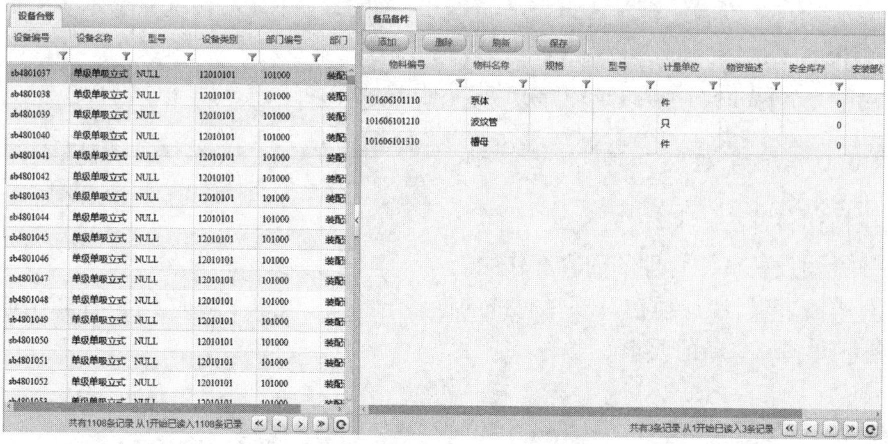

图 5-123 保存备品备件信息

③ 完成提交:单击【完成提交】按钮,确认当前步骤已完成,然后单击右上角的【关闭】按钮关闭当前窗口,进入下一个实验步骤的操作。

注 意

选择需要删除的备件信息,单击【删除】按钮进行删除。

步骤 5 实验试题考核

单击任务卡【实验考核】按钮,进入实验试题考核,如图 5-124 所示。

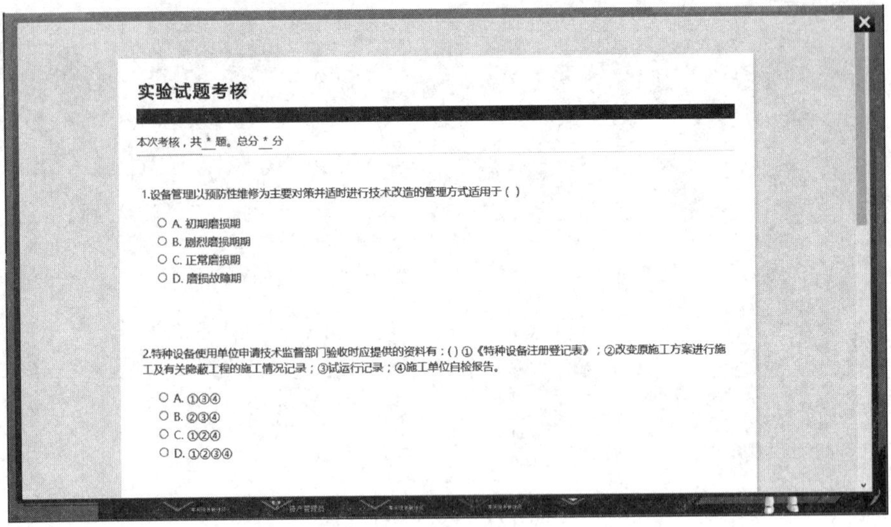

图 5-124 “设备管理”实验试题

试题做完提交后，系统弹出试题考核结果，关闭该页面后，系统显示本实验的统计分析，可查看本次实验的实验步骤积分、时长等信息。

单击任务卡【退出实验】按钮，完成本实验的全部操作。

5.6.6 思考题

① 描述备件的含义和作用。

② 说明设备日常管理的内容和作用。

③ 查阅资料，谈谈现在有哪些先进的设备管理方式，以及物联网和智能制造时代对设备管理有哪些新的要求。

5.7 质量管理

按照产品的形成过程，质量检验主要分为进货检验、工序检验与产品检验三种基本类型，对产品从原材料进厂、加工到最后的产品检验实现全过程的跟踪。

5.7.1 实验目的

① 熟悉质量管理部门的场景、角色职责和业务流程。

② 完成质量检验、不合格品审理、废品通知单填写和质量分析等业务的操作。

③ 了解产品质量控制的全过程，具体包括质量检验的内容、检验方法及不合格品的处理方法。

5.7.2 实验原理

① 质量管理主要针对企业在生产过程中采购物料、在制品及产成品中进行的检验管理。

② 质量检验是指借用某种手段和方法，对产品质量特性进行测定，并将测定的结果同规定的产品质量标准进行比较，从而判断产品是否合格。符合标准的产品为合格品，予以通过；不符合标准的产品为不合格品，根据具体情况予以返修、报废或者降级处理。

③ 质量检验的主要目的有判断产品质量是否合格；确定产品质量等级或产品缺陷的程度；收集质量数据。

5.7.3 实验知识点

(1) 组织机构　本实验“质量管理”业务由质量管理部完成，涉及的岗位角色如下：

检验员甲：主要负责质量检验。

检验员乙：主要负责不合格品审理和废品通知单填写。

质量分析员：主要负责质量分析。

(2) 业务流程　质量管理业务流程如图5-125所示。

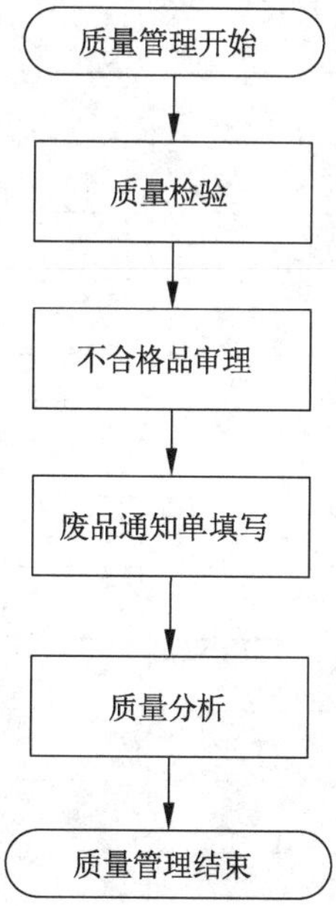

图5-125　质量管理业务流程

① 检验员甲进行质量检验。

② 检验员乙进行不合格品审理。

③ 检验员乙填写废品通知单。

④ 质量分析员进行质量分析。

5.7.4 实验参考数据

① 质量检验结果见表5-10。

表 5-10 检验结果

零部件号	零部件名称	检验项目说明	检验结果	检验结果说明
pz－00008104	泵体	表面必须光滑	不合格	表面太粗糙
pz－58815101	螺栓		不合格	接触斑点
pz－LCP	O 形圈		合格	
pz－14810105	轴承盖		合格	
pz－14836004	曲轴轴承		合格	
pz－52882003	齿轮		合格	
pz－14813003	进气阀	密封不漏气	不合格	漏气

② 部门故障次数统计表见表 5-11 和表 5-12。

表 5-11 部门故障次数统计

年份	月份	次数	部门
2016	7	50	机加车间
2016	8	61	机加车间
2016	9	69	机加车间
2016	10	81	机加车间
2016	11	113	机加车间
2016	12	152	机加车间
2017	1	76	机加车间
2017	2	23	机加车间
2016	7	27	装配车间
2016	8	14	装配车间
2016	9	25	装配车间
2016	10	33	装配车间
2016	11	26	装配车间
2016	12	17	装配车间
2017	1	29	装配车间
2017	2	13	装配车间

表 5-12 故障类型统计表

故障类型	次数（机加）	装配（机加）
漏油	61	52
指导安装	21	92
齿轮件损坏	18	38

续表

故障类型	次数(机加)	装配(机加)
调试	17	106
技术指导	14	70
维护检查	14	48
试车	11	142
仪表损坏	10	35
齿轮剥落	9	22
滑油压力低	9	20

5.7.5 实验步骤

进入质量管理部的实验场景后,根据任务卡提示及小助手与角色的对话内容接收实验任务,如图 5-126 所示。

图 5-126 进入“质量管理”实验

步骤 1 质量检验

检验员根据检验委托单、物资入库申请单对要求入库的原材料进行检验,并把相关的质量检验信息填到检验单上。

(1) 接收任务 根据任务卡提示与检验员甲进行对话,接收任务,如图 5-127 所示。

图 5-127　与检验员甲对话

(2) 完成质量检验　单击任务卡打开“质量检验”界面，如图 5-128 所示。

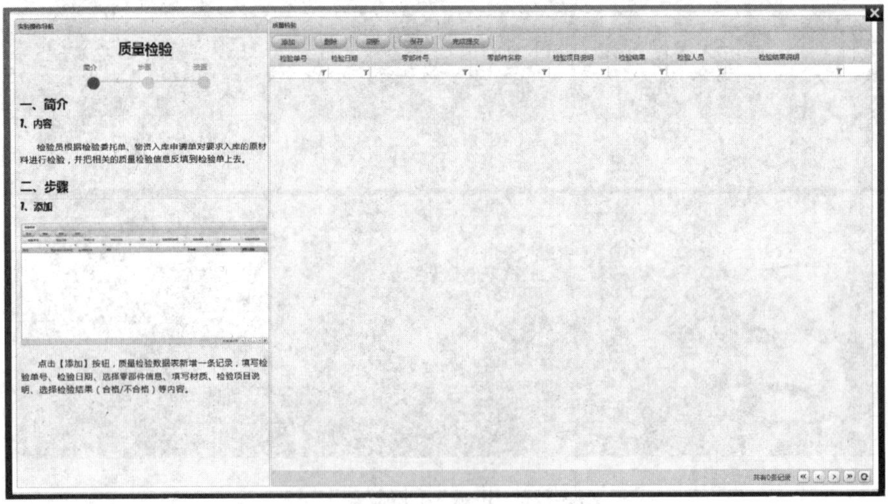

图 5-128　质量检验

图 5-128 所示界面显示质量检验内容。质量检验数据项说明如下：

- 检验日期：产品进行检验的具体日期。
- 零部件号：产品零部件的编号。
- 零部件名称：产品零部件的具体名称。
- 材质：产品材质的具体分类，物体看起来是什么质地、材料和质感的结合。
- 检验项目说明：当合同内的产品类别相同时，在此设置合同类别（直接出口、间接出口、国内）。
- 检验结果：填写质量检验的结果。
- 检验人员：填写检验人员姓名。

➢ 检验结果说明:填写对检验结果的补充说明。

用户操作场景中的学生角色进行检验员甲完成质量检验的岗位体验,操作步骤如下:

① 添加质量检验信息:单击【添加】按钮后,质量检验数据表新增一条记录,在其中填写检验单号、检验日期,选择零部件信息,填写材质、检验项目说明,选择检验结果(合格/不合格)等内容,如图 5-129 所示。

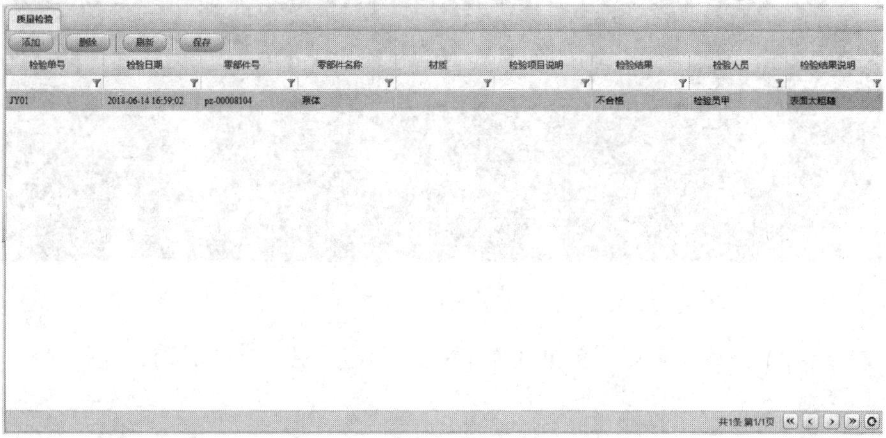

图 5-129 添加零部件质量检验信息

② 保存:单击【保存】按钮,保存质量检验信息。

③ 完成提交:单击【完成提交】按钮,确认当前步骤已完成,然后单击右上角的【关闭】按钮关闭当前窗口,进入下一个实验步骤的操作。

注 意

选择需要删除的质量检验单,单击【删除】按钮进行删除。

步骤 2 不合格品审理

不合格品审理是质量检验乃至整个质量管理过程中的重要环节。产品经质量检验为不合格品后,将集中发到检验员乙处进行不合格品审理。

(1) 接收任务 根据任务卡提示与检验员乙对话,接收任务,如图 5-130 所示。

图 5-130　与检验员乙对话

(2) 进行不合格品审理　单击任务卡打开“不合格品审理”界面,如图 5-131 所示。

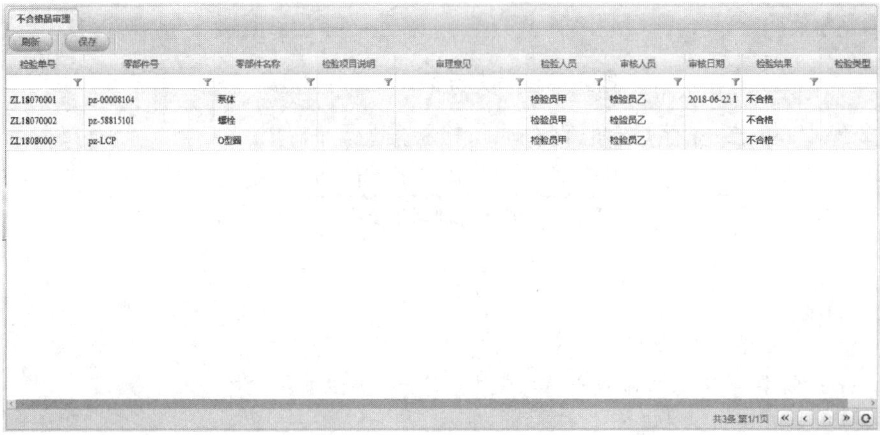

检验单号	零部件号	零部件名称	检验项目说明	审理意见	检验人员	审核人员	审核日期	检验结果	检验类型
ZL18070001	pz-00008104	泵体			检验员甲	检验员乙	2018-06-22 1	不合格	
ZL18070002	pz-58815101	螺栓			检验员甲	检验员乙		不合格	
ZL18080005	pz-LCP	O型圈			检验员甲	检验员乙		不合格	

图 5-131　不合格品审理

用户操作场景中的学生角色进行检验员乙完成不合格品审理的岗位体验,操作步骤如下:

① 不合格品审理:选择一条不合格品,填写审核意见,选择审核日期、检验类型(废品/非废品)等内容,如图 5-132 所示。

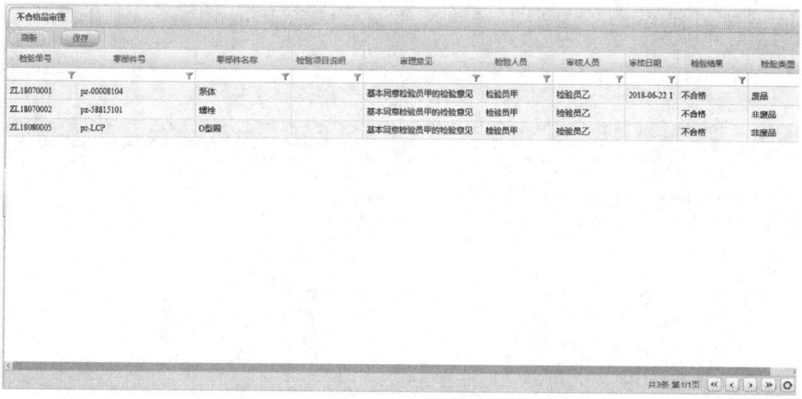

图 5-132　审理不合格品

对于不合格品，常用的处理方法如下：

➢ 报废：对于不能使用，如影响人身安全或经济上发生严重损失的不合格品，应给予报废处理。
➢ 返工：返工是一个程序，它可以完全消除不合格，并使质量特性完全符合要求。通常检验人员有权做出返工的决定，不必提交到不合格审理委员会审查。
➢ 返修：返修与返工的区别在于返修不能完全消除不合格品，只能减轻不合格品的程度，使部分不合格品达到基本满足使用的要求。一般情况下，把返工与返修合在一起称为返工/返修。
➢ 原样使用：原样使用也称为直接回用，就是不加返工与返修，直接交给客户。

② 保存：单击【保存】按钮，保存不合格品审理信息。

③ 完成提交：单击【完成提交】按钮，确认当前步骤已完成，然后单击右上角的【关闭】按钮关闭当前窗口，进入下一个实验步骤的操作。

步骤 3　废品通知单填写

废品由企业质量管理部确认，检验员根据不合格审理单填写废品通知单。

(1) 接收任务　根据任务卡提示与检验员乙进行对话，接收任务，如图 5-133 所示。

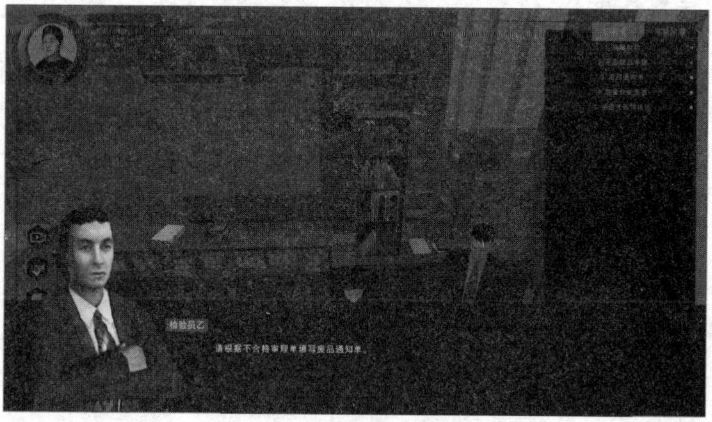

图 5-133　与检验员乙对话

(2) 填写废品通知单　单击任务卡实验步骤“废品通知单”,打开操作界面,如图5-134所示。

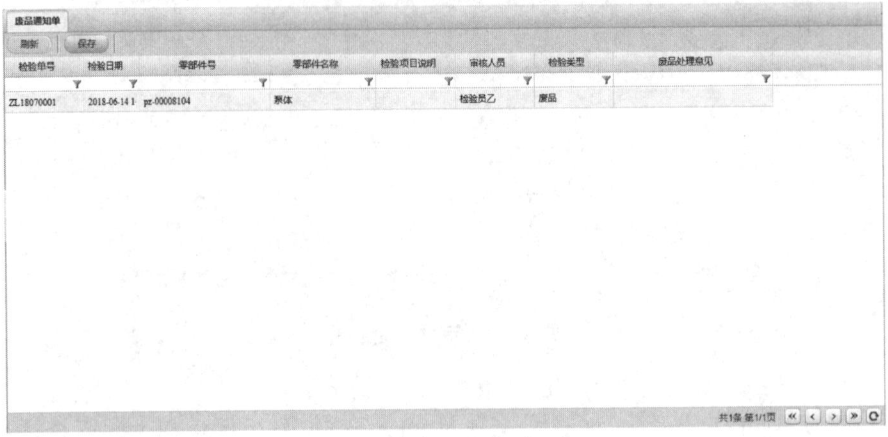

图 5-134　废品通知单

图5-134所示界面显示废品通知单信息。

用户操作场景中的学生角色完成检验员乙填写废品通知单的岗位体验,操作步骤如下:

① 填写废品处理意见,如图5-135所示。

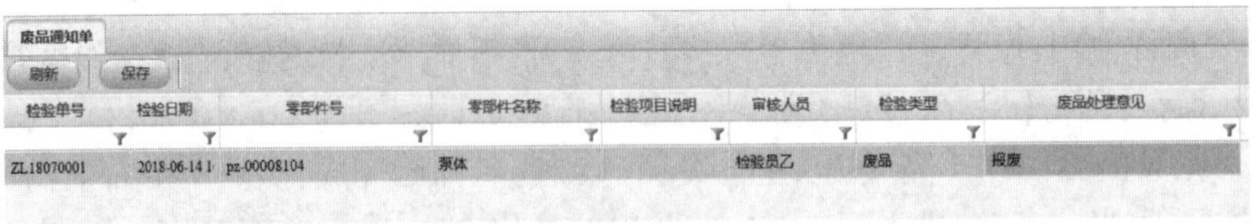

图 5-135　填写废品处理意见

② 保存:单击【保存】按钮,保存废品处理意见。

③ 完成提交:单击【完成提交】按钮,确认当前步骤已完成,然后单击右上角的【关闭】按钮关闭当前窗口,进入下一个实验步骤的操作。

步骤4　质量分析

质量分析是以质量控制图、因果图、相关图、排列图、统计分析表、分层法、散布图等统计方式对生产过程中的产品质量状态进行控制,保证工序加工产品质量的控制方式。

(1) 接收任务　根据任务卡提示与质量分析员进行对话,接收任务,如图5-136所示。

图 5-136　与质量分析员对话

（2）完成质量分析　单击任务卡实验步骤“质量分析图表”，打开操作界面，如图 5-137 所示。

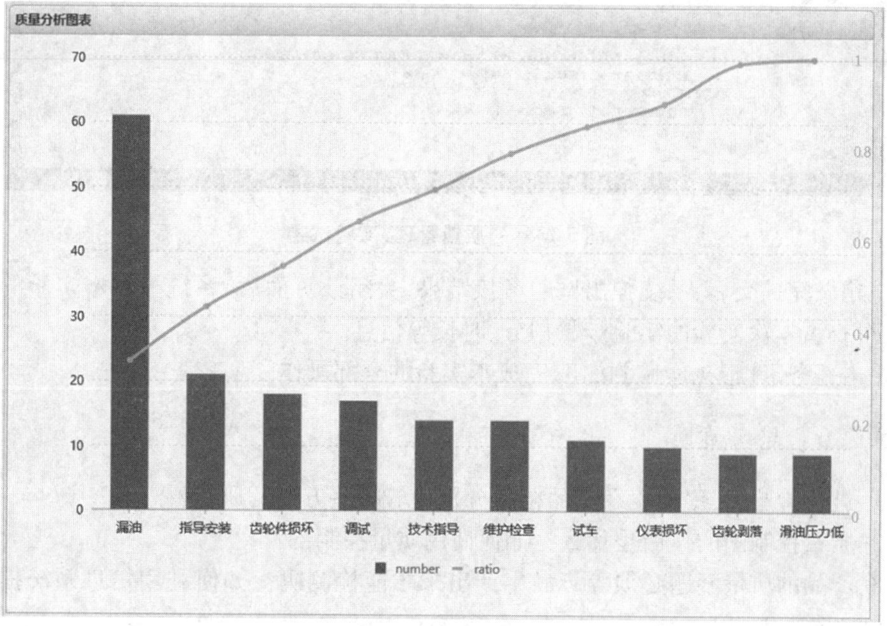

图 5-137　质量分析图表

图 5-137 所示界面显示质量分析图表信息。

用户操作场景中的学生角色完成质量分析员进行质量分析的岗位体验，操作步骤如下：

① 质量分析图生成：帕累托图是分析和寻找影响质量主要因素的一种工具，其形式用双直角坐标图表示，左边纵坐标表示频数（如件数、金额等），右边纵坐标表示频率

(如百分比)。分折线表示累积频率,横坐标表示影响质量的各项因素,按影响程度的大小(即出现频数多少)从左向右排列。通过对帕累托图的观察分析,可抓住影响质量的主要因素。实际上,这种方法不仅在质量管理中运用,还在其他许多管理工作中使用,如库存管理,都是十分有用的。

② 完成提交:单击【完成提交】按钮,确认当前步骤已完成,然后单击右上角的【关闭】按钮关闭当前窗口,进入下一个实验步骤的操作。

步骤 5　实验试题考核

单击任务卡【实验考核】按钮,进入实验试题考核,如图 5-138 所示。

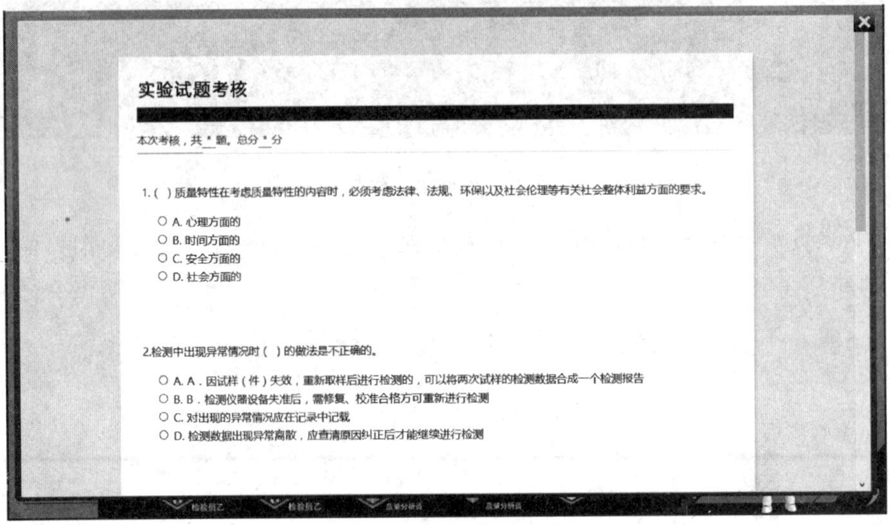

图 5-138　"质量管理"实验试题

试题做完提交后,系统弹出试题考核结果,关闭该页面后,系统显示本实验的统计分析,可查看本次实验的实验步骤积分、时长等信息。

单击任务卡【退出实验】按钮,完成本实验的全部操作。

5.7.6　思考题

① 进货检验、工序检验及产品检验分别检验哪些方面的质量?

② 质量控制图的作用是什么? 如何使用质量控制图?

③ 产品的质量问题必须等产品生产出来才能检测吗? 如何利用信息系统提高产品质量?

④ 谈谈生产管理主线的几大功能模块要解决的企业管理问题可能是什么。

⑤ 结合本虚拟仿真实验系统,谈谈如何利用信息系统提升生产效率。

第 6 章　教学管理

6.1　教师管理

6.1.1　系统登录

教师实验前需要登录实验数据管理平台，打开浏览器输入网址"http://服务器 IP 地址/Experiment/Screen/UPad/Home.aspx"，登录账号为教师编号，初始密码为空，单击【登录】按钮后可直接进入实验数据管理系统，如图 6-1 所示。

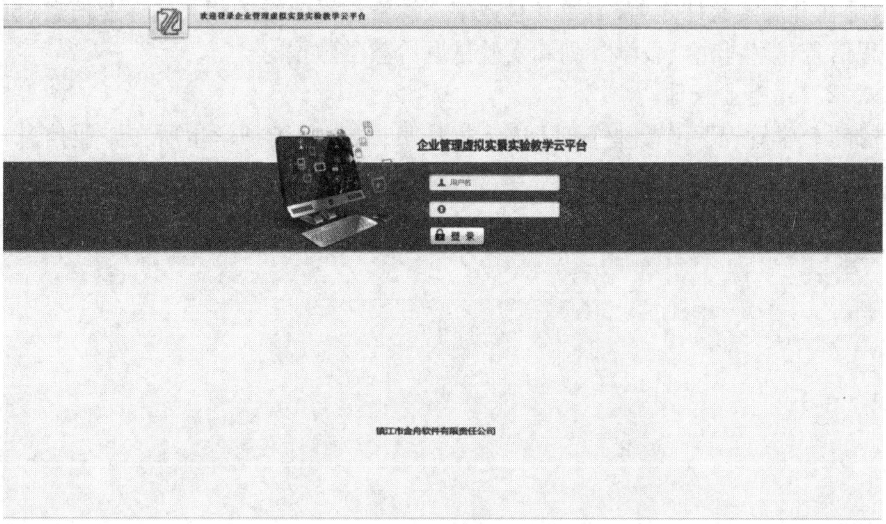

图 6-1　数据管理系统登录

如果系统弹出窗口提示"用户名不存在"（图 6-2），则联系管理员在数据资源管理平台中录入教师信息。

图 6-2　提示用户名不存在

6.1.2　实验准备

教师在开展实验课之前，需要登录数字资源管理平台维护相关的专业信息、班级信息、课程信息、学生信息、教学计划和实验试题等教学数据。

6.1.2.1　专业管理

选择“教学管理”→“专业管理”进入操作页面，教师维护学生所在专业信息，如图 6-3 所示。

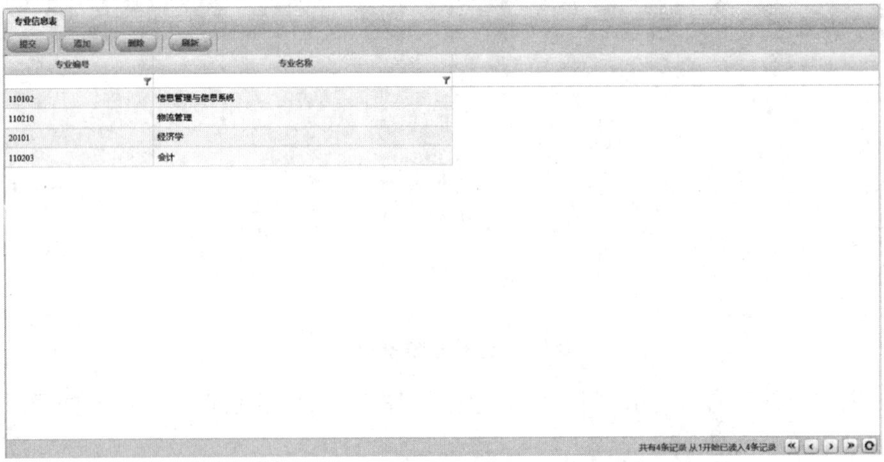

图 6-3　专业管理

具体操作步骤如下：

(1) 添加专业数据行　单击工具栏上的【添加】按钮，在下方空白专业信息行中添加维护专业编号和专业名称信息，如图 6-4 所示。

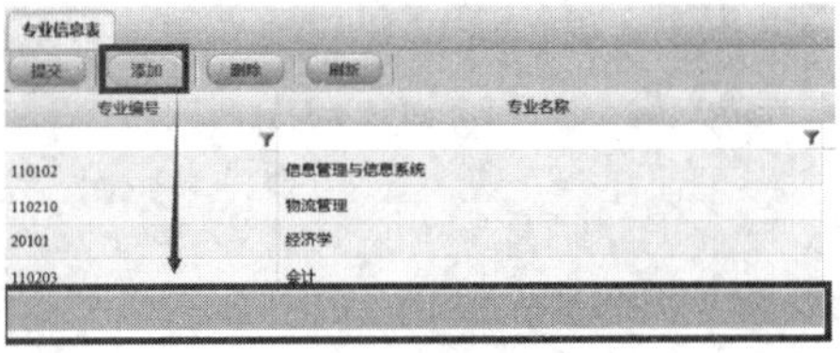

图 6-4　专业信息(添加信息)

(2) 提交　专业信息维护完成后，单击工具栏上的【提交】按钮完成提交。

注　意

如果维护专业信息有误，则单击选中需要删除的专业信息所在行，再单击工具栏上的【删除】按钮，清除选中信息，然后单击【保存】按钮保存数据。

6.1.2.2　学生管理

选择“教学管理”→“学生管理”进入操作页面，教师维护本次实验的学生信息，如图6-5所示。

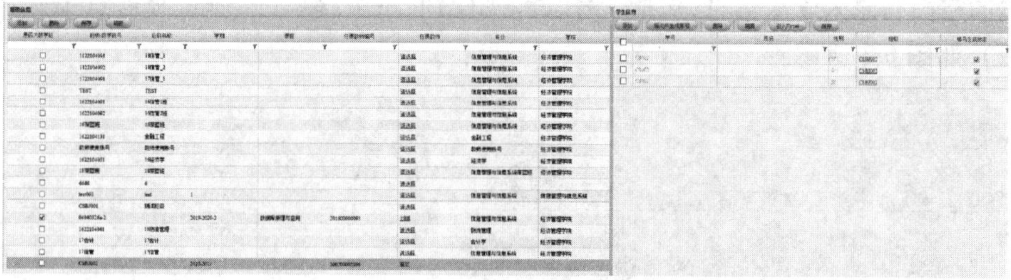

图6-5　学生管理

表6-5所示界面分左、右两张表，教师首先需要维护左侧班级信息表的内容。

具体操作步骤如下：

(1) 添加班级信息　单击工具栏上的【添加】按钮，在下方空白行勾选当前班级学生的组成形式是否为教学班，编辑教学班号和名称，以及对应的专业和学院、开课学期，选择任课老师和课程名称等，如图6-6所示。

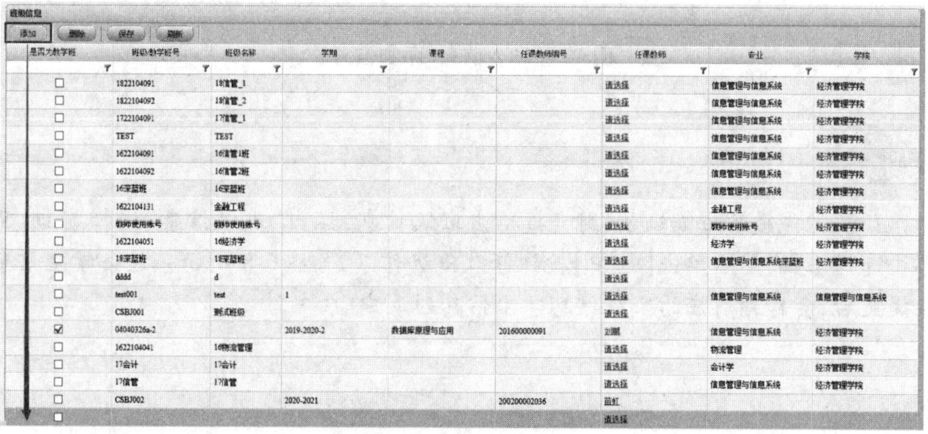

图6-6　班级信息(添加信息)

如果勾选当前班级学生组成形式为教学班，教学班号、学期、任课教师为必填项。如果不勾选，则默认当前班级学生组成形式为自然班，班号为必填项。

(2) 保存　班级信息维护完成后,单击工具栏上的【保存】按钮完成保存并提交。

注　意

如果维护班级信息有误,则选中需要删除的班级信息所在行,单击【删除】按钮清除选中信息,再单击【保存】按钮保存数据。

(3) 添加教学班级对应的学生信息

① 方式一:逐条输入单个学生信息(适用于零星学生信息录入)。

在左侧班级列表选择本次实验班级的信息,单击右侧工具栏上的【添加】按钮,在新增的空白行录入学生信息,包括学号、姓名、性别、班级(默认左侧班级信息中选择的班级),如图6-7所示。

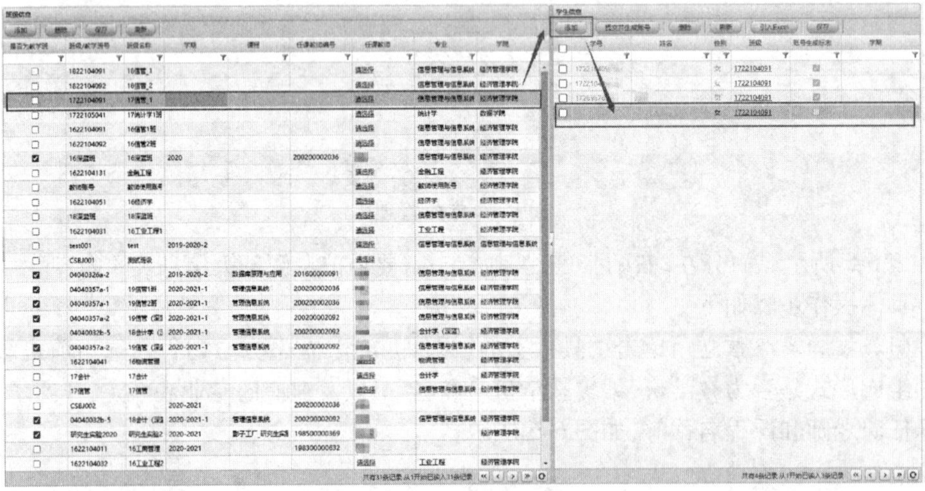

图6-7　学生信息(添加信息)

注　意

如果需要修改班级编号,则直接单击班级信息,弹出"班级信息"选择窗口,再单击选择班级,然后单击【选中】按钮修改班级信息,如图6-8所示。该条学生信息在提交后,会转到对应的班级信息学生信息列表中。

图 6-8　学生信息(调整班级信息)

② 方式二:引入 Excel,批量上传学生信息。

按照模板格式,在 Excel 文件中整理好学生数据,存放在电脑中,内容包括学号、姓名、性别、班级、卡号、学期,如图 6-9 所示。

学号	姓名	性别	班级	卡号	学期
test0201	test0201	1	04040326a-test		2019-2020-2
test0202	test0202	0	04040326a-test		2019-2020-2
test0303	test0303	1	04040326a-test		2019-2020-2

图 6-9　学生信息模板

注　意

① Excel 的格式中,第一行为信息名称,按照学号、姓名、性别、班级、卡号和学期的顺序从左往右依次排列。第二行空一行。第三行开始为维护信息,模板中学号、姓名、班级、学期为必填项。

② 模板中的班级和学期内容必须与系统中"班级信息"表中维护的内容一致,否则在数据导入时会出错。

③ 性别男为 0,女为 1。

在系统中单击【引入 Excel】按钮,系统弹出"Excel 数据导入"窗口,如图 6-10 所示。

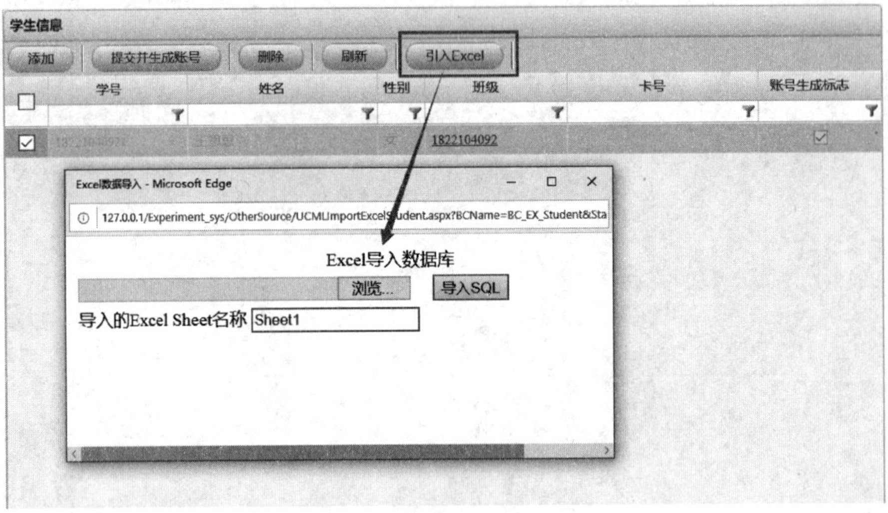

图 6-10　学生信息(导入数据)

单击【浏览】按钮在电脑中按照文件存放路径,找到整理好的学生信息文件,选择并单击【导入 SQL】按钮,系统提示“Excel 表××条记录导入成功”,如图 6-11 所示。

图 6-11　学生数据导入成功

(4) 提交并生成账号　学生信息录入或者导入完成后,勾选该条学生信息,单击工具栏上的【提交并生成账号】按钮提交信息,如图 6-12 所示。

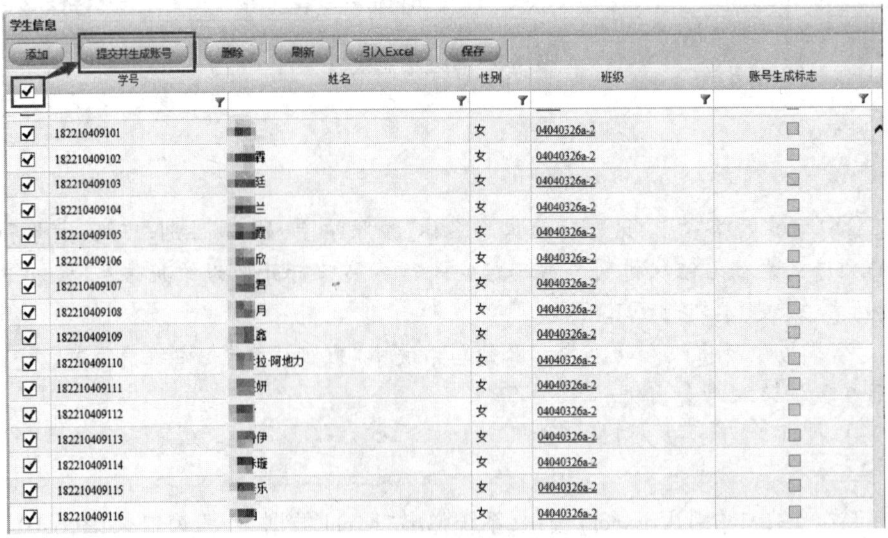

图 6-12　提交并生成账号

账号生成成功后，学生信息变为蓝色，添加账号生成标志，系统自动生成以当前学号为注册账号的云平台实验登录账号（在实验用户查询中可以查询），账号密码默认为123456，如图6-13所示。

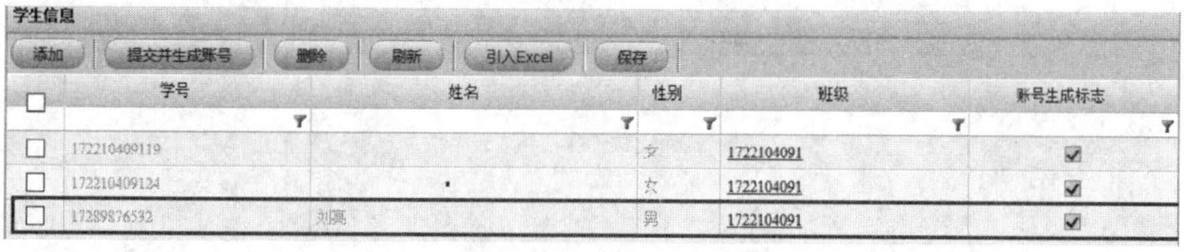

图6-13 学生信息（生成账号成功标志）

注 意

① 如果需要删除学生信息，则单击选中需要删除的学生信息所在行，再单击工具栏上的【删除】按钮，清除选中信息，然后再次单击【保存】按钮保存数据。

② 已生成账号的学生信息不能删除。

6.1.2.3 实验计划管理

实验计划管理用于维护实验教学计划，包括实验计划信息、实验计划明细和实验计划中的学生信息。选择“教师管理”→“实验计划管理”进入操作界面，如图6-14所示。

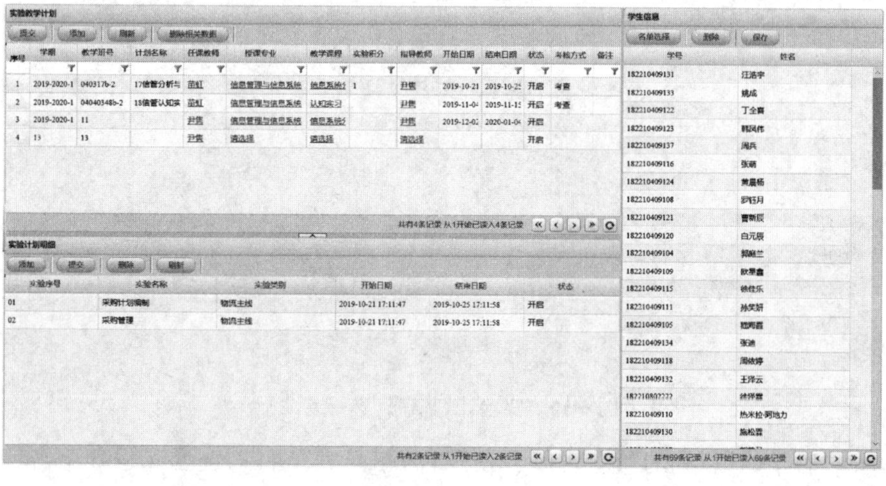

图6-14 实验计划管理

具体操作步骤如下：

（1）添加实验教学计划　在左侧“实验教学计划”界面，单击【添加】按钮，在下方新增空白实验教学计划信息行，如图6-15所示。

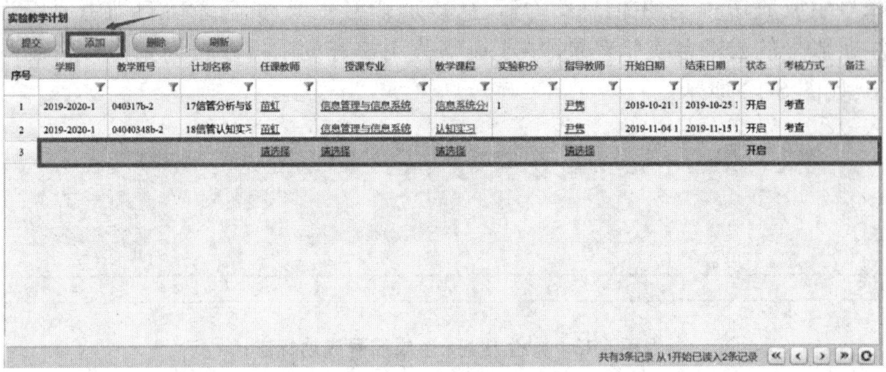

图 6-15　实验计划信息(添加信息)

(2) 填写教学计划基本信息　内容包括学期、教学班号、计划名称、任课教师、授课班级、授课专业、教学课程、开始日期、结束日期、状态、考核方式、实验学时、实验积分等信息。

单击“授课专业”列的“请选择”弹出“专业信息表”窗口,选择专业并单击【选中】按钮,将选中的专业信息读取到“授课专业”信息列,如图 6-16 所示。

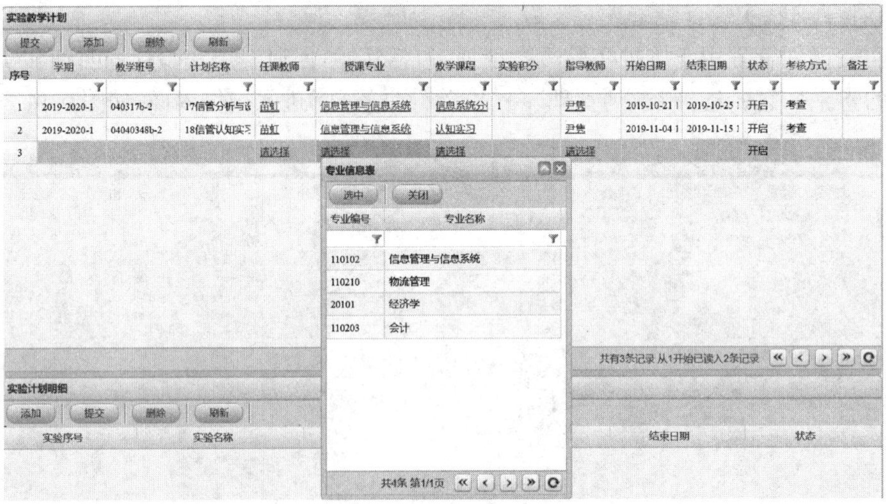

图 6-16　实验计划信息(选择专业)

单击“教学课程”列的“请选择”弹出“课程信息表”窗口,选择课程并单击【选中】按钮,将选中的课程信息读取到“教学课程”信息列,如图 6-17 所示。

单击实验“开始日期”和“结束日期”单元格,选择相应的日期信息、教学计划时间安排,如图 6-18 所示。

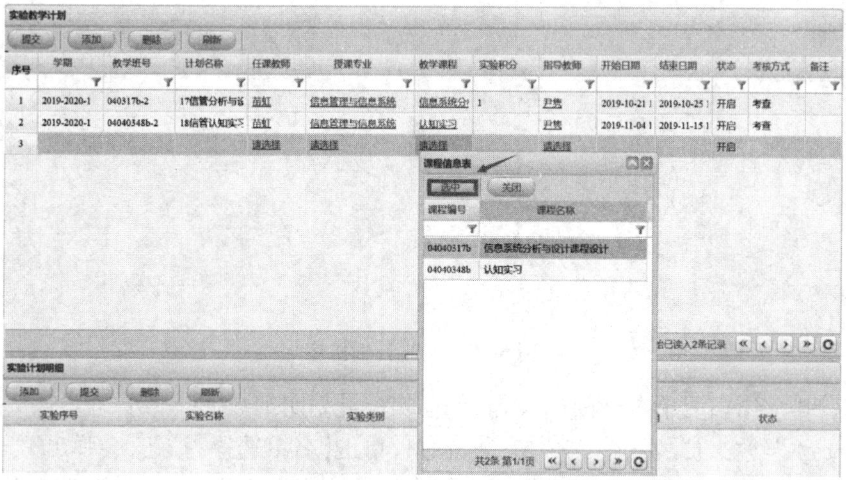

图 6-17　实验计划信息（选择课程）

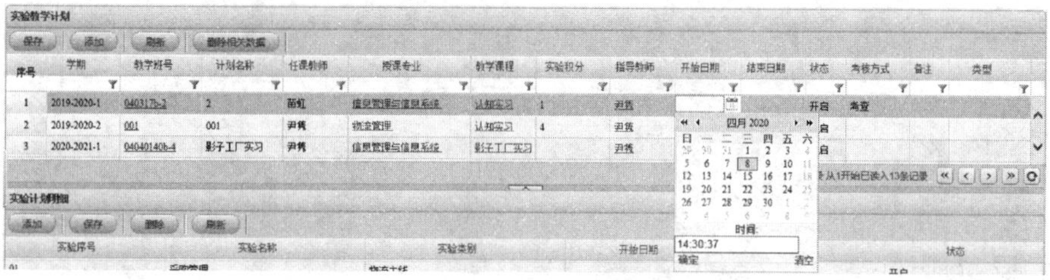

图 6-18　实验计划信息（选择实验时间安排）

教学计划内容维护结束后单击【保存】按钮，保存实验教学计划数据。

(3) 添加实验计划明细　在“实验计划明细”界面单击【添加】按钮弹出“实验选择”窗口，在其中单个勾选或全选实验名称并单击【确定】按钮，将选中的实验信息读取到“实验名称”和“实验类别”信息列，系统同时读取实验教学计划中维护实验的开始日期、结束日期等信息，如图 6-19 所示。

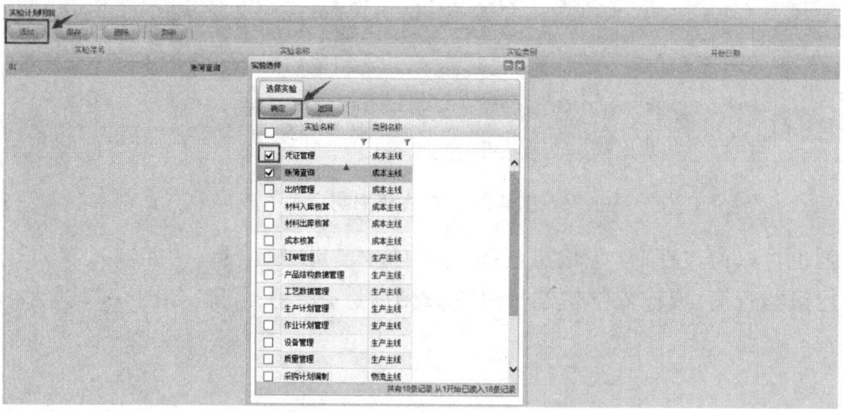

图 6-19　实验计划信息（添加明细）

单击“实验序号”列的下拉按钮，在打开的下拉菜单中选择相应序号为所有实验排序，确定实验的先后顺序，如图 6-20 所示。

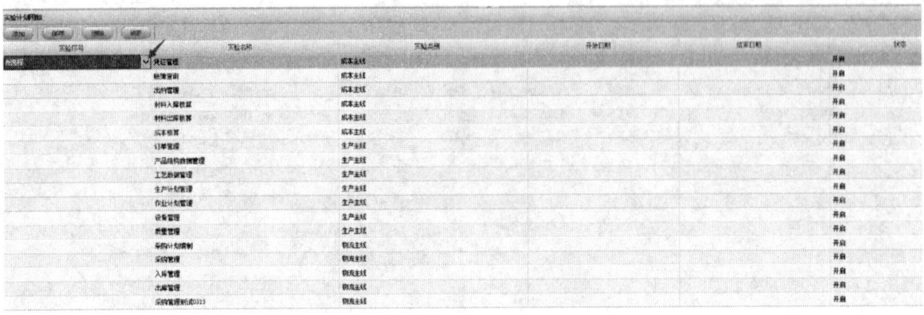

图 6-20　实验计划排序

实验排序结束后单击【保存】按钮，保存实验计划明细数据。

(4) 添加学生信息　在“学生信息”窗口，单击【名单选择】按钮，会弹出“学生信息视图”窗口，系统自动带入在学生管理步骤维护的该班级学生信息，勾选学生名单后单击【确定】按钮，将学生信息导入当前实验计划学生信息表，如图 6-21 所示。

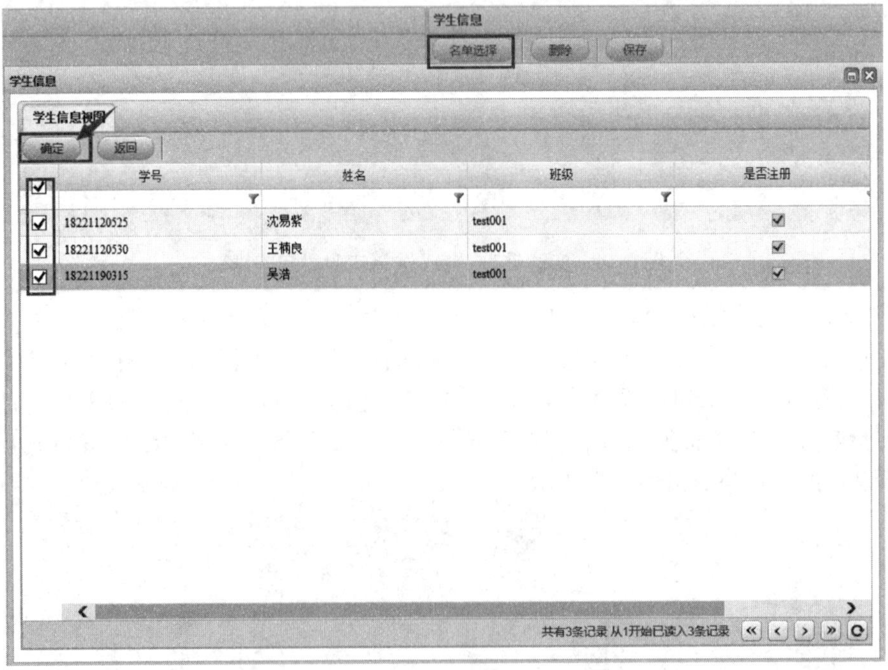

图 6-21　学生信息导入

教师也可以通过在“学生信息视图”表中输入“班级”信息，例如输入“4092”对学生信息进行过滤查询，或输入学生学号过滤数据后选择学生信息，如图 6-22 所示。

图 6-22　学生信息过滤

（5）保存学生信息　将学生信息导入“学生信息”表后，单击工具栏上的【保存】按钮，保存学生信息，如图 6-23 所示。

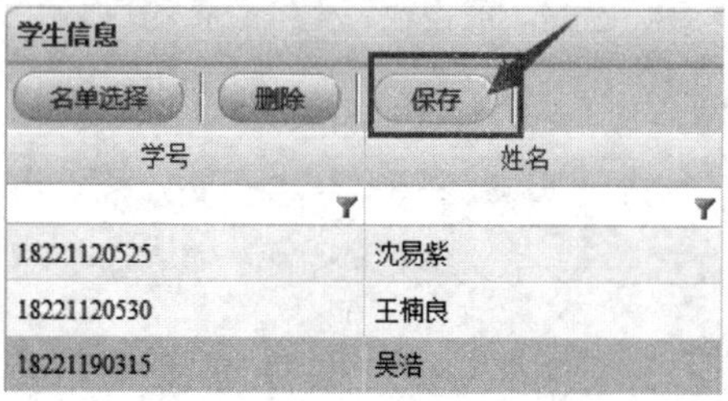

图 6-23　保存学生信息

注　意

① 删除学生信息。选择学生信息，单击【删除】按钮即可。

② 删除实验计划。选中(单击表单信息所在行，出现蓝色即选中背景)需要删除的实验计划信息，单击工具栏上的【删除】按钮，弹出是否确认删除对话框，单击【确定】按钮完成删除。

6.1.2.4　实验试题维护

实验试题维护用于维护实验过程中学生需要完成的实验试题。选择“教师管理”→“实验试题维护”进入操作页面，如图 6-24 所示。

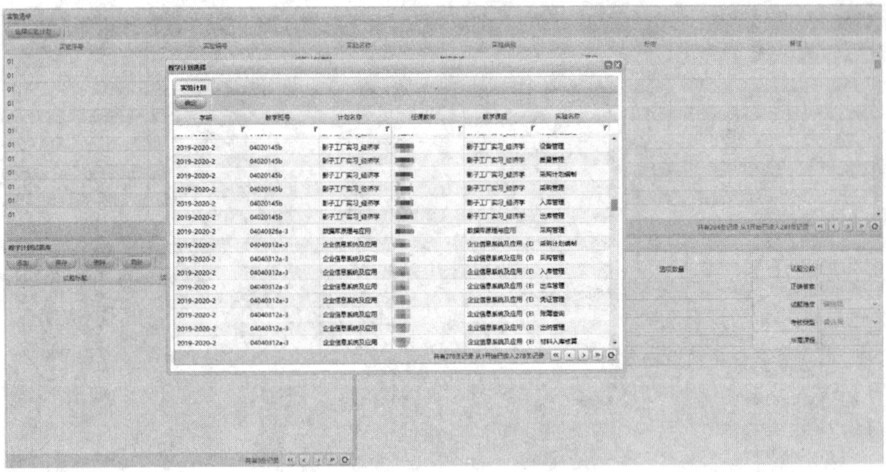

图 6-24　实验试题维护

具体操作步骤如下：

(1) 教学计划选择　在"教学计划选择"窗口中选择需要维护的试题内容的实验计划，单击【确定】按钮，将选中的课程计划信息导入实验清单信息列表中，如图 6-25 所示。

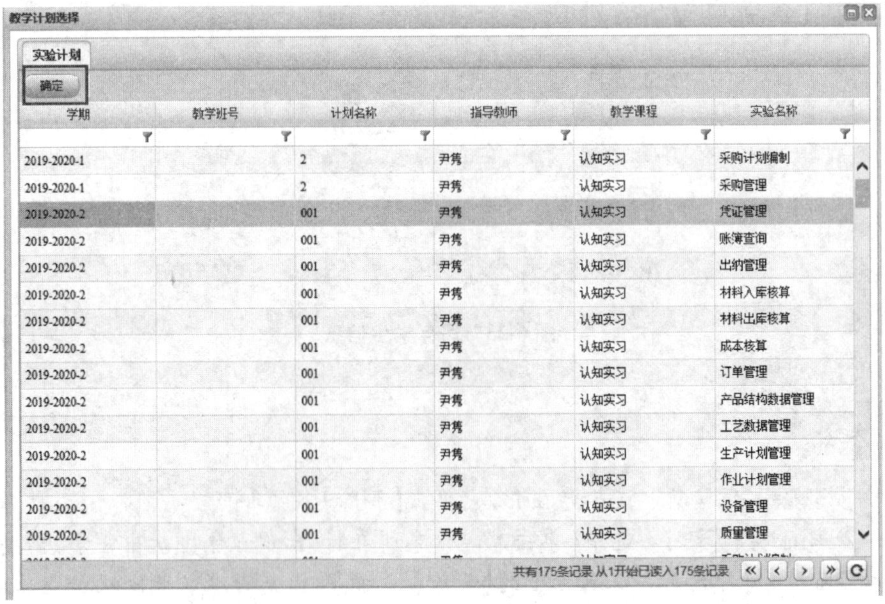

教学计划选择

实验计划

确定

学期	教学班号	计划名称	指导教师	教学课程	实验名称
2019-2020-1		2	尹隽	认知实习	采购计划编制
2019-2020-1		2	尹隽	认知实习	采购管理
2019-2020-2		001	尹隽	认知实习	凭证管理
2019-2020-2		001	尹隽	认知实习	账簿查询
2019-2020-2		001	尹隽	认知实习	出纳管理
2019-2020-2		001	尹隽	认知实习	材料入库核算
2019-2020-2		001	尹隽	认知实习	材料出库核算
2019-2020-2		001	尹隽	认知实习	成本核算
2019-2020-2		001	尹隽	认知实习	订单管理
2019-2020-2		001	尹隽	认知实习	产品结构数据管理
2019-2020-2		001	尹隽	认知实习	工艺数据管理
2019-2020-2		001	尹隽	认知实习	生产计划管理
2019-2020-2		001	尹隽	认知实习	作业计划管理
2019-2020-2		001	尹隽	认知实习	设备管理
2019-2020-2		001	尹隽	认知实习	质量管理

共有175条记录 从1开始已读入175条记录

图 6-25　教学计划选择

(2) 选择实验　在"实验清单"窗口中选择需要维护的试题内容的实验名称，如图 6-26 所示。

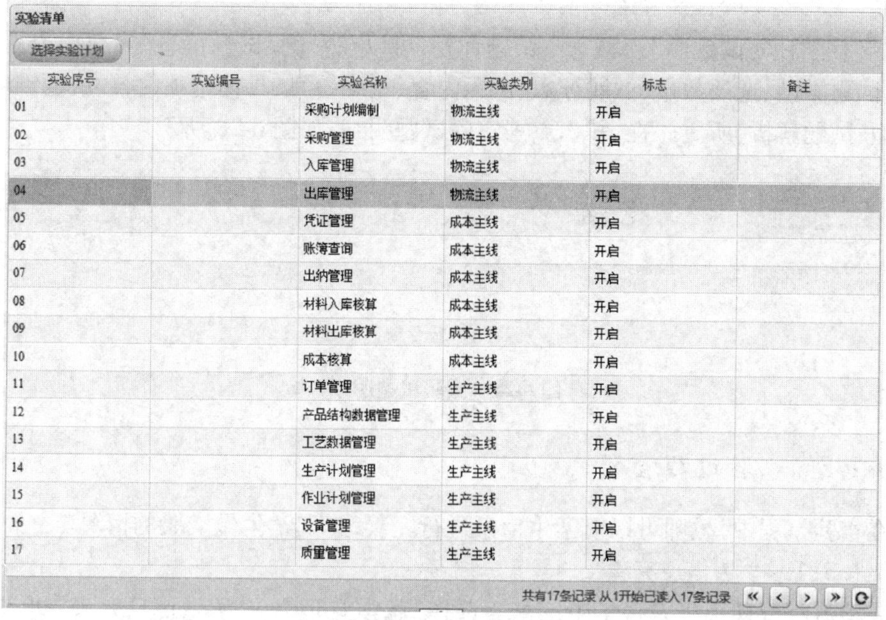

实验清单

选择实验计划

实验序号	实验编号	实验名称	实验类别	标志	备注
01		采购计划编制	物流主线	开启	
02		采购管理	物流主线	开启	
03		入库管理	物流主线	开启	
04		出库管理	物流主线	开启	
05		凭证管理	成本主线	开启	
06		账簿查询	成本主线	开启	
07		出纳管理	成本主线	开启	
08		材料入库核算	成本主线	开启	
09		材料出库核算	成本主线	开启	
10		成本核算	成本主线	开启	
11		订单管理	生产主线	开启	
12		产品结构数据管理	生产主线	开启	
13		工艺数据管理	生产主线	开启	
14		生产计划管理	生产主线	开启	
15		作业计划管理	生产主线	开启	
16		设备管理	生产主线	开启	
17		质量管理	生产主线	开启	

共有17条记录 从1开始已读入17条记录

图 6-26　选择实验名称

（3）添加实验试题　在“教学计划试题库”窗口中单击【添加】按钮，系统弹出“课程试题库”窗口，显示系统中已录入的所有实验试题内容。教师根据课程设计要求，在试题库中勾选课程所需试题内容。选择结束后单击【选中】按钮进行确认，将选中的实验试题信息导入教学计划试题库信息列，如图 6-27 所示。

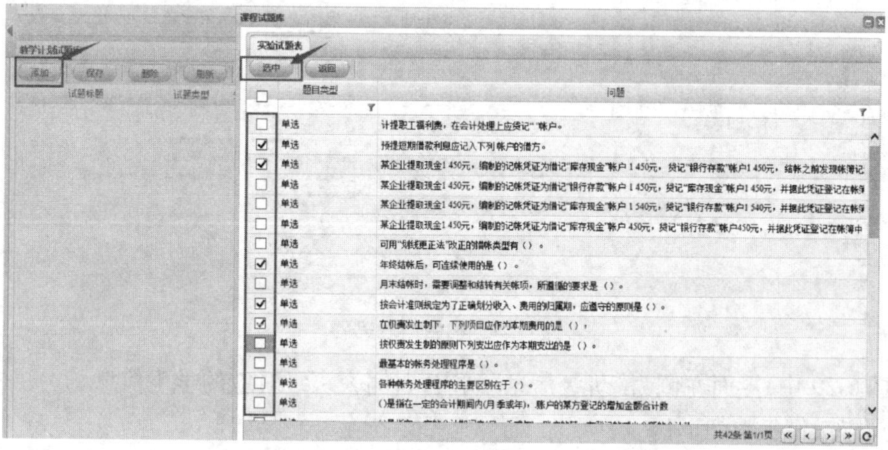

图 6-27　实验试题选择

（4）保存　试题内容维护完成后，单击工具栏上的【保存】按钮，保存实验试题。

注　意

选中需删除的试题标题信息，单击工具栏上的【删除】按钮删除记录。

6.1.2.5 实验试题查看

在“教学计划试题库”窗口选中试题标题,可以在右侧“试题信息”窗口中查看试题编号、试题类型、选项数量、试题分数、试题内容、正确答案、具体选项内容、试题难度、考核类型、试题解析、所属课程、知识点等实验试题明细,如图 6-28 所示。

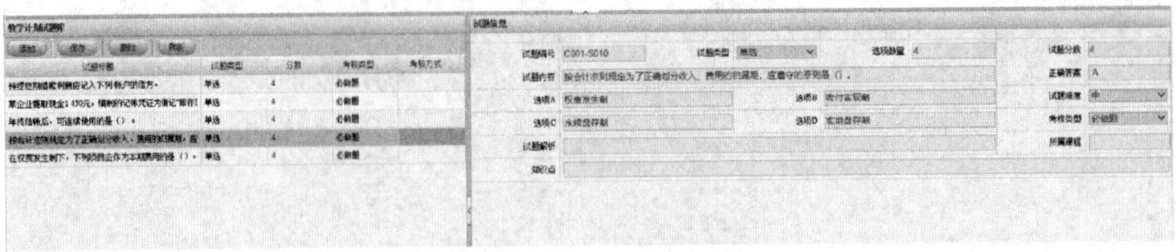

图 6-28 实验试题明细

6.1.3 实验过程管理

在实验过程中,教师可以对学生信息进行完善,查询学生做实验的情况。

6.1.3.1 学生信息完善

实验过程管理用于完善学生信息。选择“教学管理”→“学生信息完善”进入操作页面,如图 6-29 所示。

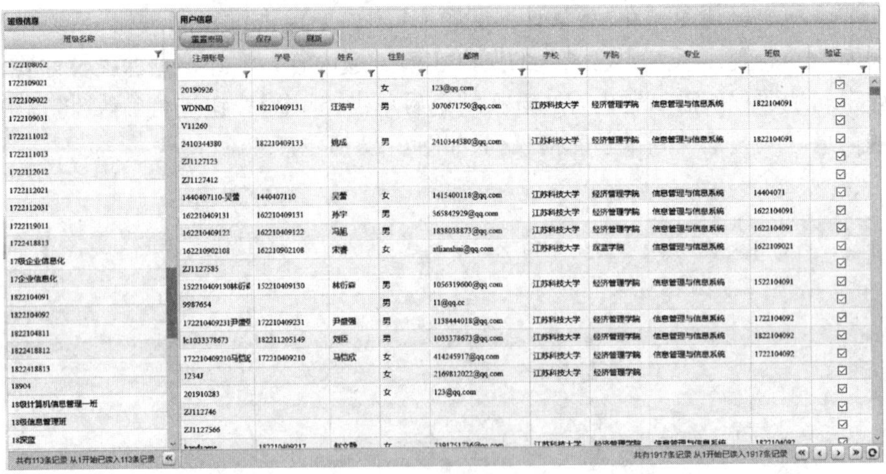

图 6-29 学生信息完善

图 6-29 中,界面左侧为“班级信息”列表,右侧为班级对应的学生信息。

具体操作步骤如下:

(1) 完善学生信息 可完善或修改学生的学号、姓名、性别、邮箱、学校、学院、专业和班级信息。

(2) 重置账号密码 该功能可重置学生账号密码。选中一行学生信息,单击【重置密码】,弹出提示窗口提示是否要将选中的注册账号进行密码重置,如图 6-30 所示。在弹窗中单击【确定】按钮,密码将重置为“123456”;单击【取消】按钮,将返回学生信息完善界面。

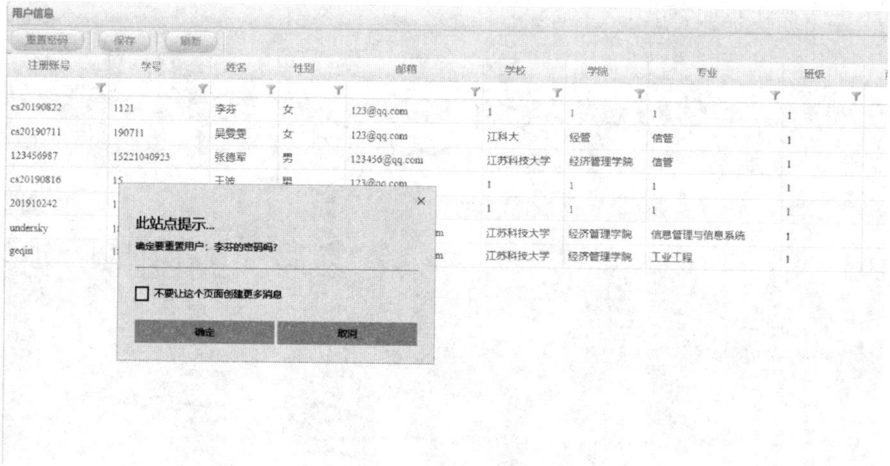

图 6-30　重置密码提示

（3）保存　单击【保存】按钮，保存学生信息。

6.1.3.2　实验完成查询

实验完成查询可方便教师查看某学生的实验完成情况。选择“教师管理”→“实验完成查询”进入操作页面，如图 6-31 所示。

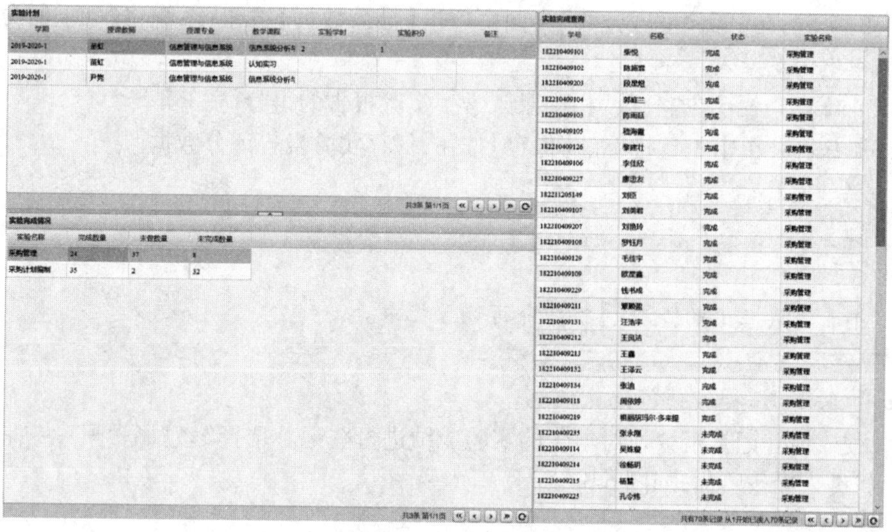

图 6-31　实验完成查询

教师在“实验计划”表中选择相应的教学计划，在“实验完成情况”表中查看当前班级学生实验完成情况的汇总，选择相应的实验名称，在右侧“实验完成查询”表中查看该班级学生实验完成明细状态。

6.1.4　实验成果管理

6.1.4.1　实验报告评分

实验报告评分可方便教师登记学生的实验报告得分。选择“教师管理”→“实验报告评分”进入操作页面,如图 6-32 所示。

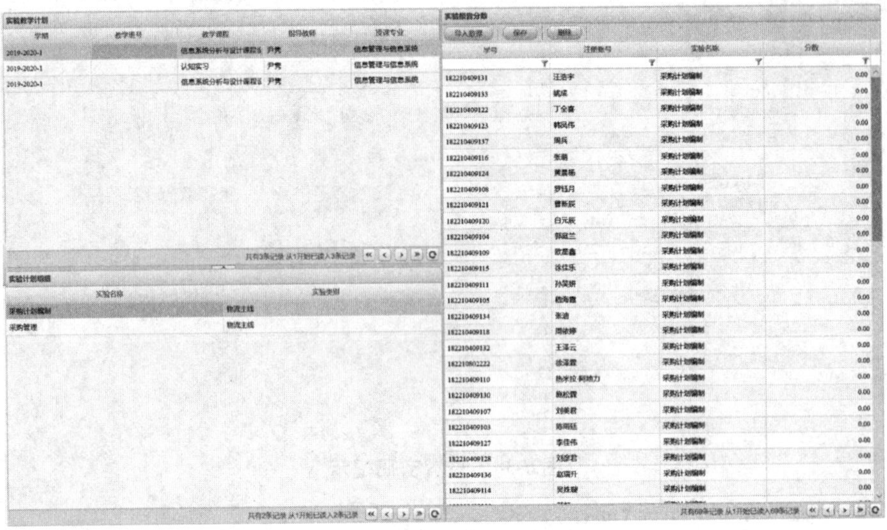

图 6-32　实验报告评分

具体操作步骤如下:

(1) 导入数据　在“实验教学计划”界面中选择教学计划,“实验计划明细”中将显示相应的实验,在“实验报告分数”界面中单击【导入数据】按钮,系统将“实验计划”中维护的学生信息导入。

(2) 维护分数　在“分数”栏中录入学生实验报告的得分。

(3) 保存　单击工具栏上的【保存】按钮,保存实验报告评分数据。

注　意

单击工具栏上的【删除】按钮即可删除记录。

6.1.4.2　课程成绩登记

课程成绩登记是指教师对学生的实验成绩进行登记。选择“教师管理”→“课程成绩登记”进入操作页面,如图 6-33 所示。

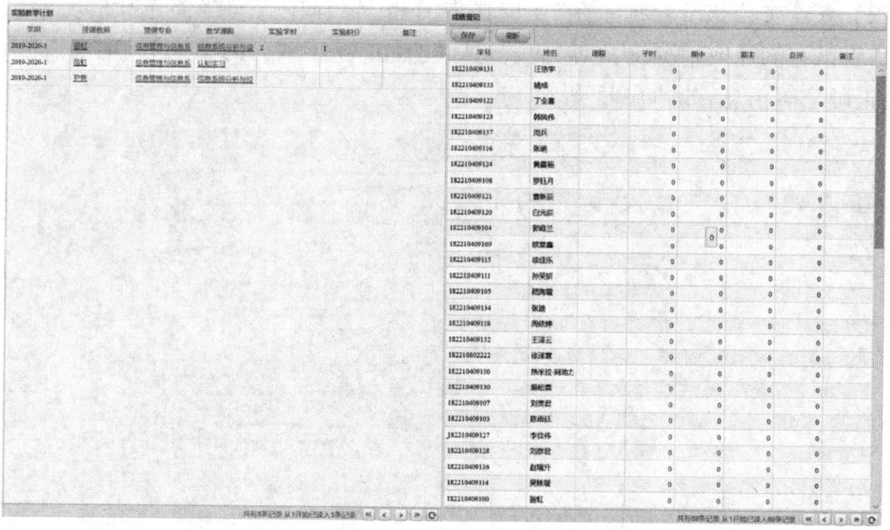

图 6-33　课程成绩登记

具体操作步骤如下：

单击“实验教学计划”界面中的教学计划，可对“成绩登记”界面显示的实验教学计划表中所有学生在平时、期中、期末、总评列中相应的分数进行维护。

6.1.4.3　实验试题分析

实验试题分析是对某一教学计划实验试题正确率的分析，包括答题总人数、正确人数、错误人数及正确率。选择“教师管理”→“实验试题分析”进入操作页面，如图 6-34 所示。

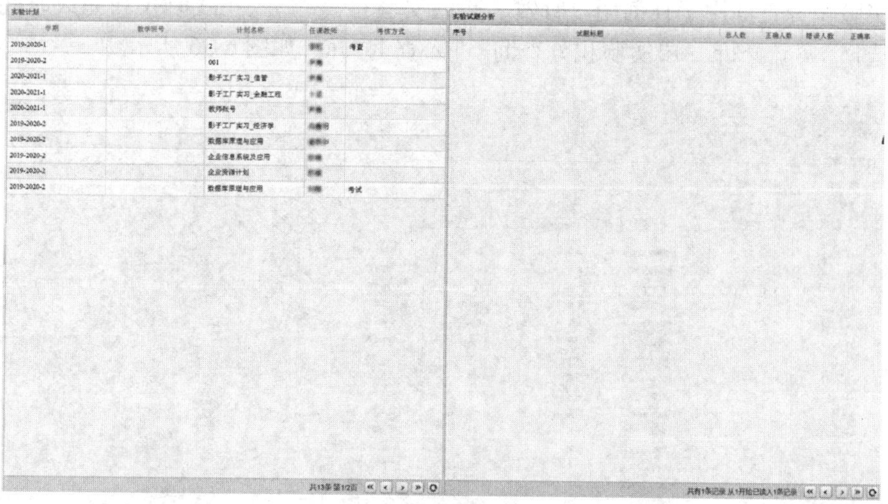

图 6-34　实验试题分析

具体操作步骤如下：

（1）选择课程信息　在“实验计划”列表窗口中，选择需要进行试题分析的实验计划名称。

(2) 查看实验试题分析　在“实验试题分析”窗口中查看当前选择的实验计划中学生实验试题的完成情况，内容包括试题标题及回答该试题的总人数、正确人数、错误人数、正确率等信息，如图6-35所示。

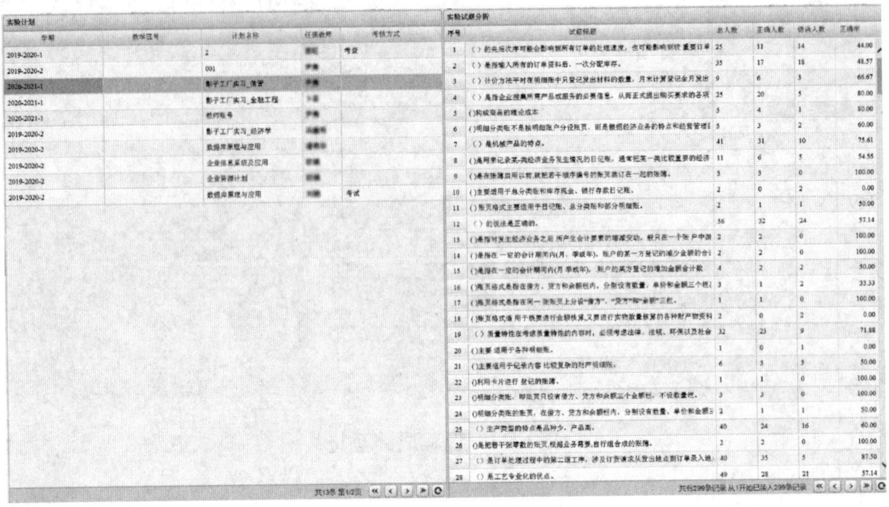

图6-35　查看实验试题分析

6.1.5　实验查询分析

系统积累了所有学生的实验数据作为分析依据，为实验教学和实验设计提供决策依据，教师可以查询学生实验的各项信息。

6.1.5.1　实验积分查询

实验积分查询用于查询用户所做实验的实验步骤积分、在线时长和完成时间等信息。选择“实验分析”→“实验积分查询”进入查询页面，如图6-36所示。

图6-36　实验积分查询

具体操作步骤如下：

(1) 选择实验计划　进入“用户实验”界面，在弹出的“教学计划选择”界面单击选择一条实验计划信息,单击【确定】按钮,如图6-37所示。

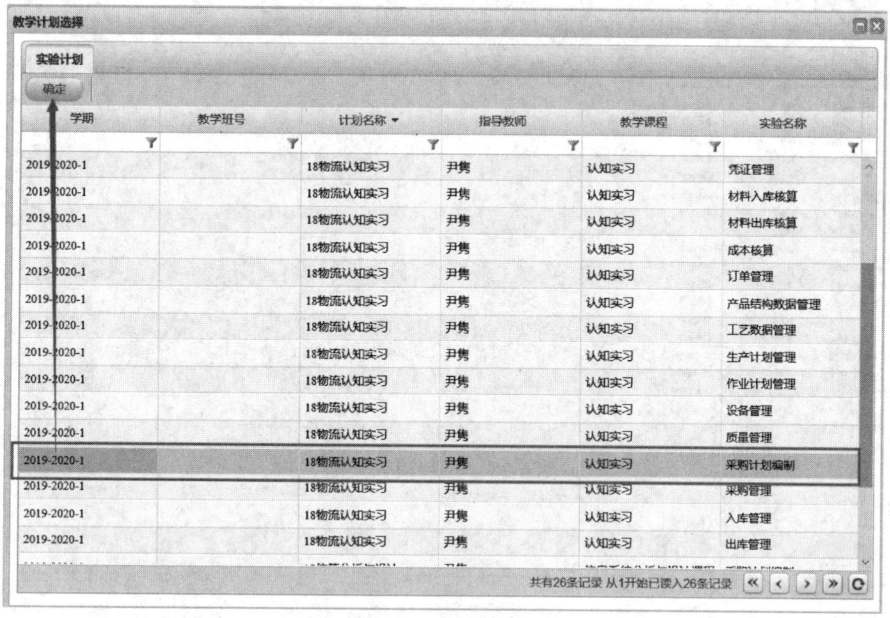

图6-37 实验计划选择

如果需要精确查询,则在筛选输入框中输入关键字,按回车键后即可查询到相应的信息。

注 意

如果需切换实验教学计划,则单击图6-36左侧"用户实验"界面的【选择教学计划】按钮,弹出"教学计划选择"界面,选择实验计划并单击【确定】按钮即可。

(2)查看学生实验步骤积分 选择实验计划后,进入"实验积分查询"界面,显示的是与实验计划对应的用户实验积分信息,如图6-38所示。

单击选择图6-38左侧"用户实验"信息列表(学号、学生姓名和实验名称),右侧则对应显示实验步骤积分、时长和完成时间等信息。

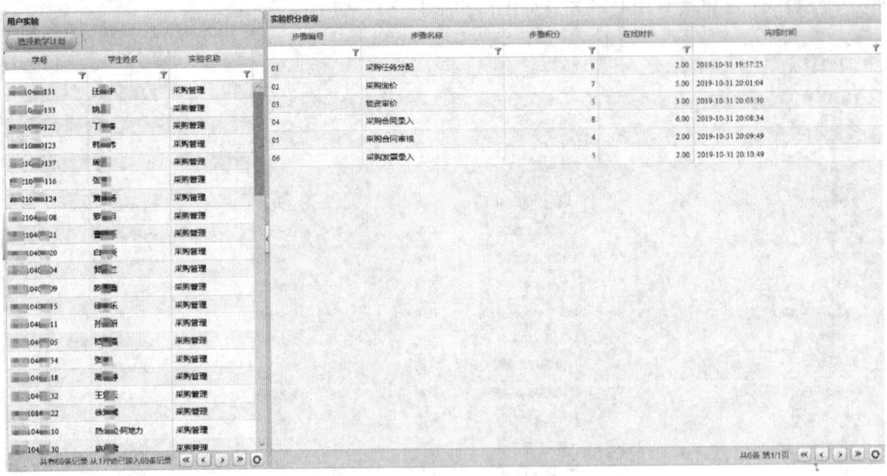

图 6-38　步骤积分查询

注　意

如果需要精确查询，在筛选输入框中输入关键字，按回车键后即可查询到相应的信息。

6.1.5.2　实验试题查询

实验试题查询用于查询用户的实验考核试题信息。选择“实验分析”→“实验试题查询”进入管理页面，如图 6-39 所示。

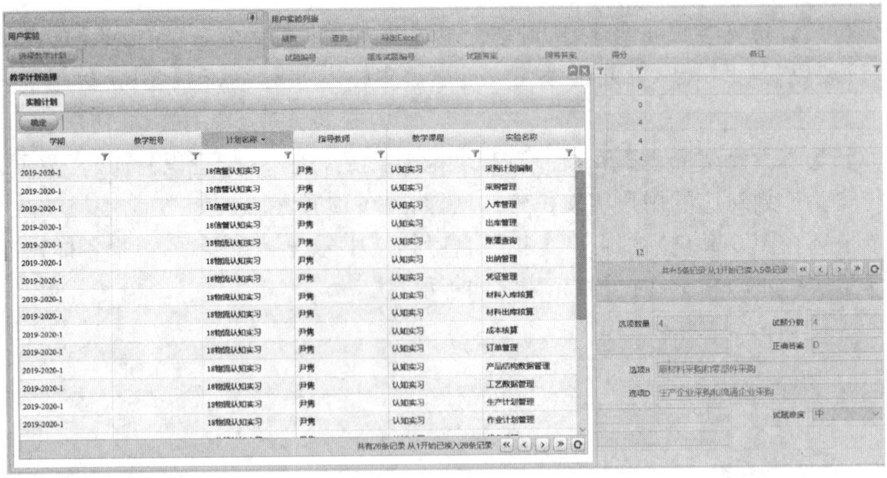

图 6-39　实验试题查询

具体操作步骤如下：

(1) 选择实验计划　进入“实验试题查询”界面，系统弹出“教学计划选择”界面，在其中单击选择一条实验计划信息，再单击【确定】按钮。

注 意

如果需要精确查询，在筛选输入框中输入关键字，按回车键后即可查询到相应的信息。

如果需切换实验教学计划，单击查询界面左侧“用户实验”界面的【选择教学计划】按钮，弹出“教学计划选择”界面，选择单击实验计划并单击【确定】按钮即可。

（2）查询　选择实验计划后，进入“用户实验”试题查询界面，显示的是与实验计划对应的用户实验试题信息，如图6-40所示。

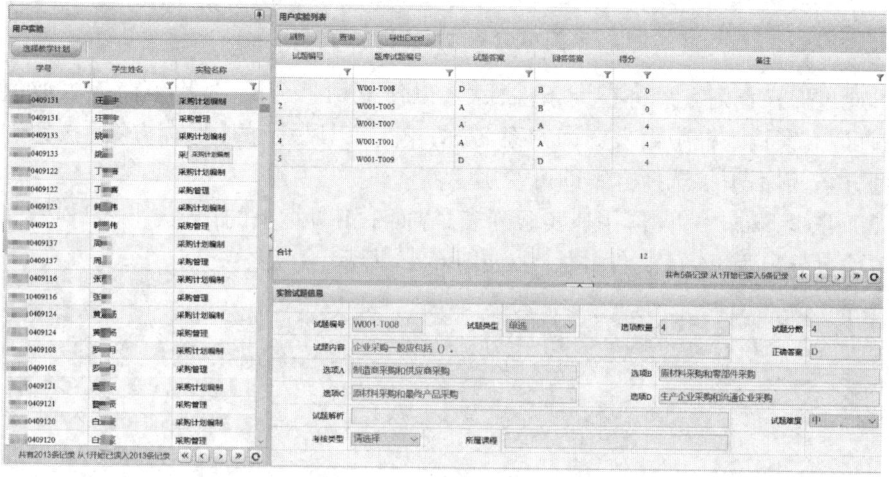

图6-40　实验试题信息查询

注 意

如果需精确查询试题考核信息，可在筛选输入框中输入关键词查询，也可单击“用户试题考核表”界面中工具栏上的【查询】按钮，输入查询条件进行查询，如图6-41所示。

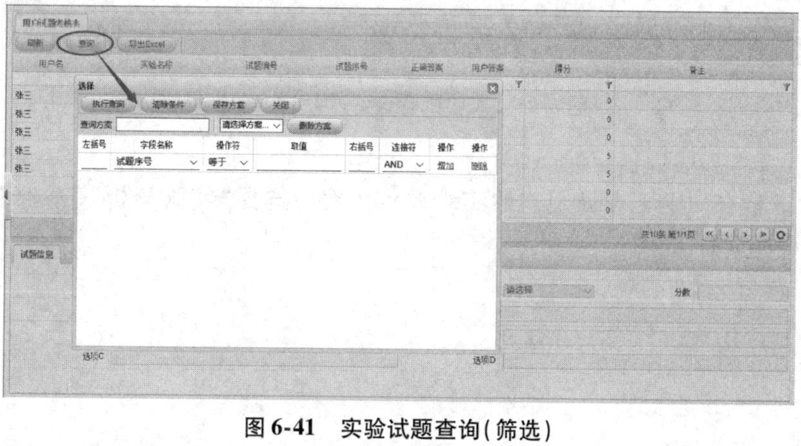

图6-41　实验试题查询（筛选）

选择字段名称(试题编号、试题答案、回答答案、得分),在“取值”输入框中输入查询的内容,单击【执行查询】按钮进行查询,如图 6-42 所示。

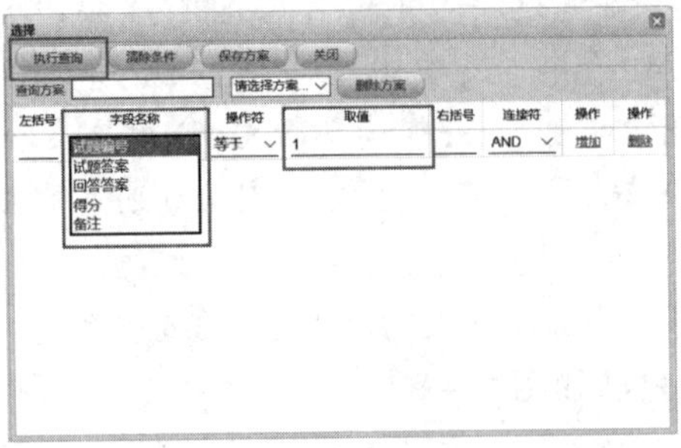

图 6-42　选择查询条件

可通过保存查询方案将查询条件保存,以便复用。选择字段名称,输入取值信息后,在查询方案输入框中输入查询方案名称,单击工具栏上的【保存方案】按钮即可保存查询方案,以后下拉选择方案即可使用。

(3) 导出 Excel　单击“用户实验列表”界面中工具栏上的【导出 Excel】按钮,将当前表单信息导出为 Excel 文件并保存,如图 6-43 所示。

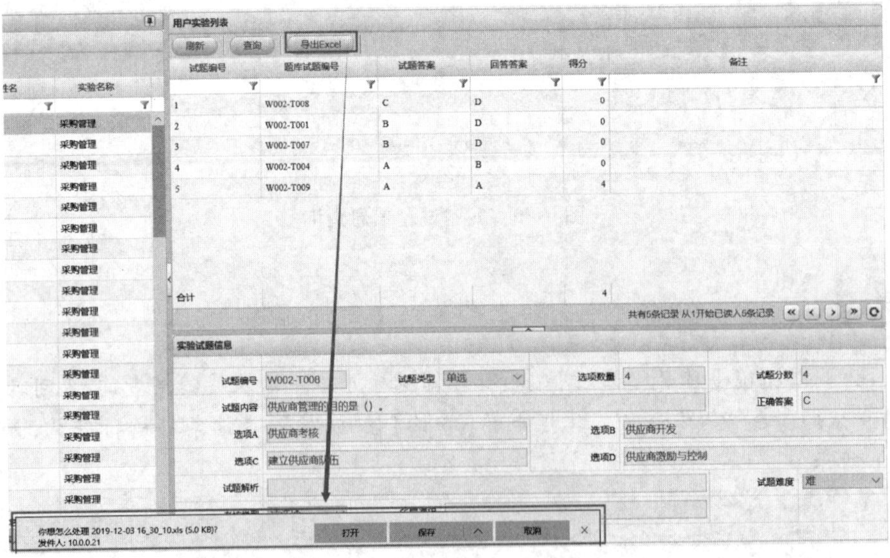

图 6-43　实验试题查询(导出 Excel)

6.1.5.3　实验评价查询

实验评价查询用于查询用户的实验评价内容。选择“实验分析”→“实验评价查询”进入管理页面,如图 6-44 所示。

图6-44　实验评价查询

具体操作步骤如下：

（1）选择实验计划　进入“实验评价”查询界面，系统弹出“教学计划选择”界面，在其中单击选择一条实验计划信息，再单击【确定】按钮。

注　意

如果需要精确查询，在筛选输入框中输入关键字，按回车键后即可查询到相应的信息。

如果需要切换实验教学计划，单击图6-44左侧“用户实验”界面的【选择教学计划】按钮，弹出“教学计划选择”界面，选择实验计划并单击【确定】按钮即可。

（2）查询　实验计划选择后，进入用户“实验评价”查询界面，界面显示的是与实验计划对应的用户实验评价信息，左侧为“用户实验”信息，右侧为对应的“实验评价”信息，如图6-45所示。

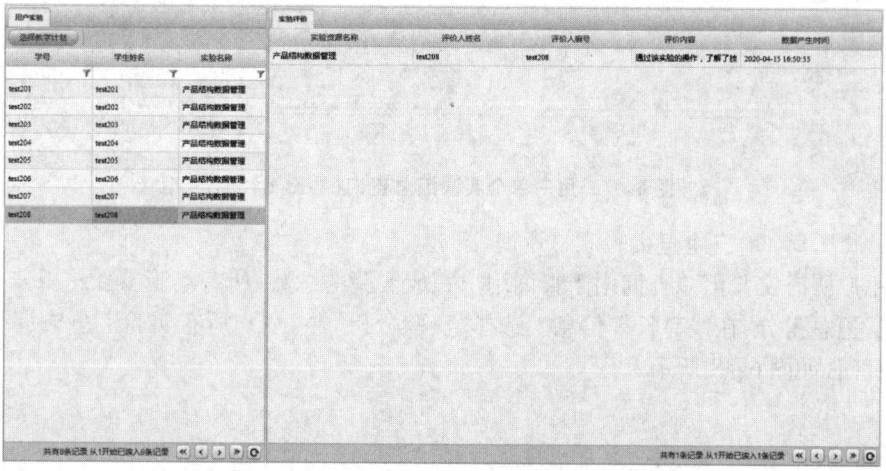

图6-45　实验评价

6.1.5.4 用户单个实验汇总查询

用户单个实验汇总查询用于查询用户单个实验的步骤总积分、试题得分、在线时长和结束时间等信息。选择“实验分析”→“用户单个实验汇总查询”进入管理页面,如图6-46所示。

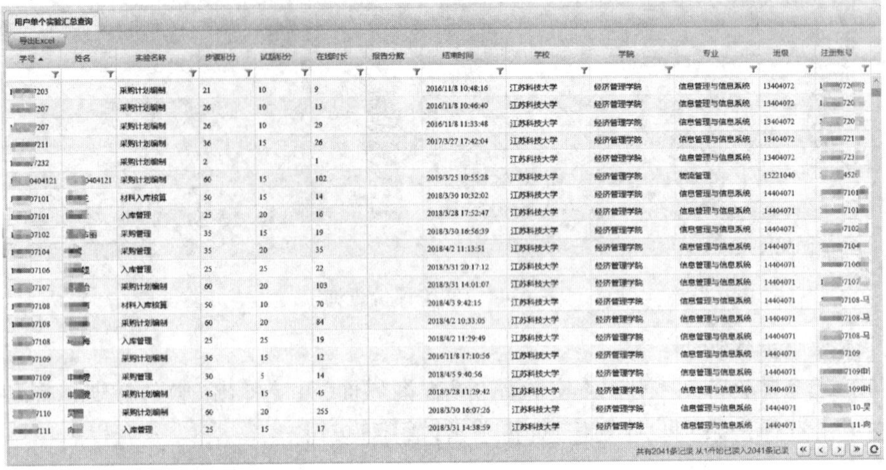

图6-46 用户单个实验汇总查询

单击【导出Excel】按钮,将当前表单信息导出为Excel文件并保存,如图6-47所示。

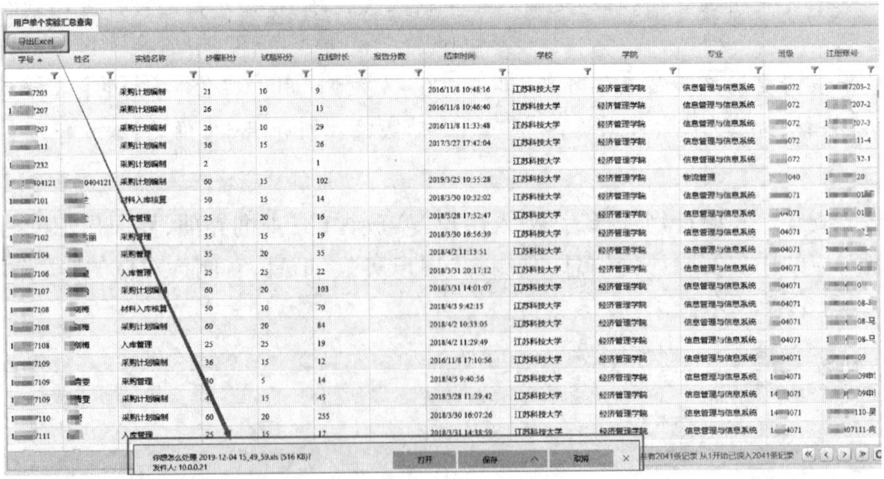

图6-47 用户单个实验汇总查询(导出Excel)

6.1.5.5 用户所有实验汇总查询

用户所有实验汇总查询用于查询用户完成实验的总数、所有实验步骤总积分、所有实验试题总得分、在线时长等信息。选择“实验分析”→“用户所有实验汇总查询”进入管理页面,如图6-48所示。

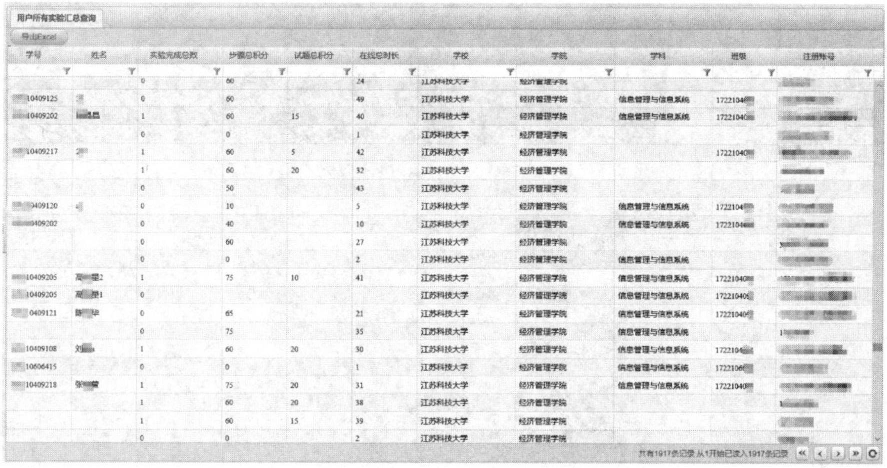

图 6-48　用户所有实验汇总查询

单击【导出 Excel】按钮，将当前表单信息导出为 Excel 文件并保存。

6.2　学生学习管理

6.2.1　平台登录

在浏览器输入并打开网址“http://服务器 IP 地址/yzgc/login. aspx”，输入正确的账号和密码之后，单击【登录】按钮直接进入学生学习平台，如图 6-49 所示。

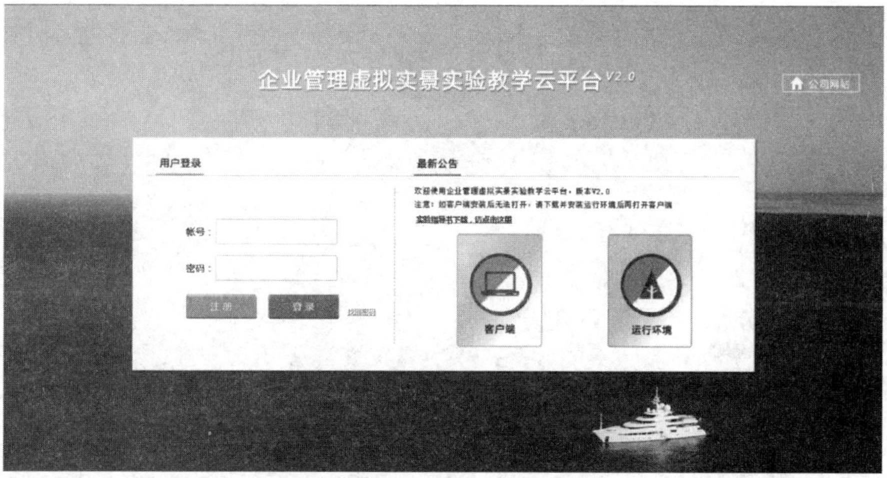

图 6-49　学生学习平台登录

进入学生学习子平台，界面上方为平台菜单导航，显示登录学生的基本信息（包括头像、姓名等）、实验信息（包括已开展实验数、总积分和总时长）；界面下方显示“我的实验”，在其中可以查看“已完成实验”和“进行中实验”的实验分析信息，填写实验评价等，如图 6-50 所示。

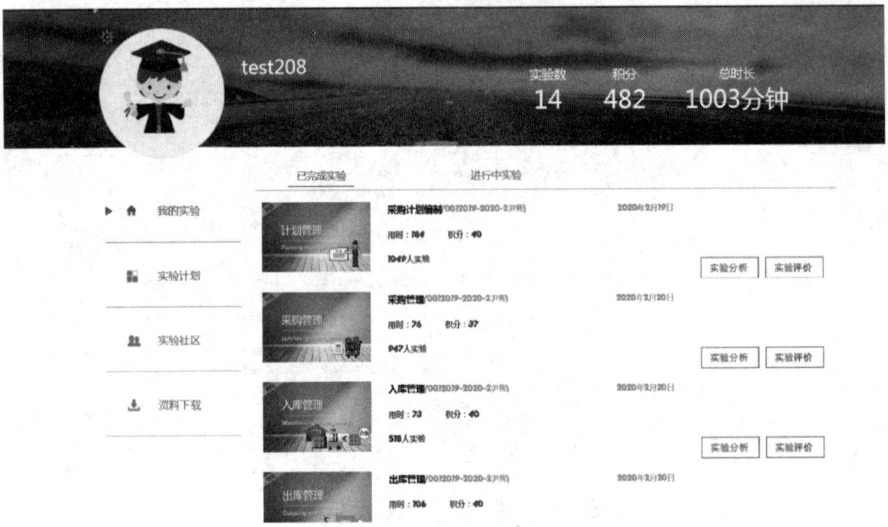

图 6-50　学生学习子平台

6.2.2　实验内容

6.2.2.1　实验进程

选择需要查看的实验,单击【实验分析】按钮后显示"实验进程"页面,如图 6-51 所示。

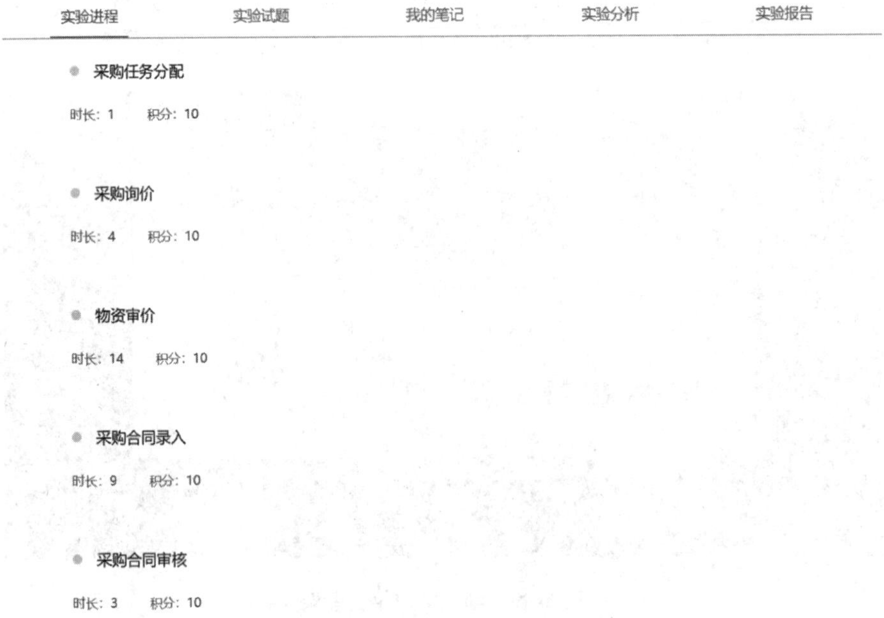

图 6-51　实验进程

图 6-51 所示页面显示所选实验的实验步骤、每个步骤的时长(分钟)和得分。

6.2.2.2　实验试题

单击"实验试题"选项,可查看该实验的每个实验步骤的用时时长和实验步骤积分，如图 6-52 所示。

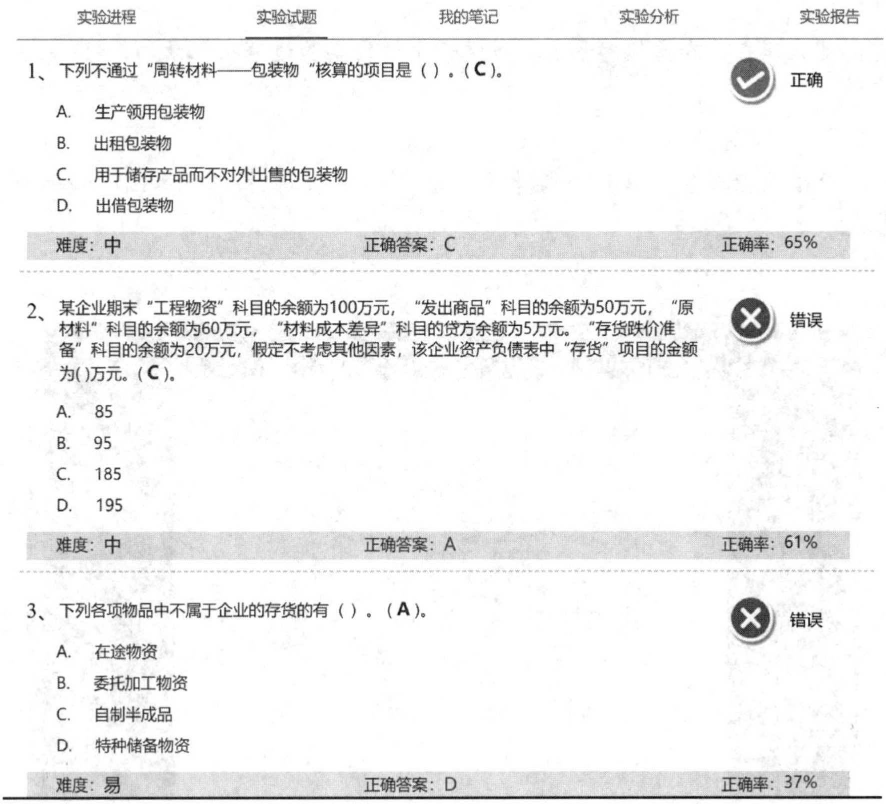

图 6-52　实验试题

在实验试题中可查看实验试题的正误、试题难度和正确率，对错误的试题会给出正确答案。

6.2.2.3　实验笔记

单击“我的笔记”选项，可以查看在实验过程中记录的实验笔记，如图 6-53 所示。

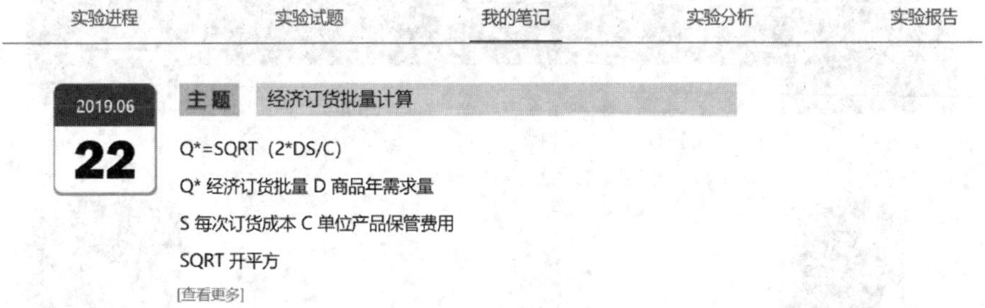

图 6-53　实验笔记

在“我的笔记”页面可以查询所选实验的笔记，包括日期、主题和笔记内容等信息。

注 意

此处只能查询在虚拟实景实验教学云平台的实验过程中记录的笔记。

6.2.2.4 实验报告

(1) 查看实验报告 单击“实验报告”选项,可以查看、打印和导出实验报告,如图6-54所示。

图6-54 实验报告

(2) 导出实验报告 单击图6-54所示实验报告的【另存为】按钮或者红色框内的【下载】按钮,可以将实验报告的PDF文件下载到本地电脑,如图6-55所示。

图6-55 导出实验报告的PDF文件

如果本地电脑已经安装了相应的软件(如 Adobe Acrobat),可以直接打开文件查阅实验报告,如图 6-56 所示。

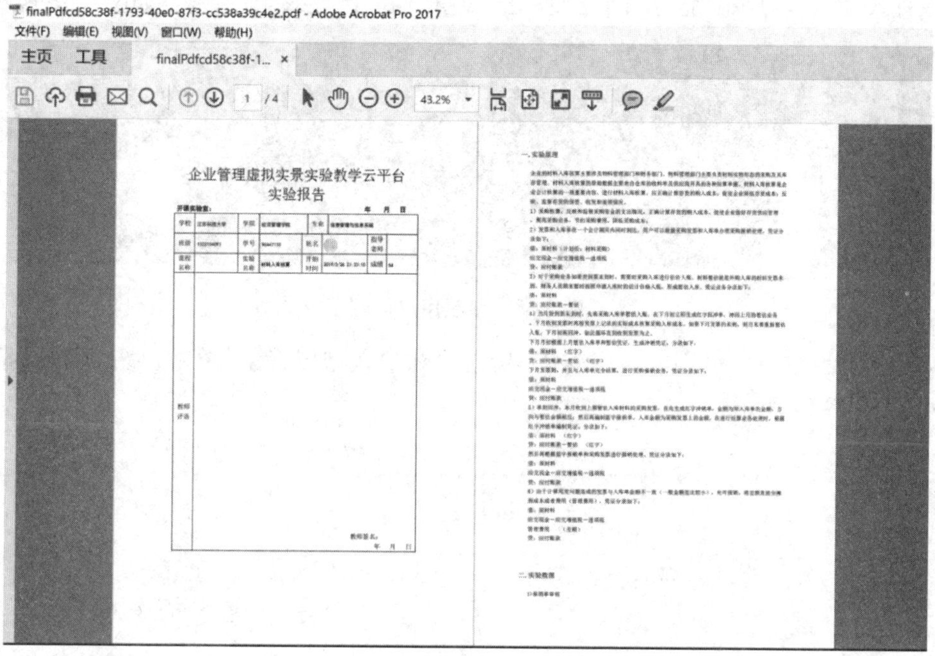

图 6-56　实验报告查阅

6.2.2.5　实验评价

选择需要查看的实验,单击已完成实验的【实验评价】按钮,打开“实验评价”页面,如图 6-57 所示。

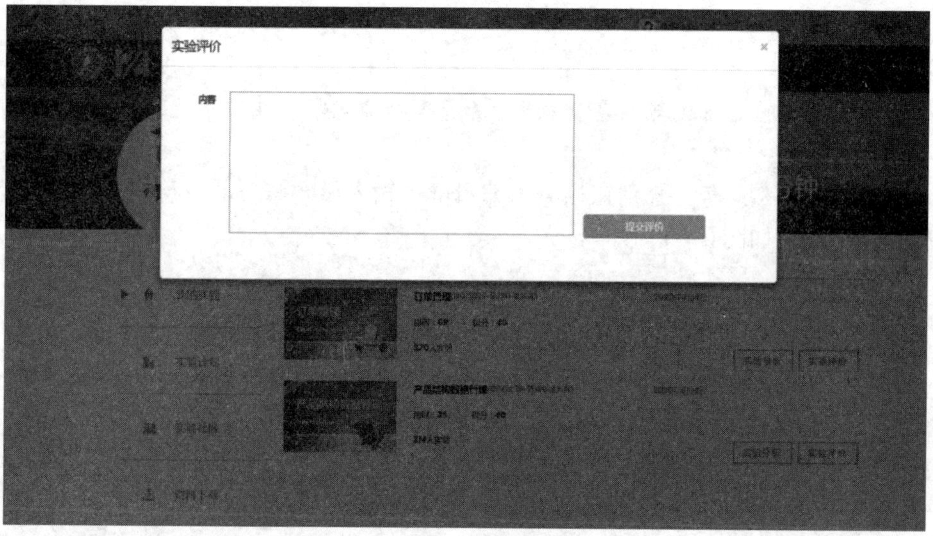

图 6-57　实验评价

在评价内容编辑框内输入对实验的评价,然后单击【提交评价】按钮即可。

6.2.2.6 信息修改

进入学生学习与实验分析平台,单击红色框内的已登录用户姓名,如图6-58所示。

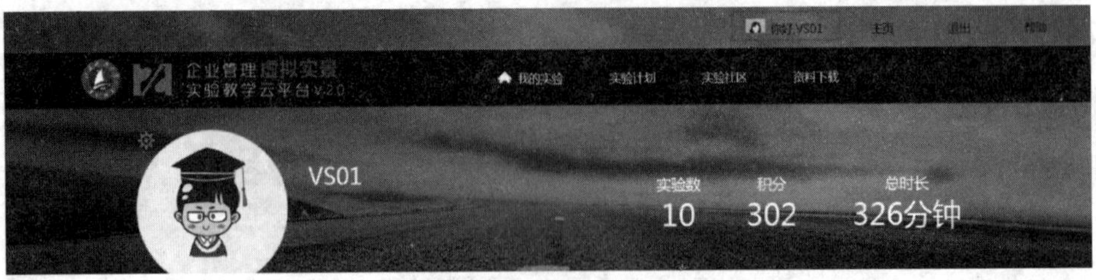

图6-58 修改用户信息

(1) 修改密码　分别输入旧密码、新密码和确认密码,然后单击【修改密码】按钮即可,如图6-59所示。

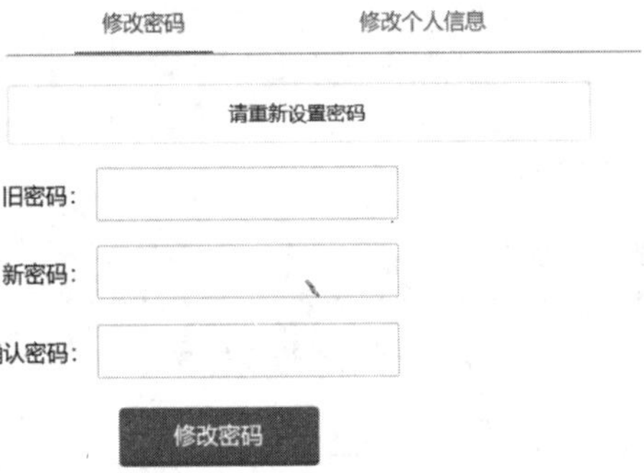

图6-59 修改密码

> **注　意**
>
> 要求输入的旧密码与原密码相同、新密码和确认密码相同才能通过验证。

(2) 修改个人信息　分别在相应的编辑框中输入需要修改的信息,然后单击【提交信息】按钮即可,如图6-60所示。

图 6-60　修改个人信息

注　意

个人信息的学号、姓名、班级和电子邮件为必填项。